纪录片《江村故事》剧照
（吕新雨 导演，2000年）

# "批判传播学"编委

**丛书总顾问**：童兵

**丛书编委**（排名不分先后，以中文首字笔划为序）：

丹·席勒（Dan Schiller，美国）

冯建三

吉列尔莫·马斯特里尼（Guillermo Mastrini，阿根廷）

孙皖宁（澳大利亚）

邱林川

林春（英国）

珍妮特·瓦斯科（Janet Wasko，美国）

科林·斯巴克斯（Colin Sparks，英国）

胡正荣

格雷厄姆·默多克（Graham Murdock，英国）

特里斯当·马特拉（Tristan Mattelart，法国）

斯拉夫科·斯普里查（Slavko Splichal，斯洛文尼亚）

童世骏

葆拉·查克拉瓦蒂（Paula Chakravartty，美国）

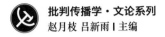
批判传播学·文论系列
赵月枝 吕新雨 | 主编

# 学术、传媒与公共性

吕新雨 著

华东师范大学出版社

华东师范大学出版社六点分社　策划

复旦大学新闻传播与媒介化社会研究基地资助

# 总　　序

当今世界正处于全球化发展的转折点,资本的全球化流动所带来的政治、经济、社会、文化与生态等方面的危机不断加深。如何面对这些问题,全世界的人文与社会科学都面临挑战。作为对资本主义的批判和对人类解放的想象与信念,马克思主义并没有随着柏林墙的倒塌而消亡,反而在这些新的问题与危机中,在新的历史条件下获得了生机。马克思的"幽灵"在世界各地正以不同的方式复活。

与此相联系,世界范围内的传播体系与制度,一方面作为技术基础和经济部门,一方面作为文化意识形态领域和民主社会的基础,也面临着深刻的转型,而转型中的巨大困惑和危机也越来越多地激发人们的思考。一系列历史与现实中的问题亟需从理论上做出清理与反思。以马克思主义为重要理论资源的批判传播研究在长期复杂的历史与现实中,一直坚持不懈地从理论和实践层面推动传播学的发展,在国内和国际层面上促进传播制度朝向更平等、公正的方向转型,并为传播学理论的多元化作出了重要贡献。今天,时代迫切要求我们在世界范围内汇聚马克思主义传播学研究的各种力量、视角与方法,探索以马克思主义为基础的新批判理论的新路,对当代社会的危机与问题做出及时而有效的回应。

由于中国问题和传播问题是讨论全球化危机与出路的两个重要领域,中国传播学界具有担当起自己历史责任的义务和条件。马克思主义新闻传播理论与实践在 20 世纪以来的中国新闻史上有着极其重要的历史地位,在全球视野中整理、理解与反思这一理论传统,在新的历史条件下促进这一历史传统的更新与发展,是我们孜孜以求的目标。这个全球视野不仅面对西方,同时更向非西方国家和地区开放,并希冀在不同的比较维度与视野中,重新确立中国当代马克思主义传播研究的立场、观点与方法。

近一个世纪前,在1929—1930年的世界资本主义危机后的欧洲,在法西斯主义屠杀共产党人、扼杀左派思想的腥风血雨中,法兰克福学派的学者们用大写的"批判"一词代指"马克思主义",在他们所处的特定的历史语境下丰富与发展了马克思主义传播研究。此后,"批判"一词,因其体现了马克思主义学术思想的内核,几乎成为马克思主义和一切以追求人类解放和挑战不平等的社会关系为价值诉求的学术取向的代名词。今天,我们不愿也无需遮掩自己的马克思主义立场。我们把本书系定名为"批判传播学",除了出于文字的简洁性考虑之外,更是为了突出我们的批判立场,强调我们弘扬以挑战不平等社会关系为价值诉求的传播学术的主旨。当然,批判的前提与归宿是建设,批判学术本身即是人类自我解放的建设性理论实践。在此,我们对传播的定义较为宽泛,包括任何涉及符号使用的人类意义分享实践以及这些实践所依托的传播技术和知识基础。

本书系以批判的政治经济学与文化研究相结合的道路,重新检讨作为马克思主义新闻传播理论前提的观念、范畴与知识谱系,反思马克思主义传播理论在历史和当代语境下中国化的成就与问题,探讨中国革命与建设的传播实践对马克思主义传播理论的丰富、发展和挑战,分析当下的经济危机与全球媒体、信息与文化产业的状况和相关法规、政策,以及全球、区域与民族国家语境下的传播与社会变迁。我们尤其关注当代全球政治经济格局中的中国传播定位和文化自觉问题以及发展中国家的信息社会现状,社会正义与批判的生态学视野下的信息技术与社会发展,文化传播、信息产业与阶级、种族、民族、性别以及城乡分野的互构关系,阶级意识、文化领导权的国际和国内维度,大众传媒的公共性与阶级性的动态历史关系、文化传播权利与全球正义等议题。我们还将挑战横亘于"理论"与"实践"、"观念"与"现实"、以及"批判传播"与"应用传播"间的简单二元对立,不但从批判的角度检视与质询那些维系与强化不平等社会关系的传播观念与实践,而且致力于促进与发展那些挑战和变革现有不平等社会传播关系的传播政策、观念与实践,并进而开拓批判视野下的组织传播、环境传播、健康传播等应用传播领域的研究。最后,我们也致力于马克思主义传播研究方法论发展与经验研究的批判性运用,探讨文化研究如何在当下传播情境中更新其批判活力,关注媒介教育、文化赋权和社区与乡村建设的理论与实践,以及大众传媒与网络时代的大学、学术与跨国知识流通如何强化或挑战统治性知识权力关系等问题。

本书系包括"批判传播学译丛"、"批判传播学文论"和"批判传播实践"三个系列。"译丛"系列译介国外批判传播研究经典文献和最新成果;"文论"系列以专著、讲义、论文集、工作坊报告等形式展示当代中国马克思主义批判传播学研究的前沿;"实践"系列侧重传播实践的译作和中国经验,包括有关中外传播实践和劳动过程的实证研究、卓有成就的中外传播实践者有关自己的传播劳动和传播对象的反思性与传记性著作、以及富有批判性的优秀新闻作品。

华东师范大学——康奈尔比较人文研究中心(ECNU-Cornell Center for Comparative Humanities)和 2013 年 7 月成立于北京的中国传媒大学"传播政治经济学研究所"是这套书系依托的两家专业机构,并得到华东师范大学传播学院的支持。宗旨是在当代马克思主义和跨文化全球政治经济学的视野中,推动中国传播学术的创新和批判研究学术共同体的发展,尤其是新一代批判传播学人的成长。

在西方,面对信息资本主义的持续危机,"马克思回来了"已然成了当下批判传播学界的新发现、新课题和新动力。在中国,在这片马克思主义自 20 世纪初就被一代思想家和革命家所反复思考、探索与实践的古老土地上,我们愿以这套书系为平台,为发展既有世界视野又有中国学术主体性的 21 世纪马克思主义传播学而努力。在这个过程中,我们既需要对过去一个多世纪马克思主义传播理论与实践做出深刻反思,需要与当代西方马克思主义传播研究与实践前沿建立有机的联系,需要在克服媒介中心主义的努力中与国内外人文与社会科学的其他领域产生良性互动,更需要与各种不同的传播研究学派、观点进行真诚对话,彼此砥砺,以共同加强学术共同体的建设,推动以平等与民主为目标的中国社会发展,促进以和平与公正为诉求的世界传播新秩序的建立。

是所望焉。

# 目　录

序：为天地立心，为生民立命……………………………… 赵月枝　1

## 学术与政治：重读韦伯
### ——关于社会科学研究方法论的笔记

一、"先知"与知识分子
　　——学术的伦理与天职 ……………………………………　3
二、何为政治？
　　——政治的伦理及其悖论 …………………………………　18
三、"价值无涉"与学术公共领域
　　——社会科学研究的"客观性"问题 ………………………　36
四、韦伯的新闻观 …………………………………………………　53

## 中国的现代性、大众传媒与公共性的重构
### ——与赵月枝教授的对话

一、中国的现代性、革命与工农的主体性问题……………………　63
二、市场化改革与民主问题 ………………………………………　69
三、大众传播、新纪录运动与社会"底层"表述 …………………　77
四、西方中心主义、后现代理论与马克思的幽灵 ………………　84
五、传统文化、"中国特色"与批判知识分子的责任 ……………　89

六、传播政治经济学在中国的使命……………………………… 104

## 国家、市场与传媒

仪式、电视与国家意识形态（一）
　　——解读央视2002年"春节联欢晚会"……………………… 113
仪式、电视与国家意识形态（二）
　　——再读央视2006年"春节联欢晚会"……………………… 127
政府补贴、市场社会主义与中国电视的"公共性"………………… 141
转型社会与央视《新闻调查》的自我理解
　　——关于《新闻调查》栏目十周年的思考…………………… 150
"幸福"与"舌尖"
　　——关于央视的两则评议……………………………………… 158
也谈启蒙、媒体与文化产业………………………………………… 163
媒体的狂欢
　　——对台湾地区传媒生态的观察与思考……………………… 167
作为社会存在的新闻与新闻事业
　　——关于新闻理论中诸概念的重新思考……………………… 180
　　　附录："再讨论"是迟早要发生的
　　　　——读吕新雨《以人的社会存在为背景的新闻与
　　　　新闻事业》及《新闻大学》编者按 …………………… 189

## 历史、社会变革与中国影像

《铁西区》：历史与阶级意识………………………………………… 199
"孽债"、大众传媒与外来妹的上海故事
　　——关于电视纪录片《毛毛告状》……………………………… 219
"底层"的政治、伦理与美学
　　——2011年"南京独立纪录片论坛"上的发言与补充………… 244
纪录的美学
　　——从本雅明的"灵晕"说起…………………………………… 258

当女权主义遭遇纪录片
　　——一场未完成的学术讨论……………………… 268
熟悉的陌生人
　　——格里尔逊在中国……………………………… 289
我想将你们尽可能地引向远方
　　——伊文思与二十世纪的中国…………………… 312
中印独立电影之差异…………………………………… 319
微观,还是宏观?
　　——在"微观叙事:张小涛+李一凡的社会图像"展览
　　　研讨会上的发言………………………………… 322

## 代后记

2013年9月10日复旦大学新闻学院新生开学典礼教师
　　代表讲话…………………………………………… 327

# 序:为天地立心,为生民立命

赵月枝

新雨让我作序,我感到很荣幸,也觉得这是一道非同寻常的作业题。我一直希望能找到几天清静的时间,好好完成这份作业,可几个月来,不是疲于奔波和忙于学术琐事,就是还有更急迫的文债,一直没能静下心来,写一点对得起她这一部集十多年新闻传播研究心血大作的文字。我许诺最晚春节前完成,今天已是中国时间农历腊月二十八,文债也是债,欠着过年不踏实,而且再不交作业有耽误出版之罪过,只能有负新雨的期望,就自己与她的学术交往和对她书稿中一些章节的认识,写点片言碎语,聊作读者享受新雨文集这一精神大餐之前几颗可有可无的瓜子。

事实上,这部文集本身主题鲜明,立论清晰,四个部分就学术和传媒的公共性问题层层推进,各个篇章既交相辉映,也自成体系,无须我赘言,读者就能完全进入新雨学术所构建的丰富知识殿堂。无论是从头到尾细细研读,跟着新雨的编辑思路启程从社会科学基本方法与学术伦理,到具体的纪录片文本分析,这样从普遍到特殊的学术之旅,还是挑自己心中最抢眼的篇章先一睹为快,我相信读者都不但会被新雨学术的理论魅力和现实意义所吸引,而且会被她的学术所体现的一个中国知识分子的良知和担当所折服。

一

我和新雨之间的交往有非常纯粹的学术性质。2005年初,当我在西方批判知识界的著名思想性刊物《新左翼评论》(New Left Review)上读到她的《〈铁西区〉:历史与阶级意识》(Ruins of The Future: Class and History in Wang Bing's Tiexi District)一文时,简直是惊喜之极。虽然在此之前,我还没有听过她的名字,但是,这是一种终于在华人传播学界发现了难得的学术知己的感觉。当时,我不但已在西方批判传播学界作为孤独的华人学者爬滚了很多年,而且恰好应邀在写一篇有关中国工人阶级传播学的文章。更确切地说,这是一篇有关改革时代的中国工人阶级如何没有传播,或者说,他们的传播是如何被"短路"的文章。在我的意识里,这个题目只有像我这样受西方马克思主义影响的批判传播学者才会去写,那个源于美国冷战传播学、在1980年代登陆中国,而后席卷中国新闻传播学界的反马克思主义和去阶级化的"沉默的螺旋"是如此有力,以至于我认为,哪怕跟来自中国的学生张口谈"阶级"和"意识形态"问题都是不合时宜的。

可偏偏在这时,新雨的文章横空出世,使我眼前一亮,让我知道国内传播学界居然还有人关注中国工人阶级的主体性这样的世界历史性真问题和大问题,而且把这个问题写得如此恢弘、深刻、厚重和史诗般的令人回肠荡气。这样的研究才是无愧于中国人民在被称为"短的二十世纪"革命和建设时代与改革开放,这两个伟大而又悲怆时代的社会实践的传播学术啊!从此,我知道,在做有关中国传播的批判研究方面,有新雨这样一位既有很深的西方批判理论基础和世界历史视野,又有很强的中国问题意识以及学术使命感和专业造诣的学者。

更令我拍案叫绝的是,虽然我自己也做文本研究和意识形态批判,并且一直在倡导与从事传播政治经济学和批判文化研究相结合的学术实践,但是,我总觉得这方面的成果不多。在新雨的这篇文章中,我不仅领略到一位精通西方美学理论的批判文化研究者在文本分析上所表现出来的学术功底,而且看到了在中国工人阶级主体性问题上宏观政治经济分析和高超文化分析相结合的典范。我有理由相信,这篇现在引领第四部分的文章也许是目前中国传播学界唯一一篇被翻译成英文和法文出版的学术文章。

知道《〈铁西区〉:历史与阶级意识》文章之时,也正是我和几位西方批判传播学界同仁创立的《全球媒体与传播》(Global Media and Communication)学刊在英国面世的那年。我们的初衷就是推动批判传播学术的发展和传播学术的去西方化,可是,作为新刊物吸引读者的重点文章,推出的几位访谈学者——吉登斯(A. Giddens)、卡斯特(M. Castells)、贝克(U. Beck)、萨森(S. Sassen)——不但全是西方的,而且都是社会学家,没有一位是严格意义上的传播学家。我为自己"发现"了新雨的学术并能把她选为在《全球媒体与传播》推出的一位中国传播学访谈对象而感到无比自豪和自信:作为复旦大学新闻学院的教授,她是一位中国传播领域的学者,她的问题意识既是中国的,又是世界的。在我眼里,她的研究关注到了中国传播最重要的问题之一,她的分析代表了中国大陆批判传播学的最新成果和最高成就。总之,她是我再理想不过的学术访谈对象了。

我已记不清第一次与新雨见面的情景,但我永远不会忘记我对她的两次访谈。第一次是2007年的冬天,在北大的芍园。当时我在北大客座讲课,她在北京开会。我的客房在阴面,环境有些凄冷,但我们谈得热火朝天,我也用专门为这次访谈买的一支录音笔做了录音。但是,事后发现,我的录音笔上竟然一片空白!等我第二次有机会再做访谈时,已是2008年盛夏,而地点是她在温哥华开会所住的客房。这次访谈的中英文节选版先后出版,而且都有很好的学术反响。这次作为本书第二部分出现的题为《中国的现代性、大众传媒与公共性的重构》的四万多字的访谈完整版,是第一次与读者见面。

在访谈中,我向新雨提出了许多有关中国传播的基本问题。这些也正是我自己在研究中一直力图回答的。但是,在这个访谈里,我除了设立访谈话题框架和提供一些基本背景外,主要把自己定位于提问者,而不是对谈者的角色。在这一访谈中,新雨就我所提的有关中国传播理论和实践的重大问题充分表达了她的思想学术观点,包括在纪录片研究方面的学术道路和学术贡献,几乎每个问题带出来的都是一篇立场鲜明、但没有通常学术文章繁文缛节的浓缩的精彩小论文。而作为访谈者和这篇文章的英文版编译者——这是我第一次为别人做编译——我为自己的学术与新雨学术之间有如此多的共鸣点而感到由衷的高兴,新雨举重若轻,在市场、国家、媒体和民主这些重大问题上用三言两语就能把我自己需用整篇文章和整部著作来表达的主要观点说透彻。把时间投在这个访谈上,我不但没有丝毫为人作嫁的感觉,而且一种从未有过的成就感和满足感。别人从党同伐异的政党政治出发把这个访谈说成"国外那个大左派和国内那个大左派的联合"也好,或则从个人情感的层面同情地把它描述为两位孤独的批判学者间的"惺惺相惜"也罢,我更愿意把这一努力看作是构建学术共同体的具体实践。我相信,这篇经过新雨修订和补充的访谈不但对了解中国批判传播研究的基本立场和学术议程,而且对了解新雨的学术历程和学术贡献,包括她的研究在中国传播学发展史中的位置,都有重要的意义。

当然,这只是我的个人判断。虽然我自己忝列国内纪念改革开放30年中国传播学发展的一部历史性著作的学者传记中,但是,我注意到,书中没有新雨的贡献。不过,若非要拿这一现象说事,我相信这不是新雨的遗憾,而是中国传播学的遗憾。如果传播学是关于社会传播主体的传播活动研究的话,那么,正是新雨,不但一直在研究占中国社会最大多数的工人和农民的主体性问题,而且以在新的条件下如何实现共和国宪法中所规定的"工农联盟"为己任;如果中国传播研究应该关注中国"本土问题",那么也正是新雨一直在强调"乡土中国"的重要性和中国的城乡关系问题之于中国传播学的核心地位;如果传播学只有克服媒介中心主义和技术决定论才能摆脱自娱自乐的尴尬局面而在中国学术界和思想界赢得一席之地的话,那么,还是新雨不但从一开始就这么做了,而且几乎是唯一一位以她对中国社会转型有急迫和重大实际意义的理论问题的独到见解,而活跃于中国思想界的传播学者。

有点匪夷所思的是,新雨的学术背景是美学,不是新闻学或传播学,她主要关注的传播形式不是最主流的新闻和电视娱乐,而是纪录片——尤其是记录"底层"生活的纪录电影。也许,正是这样的"非主流"学术背景和对"非主流"传播文本和这些文本的创作者的关注,使她不但规避了"主流"传播学的西方中心主义和冷战社会科学巢穴,而且把自己的学术使命与现代中国革命的历史,与体现中国社会根基的"乡土中国",和代表中国社会最基层和基本的政治概念——人民——联系在一起?也正是因为这样,新雨的传播学术上(外)承从亚里士多德到德里达的理论,下(内)接重新理解中国农民革命和社会主义建设历史以及当今社会底层的纪录片的"地气",而有了批判学术的最重要的"激进"(radical)特质?事实上,正是她的这种"追根刨底"的彻底和纯粹的科学精神,使她从硕士时代对现代中国话剧的研究追到了博士时代对现代戏剧的西方源头——亚里士多德的《诗学》的研究,从对新闻、影视作品中对农民工的呈现研究进入到中国农民、现代性和城乡关系问题本身的研究,并先后撰写了《乡村与革命》《乡村与国家》这两部关于中国乡村问题的专著。而正是这样的跨学科或"跨界"的研究,使她对传播问题的分析比一般的传播学者有更深厚和宏大的社会历史视野,从而使她的研究有了传播学真正的"跨学科"的特性。总之,无论从研究内容还是做学术的路径上,新雨都可以称得上"激进"和"先锋"。

当然,我知道,在去革命和后"文革"的当下中国甚至整个中文语境里,"激进"一词很刺眼,既不和谐也不中庸。但在英文里,radical 有从"根"的层面,也即最基本的根源层面看问题和解决问题的意思。我自己,相信也包括新雨,正是从这个意义上来理解批判传播的"激进"本意。如果从贬义的"极端"和"不现实"角度来理解批判传播的"激进",并把这一特质作为批判传播所独有,那就大错特错了。实事上,就"极端"和"不现实"而言,追求"真正的"、不受政府干预的"市场经济"的市场原教旨主义才是"激进"的。今天,中国已然开启了"深化改革"并明言让市场在资源配置中起"决定性"作用的新时代,新雨的学术道路和学术实践对于我们在理解本书的核心问题,即学术的"公共性"问题的基础上,反思中国传播研究 30 年来所走过的道路,从而在新的起点上"再出发",有非常重要的启示意义。

## 二

相对于我向英文学术界展示中国传播学最"拿得出去"的学者,和促进中外传播学术共同体的构建这一动机而产生的直白访谈,作为本书第一部分题为《学术与政治——重读韦伯》的宏文,无疑是风格迥异的一个文本。在这里,读者需要静下心来,抛弃一些既定框架和对韦伯的现有误读,跟着新雨重新进入韦伯所处的时代和语境来思考社会科学方法,思考何为政治、何为民主以及何为知识分子等重大问题。对于习惯于网络语言和信息快餐的年轻学子来说,这可能是一篇比较晦涩难懂的文章。这不是那种茶余饭后的消遣文章,也不是那种上课前半小时匆匆看一眼就能得其要旨的普通学术论文。这是一篇不但需要你头脑比较清醒、心无旁骛反复研读,而且需要你随时准备挑战自己的现有认识,敞开心扉接受其新观点洗礼的文章。但是,对任何一位对学术的意义有所追求的学人来说,这样的洗礼或重新洗礼都是值得的和必要的。因为,这篇文章是我们在学术研究上,尤其是传播学术研究上,在总结和反思改革30年的成果与缺失的基础上,"再出发"前必修的学术理论和学术伦理功课。

这篇关于韦伯的长文写于2010年10月,而且被新雨当作本书的首篇,我想是非常意味深长和有现实针对性的。它不仅仅是为纪念韦伯逝世90周年而作,而是如新雨自己开宗明义所言,为了"借此整理中国知识界关于学术与政治、立场与价值等问题的纠葛"。正是在2010年的春天,中国的学术界和媒体界,更确切地说,在学术和媒体这两个"场"中部分长期集聚的力量互动中,发生了一场由《南方周末》对学者汪晖的所谓"抄袭"问题的人身攻击、道德讨伐,甚至对其进行行政调查的舆论胁迫。对于任何真正关心中国学术和媒体健康发展的人来说,学术共同体的撕裂是如此残酷,一家以"改革先锋"和"专业主义"自居的媒体以如此方式表现出党同伐异的工具理性,的确令人痛心疾首。然而,新雨不是就事论事——事实上,她的文章中根本没有提到这件事——更没有被当时学界和媒体界的普遍戾气和犬儒之气所绑架,而是以极大的理性和专业性通过"重读韦伯"来谈更有普遍意义的社会科学方法论,以及何为政治、何为学者和学术为何、新闻为何等问题。对于2010年以来的中国学术界来说,对于一个不断在提升社会科学地位和加强公共投入,并希望其在建设中国"软实力"和"深化改革"的过程中起到重要作用的国家来说,无论如何来评价这篇文章的良苦用心和对中国学术事业的建设性贡献都不为过。

当然,在这个官商学媒早已形成一个巨大的利益共同体的时代,在这个学术伦理和媒体伦理普遍沉沦,在这个学术场和媒体场上语言暴力肆横,在这个"公知"已是骂人的词汇,"教授"被耻笑为"会叫的野兽",学者和记者可以在北京的朝阳公园门口约架的时代,新雨借韦伯的思想资源正本清源,一边探讨中国现代性道路中的普遍性和特殊性这一重大理论问题,一边呼唤重构中国学术共同体和知识分子对自己"天职"的认识,新雨的努力也许是天真的、一厢情愿的，甚至是迂腐的。但是，就像我对一位向我提出同样看法的年轻学人所说的那样，既然我们选择了学者这一职业，既然我们手中只有批判的武器，那么，除了一边精心锻造自己的批判武器，一边以自己的言行维护学术共同体的开放性和基本伦理，还能有什么别的可以安身立命的呢？在这篇文章中，新雨写道："在韦伯那里，以学术为志业，正是一种知其不可为而为之的悲壮立场。这其实正是韦伯的自我描述和自我期许。"在我看来，这何尝不是新雨的"自我描述和自我期许"呢？

是的，在当下的中国学术界，有把学术仅仅当作权术和赢利手段者，有党同伐异者，也有各种投机取巧者，更有眼睛向上层看的知识分子立场定位——我自己就面对一位博士新生以下真诚的诘问忍俊不禁："赵老师，你都过上了中产阶级生活，为什么还批判？"虽然我的一位访问学者说，最怕我拿学生和访问学者作例子说事，但以下的故事的确让我很有感触：一次，我收到了国内一位素不相识的学者的访学申请，出于学术公共性和这位学者在研究兴趣、所处地域、年龄、性别等方面的代表性考虑，我推荐她得到了加拿大政府的高额访学资助。她来了，第一次与我见面，就以一位受压制和被剥夺者的主体性对我说，"我是没有话语权的"。我问，你和谁比？她说，跟我们领导。我问，作为一位大学教授，你跟工人农民比过吗？她很坦率地回答道，没比过，这个问题也没想过。

的确，在这个"知识分子与工农相结合"的道路已被"文革"悲情彻底否定的时代，在当年作为对"臭老九"的矫正和补赎而提出的"知识分子是工人阶级的一部分"正面政治定位早已被遗忘和抛弃的今天，在这个不是主动就是被逼去西方访学的中国学者（月初回国讲学，知道国内一所地方性普通大学的新规定：没有在国外一年以上的访学经历，就不能提正高职称）可能比到中国的工厂农村做田野研究的学者多的时代，谈学者的"天职"近乎奢侈，而谈知识分子与工农结合又怕要被扣"回到文革"高帽。但是，我们所从事的工作之所以还被社会认为是一种值得投入和关注的事业，我们之所以还能吸引除了把学术当作进入中产阶级的阶梯、把导师当"老板"的异化学术劳动之外的充满理想主义的年轻学子，不正是因为还有献身精神的学者坚守韦伯意义上学人的"天职"吗？而且，当一位学者通过自己的学术实践，使学生获得独立思考的能力，并在此过程中重新发现自我，确立自己的学术伦理，不再做自我异化的学术，并对自己作为一个社会知识分子所占有的话语权有超越自我认识的时候，他们不是为学术共同体注入了一份新的"正能量"吗？

## 三

新雨所实践的正是她所描述的那种在韦伯意义上既"客观"、"专业"又立场和价值鲜明，以人民利益和人类解放为最高诉求的学术。在本书的第三、第四部分的篇章中，她以学术视野，以丰富的世界历史和对中国社会的整体性理解为背景，娴熟地调用各种理论资源，以精到的文本解读方法和激扬的文字就种种影视传播文本和传播现象进行了精彩分析和富有建设性的批判。

在本书的第三部分，无论是对中央电视台2002年、2006年这两台春节晚会鞭辟入里的政治经济和意识形态与文化批判，还是对建立"公益电视台"的改革尝试所做的开放和审慎的评析，或是就中央电视台《新闻调查》节目所展开对媒体公共性的社会政治基础的分析，新雨无不以学术的公共性为依托来为中国媒体的公共性寻找理论和道义的基础、媒体制度和政策的支撑、社会阶层的依托，以及在具体媒体实践中实现的途径。在这一努力中，她反对历史虚无主义，珍视和正视中国革命的历史遗产和中国的"人民民主"制度许诺和历史性实践，反对浅薄的"国家对社会"二元论框架，批判把市场等同于自由和民主的市场原教旨主义立场，并毫不讳言"锻造国家的左手"的正当性和迫切性。她没有盲从西方教条和任何历史目的论，更没有像我们的访谈中所批判的那样：去历史化和去阶级化地生搬硬套哈贝马斯的"公共领域"理论。她不但把中国媒体的"公共性"作为一个历史的和具体的"社会过程"来看，而且注意到国家内部的公共性立场空间和媒体人对这种立场之坚持的可能性："国家并不是别人的，国家属于人民，属于我们每一个人，这是社会主义的承诺。国家需要我们去锻造，其空间需要我们去争取，民主需要一个在国家内部争取，需要锻造国家权力对社会弱势群体的保护和对社会意识的保护。这种锻造需要我们去践行，需要中国的媒体去奋斗。"

在本书的第四部分，新雨主要为我们展示了这些国家曾经的"主人们"与中国独立纪录片的呈现关系。而这些关系是复杂和多面的,甚至充满冲突的,这些影像作品和这些影像内外的人们——包括作为学者的新雨自己,都在这样的冲突中。现代世界体系已经把每一个体都深深地嵌入阶级、性别、种族、国家、区域和城乡之间的不平等这些社会关系中。经历了30多年的改革和与世界资本主义体系的"接轨"后,中国社会在阶级和性别等社会关系上也出现了前所未有的裂痕。由这些不平等的社会关系所构成的社会现实正是学术和媒体的"公共性"问题得以展开的场域。

如果说,有关《铁西区》的文章是以集体群像的形式讨论了作为社会主义中国最重要的"国家主人"——城市工人阶级的历史主体性和他们在当下作为"底层"的存在,那么,在这部分的其他主要文章中,新雨把视角移到了改革开放时期更为底层的庞大农民工阶层和农民阶层,以及"底层"的"底层"——农村女性和城乡结合部的女性性工作者,还有那些"行走"在她们中间的同样属于"底层"的中国独立纪录片导演们。如果《铁西区》关注的更多是我们熟悉的哈贝马斯公共领域理论中毫不暧昧的"公"领域,那么,在其后的几篇文章中,尤其是在《〈孽债〉、大众传媒与外来妹的上海故事》和《当女权主义遭遇纪录片》这两篇文章中,"公"和"私"的界限问题、"底层能否自己发声"和能否被呈现,以及中产阶级知识分子/学院女权主义相对于"底层"的学术特权和阶级地位等差——这些问题从来没如此尖锐和深刻地被讨论过。

在这些文章中,新雨一方面通过对"女权主义何为"等问题的探讨丰富和深化了本书第一部分有关学术伦理和"知识分子为何"的讨论,另一方面也从女性主义的视野和通过对女性主义内部复杂性的呈现,丰富和深化了有关媒体"公共性"的讨论。如果女性在寻求解放的道路上注定要经历华人批判学者林春所说的"最长的革命"的话,那么,正是在这些文章里,新雨作为一个中国女性主义传播学者的"激进性"——也即对社会最底层群体的解放问题的研究——得到了体现。然而,就像她在与女权主义行动者的交锋中所表现的那样,她不但反对任何形式的本质主义,并对把"资本家/劳动者、剥削者/被剥削者、主流/另类、上层/底层做简单的二元对立的区分"的道德主义立场持批判态度,而且对西方"基于个人解放的自由主义女权主义"理论和行动能在多大程度"切入中国社会现实的能力",尤其是中国底层社会的能力,提出了疑问。

不过，新雨不是狭隘的民族主义者和本土主义者，就像她不是盲目的国家主义者一样。与当下国内知识界的其他一些批判学者一样，她在认识到建设一个强大的民族国家在全球资本主义体系中的必然性的同时，一直强调这个国家的"人民"性和"人民至上"的社会主义立场。在这里，"人民"，正如新雨所言，是"一个无法被'市民'和'公民'所取代和消解的政治概念"。也正是在这个意义上，她在评论《舌尖上的中国》为什么成功时，不但把这个纪录片与她自己一直在关注的"乡土中国"相联系，而且认为，一个国家的软实力体现在这个国家的人民对生命意义、对文化与社群关系的理解上，因此，"中国真正的软实力是体现在百姓中间"。

当然，作为世界性的社会运动，社会主义立场就必然包含着国际主义的立场。也正是在这个意义上，新雨非常看重中华民族在反帝反殖的建国过程中和毛泽东所领导的社会主义建设时代的国际主义遗产，以及这一遗产在今天的重要意义。这一立场在本书第四部分有关英国和加拿大的纪录电影运动重要人物格里尔逊和中国电化教育创始人孙明经的世界历史比较研究中依稀可见，而在那篇题为《"我想将你们尽可能地引向远方"》的有关知名荷兰国际主义者伊文思导演与二十世纪中国的文章中表现得淋漓酣畅。

从毛泽东《纪念白求恩》的"老三篇"中，我们都知道加拿大的白求恩——一个共产党人，不远万里，来到中国参加反法西斯主义的战斗并献出了生命，从而成为了国际主义精神的化身。从新雨的文章中，我们知道，"从来没有参加过共产党的伊文思一辈子却信仰和投身于社会主义"，而且"这位二十世纪最重要的，也是真正具有世界意义的纪录片导演"不但把中国作为他最后的归宿，而且还把自己对中国1970年代的独立观察和思考留在了一部与"老三篇"中的《愚公移山》同名的长近十二小时的电影鸿篇巨制中。就像重读韦伯和研究梁漱溟是为了重建今天的学术和媒体公共性，并为重新弥合今天的城乡鸿沟和克服资本主义的生态和精神危机寻找出路一样，新雨相信，"在三十年过去的今天，当重新清理中国的社会主义遗产成为这个时代的另一种内在要求的时候，重新去看待伊文思对中国七十年代的描述会是一个重启历史的契机"。

的确，在"中国崛起"成为显学和资本主义深陷多重危机的今天，梳理中国的革命和社会主义国际主义遗产不仅事关中国的未来，也事关世界的未来——而事实上,中国的发展从来就是世界历史的一部分,中国的社会主义实践也一直不只是中国人的事业。这也使我又一次想起自己更熟悉的传播政治经济学领域的、我在西蒙菲莎大学时的前辈达拉斯·斯迈思。作为一个国际社会主义者,斯迈思在1970年代两次访问中国,并在自己的著作中对中国的1970年代提出了独立的观察和思考。

这种思考,可以说是中国传播政治经济学的开端。我们需要一头扎进中外文献的书斋,一脚踩在中外传播实践的田野,风雨无阻,有恒心,有定力,像在法西斯的监狱里写出不朽《狱中杂记》的葛兰西所说的那样,以"思想上的悲观主义者,意志上的乐观主义者"的姿态,一步一个脚印地慢慢前行。

作为一位有担当的以学术为志业的学者,新雨的学术成果是用心血写成的,更是用脚跑出来的。就像她在讨论梁漱溟时所说的那样,最重要的,"就是努力地深入社会的脉络,建立与社会血脉相连的有机联系"。在作为本书后记的对入学新生的演讲中,我们看到了她在有关亚里士多德《诗学》论文获得博士学位后,初入新闻传播学之门时去媒体实践、为田野调查奔波的身影。

"为天地立心,为生民立命",正是真正的知识分子的共同追求。

是为序。

农历 2013 年腊月二十八,温哥华

# 学术与政治:重读韦伯[①]
## ——关于社会科学研究方法论的笔记

---

[①] 本文曾分两部分发表,《价值无涉与学术公共领域:重读韦伯——关于社会科学研究方法论的笔记》,载《开放时代》2011年1期;《学术与政治:重读韦伯——关于知识与知识分子伦理问题的笔记》,载《中国人类学评论》第21期,世界图书出版公司,2011年12月。

讨论社会科学研究的方法论问题,韦伯是绕不过去的。"价值无涉"已经被我们念得耳熟能详,但是韦伯意义上的"价值无涉"究竟应该如何理解?在学术界依然晦暗不明。当今中国社会发展与危机并重,思想界因此存在严重分歧,学术与政治的关系也变得云谲波诡,有学者提出应该用"去道德"和价值"无立场"的方法来应对这样的局面。① 但是,"去道德"与"无立场"究竟在什么意义下才是可能的和有效的?在韦伯的语境下,政治与学术究竟意味着什么?2010年,正值韦伯逝世九十周年,韦伯的著作再次在汉语世界中大量出版。重新阅读韦伯,并借此整理中国知识界关于学术与政治、立场与价值等问题的纠葛,已经成为具有重大理论与现实意义的议题。

## 一、"先知"与知识分子
### ——学术的伦理与天职

韦伯在《以学术为业》的著名演讲中,处理的核心问题是:在一个学术的外部和内部均存在重重危机的情势下,学术究竟何为?学术的意义何

---

① 关于此一问题的争论,可参见罗卫东:《社会科学从业人员的理性回归:重返韦伯》,载《浙江社会科学》2006年第5期;冯钢:《"客观性"、"理想类型"与"伪道德中立"——评罗卫东的"重返韦伯"》,载《浙江社会科学》2006年第6期,其讨论的核心问题是如何看待经济学与道德的关系。本文在第三部分对此的讨论,与上述两位作者的观点都有重大不同。另外,赵汀阳提出的"无立场"分析方法以及相关讨论也包含了这样的意愿。

在？韦伯演讲一开始描述的是学术事业所面临外部环境的巨大压力：

首先，他对比了德国和美国的学术体制对于年轻人的严酷，指出德国与美国的大学都存在着"国家资本主义形态"，即企业化的趋同趋势，研究机构对大量经费的依赖，其官僚化使得一个学者的"才干"并不能发挥应有的作用，就像议会一样，庸才和投机分子总是占有重要的位置。学术的前程掌握在"命运之手"，而不是靠"才干"。

其次，要想在大学从事学术的年轻人，必须认识到自己任务的双重性，即作为学者与作为教师，两者并不是一回事。在现存的大学制度下，教师总是面临着需要依赖学生人数来获得讲课费的生存压力和诱惑，正是这样的现象，压制了对学者素质的评价。韦伯明确地表示，"我对那些门庭若市的课程深表怀疑，尽管这种现象可能难以避免。民主只应当在适当的地方，而德国大学传统中所实践的，是精神贵族式的学术教育，对此我们无需讳言"。[①] 因为，以恰当的方式将科学问题呈现给学生，使他们能够进行独立的思考，正是教育事业唯一重要的事情，也是最艰难的任务，正是这一点决定了它的"精神贵族"的性质。但是，承担这样的教育使命，代价却是"你能够承受年复一年看着那些平庸之辈爬到你头上去，既不怨恨也无挫折感吗？"虽然是为了"天职"而工作，但是韦伯说"只有极少数人能够无动于衷地忍受这种事"[②]。因此，年轻的学者必须意识到，学术生涯几乎是一场人生赌博，因为它有着几乎难以承受的责任，犹如地狱的入口。

第三，正是在上述外部学术环境恶劣的情况下，韦伯强调学术内在志向的重要性，如果没有某种迷狂和热情，这个人便不会有科学的志向。但是，这只是一个前提。这个志向还必须要接受学术空前专业化的制约，今天，只有彻底的专业化，才能具备学术信心取得成就，这是一个理性化的过程。这并不意味着科学可以化约为计算问题，以为科学可以从实验室或统计卡片索引中制造出来，所需要的只是"智力"而不是心灵，这是无知，科学需要灵感和想法。专业性的工作和以此为基础的创见，缺一不

---

[①] 马克斯·韦伯：《以学术为业》，见《学术与政治》，冯克利译，北京：三联书店，1998年，第22页。

[②] 同上书，第23页。

可,彼此不能互相替代,这也使得学术充满风险,需要从事者有彻底的献身精神。

针对内部和外部种种限制,韦伯特别强调科学不是一项"表演"的事业,而必须是发自内心地献身于学科。

> 在科学领域,假如有人把他从事的学科当作一项表演事业,并由此登上舞台,试图以"个人体验"来证明自己,并且问"我如何才能说点在形式上或内容上前无古人的话呢?"——这样一个人是不具备"个性"的。如今我们在无数场合都能看到这种行为,而无论在什么地方,只要一个人提出这样的问题,而不是发自内心地献身于学科,献身于使他因自己所服务的主题而达到高贵与尊严的学科,则他必定会受到败坏和贬低。①

科学需要的是从内心出发真正地献身于一个永无止境、必然会被超越的科学进步的过程。这是一个理智化的非宗教过程,今天的科学并不是通向"神"的"幸福"之路,它甚至窒息了世界存在着的"意义"这种东西。科学不涉及终极关怀,是因为科学的有效性是有边界的,它是以假设(概念)为前提的,而它自己并不能证明这个假设。科学研究的成果,是从"值得知道"这个角度来说的,也只是在这个意义上,它是重要的。它所预设的是,科学的"关切"是以这个过程参与文明的共同体,但是,它预设的这个"关切"绝不意味着这一关切是不证自明的。科学描述的这个世界是否值得存在,活在这样的世界里是否有意义,这些都不是科学需要和能够向自己提出的问题。因此,学术作为一种"天职",是在知识"为了自身的目的"的范围内的,是知识自身的"伦理"体现。

正是从这样的科学立场出发,韦伯指出讲坛不是"先知"和煽动家应待的地方,他们应该到大街上去对公众演讲,即到能够听到批评的地方去说话。学术是"为深思熟虑疏松土壤的犁铧",不是"对付敌手的利剑"。对实际政治问题所持的意见,同对政治结构和党派地位的科学分析是两

---

① 马克斯·韦伯:《以学术为业》,见《学术与政治》,冯克利译,北京:三联书店,1998年,第27页。

回事。

例如,如果要在课堂上讨论民主,就应当考虑民主的不同形态,分析它们的运行方式,以及为每一种形态的生活条件确定具体的结果。然后还要将它们同那些非民主的政治制度加以比较,并努力使听讲人能够找到依据他个人的最高理想确定自己立场的出发点。①

真正的教师会保持警惕,不是或明或暗地将自己的态度"强加"给学生,他应该要求自己做到知识上的诚实。课堂上,学生必须听老师说话,但是课堂上的老师因为没有人能够批评他,如果他不能尽自己的职责,用知识和科研经验帮助学生,而是乘机渔利,兜售自己的政治见解,就是不负责任的做法。因为作为"科学"的学术无法涉及终极关怀,在一个不同制度的神和价值相互争斗的时代,价值的多元性使得一些事物不美、不善、不神圣,却可以为真。在一神论的基督教被祛魅之后,价值多元性之间的争斗和冲突已经成为对日常生活的要求,因此,必须勇于正视这个时代的文化命运。对于大学的教师来说,课堂并不是"政治"的领域,这里的政治指的是党同伐异的政党政治,教师不应该扮演政党领袖的角色,其首要职责是要教会他的学生承认"令人不舒服"的事实,即相对与他的党派观点而言不同的事实。教师要做到使学生头脑"清明",能够在价值问题的选择上,找到自己的立场和实践的手段,因此,教师的职责是向他们指出选择的必然性,并且到此止步,即不是把自己的立场灌输和推荐给他们。诸神之间无尽的争斗,意味着对待生活的各种可能的终极态度,是互不相容的,其斗争也是不能有结论的,因此,必须在它们之间做出抉择。但是这个抉择需要每个人自己去做,而不是依靠外在的"先知"或者教师。

在这个意义上,作为学术的科学本身的确是一种价值判断,只是它必须建立在专业立场之上。这个价值判断并不是派发神圣价值或者神启,而是通过严格的专业化学科的操作,服务于有关自我和事实间关系的知

---

① 马克斯·韦伯:《以学术为业》,见《学术与政治》,冯克利译,北京:三联书店,1998年,第37页。

识思考,"一名科学工作者,在他表明自己的价值判断之时,也就是对事实充分理解的终结之时"①。在一个世界已经被祛魅的时代,终极性的神圣价值已经从公共领域里消失了,学术界的伪"先知",即盲目的信仰所能够创造的不过是狂热的宗教团体,而绝不是真正的学术共同体。必须正视不同立场的知识性存在,因此,课堂上理智的正直和诚实才是最大的美德,也即学术共同体赖以生存的美德。在韦伯看来,在一个上帝死去、诸神争斗的时代,学术共同体的存在,其重要性正在于提供自我和事实之间关系的知识性思考,而这样的思考必须是在容纳多元的甚至互相冲突的价值观的基础上进行,否则就是学术的丧失。正是在这个意义上,学术不是神学,也不是"政治",必须摒弃这两种意义上的"煽动"性。我们需要在这个基础上去理解韦伯之"价值无涉"的原则,即作为学术共同体本身的兼容并蓄的原则,它以事实和知识上的联系为基础,以正直与诚实为工作原则,舍此,则是学术共同体的毁灭。

但是,这并不意味着生活中的重大问题不需要去解决,科学对信仰所做的贡献及其界限,正在于它帮助人们确立自己与目标之间的选择关系,"形象地说,你将侍奉这个神,如果你决定赞成这个立场,你必得罪所有其他的神。因为只要你坚持忠实于自己,你必然会达到这样一个终极的、有着内心意义的结论"。科学不能代替,但是可以帮助我们对自己行为的终极意义做出说明,帮助我们做出自己的抉择,并以此承担背叛众神的后果。对于今天的人们:我们应当去做我们的工作,正确地对待无论是为人处世还是天职方面的"当下要求"——这才是最重要的。在这个意义上,科学的"价值无涉"不是抹杀立场,其目的正是为了确立价值立场,但是这样的价值立场必须以其他价值立场的存在为前提,才是有意义的和有效的。也就是说,作为个人的研究者必须置身于一个被认可的学术共同体,而一个没有歧见和不同立场的学术共同体,就不是学术共同体,而只是被一种霸权控制的意识形态领域,这才是韦伯强调教师在课堂上以不扮演伪"先知"为学术伦理的关键——对此,我们理解得并不够。

对于韦伯来说,以学术为志业,意味着必须有极大的勇气承受外在环

---

① 马克斯·韦伯:《以学术为业》,见《学术与政治》,冯克利译,北京:三联书店,1998年,第38页。

境的风险,倾听内心的使命,通过献身于"专业化"的思想过程,来为这个世界提供从不同立场建构的知识图谱,这是一种守望的立场——是对启蒙精神及其理性主义的艰难的,也是坚定的守望。在一个已经没有"先知"和圣徒的时代,这是正直和诚实的学术的唯一使命,也是知识分子"令人颤栗"的命运——当他们守望未来的时候,面对询问和等待的人们,他们不能做"理智的牺牲",不能屈从大众的要求而给予廉价的满足。韦伯引用了《旧约·以赛亚书》中的一段话作为当代知识分子的肖像,并以此结束了整篇演讲:

> 对于这么多期待着新的先知和圣徒的人来说,他们的境况,同以赛亚神谕所包含的流放时期以东的守夜人那首美丽的歌所唱的完全相同:
> "有人从西珥呼问我,守望的啊,黑夜如何。守望的说,早晨将至,黑夜依然,你们若要问就可以问,可以回头再来。"
> 听这话的那群人,询问和等待了已经有两千年以上,我们晓得他们那令人颤栗的命运。从这里我们应当得出的教训是,单靠祈求和等待,只能一无所获,我们应当采取不同的行动。我们应当去做我们的工作,正确地对待无论是为人处事的还是天职方面的"当下要求"。如果每个人都找到了握着他的生命之弦的魔鬼,并对之服从,这其实是平实而简单的。①

以东和西珥是耶路撒冷陷落前后,被耶和华诅咒和惩罚的罪恶与敌对之地,没有被许诺拯救的希望。但是,韦伯发现:以东和西珥也正是耶和华智能的古老发源地。② 在《古犹太教》一书中,韦伯再次引用了上述《旧约·以赛亚书》中关于西珥的呼声这一引言。而玛丽安妮·韦伯在《韦伯传》中描述韦伯对年轻人的影响时,也引用了这一段古老的箴言③。

---

① 马克斯·韦伯:《以学术为业》,见《学术与政治》,冯克利译,北京:三联书店,1998年,第49页。
② 见《韦伯作品集XI:古犹太教》,康乐、简慧美译,桂林:广西师范大学出版社,第168页。
③ 玛丽安妮·韦伯:《马克斯·韦伯传》,阎克文、王利平、姚中秋译,南京:江苏人民出版社,2002年,第688页。

鉴于《古犹太教》的写作和发表时间与《以学术为业》、《以政治为业》的演讲时间几乎重合，即都是在一战结束前后，而《古犹太教》又是韦伯生前出版的最后一部著作，因此这两篇著名演讲与《古犹太教》（以及身后被编辑出版的《经济与社会》）之间其实存在着内在的、重要的对话关系，后文将再讨论。韦伯认为：今天的知识分子作为社会的守夜人，面对询问和等待的人群，他们所唯一能回答的是：早晨将至，黑夜依然。以理性精神为这个社会及其文明承受漫漫黑夜，在大众社会吁求救赎的强大欲望面前，不被压垮，不妥协，不靠逢迎听众来获取私利，甚至不屈服在社会的暴力之下，正是学术和学术共同体在今天的历史责任和历史命运。在一个已经祛魅的时代里，学术与学术共同体是社会唯一可能的"理性"的锚定——尽管危机重重，也正是因为危机重重，才更需要凸显真正的知识分子的品格。在韦伯那里，以学术为志业，正是一种知其不可为而为之的悲壮立场。这其实正是韦伯的自我描述和自我期许。

玛丽安娜·韦伯在著名的韦伯传记中，记述了晚年的韦伯面对一战之后动荡的国内与国际形势下着力研究宗教社会学的情景。正是战争和政治活动的经验使得他对古代以色列人的厄运预言先知耶利米的命运发生了深刻的共鸣，"韦伯分析它的时候，跟分析清教徒的时候一样，都在其中投入了自己巨大的内在感情。晚上玛丽安妮听韦伯朗读手稿的时候，总是从很多段落中看到了他自己的命运"[1]。不同于基督教的使徒和先知们有着门徒和大量的拥护者，这位对以色列国发出末日预言，并目睹和经历了这一切劫难的先知耶利米是不断地遭受迫害，社会试图利用暴力、欺骗、嘲讽来诋毁他的预言，他无法依靠基督教团体的那种精神情谊来支撑自己，相反，不被群众理解、被群众憎恨，"他从来没有基督的使徒曾经有过的那种有同道支撑和砥砺的感觉"[2]。当内心孤独的痛苦吞噬他的时候，他祈求耶和华收回他的预言能力，他不想说出预言，但他必须说，他说出预言的行为本身成为他最可怕的考验。耶和华要他不要结婚，不要生儿育女，在后期的犹太传说中，他随着虏掠的犹太人到下埃及，最后在

---

[1] 玛丽安妮·韦伯：《马克斯·韦伯传》，阎克文、王利平、姚中秋译，南京：江苏人民出版社，2002年，第681页。

[2] 同上书，第682页。

那里被人用石头砸死。韦伯认为,这样的预言者总是在强权危及到祖国,当犹太民族国家面临生死存亡的时刻涌现,并不可避免地卷入到政治分化和利益斗争的激烈漩涡中。在韦伯看来,这个厄运的预告"先知"耶利米就是现代社会知识分子的肖像。面对国破家亡的时代,这位孤独的"流泪"先知作为耶和华的使者严厉地批判君主和统治者的不义,在最危难的情势下保持着对民族的忠诚和情感,正寄托了韦伯对于现代社会知识分子的理想。玛丽安妮认为,把这样的犹太教的先知处理为一种特殊的类型,是韦伯晚年的独创。

这里,需要对韦伯关于"先知"的研究有更多的了解,才能看到问题的深处。韦伯关于犹太先知的叙述主要集中在两个部分,一是在《古犹太教》一书中有最详尽的分析,另一是在《经济与社会》上卷中进行的集中总结。特别是在《古犹太人》中,我们可以清楚地看到韦伯是如何建立他对于犹太先知的特殊理解。

韦伯认为"孤独"是这类"先知"有别于其他先知的地方,因为他们是灾异的预言者,是不受欢迎的人,因此无法用预言来营利。

> 他们之所以孤独,在社会学上,理由首先是在于:灾异预言并不像福祉预言那样可以做职业性的传授,再者,灾异预言也无法用来作为营利的事业,因为没人会去买恶兆——所有的灾异神谕无不是恶兆;最后,所有的社会权势者与共同体全都会避开灾祸先知,或者甚至斥逐他们是民众与一切好运兆的败坏者。换言之,孤独,以及自灾祸先知起才被提升为原则的拒绝以神谕来营利,乃是社会的情势使然,而只有部分是自愿的。①

这类独立的、具有政治取向的"先知"在历史舞台上的登场,是与大卫和所罗门统治下的以色列王国经历政治及社会结构大变迁的背景紧密相关,也与当时的世界局势不可分割。先知以利亚第一个把对王的社会不公义作为其尖锐批判的对象,对于他们而言,一切的灾祸都起源于国家转变为赋役制国家,整个官僚制的组织变成了埃及式的暴政。以色列的农

---

① 《韦伯作品集 XI:古犹太教》,康乐、简惠美译,桂林:广西师范大学出版社,第 154 页。

民感受到的是王与城市贵族在政治经济上的优势和自己本身的逐渐债务奴隶化,这就使得独立于王权的先知召唤耶和华本身作为统帅来率领农民召集军的时代再次降临。也因此,耶和华是历史的神,也是政治—军事史的神,是誓约共同体的同盟战神,也是政治命运的神。作为政治家的先知正是在这个时期开始宣讲。

  从事著述的先知直到俘囚期才出现。早期的先知公开地向听众演讲。此外,这也意味着:若无列强的世界政策威胁着祖国——其最令人印象深刻的神谕多半是在响应此一问题——先知便不会出现。①

  正是在国王和王权的外来威胁日渐升高,这样的预言的脚步才开始一步步向耶路撒冷挪动。最常见的情况是,先知会无法自抑地在"自然的灵光涌现之下,站在市场上向群众演讲,或者在城门边向长老宣告",其关怀的重点在于"国家与民族的命运。而且,一般总是采取激情攻击当权者的形式"。② 在韦伯看来,这是历史上第一次可以证实的"群众煽动",它完全不同于希腊城邦政治神谕的学术的、官方的和军事的结构。只有以色列的先知是以纯粹的私人身份,在耶路撒冷进行宗教性的群众煽动,"其神谕有如穿出黑黝沉郁的闪电照射在未来的黯淡命运上,不但具有权威性,而且不顾所有既定的议论"。先知的神谕也以公开信和政治性宣传小册的形式出现,韦伯认为,这就是针对时事而发的最古老的政治评论文献。

  与此同时,则是先知饱受各种人身攻击、公开辱骂,以及暴力斗争。作为厄运预告的以色列先知对于自己的预言成真,并没有胜利感,而是深沉的悲哀,同时也期望神的恩宠和美好日子的降临。尽管听众顽冥不灵,但是先知还是要让自己不因为卑言秽语而丧失成为耶和华喉舌的权利,"他因言语高尚,如此耶和华才会让民心归于他"。③

  这些先知全都被卷入党派对立与利害斗争的漩涡里,尤其是涉

---

① 《韦伯作品集 XI:古犹太教》,康乐、简惠美译,桂林:广西师范大学出版社,第 340 页。
② 同上书,第 343—344 页。
③ 同上书,第 349 页。

及对外政策方面,这是无可奈何的事。夹在一边是亚述另一边是埃及这两大世界帝国之间,民族国家所面临的是要存还是要亡的问题。每个人都要选边站,尤其是有公众影响力的人更不能回避这样的问题:站哪边? 就像耶稣也不能免除,付贡金给罗马到底对不对的问题。不管先知愿或者不愿,事实上他们在当时为内政问题拼斗激烈的诸党派里也起着领导的作用,而这些党派同时也莫不是特定对外政策的担纲者,因此他们也被视为党派成员。①

但是,韦伯通过分析以色列先知的各种作用,得出的结论是:客观上是政治的尤其是国际政治的群众煽动家与政论家,但主观上绝非政治的党派分子。因为,他们根本不是以政治利害为首要取向,国家及其活动本身也并非其关怀所在,他们也不提这样的希腊人的问题:如何成为一个好市民? 他们关心的是耶和华的律令和宗教的伦理,是纯粹的宗教动机,而不是现实政治。虽然他们自身不是民主社会理想的担纲者,但是当时反赋税制和反吉伯林姆(武士阶层)的强大社会政治力量却给他们的宗教宣言提供了共鸣板,也影响了他们观念世界的内容。而这个过程,"是通过知识分子阶层的媒介才达成,他们不止致力维护前所罗门时代的古老传统,而且与先知的社会处境相仿佛。"②这里,我们看到的正是韦伯理论里"先知"与政治、知识分子的关系。

韦伯再三强调,一个重要的原则将先知在身份上统一起来,就是其神谕的无偿性,这使得他们与王权的官方先知区别开来,后者被他们诅咒为王国的毁灭者——先知只有在其时代的世界政治舞台的巨大共鸣箱上才能够为人所理解。身具个性卡里斯玛的先知挺身而出否认官职卡里斯玛具有施教的资格,神的话语和律法,而不是官方主持的祭祀本身,才是最重要的。因此,先知们是把耶和华作为伦理的报应之神,把因善称义与祭祀的形式主义对立起来。

韦伯在《古犹太教》中特别开辟一章讨论先知的"心理学与社会学特质",这一部分对于我们理解韦伯的知识分子观非常关键。韦伯强调了以

---

① 《韦伯作品集 XI:古犹太教》,康乐、简惠美译,桂林:广西师范大学出版社,第 350 页。
② 同上书,第 355 页。

色列先知领会其自身体验的方式在于"忘我":

> 忘我的状态并不是因其本身并且作为个人的救赎财而被认为有价值,反之,它被赋予了另外一种完全不同的意义,一种"使命"(Sendung)的意义。①

韦伯以浓墨重彩的方式描述了先知们两种忘我的状态。一种是当先知并未被求问而发出的,是纯粹在耶和华灵感的压力下,特别是国难当头或罪恶印象深刻冲击之下,先知的心神被夺而不能自已,这以俘囚期的先知们为代表;一种是事前被求问,先知需要在祈祷中沉思默想被求问之事,直到他有了解释,他才开始说话:部分是耶和华以第一人称说话,部分是报告关于神的话语,这以俘囚期前的先知们为代表。先知们在"被神充满"的灵感状态下,会喷发出惊人的激情和诗情。韦伯追问道:这种激情从何而来?它源于热烈的确认,确信自己已成功掌握了亲身体验之事的意义,即耶和华借着这种忘我的激动到底意所何指,以及耶和华命令他用令人理解的话语到底要说什么。先知的忘我和激情是因为确信自己必须做耶和华的口,说出神的话,或者让神借着他说话,"他们并未寻求忘我,是忘我临到他们身上"。②

这些应该正是玛丽安娜描述的韦伯投注了自己内在极大情感的部分。韦伯认为不同于基督教是将教团本身作为神灵的担纲者,以色列的古代先知们恰是在绝对的孤寂中,在旷野,在沙漠,预言的灵降临在作为个体的先知身上。使命将先知驱赶到街头群众面前,这不过是先知们从自身体验的解释中所导致的结果。他们并不是因为只有在群众面前才有神圣的感觉,而是相反。他们自知不为听者大众所了解,甚至被痛恨,所以他们从来没有像基督的使徒一样,称其听者为"兄弟"。"内在孤寂的整个激情压倒了他们自己的心情——俘囚期之前的预言里正是盈满着严苛与尖酸的调调,或者如何西阿那样,既感伤又悲哀。"只有少数几个忠诚的弟子记录下先知的预言。

---

① 《韦伯作品集 XI:古犹太教》,康乐、简惠美译,桂林:广西师范大学出版社,第 368 页。
② 同上书,第 370—371 页。

灾祸先知从自己和幻象的孤苦搏斗中走出来,然后在众人战栗与畏惧的目光注视下——总是不受喜爱而往往遭到辱蔑、嘲笑、威胁、吐口水与打耳光的情况下——又再度回到自身的孤寂里。这些先知的神圣状态,在此意义上,是彻底自内而发的,并且,他们自己连同听众也无不这么感觉:这并不是感情性的实时群体作用的产物,不是什么外来的效应,而是个人内在由神所遣使的状态让先知处于忘我的症状。①

因此,并不是"忘我"本身决定其神圣,因为各种不同的预言家都会以"忘我"式的迷狂作为其合法性的来源。而是,对于以色列的先知来说,神的声音所赋予先知以保证:他们是神的工具。因此,韦伯强调:他们是以清醒的宗教"理性"精神去与形形色色的迷醉崇拜进行斗争,"没有任何一位先知想要去掌握某种凌驾于日常伦理道德的仪式性或禁欲性的救赎之道,丝毫没有"。② 这一点至为关键。

先知耶利米把与传统的宫廷救赎预言对立看成是历史的指针,这可以从对抗赋役制王国和吉伯林姆(武士阶层)的社会斗争中获得解释。"真正的先知不会宣告这些被唾弃的大人物有何救赎"③。这是因为,先知处于一个政治的民族共同体中,他们关切的是这个共同体的命运,要求人们遵从神的律法,因而是伦理性的,而非崇拜性的,这与基督教的传道刚好相反。"先知们以神的名作讲论,正是由以色列的知识阶层特别是由利未人的律法书已预先准备好了的观念世界",因此,这些先知并不宣告新的神观,也不宣告新的救赎,他们要对抗的正是对既存的神的命令的背叛,也正因此,先知们变成了政治家。以下的这些话,如果与韦伯对学术的讨论对照起来读的话,我们就能够更明白韦伯的深意了:

有时候,似乎任何一位先知都难免绝望透顶。……然而,他们其中未曾有任何一人怀忧丧志弃绝到底。他们的未来期望,如同其政

---

① 《韦伯作品集 XI:古犹太教》,康乐、简惠美译,桂林:广西师范大学出版社,第 372—373 页。
② 同上书,第 374 页。
③ 同上书,第 374 页。

治,一样的乌托邦。此种期望从背后支配着先知的一切言行那般,从内在总摄着先知的整个思想世界。①

这不正是韦伯在演讲中对当代知识分子的要求吗?正是从韦伯对古代以色列先知的描述中,我们才能够懂得其赋予学者与政治家的"天职"所蕴含的意义。韦伯对这些犹太先知的评价是放在具体的历史脉络中去建立的,尤其是放在以色列民族从政治共同体向宗教共同体转化的枢纽时期,正是在这样的时期,先知们挺身而出以信念承担起整个民族共同体生死存亡的命运。

> 若无这些全民皆知又害怕的群众煽动家的强大威信,我们很难想见耶和华作为摧毁耶路撒冷又将之重建的世界之神的观念,如何能获得权威性的地位,因为这观念,与纯粹庶民的如同与纯粹祭典祭司对于以色列与神之关系的见解,大相径庭。倘若没有先知的灾祸预言——在大庭广众之下宣告,并且在百年之后仍被记得(《耶利米书26:18》)——经过证实而震撼人心的经验,我们完全无法想象,人民的信仰在历经恐怖的政治命运之后,不仅没有被击垮,反而正是在一种独一无二且空前绝后的历史吊诡里,这才明确恒久地巩固下来。旧约的整个内在结构,若非以先知的神谕为取向,将令人无从想象;这些巨人的幽灵横越千年而直达现代:这部犹太人的圣书不但也是基督教的圣典,而且拿撒勒人耶稣的使命的整个解释尤其是取决于神对以色列的古老应许。②

正是在这样的意义上,这些古老先知扮演的既是知识分子也是政治家的双重历史角色,他们正是韦伯的两篇演讲《以学术为业》、《以政治为业》思想的底色。

我们可以来比照一下在《经济与社会》中韦伯关于先知的主要观点。这里,韦伯更多的是总结先知的一般社会学意义,也即把他们与各种不同

---

① 《韦伯作品集XI:古犹太教》,康乐、简惠美译,桂林:广西师范大学出版社,第402页。
② 同上书,第417页。

类型的先知、政治家和哲学家们做了明确的区分。这里略加概括,首先,先知的定义是:一种超凡魅力的纯个人载体,他根据自身的使命而昭示一种宗教教义或者神谕。"个人"天职,或者个人启示与超凡魅力是"先知"区别与从传统获得权威的"祭司"的决定性要素,因此,几乎没有先知产生于祭司阶层,并非偶然。先知也不同于巫师,其使命的核心是教义和诫命,而不是巫术。典型的先知是为了思想而传道,其预言是无偿的。而先知在前小亚细亚地区的大量出现,是与海外的殖民开拓,城市的形成及其由于市民武装的发展而带来的城邦的变化平行发展的。历史上的先知与立法者之间区别并不固定,在社会存在紧张的情况下,先知就会被召唤到担任独立公正的仲裁者的职位上。摩西作为一个仲裁者,是以货币经济以及由此造成的社会冲突为前提的,调和与预防这些冲突,利用一个统一的民族之神来组织以色列的联邦,并发展对外扩张,是其事业。大多数以色列的先知身上都具有对社会分化尖锐问题的关怀,使得他们关注和介入社会改革,虽然其目的是宗教性的,他们是把社会及其他类型的不公看成是对摩西律法的亵渎。而且更重要的是,他们关心为上帝开拓事业舞台的对外政治。但是,不同于传统的立法者和仲裁者,由于先知是依靠神的默示而获得权力,因此他们与世俗的权力之间存在着紧张的关系,他们不是接受使命,而是"夺占"使命。不过,不同与希腊僭主迎合大众(而非贵族)的宗教情感,先知的使命是宗教目的以及建立在反对迷醉崇拜的宗教理性。不同于哲学的伦理学家的导师角色,先知具有更多的"政治家"的色彩和神启的宗教使命。不同与一般的社会改革家,先知依靠直接默示的宗教使命,而不是靠仪式、秘法或者巫术。而个人的宗教默示是韦伯所强调的先知类型的决定性特点。在划清了种种界限之后,韦伯把先知区分为两个类型:伦理的先知预言(ethical prophet)和典范性的先知预言(exemplary prophet)①。前者指的是"先知"人物受神的委托而成为神的

---

① 阎克文译本为:道德预言和样板式预言,见《经济与社会》第一卷,第447页,上海:上海人民出版社,2010年。林荣远译本为:伦理的先知预言和典范性的先知预言,见《经济与社会》上卷,商务印书馆,1998年。参照英译本:Economy And Society, Volume One, Edited by Guenther Roth and Claus Wittich, University of California Press ,1978,p.447,这两个概念的翻译,林译本应该更贴切,故这里采纳林译本。本文关于《经济与社会》的其他部分引用主要采纳阎本,部分采用林本。

工具,把这种对神的服从作为其绝对的伦理义务。他特别关注《旧约》中所描述的以色列先知时代就属于这种类型,这是因为存在着高度人格化的、超世俗的、伦理的最高神及其律令。而第二种类型指的是以自己的榜样向别人指出宗教救赎的路,其布道既非受神的委托,也不存在伦理服从的义务,而是求助于救赎者自己的利益,以现身说法使其走上与自己经历的同一道路。韦伯认为前者是前小亚细亚地区独有的现象,也就是说耶和华作为一个高度人格化和伦理化的神,其严峻的律法和伦理正是犹太教所特有的,所以其伦理型先知也是具有特殊性的存在,这是因为"其独特的性质看来都是决定性地受制于相邻的、已被高度控制的社会组织大型中心对不太发达的毗邻民族形成的压力。后者从令人恐惧的民族那种无情的好战性中感受到自己面临无休止的危险,往往会从中看到一个天王的愤怒与恩宠"。① 所有的先知启示都是对生活统一的、富有意义的态度的自觉,是对生活进行系统化的巨大尝试,包含着世界作为秩序的宗教构想,宇宙应该是在某种意义上安排得有意义的整体,各种现象要用这个准则衡量和评价。这些宗教问题也是孕育着形而上学的非宗教哲学的发源地。

  从上述关于伦理的先知预言的描述中,我们已经明白韦伯对于先知耶利米的认同绝非偶然。在他看来,现代知识分子对知识的追求其实就应该是一种绝对的伦理义务,犹如耶和华之与耶利米是一种律令。他拒斥课堂上的教授扮演"先知",是因为以谋求个人经济和政治私利为目的人只能是伪先知。而真正的"先知"情怀是一种绝对的"忘我"的伦理使命,对知识和理性的诚实,犹如先知之与耶和华,并以此来为世界、为民族建立意义。这才是为什么韦伯在演讲的最后,会以这样的语言来结束:"每个人都找到了握着他的生命之弦的魔鬼,并对之服从,这其实是平实而简单的",这正是对伦理型先知的要求,找到自己生命的律令,也是对现代知识分子使命的服从。以个人的方式,也唯有以个人担当的方式,去服从对知识理性的伦理要求,是以学术为志业的知识分子最根本的诉求,这就是韦伯的学者立场,也是他的"天命"论。

---

① 韦伯《经济与社会》第一卷,阎克文译,上海:上海人民出版社,2010年,第578页。

## 二、何为政治？
### ——政治的伦理及其悖论

至此，我们可以来对比阅读韦伯的另一篇著名演讲《以政治为业》了。正如《以学术为业》是以世界的现代性降临之后，学术面临的严峻挑战和风险为开始，《以政治为业》前大半的篇幅是分析性地批判西方政治的历史和弊端，其揭示之深刻，依然是我们今天理解西方政治所必须补上的功课。正是需要通过对西方特定的政治黑暗的冷峻剖析，韦伯才可以追问真正的"政治"和"领袖"的意义。与上篇演讲一样，这篇演讲也是高度浓缩了晚年的韦伯一生研究的成果，几乎每一句话都建立在他对西方宗教、政治与社会发展长期研究的基础之上。这里，我们需要多用一些篇幅来理解韦伯的论述。在层层抽丝剥茧的分析之后，韦伯需要辨明的正是：何为"政治"？

富有意味的是，在韦伯对政治的定义中，国家具有特殊的重要性。国家是"完全专属于以政治为目标组织起来的团体"，它所特有的手段就是对正当使用暴力的垄断权。

> 因此对于我们来说，"政治"就是指争取分享权力分配的努力，这或是发生在国家之间，或是发生在一国之内的团体之间。①

权力支配的类型有三种，传统型、魅力型（chrisma）和法制型。值得注意的是，韦伯认为在这三种类型中，只有第二种即克里斯玛型是以"天职"为追求的，"因为天职这个概念的最高表现，正是根植于这个支配类型之中"。② 群众对这样的领袖的服从是建筑在其个人素质之上的，也就是他被认为是一位受到内心"天职"召唤的人。这样的政治人物的原型正来自于古以色列的先知类型，韦伯曾在不同的地方反复强调过，这样的"先知"类型是西方最早的也是特有的政治煽动家，作为"政治"家的先知出现的历史

---

① 马克斯·韦伯：《以政治为业》，见《学术与政治》，冯克利译，北京：三联书店，1998年，第55页。

② 同上书，第57页。

背景正是以色列作为古代民族国家的危亡。而近代国家的出现都是由君主发动的,以获得和拥有所有的政治资本,这导致国家最终控制了所有的政治组织的工具。因此,不同于魅力型先知的职业政治家出现了,他们的功能是作为君主的臣僚。还有一些所谓的"自由"的政治团体宣称排除了君主的影响,它们的正当性来自于传统,大多数来自于宗教。这些所谓的"自由"的政治团体产生的温床就是地中海地区作为政治组织的城市。

在上述分梳之后,针对各种复杂的政治动机,韦伯区分了两种现代社会以政治为业的方式,一种是"为"政治而生存,一种是"靠"政治而生存。前者的条件已经很苛刻了,从内心出发把政治作为"事业",必须有足够的经济条件才有可能——不同于先知的无偿,这往往导致财阀统治的出现。后者则是将政治作为固定的收入来源,靠它吃饭,由此,出现了不同层面和不同历史阶段的政治人物,其中最显著的现象是政党政治的出现。政党政治把国家作为面包篮子,并借此分配官职。专业官吏出现,政治在政党政治的格局下发展成为"经营",即通过利益集团来经营政治。在君主与贵族的斗争中,职业政治家出现,并开始成为主导。韦伯强调这一过程依然是西方特有的现象,这其中,古罗马的法理学扮演了重要的作用,"罗马的法理学,是一个从城邦国家上升为主宰世界地位的政治结构的产物——一个性质十分独特的产物"。[①] 没有这种法律的"理性主义",绝对专制国家的兴起不可想象。而自从法国大革命以来,西方近代民主就与近代的法律家密不可分。在政党政治中,律师在其中的重要作用并非偶然,因为律师的专业训练使得他们能够为客户的利益做有效辩护,在利用逻辑和技巧性来对待"证据"的问题上,他们比政治上的文官更有优势。"实际上,现今的政治,极大程度上是在公众之中利用言辞和文字来操作的",[②]这正是律师所擅长的。在这个意义上,真正的行政官吏是不能投身"政治"的,这正是其专业化的要求。政治家需要立场和激情,这些都与行政系统的原则相反,否则行政系统就会崩溃。而处于领导地位的政治家,他的荣誉在于,"他对自己的所作所为,要完全承担起个人责任,他无

---

① 马克斯·韦伯:《以政治为业》,见《学术与政治》,冯克利译,北京:三联书店,1998年,第74页。

② 同上书,第76页。

法、也不可以拒绝或转嫁这一责任"①——这才是政治家最重要的特性,也是韦伯判断其是否属于真正的政治家的标准。在这一标准下,显然,作为职业的律师本身并不先天地具有真正的"政治"素质,因为其职业并不要求他们具有自己独立的政治理念。

为此,韦伯需要区别出"靠"政治吃饭的人。这里最典型的还有新闻工作和党内的官员职务,他们成为一种有代表性的政治谋生捷径。在韦伯看来,新闻工作者与政治煽动家和律师一样有着相似的命运,他们都缺乏固定的社会归属,新闻工作者属于"贱民等级"。虽然新闻行业其实有着更大的社会责任,但是因为这一行有着极大的诱惑力和各种客观条件的制约,这就使得责任的实现变得非常困难。在资产阶级政党里,新闻业者走上政治领袖的可能性越来越恶化,新闻工作者的政治影响力也每况愈下——这说的是政党政治中的新闻业者。与此同时,对于资产阶级的大型商业报刊来说,它们并没有也不想有独立的政治立场,因为这样一来,就会丧失得到主导性政治势力给予的商业利益。韦伯观察到在一战中,政治势力是大规模利用广告利益来给报业施加政治影响的。这样的无立场的商业性行业,自然很难出真正的政治领袖。一战之后,德国的报纸开始放弃不署名原则,雇用一些专门人员和署名发表意见的知名"作家"来治理报纸,但是:

> 我们所得出的体验却不幸显示,在一些较为著名的事件中,并没有像人们所以为的那样,出现了责任心必定有所加强的局面。故不论党派倾向,有些报纸无异于恶名昭彰的街头传单,它们利用放弃不署名原则,争相扩大销路,而且大有斩获。这些煽情的出版商和新闻从业者得到了财富,但肯定没有赢得荣誉。……,煽情从来不是通向真正的领袖地位,也不是通向负责任地经营政治的道路。②

因此,韦伯的结论是,新闻工作由于其对于政党政治和社会责任的重

---

① 马克斯·韦伯:《以政治为业》,见《学术与政治》,冯克利译,北京:三联书店,1998年,第76页。
② 同上书,第80页。

要性,依然是从事政治的重要途径。但是新闻业者要想真正从事"政治"则是一场彻底的赌博,公众对报业抱着鄙夷与怜悯的态度,各种职业的、必须接受的外在客观环境的制约,都与内心要求之间产生激烈的冲突,这会带来"罕见的"考验,很多新闻业者因此变得毫无人性。而人们之所以对新闻业者奉承有加,不过是因为媒体的权势,而一旦他们背后的大门关上了,主人就会向其他客人解释为什么要与"报界下流文人"打交道的原因。显然,在韦伯看来,文人与报业的合谋本身并不意味着真正的"政治"性,而往往是离政治性更远了。

那么对于政党经营中的政治来说,情况如何呢?凡是规模较大的政治团体都是靠少数有兴趣从事政治活动和分享权力的人来"经营"的,否则,选举根本无法运作。这意味着实践中政治上"积极"与"消极"公民的区分。但是,党派结构不一样,会导致方式的不同。对于传统的显贵型政党来说——这是政党政治的第一阶段,职业政治家的数量是很少的,主要由当选议员、党总部的少数雇员和新闻工作者组成。但是关系到物质利益的人却数量众多,部门的行政安排由议员控制,该议员也控制其选区的所有任命权。当新的由民主制度和普选制所产生的政党形式出现,这是政党拉拢和组织群众的必然产物,在这种新形式下,显贵统治和议员操控结束了,但是议会外的职业"政治家",或者说"企业家"开始将政党组织操于手中。美国的党老大和英国的选举经纪人都属于这个类型。在形式上,是广泛的民主化,组织起来的党员大会推举选举人,选送进入上一次党代会,直至中央。

> 实际的权力自然落在那些利用组织不断地处理工作的人手里。不然的话,权力就是握在组织的财政和人事必须依赖的人手里,……或者不如说是领导这种机关的人,决定着国会议员的去留。他们所处的位置,使他们可以在很大的范围内施加自己的意志,这对于政党领袖的选择格外重要。现在,这个机关所追随的人变成了领袖,甚至凌驾于议会党团的首领之上。换句话说,这种机关的创立,标志着走民众路线的(Plebiszitaren)民主制度的到来。[1]

---

[1] 马克斯·韦伯:《以政治为业》,见《学术与政治》,冯克利译,北京:三联书店,1998年,第85页。

韦伯对民主的代价作了详尽的考察,如此冷静地对西方政党的民主化过程所进行的剖析,是值得今天的中国人再三思考的。在韦伯看来,党内的官员和"企业家"期待从领袖的胜利中获得报偿,这一点会使得他们期待领袖的"人格"魅力能够发挥煽动作用,以增加选票和选民的寄托。就此而言,领袖的"超凡魅力"因素在政党政治中是发挥作用的。这种新型的政党制度与地方显贵和国会议员之间一直存在着冲突——至此,韦伯开始以英、美、德为典型来分析这其间的关系。

英国直到1868年之前,其政党组织无论是托利党还是辉格党都属于显贵式政党组织。而1868年的"考科斯会"的出现,使得旧党一半是显贵的事务、一半包含领取薪水的企业化经营开始转变。选举权的民主化使得一种围绕选举进行的庞大政党组织成为可能,选举事务被纳入严格的官僚化管理,每一个城市都建立竞选团体,十分之一的选民被组织进入这种地方竞选会。党务代表作为政党政策的正式承担者,首先是那些对城市政治感兴趣的地方团体的人组成,而最丰厚的物质机会总是来自于城市,地方团体也是选举募捐的主要前线。这种新的政党组织与传统的议会成员、过去的掌权者会发生冲突,并导致议会的妥协,因为地方团体站在新的政党组织一边。其结果便是,党内的权力开始集中到少数人手中,极端发展则是权力集中到位居全党顶端的一人之手。这其中"克里斯玛"的作用使得一种恺撒式的走民众路线的独裁者出现在政治的大地上,民主的政党机制走到了它的反面。这里,韦伯暗示的是,此种"克里斯玛"的领袖已经与依靠"个人"的责任和伦理来建立魅力的古典"先知"拉开了距离。这样的政党机构使得直接和间接依靠政党政治谋生的人数变得庞大起来,资金捐助者可以获得某种头衔和身份,而党的财政也有了保障。其后果是,议会变得软弱,议员成为遵命先生。如果党的领袖使得考斯科会处于他的控制之下,那么,"就会有一个凌驾于国会之上,直接诉诸民意的独裁者,他利用机构的手段,将群众聚集在自己身后,对于他来说,议会成员不过是他的追随者行列中的政治分赃客罢了"。① 韦伯接着追问,这种

---

① 马克斯·韦伯:《以政治为业》,见《学术与政治》,冯克利译,北京:三联书店,1998年,第90页。

强有力的领袖是如何推举出来的？其实，重要的就是"煽动性演讲的能力"，这是一种仿佛"让事实自己说话"的技巧，也是一种"依靠群众情绪而建立的独裁"。如果参照上述韦伯对犹太教先知的描述，就可以知道，不是出于"天职"的伦理诉求，而是依赖对民众情绪的满足来建立"魅力"，并不是真正的政治家和领袖，而不过是"单纯的煽动家"或伪先知，虽然政治家都离不开"煽动"。其实，韦伯希望在这里表明的是：在"考斯科会"这样的现代政党组织出现的形势下，服从个人责任伦理的、真正的政治领袖的出现已经变得更加困难。

美国的情况有所不同，美国政党走民众路线的原则和实践很早就开始了。这是因为独揽官职任免权的总统是由平民选举出来的，按照权力分立原则，总统履行职权的行动几乎完全独立于国会，"因此，作为竞选胜利的代价，官职俸禄中真正的分赃对象，在总统竞选中就已经交代清楚了。通过杰克逊，'政党分肥制'被十分系统地提升为一项原则"。① 对此，韦伯描述道：

> 这种政党分肥制，即把联邦官职送给获胜竞选人的追随者，对于今天的政党形式，意味着什么呢？这意味着不讲原则的政党相互作对，它们变成了纯粹的猎官组织，按拉选票的一时之需，制定着变幻不定的政纲，它们改头换面的做法，其他国家庶有相近者，在程度上却一无可与之媲美。这些政党彻头彻尾地是为竞选运动——为总统宝座和各州州长的职位二而战——设计的，因为这运动对于官职的任命权至关重要。②

这样的"纯粹的业余管理模式"的政党分肥制不产生大量的罪恶是不可能的，而它之所以能够在美国存在，不过是因为"对举世无双的腐败和浪费仍示以宽容，也只有这个依然拥有无限经济机会的国家才能做到"。③ 正是这种走民众路线的政党制度造就了"党老大"，即政治中的资

---

① 马克斯·韦伯：《以政治为业》，见《学术与政治》，冯克利译，北京：三联书店，1998年，第91页。
② 同上书，第91—92页。
③ 同上书，第92页。

本主义企业家,他按照自己的计算,承担风险,提供选票。对于党的组织,党老大提供资金来源——部分来自捐款,特别是从通过他和他的党做官的人那里收取酬金提成,以及各种贿赂和酬劳。另外,党老大也是金融大亨建立与政党关系的桥梁,因为对于为竞选提供资助的资本家来说,把钱交给理财审慎精明的党老大是最好的选择。根据宪法,总统的官职任命权需要各州参议员的认可,所以参议员也参与官职的任命,因此党老大常常坐镇这个机构,官职的分配,除了根据对党的效力程度,卖官鬻爵也常常发生。这些党老大没有自己的政治原则,也无信念可言,他仅仅关心的是:如何捞到更多的选票。这样一种严密而彻底地组织起来的强大的资本主义政党机器,得到了稳定的俱乐部的支持,这些俱乐部是通过政治支配,特别是对城市这个最重要的分赃目标的统治为自己追求利润。正是新大陆的高度民主制使这种政党结构成为可能。

德国的情况有两个特别的地方:一是议会软弱无力,有领袖素质的人不会去当议员,高度专业的文官系统反过来强化了议会的软弱;二是政治上讲原则的政党一直是少数党,他们抵制议会制度。因此,在德国要成为一个职业政治家意味着什么呢?意味着他们要靠"行会本能"来激发热情——显贵们的行会,议会党团都是行会组织,议会的每一次演讲都要事先得到党的批准。而一些新型的业余型的政党组织则没有得到很好的发育。这是一种完全不同与美国式的政党政治。对于走民众路线的政党领袖来说,他的追随者会"失去灵魂",并且导致他们智力贫困。对于美国意义上的政党组织,要不受显贵们的干扰,领袖的追随者就必须完全对领袖盲从,这是接受领袖引导所要付出的代价。"或者是挟'机关'而治的领袖民主制,或者是无领袖的民主制,即职业政治家的统治,他们没有使命感,没有造就领袖人物的内在超凡魅力的个性,这意味着党内叛乱者所处的那种习惯上称为'派系统治'的局面。就目前而言,我们在德国只能做后面这种选择"。[①] 对于铁血宰相俾斯麦之后领袖真空的德国政治状况,韦伯的忧虑是复杂的。无领袖的民主制和无政治的议会,都没有真正"领袖"的立足之地。所有政党中都有对领袖的"小资产阶级式的敌视",这使

---

① 马克斯·韦伯:《以政治为业》,见《学术与政治》,冯克利译,北京:三联书店,1998年,第98页。

得德国的政党政治处于黑暗之中。

至此,在做了上述历史和现实的分析之后,韦伯的演讲已经到了第11节,也就是倒数第2节,进入尾声。韦伯这才开始就"政治"本身及其与道德伦理的关系进行总结,这也是他的演讲被认为是最难理解,也是最有争议的部分。这里,我们需要把该部分与整个演讲的结构放在一起来理解。

今天以政治为业的人,政治对于他们来说,既是一种强大的诱惑,也是一种不断经受失望折磨的过程。那么,政治家的个人条件是什么?首先,政治可以使人产生权力感和重要感,使其超越于琐碎的事务。因此,政治人物需要自问:我要具备怎样的权力,才能正确行使权力以及与权力俱在的责任。这也使得我们需要在"伦理"的领域追问这样的问题,即:"一个人,如果获得允许,把手放在历史的舵盘上,他必须成为什么样的人呢?"①

对此,韦伯给出了很具体的回答,以政治为志业必须具备:激情、责任感和判断力。这三者之间是不可分离,互为条件的。激情,韦伯强调这是一种有客观性的、不脱离实际的激情。但激情本身并不成就政治家,只有献身事业的激情即责任感,才是行动的指南,这让我们想到的是韦伯对先知的描述,仅仅有忘我的激情本身并不能判断先知的真伪,只有具备宗教的理性精神,以神的律令为旨归,才是真正的先知。而行动则需要有眼光的判断力,即保持内心的沉着冷静,对事与人能够"保持距离",而不是迎合事态和群众——政治家最致命的罪过就是缺乏"距离"。这三者必须融入一个灵魂才能造就献身于政治的"真诚的人类行为",成就政治人格的强大。使一个有激情的政治家区别于常人的地方,正在于他对"灵魂的坚定驯化",以及"习惯于保持一切意义下的距离感"。如果我们结合韦伯关于学者专业化的讨论,以及对犹太先知的分析,就可以看到它们之间在逻辑上的高度一致。下面的讨论会让问题更清楚。

政治家最致命的"虚荣"是其献身事业、保持距离的死敌,政治家每时每刻都需要与之作战。与对于学者和政治家来说,虚荣都是一种职业病。

---

① 马克斯·韦伯:《以政治为业》,见《学术与政治》,冯克利译,北京:三联书店,1998年,第100页。

但是，政治家是执掌权力的人，他的工作离不开追求权力这个不可缺少的手段，因此，虚荣对于他的诱惑就更是致命的。对此，韦伯进行了严格的分析：

> 这种追求权力的行为，一旦不再具有客观性，不是忘我地效力于"事业"，而变成纯属个人的自我陶醉，他便开始对自己职业的崇高精神犯下了罪过。在政治领域里，致命的罪过说到底只有两种：缺乏客观性和无责任心，这两者虽不总是，也常常是一回事。虚荣心，个人尽可能站在前台被人看清楚的欲望，强烈地诱惑着政治家犯下这两种过失。当煽动家极想制造"效果"时，情况就更复杂。他会因此时刻处在这样的危险之中：变成一名演员，对于为自己的行为后果承担责任满不在乎，只关心自己的表演给人们留下的"印象"。他的缺乏客观性，诱使他不去追求真实的权力，而是追求浮而不实的权力的外表。他的无责任心，又会使得他缺乏实质性的目标，仅仅为了权力本身而享受权力。①

对于政治家来说，权力是不可或缺的手段，追求权力是一切政治的动因之一，也正因此，单纯地炫耀权力、沉醉于权力，以及崇拜权力，都是对政治的伤害，因为这会导致政治家为了保持权力而无原则地迎合权势或者群众。到这里，我们已经看得很清楚了，韦伯反对大学教师把课堂变成迎合学生的灌输和煽动，与他强调政治家要有"客观性"和"责任心"，其理由是一脉相承的。就是，真正的学术和政治，都必须与"表演"划清界限，与伪"先知"划线界限。因为，无论是以学术为志业，还是政治为志业，都必须从完全的内在的"天职"出发，才能够获得与魔鬼打交道的勇气、责任和方法。人类在政治过程中的问题并不意味着否认政治问题的重要性，而是相反，正是因为政治是处理粗糙而残酷的现实世界的方法，只要我们必须面对这个现实世界的问题，就不能放弃政治，犹如古犹太人的先知们无法避免地卷入政治，这是一个知其不可为而必须为之的工作。正是因

---

① 马克斯·韦伯：《以政治为业》，见《学术与政治》，冯克利译，北京：三联书店，1998年，第101—102页。

为政治的行为往往和它的初衷相悖,因此,政治行为要获得内在的支持,就必须具有对事业的奉献和信念,"某种信念是一定要存在的,不然的话,即使是世界上最重大的外在政治成就,也免不了为万物皆空的神咒所吞噬,这一点是毫无疑问的"。① 正是以生存在现实世界的责任伦理为最高原则,从政治与道德关系的复杂层面,韦伯为"政治"进行辩护。韦伯追问的是,在"伦理的世界"里,政治的家园究竟在哪里?

政治绝不是以道德为手段来获得唯我独尊的地位,政治与道德的关系必须建立在伦理的关系上。这里的"伦理"指的是绝对伦理的律令,或者说"天职"。政治的决定性手段是暴力,而政治的手段与目的之间则存在着严重的紧张。为此,韦伯区分了著名的"信念伦理"和"责任伦理",这两者之间有着极其深刻的对立,这种对立对于理解韦伯意义上的"政治"至为关键。但是,韦伯在演讲中强调的恰恰不是两者的区分,而是两者内在的关联。这一点对于理解韦伯的这篇演讲来说,并没有被足够重视。

韦伯认为如果用目的为手段辩护,信念伦理必定失败,因为从逻辑上讲,凡是道德上有问题的手段,信念伦理就必定会拒绝。但是,在现实的领域里,我们往往看到的是相反的情况——这正是政治的起源。因为从信念伦理上说,信徒无法容忍这个世界在道德上的"无理性",他们是"普遍主义伦理观"意义上的"理性主义者"。这就是为什么鼓吹以"爱"抗暴的人,会呼吁其追随者使用暴力——最后一次使用以达到消灭暴力的境界。韦伯强调说,世界历史的全部进程其实都是由这个"相反的真相"所决定的,即目的和手段相反。推动"神义论"发展的古老问题,正来源于这样的疑问:为什么仁慈的上帝或神却创造了一个不合理的、充满苦难的世界?推动所有宗教发展的动力正是体验到世界的无理性,从而发展出不同的"神义论"——政治正是由此而诞生的。在我看来,其实韦伯整个宗教社会学的核心问题正在于从这样的"神义论"的宗教视野去解释"政治"。

早期的基督徒也很清楚,这个世界受着魔鬼的统治,凡是将自己

---

① 马克斯·韦伯:《以政治为业》,见《学术与政治》,冯克利译,北京:三联书店,1998年,第103页。

置身于政治的人,也就是说,将权力作为手段的人,都同恶魔的势力定了契约,对于他们的行为,真实的情况不是"善果者唯善出之,恶果者唯恶出之",而是往往恰恰相反。任何不能理解这一点的人,都是政治上的稚童。①

这体现为任何宗教都是以不同的方式接受了这样的事实,即不同的生活领域由不同的定律支配。伦理原则专业化,"使得伦理可以通过让政治去遵行自己的条律,使自己在处理政治方面丝毫不受伤害,甚至可以使得这门高贵的技艺得到极大的强化"②。真正的激进的"马基雅维利主义"的根源其实在宗教。天主教的"福音书劝言"对圣徒和信教的骑士、庶民有不同的要求,对于僧侣来说,流血与求利皆是不可为之事,但是骑士可以使人流血,庶民可以去求利。道德的分级,却使得他们严密组合为一个社会整体——对此,印度教体现得更明确。对于基督教来说,因原罪而产生的世界的邪恶,使得伦理学很容易与暴力结合,将它作为对抗罪恶和危机灵魂的异端邪说的强制力量。而新教教义认为国家作为一种神赐的制度,其暴力手段具有绝对的正当性,新教尤其赋予权威主义国家以正当性。"路德将个人从战争的道德责任中解脱出来,将这一责任交付政府。在信仰的事物之外相信政府,绝不构成犯罪。至于加尔文教,他们知道,有原则地使用暴力,乃是捍卫信仰的手段。因此,加尔文教也承认宗教战争,而对于伊斯兰教来说,这种战争从一开始就是他们的生命要素。"③由此,韦伯认为,政治伦理问题的提出并不是由于文艺复兴的英雄崇拜而造成近代信仰失落,而是由于人类最早的宗教团体对暴力的运用决定了政治中伦理问题的特殊性——当然,韦伯这里讨论的都是西方的特殊性。但是,值得注意的是,韦伯并没有因为这种特殊性而丧失对它的批判,这恰恰是韦伯区别于一般的西方优势中心主义论者的地方,这种特殊性更多地体现为一种西方的内部视野。它解释西方资本主义发生的内在机制,并且一再强调其特殊性,坚定地否决其普

---

① 马克斯·韦伯:《以政治为业》,见《学术与政治》,冯克利译,北京:三联书店,1998年,第110页。
② 同上书,第111页。
③ 同上书,第112页。

遍主义的意义,这一点对于我们理解韦伯的社会科学方法论非常关键。无论对于宗教还是民主,其社会科学方法论的体现正在于其反思性的批评立场。这其中,韦伯追问的核心问题是世界暴力的来源,它起源于西方的宗教,尤其是犹太教。犹太教是韦伯倾注了特殊关注和情感的宗教,正是因为它对"西方近代经济伦理具有特殊历史意义"。① 但是韦伯却毫不留情地揭示它是贱民的宗教,耶和华是最具有复仇精神的神,"在世界其他宗教中,我们都看不到像耶和华那样满怀无与伦比的报复欲的万能之神"②。而《新约·马太福音》上耶稣的话也是:"我来,并不是叫地上太平,乃是叫地上动刀兵。"③

政治暴力的当代形式则是资产阶级民族国家。韦伯明确地表示国家是暴力的源头,"国家理性"的产物不是别的,正是暴力。

> 呼吁不仅对外,而且对内使用暴力强制手段,是任何政治联合体的绝对本质。确切地说,按照我们的术语,国家之所以为政治联合体,在于"国家"是要求垄断合法暴力的团体——舍此在无别的定义。与《登山宝训》的"勿以暴力反抗恶习"针锋相对,国家主义主张"当要你对不义负责时,你应当也用暴力来帮助正义取得胜利。"哪里做不到这点,哪里就没有"国家":和平主义的"无政府主义"进入到了生活,暴力和以暴力相威胁却根据一切行动的一种不可摆脱的教条,不可避免地一再重新产生出暴力。在这个过程中,无论从外部还是从内部看,国家理性都是其本身固有的规律的产物。④

现代国家与资本主义的关系更决定了其暴力性,因为资本主义需要国家的保护。重商主义正是新兴国家与特权资本家的结合,它与两个因

---

① 马克斯·韦伯:《世界宗教的经济伦理导论》,见《儒教与道教》,第5页,王荣芬译,北京:商务印书馆,2003年。
② 马克斯·韦伯:《经济与社会》第一卷,第628页,阎克文译,上海:上海人民出版社,2010年。
③ 马克斯·韦伯:《过渡研究 宗教拒世的阶段与方向理论》,见《儒教与道教》,第307页,王荣芬译,北京:商务印书馆,2003年。
④ 马克斯·韦伯:《过渡研究 宗教拒世的阶段与方向理论》,见《儒教与道教》,第312页,王荣芬译,北京:商务印书馆,2003年。

素有关,一是国家之间的竞争;二是工业资本主义的结构。"若不了解过去五百年来欧洲各国的竞争及'均势'[兰克(Ranke)在他的第一部著作中称此现象为该时代具有世界史独特性的现象],就不可能理解近代国家的贸易及回避政策——这些政策与当代经济制度的根本利益密切联系。"① 在韦伯看来,纯粹资产阶级的产业资本主义,几乎全部源于国家结构,这正是中国的类似的资产阶级的经济活动没有发展成具有西方特色的资产阶级和资本主义的原因。西方的从资本主义角度看的"理性"的战争正植根于此,中国情况完全不同:

> 没有若干互相竞争的独立国家彼此长期备战的武装和平及由此决定的种种资本主义的现象,战争借款和用于战争的国家供给。无论[(罗马)帝国之前]中世纪还是近代,西方分裂的各国政权都必须竞争流动资本。在罗马帝国和中国的大一统天下,却没有这种竞争,中国也没有海外及殖民关系。这阻碍了西方古代、中世纪和近代共通的形形色色的资本主义发展的阻力,它们都是掠夺的资本主义的变种,例如地中海国家与海盗行为有关的海外资本主义和与殖民资本主义。②

这就是韦伯在演讲中断言:今天,无论是谁同意使用暴力,都必须接受这个悖论性的后果,无论是宗教还是革命。任何领袖要想取得成功,必须依靠其追随者所构成的"机器",他需要不断地提供精神和物质的奖赏来维持机器的运转,因此,这架机器的动力(而不是领袖本人的动力)决定着领袖是否成功,"在这样的工作条件下,他的实际收获,并不由他自己掌握,而是受他的追随者的动机所左右,而从道德的角度,这些动机大都不堪闻问。他所以能够控制这些追随者,仅仅因为至少其中的一部分人(在这个世界上,他们大概不可能是多数)对他这个人和他的事业怀有真诚的信仰"。③ 韦伯其实指出了革命的两个条件,一是先知或者领袖本身的信

---

① 马克斯·韦伯:《经济、诸社会领域及权力》,甘阳编,李强译,北京:三联书店,1998年,第63页。
② 马克斯·韦伯:《儒教与道教》,王荣芬译,北京:商务印书馆,2003年,第157—178页。
③ 马克斯·韦伯:《以政治为业》,见《学术与政治》,冯克利译,北京:三联书店,第112页。

仰必须是真实的发自内心的;二是其追随者的动机会和革命的第一个前提产生悖论。这正是为什么政治总是很容易沦为替报复、权力、分赃、俸禄等提供道德借口的肮脏游戏。而革命之后的因袭守旧的日常琐事,会使得圣战领袖和信仰本身销声匿迹,变成政治市侩和实用性专家行话的一部分。因为领袖的机器获胜的条件之一,正是将一切空洞化和事务化,使得人成为精神上的无产者。在韦伯看来,真正的政治行为本身必然伴随着去政治化的过程,这样的一个道德上的和现实中的悖论关系对于以政治为"天职"的人来说,是必须明白并对此负责任的。正是在这个意义上,政治是周旋在恶魔的势力之间。超凡的圣人不采取暴力作为政治手段,是因为信念伦理的信仰者的王国"不属于这个世界"。为自己和他人的灵魂得救的人,不应该在政治的路上走。因为政治有完全不同的路,它必须在俗世中靠暴力存在,责任伦理的承担者则必须对政治行为的现实后果负责。否认这一点,就会把政治当成简单的政治家的煽动,而承认这一点,却正是为了承担现实政治行为的后果和责任。这里,我们需要看韦伯对信念伦理所做的更多的阐释。

　　因为,以政治为业的人,必须接受的命运是道德上的两难困境。政治是靠暴力来完成的,既然这个现实的世界是非理性的,是受魔鬼控制的,是要周旋在恶魔之间,所以,政治的守护神就是恶魔,与上帝处于固有的紧张关系,随时可以导致无法调解的冲突。采用暴力的手段,遵守责任伦理的政治行动,"它所追求的一切事情",都会危及"灵魂得救",在这个意义上,信念伦理与责任伦理无法调和。韦伯引用了马基雅维利对一位佛罗伦萨市民的赞美,因为他将自己城邦的伟大,看得比灵魂得救更为重要。在这里,韦伯既隐晦也明确地表达了他对德国国家问题的看法,也回应了在演讲一开始为什么要把政治定位为与国家内外的关系上。今天,虽然城邦或者祖国所代表的价值被广泛地质疑,但是空洞地谈论"社会主义的未来"或者"国际和平"这样的信念伦理,对于解决严峻的现实问题并无裨益,而是相反,"这个目标很可能会因此受到伤害,失信于好几代人,因为这是一个对后果不负责任的做法"①,韦伯的语境是很清楚的,在一战之后残酷的国内与国际的环境下,批判和取消国家与民族的角色,是对

---

① 马克斯·韦伯:《以政治为业》,见《学术与政治》,冯克利译,北京:三联书店,第115页。

后代的犯罪。国家的存在作为一个既定的现实,正是暴力的来源,对此,韦伯有深刻的批判,更指出这一悖论的历史性根源,这是现代"理性"国家的典型现象。但是,批判并不等于取消这一现实的政治问题,而是相反,正是为了承担这一历史的悖论。真正的信念伦理是它的内在力量应该强大到为现实的后果负责任,只有这样的时刻,信念伦理才有可能与责任伦理融合。

因此,现实的政治问题需要"成熟的人"来承担,以使得信念伦理和责任伦理有可能互相补充。韦伯呼唤的正是这样的政治家和"真正的人":

> 他意识到了对自己行为后果的责任,真正发自内心地感受这一责任,然后他遵照责任伦理采取行动,在做到一定的时候,他说"这就是我的立场,我只能如此"。这才是真正符合人性的、令人感动的表现。我们每一个人,只要精神尚未死亡,即必须明白,我们都有可能在某时某刻走到这一位置上。就此而言,信念伦理和责任伦理便不是截然对立,而是互为补充的,唯有将两者结合在一起,才构成一个真正的人——一个能够担当"政治使命"的人。①

韦伯之所以如此呼唤,是建立在这样的一个对未来的基本判断上:我们的希望和期待极可能只能得到很少的实现,"我不会因此垮掉,但无须讳言,认识到这一点毕竟是一种内心的负担"。我们的前面是"冰冷难熬的极地寒冰,失去权利的不但有凯撒,还有无产阶级。当这长夜渐渐开始露白,那些今天还被春天的浪漫鲜花簇拥的人,还会有几个活着?……在所有这些情况下,我都会得出结论说,这些人不适合在这些领域工作,他们没有能力应付这个世界由日常琐务组成的真相。实事求是地说,他们虽然自认为是在以政治为业,却并未体验到它最深层的含义"。② 正是从这些话语中,作为一个厄运预告的"先知"以及对此的承担,我们看到了韦伯形象与他所描述的犹太先知耶利米的巨大叠印。

在这个意义上,真正的以政治为业的"领袖"是一种"英雄",也是一种

---

① 韦伯:《以政治为业》,见《学术与政治》,冯克利译,北京:三联书店,第116页;第117页。
② 同上书。

平常人,因为"政治"是用力而缓慢地穿越硬木板的工作。

> 即便是那些既非领袖又非英雄的人,也必须使自己具有一颗强韧的心,以便能够承受自己全部希望的破灭。他们现在必须做到这一点,不然的话,他们甚至连今天可能做到的事也做不成。一个人得确信,即便这个世界在他看来愚陋不堪,根本不值得他为之献身,他仍能无悔无怨;尽管面对这样的局面,他仍能够说:"等着瞧吧!"只有做到了这一步,才能说他听到了政治的"召唤"。①

这就是演讲的最后段落。世界本身的罪孽,需要的正是犹太先知们以个人的方式义无反顾地献身,政治的意义来源于现实的政治之外,但却需要落实在现实的政治之中。这就是作为"政治家"的先知们的天命,也是今天的政治家所应追慕的先驱。这就是韦伯对政治的最高理解。

至此,我们可以明白,韦伯为政治的责任伦理所做的辩护,与他对学术"价值无涉"的强调具有深刻的内在联系,而不是惯常所理解的简单的"冲突"可以涵盖的。政治的责任伦理和学者在课堂上的学术伦理是一致的——教师在课堂上对学生灌输自己的立场,和政治家在公共空间的煽动性宣传,具有同样的必须被批判的性质,因为这些行为谋求的是自己或利益集团的私利。真正的学术和政治,是激励学者和政治家在明确个人责任与后果之后的勇敢担当。在韦伯看来,正是因为他所置身的是一个"冰冷难熬的极地寒冰"的时代,因此,正视诸神的争斗,学会与魔鬼打交道,以担当起以学术为志业、以政治为志业的历史使命,才是唯一之路。

正是在这个意义上,我们才可以理解韦伯的另一副面孔,一个立场和价值鲜明的、以民族国家利益为最高诉求的政治韦伯:

> 经济发展的过程同样是权力的斗争,因此经济政策必须为之服务的最终决定性利益乃是民族权力的利益。政治经济学乃是一门政治的科学。政治经济学是政治的仆人!这里的所说的政治并不是那种某人或某阶级在某一时刻碰巧执政的政治,而是整个民族长远的

---

① 马克斯·韦伯:《以政治为业》,见《学术与政治》,冯克利译,北京:三联书店,第117页。

权力政治利益。①

当韦伯在这里谈到"政治"的时候,我们应该理解它所具有的独特的内涵,它绝不等同于一般意义上争权夺利的派性政治。在韦伯的政治概念里,处理德国国家和民族的生存、安全与发展问题正是当代政治最核心的诉求。在这个意义上,简单地给韦伯扣上民族主义或者国家主义的帽子,并不能够触及韦伯真正的问题,而恰恰落入韦伯所批判的非政治的信念伦理的泥沼。诚然,韦伯的学术和政治立场是西方的,也是德国的,但是这并不意味着韦伯没有自己的批判,事实上,韦伯正是马克思以来对最重要的,也是最深刻的资本主义的批判者。

鉴于韦伯关于国家问题的讨论一再被严重误读,我们这里不妨读一段韦伯在讨论"价值无涉"文稿中关于国家的评价,看一看他是否属于所谓的"民族主义"或者"国家主义"分子。

> 近几十年的发展,尤其是我们亲眼目睹的史无前例的事件,极大地提高了国家的威望。今天,在所有的社会共同体中,唯有国家才被赋予支配生、死和私有的"合法"权力,国家机构运用这些权力在战争时期抵御外部敌人,在和平和战争时期镇压内部的反抗。在和平时期,国家是最大的企业主,是公民的最有权势的保护人,但在战争时期又是最无限制地支配它所能够利用的一切经济财富的代表。在众多的领域里,它的现代化的、合理化的运行形式使许多成就成为可能,毋庸置疑,任何其他方式的社会化合作都不可能以类似的方式取得这些成就,哪怕是仅仅接近这些成就。几乎不可避免地会由此得出结论:它必然也——尤其是对于在"政策"领域中进行的各种评价来说——是终极的"价值",所有社会行为都最终要根据它的存在利益来衡量。②

---

① 韦伯:《民族国家与经济政策》,见《民族国家与经济政策》,甘阳选编,甘阳、文一郡译,北京:三联书店1997年,第93页。
② 韦伯:《社会学与经济学的"价值阙如"的意义》,见韦伯:《社会科学方法论》,李秋零、田薇译,北京:中国人民大学出版社,2009年,第149页。

但是,韦伯强调,这并不应该导致把存在领域的事实曲解为评价领域的规范。因为从评价领域出发,一方面它希望看到,为了国家作为镇压反抗的强制性手段的可利用性,国家的权力以可以想见的最有效的方式得到提高,"但另一方面,它也否决国家有任何独特的价值,而是把国家看成是实现全然不同的其他价值的一个纯粹技术性的辅助手段,国家只能从这些其他价值来获得自己的尊严,因而也只有当它不试图放弃自己的这一行为使命的时候才能保有之一尊严"。① 在这个意义上,国家本身只是手段,它只是实现其他价值的前提。韦伯清醒地看到"国家"在现代世界历史中扮演着重要的不可替代的角色,但是他更批判性地指出,国家本身并不是人类的价值目标,国家的价值要通过对其他价值的维护才能证明。必须正视这一点,这才是韦伯对德国作为一个民族国家以及德国的民族文化所寄予的希望。

1911年发生的一个事件,可以帮助我们更好地理解韦伯的观点。在新弗赖堡大学揭幕仪式的晚宴上,副校长对和平主义者的"白日梦"进行了批评,这一场引发了一位将军的共鸣,他发表了激烈的言论抨击和平主义者试图在政治上阉割民意。《法兰克福报》披露了这个事情,并发表了不敬的评论。于是弗赖堡大学一些知名教授发布了一个充满义愤的联合声明,谴责报纸削弱了民族和伦理的信念,宣称:"在和我们的学生共度庆典的场合,以年轻人所必定期待于我们的自豪感和彻底的坦诚来表明爱国主义理想,是大学教师的正当权利和高尚义务。"但是韦伯对此却不能认同,在他看来在一个毫无严重风险的场合谈论大学教授的"自豪的坦诚"并不体面,德国不能有意识地冒险进行一场狂热躁动的欧洲战争,他的同行所发布的声明正是知识视野狭窄的产物:

> 在我看来,这种爱国主义政治,这种今天充斥在所有这些联合会的正式出版物上的东西,即Gartenlaube(一种大众家庭周刊)的残存物——一种绝对空洞、空虚、纯粹动物性的民族主义——必将导致在面对所有重大文化问题时的缺乏原则,从我们在F教授身上察觉并

---

① 韦伯:《社会学与经济学的"价值阙如"的意义》,见韦伯:《社会科学方法论》,李秋零、田薇译,北京:中国人民大学出版社,2009年,第149页。

领会的那种民族理想的含义来看,这种情形是无法避免的。

　　他们极度缺乏文化理想,这方面的知识视野非常狭窄,因此他们认为,通过对那位将军在宴会上的发言报以狂热喝彩之类的做法,就可以非常便利地偿还他们对民族文化欠下的债。在我看来,这样的发言以及集体声明,……只能使我们大部分学生的所谓民族情感越来越空洞,加大与我们民族文化所需要的那种充实感的鸿沟。①

　　在韦伯看来,学界不应该去迎合和煽动社会流行的观点,其政治立场应该建立在反思与批判的知识视野上,特别是对于没有原则的"爱国主义"政治。正是在这个意义上,以学术为业以及以政治为业,并不是互相冲突的关系,而是存在着相互支持的需要,或者,更准确地说,只有"科学"研究才是真正意义上的"政治"的基石。这是理解韦伯的关键,而其中宗教社会学中的犹太先知概念正是其核心。1909年韦伯在一封书信里这样说到他对宗教的态度:

　　　　的确,我绝对没有宗教共鸣,也没有需要和能力给我自己建立任何宗教性质的精神大厦。但是一种彻底的自我反省告诉我,我既不是反宗教,与不是无宗教的人。②

　　我们应该对这番话有更深刻的理解了。对于韦伯来说,学者的"宗教"就是一种对于知识理性的伦理追求和使命感,它应该成为这个世界政治性的基础。而这样的追求和使命是需要体现为方法论的。
　　至此,我们可以来回顾韦伯对社会科学方法论的阐述了。

## 三、"价值无涉"与学术公共领域
### ——社会科学研究的"客观性"问题

　　《社会科学认识和社会政策认识的"客观性"》是韦伯接手主办《社

---

　　① 玛丽安妮·韦伯:《马克斯·韦伯传》,阎克文、王利平、姚中秋译,南京:江苏人民出版社,2002年,第466—467页。
　　② 同上书,第371页。

会科学和社会政策文库》杂志时,阐释其办刊宗旨的纲领性文献。从中我们可以看到韦伯是如何把社会科学方法论与学术伦理以及学术共同体的思考结合在一起的,这也是韦伯集中讨论和总结其社会科学方法论的重要文献。但是,自八十年代中文学术界"发现"韦伯以来,这也是被误读最严重的部分。所以,回到文本自身,应该是重读韦伯最重要的方法。

  韦伯开宗明义地指出,《文库》的宗旨一是扩展对社会生活的事实的认识,另一是训练人们对社会生活的实际问题作出判断。那么,判断的有效性是什么?或者,在什么意义上可以说,社会科学研究存在着"客观有效的真理"呢?韦伯整篇文稿正是建立在这个问题意识上的。

  韦伯反对两种历史观,一是道德进化论,一是历史相对主义,正是这两者的结合在社会科学领域取得了支配性地位。韦伯以国民经济学为主要批评对象,指出:通过把文化价值总体引入道德领域而在内容上规定道德领域,并由此把国民经济学提高到经验基础上的"伦理"科学的地位,这其实是把所有可能的文化理想的总体贴上了"道德"的标签,既抹杀了道德律令的特有地位,也没有对理想的"客观性"有什么贡献。《文库》需要从根本上予以拒斥的流行观点,正是:国民经济学从一种特殊的"经济世界观"得出,并且应当由此得出价值判断。经验科学的任务决不是提出约束性的规范和理想,以便从中得出实践的处方。《文库》需要拒斥的另一种观点是:价值判断因为立足于某种理想,从而具有主观起源,就可以摆脱"科学"的讨论。这正是"价值无涉"的两重含义,不可偏废任何一方,而目前国内学界就韦伯观点围绕着经济学是否应该有道德的讨论,其实都没有抓住韦伯的关键。下面再详述。

  韦伯说,《文库》关心的问题其实是:对理想和价值判断所作的"科学"批判的意义和目的是什么?科学的"技术性批判"最根本的功能就是使得在追求目的过程中的代价,能够被充分评估和权衡,也唯有在这样的时候,最需要贯彻"价值无涉"的逻辑方法。在这之后,权衡上升为决策,就不再是"科学"的任务,决策者根据自己的良知和世界观在各种有关的价值之间进行权衡选择,但正是"科学能够使他意识到,一切行动,当然根据具体情况还有不行动,在其结果中都意味着吸收了某些价值,从而常常意味着——这一点目前特别容易被人忽视——放弃另一些价值。做出选择是他自己的事情"。① 科学的任务正是揭示并且在逻辑上阐明"目的"建立之上的"观念"基础,"对价值判断的科学探讨如今不仅要使人进一步理解和体验所希求的目的和作为其基础的理想,而且首先还要教人批判地'判断'它们"。② 也就是说,作为"科学"本身不担任价值评判的任务,但是它却是价值评判的基础。这是因为,在一个世界观存在严重冲突的时代,"以普遍有效的终极理想的方式创造解决我们的问题的实际公分母,这都毫无疑问既不能是我们这份杂志的任务,也绝不能是任何一门经验科学的任务:这样一种任务不仅在实际上是无法解决的,而且自身也是不合情理的"。③ 这决定了在方法论上的"价值无涉"作为逻辑意义的地位。

一个饱餐了知识之树的文化时代,其命运是必须知道,无论对世界事件研究的结果多么完善,都不可能从中获知世界事件的意义,而是必须能够自己去创造这种意义本身,世界观决不可能是经验知识进步的产物,因此,最强有力地推动着我们的那些最高的理想,在任何时代都只能是在与其他理想的斗争中实现的,这些其他理想对于其他人来说,正如我们的理想对于我们来说一样,都是神圣的。④

因此,可以看出,韦伯所说的"价值无涉"的第一个含义,正是要彻底破除所谓"普世价值"的神话,一个诸神争斗的时代,决定了社会科学领域不可能,也不应当存在普遍有效的终极价值。在这个意义上,廉价的相对主义和乐观的折中主义,要么在理论上无视其严峻,要么是在实践上回避其结果。这些都与科学的"客观性"没有丝毫关系,"中间道路"丝毫不具有更多的科学真理。由此可见,作为方法论的"价值无涉"正是为了廓清

---

① 韦伯:《社会科学认识和社会政策认识的"客观性"》,见韦伯:《社会科学方法论》,李秋零、田薇译,北京:中国人民大学出版社,2009年,第3—4页。韦伯的《社会科学方法论》的另一中译本是中央编译出版社2002年出版,译者韩水法、莫茜。本文中的引用参照这两个译本,具体见脚注。
② 同上书,第4页。
③ 同上书,第6页。
④ 同上书,第6页。

"科学"有效性的界限,它要解决的问题是"存在"的问题,而不是"有效"的问题。对"存在"的思维整理,涉及到"客观性"问题,而"有效"与否则与价值所处的文化特性有关,必须在科学的"客观"操作和价值判断之间划出界线。

因此,对这份杂志寻求科学真理的功能,以及科学作为对经验现实进行思维整理的有效性,韦伯提出两种重要责任:

首先,是要让读者和作者自己清楚地意识到用来度量现实,并从中推导出价值判断那些标准和尺度是什么,而不是把不同类别的价值混同在一起。只有通过确立的价值标准与其他价值标准,最好是与自己的价值标准的对抗——任何有意义的评价都只能是从自己的世界观出发的批判,而不是通过在不同的价值之间和理想的冲突之间的挪移和权衡来欺骗自己。不同的价值尺度之间需要进行反思性的对比、澄清和揭示,一切对于别人的有意义的评价都只是出自对自己"世界观"的批判,是以自己的理想为根据与别人的理想作斗争的结果。

第二,要使得读者、编辑和撰稿人都明了,什么地方科学研究者开始沉默,而作为"有意欲"的人开始说话,什么地方论证求助于理解,什么地方则求助于感情。反对科学讨论和评价性推论之间的混淆,但是"决不反对申明自己的理想"。无信念和科学的"客观性"之间没有任何内在的近似性。这里"价值无涉"的第二个含义,就体现为作为学术杂志的《文库》所具有的学术共同体的性质,它不是从事反对政治或者社会政策派别的论争场所,也不是招徕赞成或反对政治理想或社会政策派别的场所,[①]而是一个"学术"的公共领域。韦伯如此描述道:

> 杂志的特性一开始就在于,并且只要它听凭于编者们今后就也应当在于,尖锐的政治对手都可以在杂志中为了科学工作而和平共处。它迄今为止不是"社会主义的"刊物,今后也不会是"资产阶级的"刊物。它不会把愿意置身于科学讨论基地之上的人排除在作者的范围之外。它不能是一个"回应"、辩驳、再辩驳的游戏场地,但它

---

① 韦伯:《社会科学认识和社会政策认识中的"客观性"》,见韦伯:《社会科学方法论》,韩水法、莫茜译,北京:中央编译出版社,2002年,第10—11页。

也不袒护任何人,无论是它的作者还是他的编者,都应在其栏目中经受可想见的最严厉的客观而又科学的批判。不能忍受这一点的人,或者不愿与那些和自己理想不同的人在科学认识领域合作的人的,都可以不参加它。①

但是,韦伯也承认,无偏见地与政治上的敌对者同处于一个中立的学术场所,在当时的德国并不容易,对那种"作为党派狂热的局限性和不发达的政治文化的标志,应予以无条件的反对"。在这个意义上,"价值无涉"反对学术的泛政治化倾向,因为这必然严重伤害学术的"科学性"。但是,这并不意味着这个杂志不能有自己的"特性",因为《文库》要探讨的问题与最高的、起决定作用的价值观念密切相关,因而成为它的最稳定的作者的人,"恰恰因此又成为一种受到那些价值观念相同的或者类似的影响的文化观的代表"。这些作者的观点各有不同,但是,"他们都把保护劳动群众的身体健康以及尽可能增加劳动群众对我们文化的物质财富和精神财富的分享作为目标,但把国家对物质利益领域的干预与现存政治秩序和法律秩序的自由发展相结合作为手段"。② 这些人无论对未来的社会秩序持什么样的观点,就当代而言却肯定"资本主义"的发展,这并不是因为它与更早的社会制度相比是更好的形式,而是因为它在实践上已经是不可避免,这是学术面对现实政治的态度。

《文库》主要关心的是社会经济问题。作为社会经济现象的事件,它的性质并不是自身"客观"具有的,而是以人们认识的"兴趣"倾向为条件的。"一个现象只是就我们的兴趣专注于它对于为生存而进行的物质斗争所具有的意义而言,或者说只有在这个时候,才获得一个'经济'现象的性质。"杂志的任务就是:研究人类共同生活的社会经济结构的普遍文化意义及其历史上的组织形式。

不是"事实"的"实在"联系,而是问题的思想联系,构成了各门科

---

① 韦伯:《社会科学认识和社会政策认识的"客观性"》,见韦伯:《社会科学方法论》,李秋零、田薇译,北京:中国人民大学出版社,2009年,第9页。
② 同上书,第10页。

学的工作领域的基础:在用新的方法探索一个新的问题并由此发现开辟新的重要观点的真理的地方,就会出现一门新的"科学"。①

不同于马克思的经济基础与上层建筑的理论,更不同于形形色色的文化决定论——韦伯决不是一个文化决定论者,他强调的是经济与文化互相制约的关系。韦伯认为:按照经济上的受制约性和影响范围的特殊观点来对社会现象和文化事件进行分析,依然是一个具有创造性成果的科学原则。但是,这恰恰需要区别以下两种倾向:人们要么把历史现实中不能从经济动机演绎出来的一切都当作在科学上毫无意义的"偶然性",或者"剩余物",要么把经济事务的概念扩展到不可知的领域,以致所有以某种方式与外在手段相结合的人类利益都被纳入到那个概念之中。② 这正是韦伯竭力反对的以经济学价值来主宰社会价值和社会科学判断的方式。

在韦伯看来,社会科学作为一门现实的科学,是要理解我们被置入其中的、包围着我们的现实特性,即它的文化意义:它为什么在历史上是这个样子。而"有限的人类精神对无限的现实的思维认识就建立在这一隐匿前提条件上,即每次都只有现实的一个有限部分构成科学理解的对象,只有它才在'值得认识'的意义上是'根本'的"。③ 韦伯明确指出,经验事实只有在与文化价值的关联中,才是研究者接近"实在"的途径。社会科学不是建立合目的性的规律性,而是建立"个别"与"价值"之间的因果联系。规律所适用的现实是个别的,而个体并不能从规律中演绎出来。清晰概念的存在以及假定的规律,仅仅是认识现实的前提和手段,而真正的有意义的分析和整体性描述,却是崭新的和"独立"的。一个文化现象形成的意义,以及形成这种意义的理由,都无法从任何规律性概念和体系出发去推导、论证或阐明,因为它们是以文化现象与价值理念的关系为前提条件的,文化概念就是价值概念。个体性的现实之所以对我们有意义,是因为它表现出对于我们来说与价值理念的联系因而重要的关系,仅仅

---

① 韦伯:《社会科学认识和社会政策认识的"客观性"》,见韦伯:《社会科学方法论》,李秋零、田薇译,北京:中国人民大学出版社,2009年,第14—15页。
② 同上书,第16页。
③ 同上书,第18页。

是因为这一点,它的个体性的特性才是值得我们认识的。也就是说,价值理念是确认研究对象的前提,却不是结论,因为:

> 重要的东西自身当然不与任何规律自身相等同,而且规律越是普遍有效,就越是不与它自身相同。因为一个现实的成分对我们来说所具有的特殊意义,当然恰恰不在于它与极其众多的其他成分所分享的那些关系。把现实与赋予其重要性的价值理念联系起来,以及根据其文化的重要性的观点突出和整理由此渲染而出的现实成分,与根据规律对现实进行分析和在一般概念中对它进行整理相比,是一个异质的、不同类的观点。思维整理现实的两种方式相互之间没有任何必然的逻辑关系。在个别的情况下,它们能够相互一致,但是,如果这种偶尔的一致掩盖了它们原则上的分歧的话,就会导致极具灾难性的后果。①

这些对于经济学来说,并不例外,事实上韦伯更多地正是针对它而来的。正因此,韦伯对于"规律"崇拜,特别是经济学的"市场"规律,其所具有的灾难性后果的警告是特别值得今天的中国学界汲取的。我们也可以从中明确地看到,韦伯的立场是欧洲的,但是这并不意味着他是一个所谓的"西方中心主义"者;而是相反,他一再告诫的正是对"普世价值"的警惕。对于韦伯这至关重要的核心观点,我们理解得并不充分,而这却正是韦伯强调"价值无涉"的主要出发点。

韦伯特别针对货币交换经济指出:对交换的普遍本质和市场交往的"技术"性研究是重要的不可或缺的,但是这只是前期工作,它不能回答交换如何历史地获得它今日的基本意义,历史事实需要在文化意义里得到澄清,正是货币经济的文化意义——因为它,我们才会对交往技术感兴趣。"只有在无限多样的现象中仅有一个有限的部分是有意义的这一前提条件下,认识个体性的现象的思想才在逻辑上是有意义的"。② 对具体

---

① 韦伯:《社会科学认识和社会政策认识的"客观性"》,见韦伯:《社会科学方法论》,李秋零、田薇译,北京:中国人民大学出版社,2009年,第21—22页。
② 同上书,第22页。

的现实进行详尽无遗的因果推演不仅在实践上是不可能的,而且在理论上也是荒谬的。在涉及"个体性"的地方,"因果问题并不是一个规律的问题,而是具体的因果联系的问题,不是什么公式把现象当作样本加以归类的问题:它是一个归属的问题。……一个'历史个体'——的因果说明得到考虑,对因果规律的认识就不可能是研究的目的,而只能是研究的手段"。韦伯再三强调,规律越普遍,就越抽象,它们对在因果上归属个体性现象的贡献就越少,从而间接地对理解文化事件的意义也就越小。就历史现象来说,最普遍的规律由于是内容最空洞的,通常也是最没有价值的。一个类概念的有效性越广泛,就越使得我们离开现实的丰富性,因为它为了包含尽可能多的共性现象,就必须是尽可能地抽象,而共相的认识对于历史研究而言并没有价值。因此,把经验还原为"普遍"或者"客观",对于社会科学工作并没有意义。这并不是说"规律"不存在,而是因为对社会规律的认识并不等同对社会现实的认识,而仅仅是我们的思维为了这一目的所使用的各种辅助手段。文化只是个别,是由其文化所采用的价值理念决定的,而任何"规律"都无法揭示这些价值理念的不同。"'文化'是从世界进程无意义的无限性产生的一个从人的观点出发用意义和重要性来思考的有限断面"。① 以下韦伯的这一段话特别值得关注:

> 任何文化科学的先验前提都不是我们认为某一种或者任何一种文化有价值,而是我们就是文化人,赋有自觉地对世界表示态度并赋予它一种意义的能力和意志。无论这种意义是什么东西,它都将导致我们在生活中从它出发来判断人类共同存在的某些现象,把它们视为重要的(积极的或者消极的)而表明态度。

对世界表明态度并赋予其意义的能力与意志,这其实正是学术伦理存在的基础。韦伯对以色列先知的描述中,着重的正是他们为文化和宗教共同体建构意义的"天职"。在这里,我们再次看到的是韦伯世界中知识分子的学术伦理与先知的宗教伦理的叠印。正是在这个基础上,韦伯

---

① 韦伯:《社会科学认识和社会政策认识的"客观性"》,见韦伯:《社会科学方法论》,李秋零、田薇译,北京:中国人民大学出版社,2009 年,第 24 页。

强调学者的"个人"因素对于学术研究的重要性。因为没有什么观点是从材料里自然得出的,所谓让事实自己说话,不是自欺,就是欺人。真正具有意义的是作为"个人"的学者的"灵魂之镜",只有这样的镜子才能折射出现实与文化的价值和涵义:

> 在随时随地自觉或不自觉地对事物的个别特殊方面所做的这种选择中,起支配作用的是科学工作那种作为时有所闻的主张——一项科学工作的"个人因素"才是其真正有价值的因素;此外,任何工作如果存在是有价值的,就必须表现出"个性"——之基础的因素。毋庸置疑,如果没有研究者的价值理念,就不会有选择材料的原则,就不会有对个体性现实的有意义认识,就像如果没有研究者对某些文化内容之意义的信念,认识个体性的现实方面的任何工作都是绝对没有意义的一样,他的个人观念的倾向,他的灵魂之镜中的价值反射,规定着他的工作的方向。而科学的天才把自己研究的对象与之联系起来的那些价值,却能够规定整个时代的"观点",即是决定性的:不仅对于现象中被视为"有价值"的东西而言,而且对于现象中被视为有意义的或者无意义的、"重要的"或者"不重要的"东西而言都是如此。①

韦伯这里清理的正是知识分子在当代确立学术伦理价值的基础,知识分子的内在志向即对学术为世界建构意义的确认和信念,这是推动文明本身和文化本身发展的动力。至此,我们可以明白韦伯的社会科学方法论的核心所在,那就是在一个诸神的时代里,社会科学不是寻求普遍而终极的规律或目的,而是认识、确立和创建文化的价值意义,这才是学术和知识分子确立安身立命的伦理基石。因为对人类文明寻求价值意义的确信,内在于文明自身,也内在于任何时代的知识共同体和民族共同体之中,它们正是知识分子应该予以承接的"天命"。正是在这个意义上,知识分子的"天命"是一种伦理的诫命,是外在使命和内

---

① 韦伯:《社会科学认识和社会政策认识的"客观性"》,见韦伯:《社会科学方法论》,李秋零、田薇译,北京:中国人民大学出版社,2009年,第25—26页。

在志向的结合。

接着,韦伯以对"国民经济学"的"自然主义一元论"为批评对象,展开了对社会科学方法论的具体讨论。国民经济学开始的时候是一种讨论国民"财富"增长的"技术"性现象,但是它从一开始就不仅仅是技术的,因为它被纳入到18世纪自然法的、理性主义的世界观的巨大统一体中。自然科学的方法:用根据规律性联系对经验事实做出一般的抽象和分析,以一种形而上学的有效性和具有数学形式的概念体系,达到对现实的一种纯"客观"的,摆脱一切价值的,同时也是绝对理性的,也就是摆脱一切个体性的"偶然性"的一元论认识。在这样的科学思维的模式中,除了发现事物的"规律"外,科学工作的其他意义都是不可想象的。只有"合规律"性才是科学本质性的东西,"个体性"的事件只有作为"典型",即作为规律的解说才有意义,而这些事件本身则并不是"科学的"兴趣。因此,在历史领域,抽象的理论方法和经验的历史方法处于对立之中。抽象的经济理论为我们提供了一幅关于经济组织、自由竞争和严格的理性行为在商品市场上发生的各种事件的理想画卷。"这一理想画卷把历史生活的某些联系和事件统一成为设想出来的联系得天衣无缝的体系。在内容上,构思具有一个通过思想上提高现实的某些要素而获得自在乌托邦的性质。它与生活的经验给定事实的关系仅仅在于,在那种构思中被抽象地描述的那类联系,从而也就依赖于'市场'的事件,在现实中被发现或者被猜测为在某种程度上起作用的地方,我们都能够利用一个理想典型(Idealtypus)实际地说明和解释这种联系的特性"。①

但是"理想典型"(国内更多翻译为"理想类型",下文采用这种译法)的概念是为了归属判断,它不是假设,也不是对现实的描述,它是历史给定的现代交换经济社会组织的"理念"。韦伯指出西方经济学中的"市场"与作为发生学概念上西方中世纪的"城市经济"理念,这两者是根据"完全相同的逻辑原则展开的"。而"城市经济"概念也并不是所有被考察的城市中实际存在的经济原则的"平均值",而是单方面提高一个或者一些观点,把散乱的个别的现象综合成一个自身统一的理想画卷而获得的。就

---

① 韦伯:《社会科学认识和社会政策认识的"客观性"》,见韦伯:《社会科学方法论》,李秋零、田薇译,北京:中国人民大学出版社,2009年,第31—32页。

此而言,即"理想类型"是从经验事实中选取不同的元素加以逻辑整理而言,它的确具有"客观性",这正是"价值无涉"的第三个含义,即"理想类型"作为一种逻辑的分析工具本身是"价值无涉"的。但另一方面,"就其概念上的纯粹性而言,这一理想画卷不能经验地在现实中的任何地方发现,它是一个乌托邦。而对于历史工作来说就产生了一个任务,即在任何具体场合都要确认现实离那个理想画卷有多近或者多远,某个城市的关系的经济特性在多大程度上可以在概念的意义是哪个被说成是'城市经济的'"。① 因此,理想类型并不是对"客观"现实的无条件的"反映",而是"整理"。因此,韦伯强烈地反对把理想类型的概念图像当成是历史现实的"真正"内容,当成"本质"。理想类型绝不是古希腊神话中的强盗普罗克拉斯特之床,历史不应该在此被削足适履,也不应该被当成是历史中起作用的"实在"力量——韦伯强调特别需要警惕后一种危险。对于中国的经济学来说,西方的以中世纪"城市经济"为模式发展出来的经济学"原理",究竟能够在多大程度上解释中国和解决中国问题呢?这值得今天更深刻地追问和反思。韦伯告诉我们的恰恰是:没有建立概念与具体的历史语境的联系,就简单套用西方的诸如"市场"这样的经济学概念来横扫一切是极其危险的,因为正是这样的做法违背了"价值无涉"的社会科学方法,违背了现实的"客观性"原则。这对于我们今天形形色色的市场原教旨主义来说,应该是当头棒喝。韦伯明确地指出,经济学理论是一种"教理学",它特别假定纯粹经济利益的支配作用,而排除行为的政治取向和其他非经济取向的影响,因此它只能是一种"理想类型",而绝不是历史的"自然"发展,更不能成为"应当"如此的普世道路:

> 那种在此意义上"无国家"、"无道德"、"个人主义的"纯粹理论,作为方法上的辅助手段是并且总是必不可少的,而极端的自由贸易学派则把它理解为"自然的",即未被人愚蠢的歪曲的现实的一种详尽无遗的写照,并进一步据此把它理解为一种"应当",理解为一个在价值领域有效的理想,而不是理解为一个可以用来经验地研究存在

---

① 韦伯:《社会科学认识和社会政策认识的"客观性"》,见韦伯:《社会科学方法论》,李秋零、田薇译,北京:中国人民大学出版社,2009年,第32页。

的理想典型。①

所以,"理想类型"的功能,不是作为目的,而是作为社会科学的"手段"来发挥作用的,因为社会科学必须借助通常只有在"理想类型"中才能清楚明白的规定概念来工作。其工作原理在于归纳、衡量与对比,是以确立概念的"界限"为前提的,这正是一种专业主义的训练:

> 它是一种理想画卷,但并不是历史现实,也根本不是"真正的"现实,它也根本不适宜于把现实作为样本归入其中的图式,而是指具有纯理想的界限概念的意义。为了廓清现实的经验内容的某些重要的成分,人们借助这一概念对现实作出衡量。把它与现实作出对比。这样的概念是思想的产物,我们借助它们,通过运用客观可能性的范畴,来构思各种联系,我们依据现实定向的、受过训练的想象力对它们作出判断,认为它们是适合的。②

但是混淆总是很容易产生,历史相对主义者总是让理想类型意义上的"理念"生成为理想意义上的"理念"需求,让其变成价值判断。因此,科学自我监控的基本义务和避免受骗的唯一手段,就是严格区分这两种方式。以比较的方式把现实与逻辑意义上的理想类型联系起来,与从理想出发对现实做出评价性判断,这是两种完全不同的方法。这正是韦伯强调作为方法论的理想类型是"价值无涉"的,即不能用它作为价值判断的标准。因为理想类型"是某种对评价性的判断完全不感兴趣的东西,除了纯逻辑的完善之外,它与其他任何一种完善都毫不相干"。③ 也就是说,在韦伯的理论中,理想类型其实是一种逻辑工具,并不具有价值判断的意义,这才是"价值无涉"最核心的意义,否则,就会有沦为自然主义或道德主义"目的论"的极大危险。

韦伯更进一步指出:虽然"理想类型"在形成过程中要排除"偶然性"

---

① 韦伯:《社会学与经济学的"价值阙如"的意义》,见韦伯:《社会科学方法论》,李秋零、田薇译,北京:中国人民大学出版社,2009年,第146页。
② 同上书,第34页。
③ 同上书,第28—29页。

的东西,但是其本身仍然是"个体性"的,不是平均值的典型。因为理想类型的概念形成的目的,"就是在任何地方都使人清晰地意识到的,它不是合乎类的东西,而恰恰相反,是文化现象的特性"①,是文化个体性的表达,因此"理想类型"绝不是普遍"规律"的体现,而是有着明确的使用界限的。至此,我们已经可以理解,韦伯对"价值无涉"的强调,其批判的对象正是用"理想类型"来代替价值评判,这样一种会在现实中带来极大危险的思想混乱,其主要代表正是西方经济学。

针对自然主义的历史观,即社会科学的目的必须是将现实还原为"规律",韦伯的批评正是针对其把"理性类型"与现实相互混淆的危险。韦伯告诫道,必须清醒地意识到"理想类型的发展状况和历史是两件必须有效区分开来的事情,构思在这里仅仅是有计划地将一个历史事件有效地归属于根据我们认识的现状而可能的原因范围中的现实原因的手段"。② 正是在这里,韦伯对马克思——这位他所尊敬的也是最主要的理论对手作了这样的评价:所有马克思主义的"规律"和历史发展的构思,在理论上都具有"理想类型"的特征,"凡是使用过马克思主义的概念的人都知道,如果把现实与这些理想典型进行比较,它们就具有巨大的,甚至是独一无二的启迪意义;同样,一旦把它们设想为经验有效的,或者甚至设想为实在的(事实上也就是形而上学的)的'作用力'、'趋势'等等,它们就具有危险性"。③ 这一评价值得重视,也值得今天作为一个重要视角来重新理解马克思主义在中国的命运。

韦伯充分肯定"理想类型"的逻辑作用,但是他强调所有"理想类型"的构思都具有暂时性,"文化科学工作的结果就是不断改造我们力图把握现实所用的那些概念的过程。因此,关于社会生活的各门科学的历史就是并且依然是借助概念的过程,有此尝试在思想上整理现实,由于科学视野的扩展和更移而废除已经获得的思想图像,以及在如此改变了的基础上形成新概念之间的不断变换"。④ 这是因为,概念的形成取决于问题的

---

① 韦伯:《社会学与经济学的"价值阙如"的意义》,见韦伯:《社会科学方法论》,李秋零、田薇译,北京:中国人民大学出版社,2009年,第40页。
② 同上书,第41页。
③ 同上书,第42页。
④ 同上书,第43页。

提出,而问题的提出是随着文化自身的内容发生变化的,概念与被概念化的东西之间包含着一种综合的暂时性。因此,概念的价值正在于它们揭示了作为其基础的观念意义的有效性界限,而不是目标。"理想类型"之意义正在于它的暂时性,和无可避免的被超越性,是手段和工具,服务于建立价值联系的目的,因此决不能混同于具体的实在,后者才是第一性的目的。概念的目的被假定为对"客观"现实的观念"反映",这可以追溯到康德的现代认识论,这里的概念与历史工作之间的关系被头足倒置了。而社会科学的伟大进步正是与实际的文化问题变更密切相关的,并采取了对概念的形成进行批判的反思形式。韦伯宣布,《文库》最重要的任务就是为这种批判与进一步的综合服务:

> 一切经验知识的客观有效性,都是并且仅仅是按照范畴整理给定的现实,而这些范畴在特殊的意义上是主观的,即表现我们认识的先决条件的,受到唯有经验知识才能给予我们的那些真理的价值的前提条件的制约。①

社会科学的"客观性"正在于此,即它来自于对经验现实的逻辑综合和整理,也因此具有明确的使用边界,因此不能据此作为"本质"或者"规律"证明特定的经验事实,也不能因此取得判断现实的价值特权,因为价值尺度只能来自于特定的文化自身。社会科学的任务并不是不断去追逐新的观点和概念,而是相反,对于具体历史联系的文化意义的认识,才是所有的概念和概念批判为之服务的终极目的。"材料专业户"和"意义专业户"都不能把已知的事实与已知的观点结合起来,从而创造出新的东西。

在韦伯看来,价值意义是"理想类型"获得逻辑意义的前提,否认作为特定的文化产物的价值真理性,就没有社会科学,就只剩下用普遍的概念与判断去取代科学。一旦社会科学把它的方法论原则建立在把加工材料看成目的本身,而不是自觉地根据最终的价值观念来检查和反思个别材料的认识价值,不能意识到认识价值是植根于具体的实际的文化作为最终价值,道路

---

① 韦伯:《社会学与经济学的"价值阙如"的意义》,见韦伯:《社会科学方法论》,李秋零、田薇译,北京:中国人民大学出版社,2009年,第47页。

就会迷失,这时,就需要从文化的价值意义上进行范式突破。这时:

> 未加反思地使用的观点的意义变得不可靠,道路迷失在黄昏中。重大的文化问题的光芒依然存在。于是,科学就武装起来,改变自己的立足点和概念体系,从思想的高度俯视事情之流。①

推动社会科学发展的动力,不是科学的内在逻辑,而是一个特定社会的文化价值的重大问题。我们需要在这个意义上理解韦伯这句似乎骇世惊俗的话:政治经济学是政治的仆人,因为作为现实的、具体的德国的文化价值才是真正的政治性问题,学术的目的正在于是否能够落实于具体的文化语境中——它既是社会科学问题意识的来源,也是作为学术研究的社会科学最后的旨归。只有在这里,在责任伦理高于信念伦理的情况下,两种伦理才可以寻求互相支持的契合点。我们也需要从今天中国的历史语境中重新确立和理解韦伯的意义。

最后,让我们再来读一读韦伯自己的论述:

> 我们最终必须竭尽全力反对的是一种并不少见的观念,它认为通过权衡各种彼此对立的价值判断和他们之间的"政治家式的"折衷,就可以踏上通往科学"客观性"的大道。"中间路线"不仅恰好与"最极端"的价值判断一样,不能以经验学科的方法得到科学的证明,而且,在价值判断的范围内,它正是在"规范的"意义上最晦暗不清。它不属于讲坛——而是属于政治纲领,官僚机构和议会。科学,无论是规范的还是经验的,都能为政治活动家和对立的党派提供无可估量的帮助。它告诉他们:(1)对于这个世纪问题,某些不同的"最终"立场是可以考虑的;(2)在你就这些立场作出抉择时,存在着这样那样你必须考虑的事实。②

---

① 韦伯:《社会学与经济学的"价值阙如"的意义》,见韦伯:《社会科学方法论》,李秋零、田薇译,北京:中国人民大学出版社,2009年,第49页。
② 韦伯:《社会科学和经济科学"价值无涉"的意义》,见韦伯:《社会科学方法论》,韩水法、莫茜译,北京:中央编译出版社,2002年,第145页。

韦伯指明的是,真正的有责任的"政治"行为应该建立在学术的"科学性"的基础上,即有价值的政治行为必然充分估计三个方面:(1)不可避免的手段;(2)不可避免的附带后果;(3)由此制约的在其实践结果中众多可能的评价相互之间的竞争,这正是经验科学以自己的手段能够揭示的东西。[①] 只有在此基础之上的"政治"行为才可以与现实中党派利益纷争的政治活动划清界限。社会科学的"客观性"绝非折中的中间路线,因为妥协和折中并不是以价值的澄明为前提的,因此需要反对各种"伪"客观性(以及在此基础上的各种伪"政治"性,即建立在党派利益纷争基础上的"政治"):

> 认为从要求经验地讨论"价值无涉"的立场出发,价值判断的讨论就是无结果和毫无意义的观点,是与我们完全不相干的,因为关于价值判断意义的认识恰是所有这类讨论的前提。这种讨论的先决条件是理解各种原则上不可逾越的和大相径庭的最终价值判断的可能性。然而,"理解一切"并不意味着"原谅一切",单是对他人观点本身的理解也不导致同意它们。另一方面,这至少可以使人同样容易并且通常极其可能认识到妨碍人们达成一致的原因和问题。但是,这种认识恰恰是真理性的认识,而"价值判断讨论"正好有助于这种认识。[②]

至此,韦伯对于社会科学的"客观性"和"价值无涉"的思想已经清楚了。这里试从以上三个互相关联的层面上做一个分述和归纳:

首先,韦伯所说的"价值无涉"是社会科学的历史观,它反对把历史纳入任何道德主义或自然主义的目的论体系中,因此,它本身不属于也反对任何"宏大叙事"。其方法论上的体现是划清"理想类型"的有效性边界,不能把"理想类型"或者任何概念性的逻辑思维的产物上升为价值判断。任何意义上的"理想类型"作为对经验事实的逻辑整理,都不是对现实的

---

[①] 韦伯:《社会学与经济学的"价值阙如"的意义》,见韦伯:《社会科学方法论》,李秋零、田薇译,北京:中国人民大学出版社,2009年,第124页。
[②] 韦伯:《社会科学和经济科学"价值无涉"的意义》,见韦伯:《社会科学方法论》,韩水法、莫茜译,北京:中央编译出版社,2002年,第149页。

"反映",而是归纳和总结,归根结底是"个体性"的,因此不能把"个别"上升为"普遍"的规律,并成为"应当"如此的历史力量。因此,韦伯反对从历史的"发展趋势"中引申出对实践的评价,因为这意味着把"变迁"视为目的论的,并成为对现实政策毫无反思的美化:

> 无论如何,我们都无法看出,为什么经验科学的代言人应当感到有必要支持这种做法,使自己成为某个时候的"发展趋势"的喝彩者,使对这些"发展趋势"的"适应"从一个终极的、只能由具体的人在具体场合解决的、因而也只能取决于具体的人的良知的评价问题变成一个据说由一门"科学"的权威庇护的原则。①

第二,韦伯所说的"价值无涉"指的是建构学术公共领域的原则,即不同的立场和观点都具有平等准入的地位与权利,而且在这个意义上接受最严格的反思与批判。知识共同体不能以某种预设的绝对价值作为规范,或者以"普世价值"来压抑和取消歧见,这是作为经验科学的社会科学能够生产"有效"知识的前提。但是,作为个体的学者,却正是以自己的立场,以及以此立场出发的知识建构进入学术公共领域,"正是'个人'的最内在的因素,规定我们的行动、赋予我们的生活以意义的最高的和最终的价值判断,才是某种我们感到有'客观'价值的东西"。② 这个意义上,韦伯的"价值无涉"决不是取消价值立场,而是相反,不同的价值判断必须接受自己以及对手的反思和挑战,方有可能有真正意义上的社会科学的发展。

第三,韦伯所说的"价值无涉"指的是在学术共同体内部建立理解的方法。在各种不同的、甚至歧见严重的观点之间,"价值无涉"要求的是对他者观点的理解,它建立在以经验的方式,从概念的逻辑意义上,去考察他人的行为和动机,以发现真正的不同的立场,这是一切有意义的学术辩论的前提。这样的以建立理解为前提的"价值无涉"的工具性,是学术对话和论辩的基础。它可以使人从逻辑和事实的角度认识到妨碍达成一致

---

① 韦伯:《社会学与经济学的"价值阙如"的意义》,见韦伯:《社会科学方法论》,李秋零、田薇译,北京:中国人民大学出版社,2009年,第129页。
② 韦伯:《社会科学认识和社会政策认识中的"客观性"》,见韦伯:《社会科学方法论》,韩水法、莫茜译,北京:中央编译出版社,2002年,第6页。

的原因和问题：

> 人们可以是不一致的，以及为什么不一致，在什么地方不一致。恰恰这种认识是一种真理认识，而且"价值讨论"也就是为它服务的。与此相反，人们以这种方法肯定不能获得——因为它在一个截然相反的方向上——的东西，是某种规范的伦理学，或者就是某种"律令"的约束力。①

这才是为什么"价值无涉"需要发挥作用的地方。

但是，遗憾的是，在过去的韦伯研究中，我们在很大程度上是把韦伯极力批评和反对的方法强加给韦伯自己了，对"理想类型"盲目而混乱的运用就是最鲜明的例证。

## 四、韦伯的新闻观

由上所述，韦伯的整个社会科学方法论是正以建立学术公共领域的伦理与方法为基础的。而韦伯为《社会科学和社会政策文库》所做的阐释工作，也给我们提供了一个视野来讨论学术公共性与大众传媒的关系。

韦伯认为自政党兴起之后，政治更多地是在公众中利用言辩和文字来操作的。而新闻工作，在韦伯看来，正是立宪国家，或者说民主国家出现之后，与作为煽动家的政治人物一起出现的。他们和律师一样有着相似的命运：缺乏固定的社会归属，是"贱民等级"。因此，很清楚，不同与哈贝马斯过于倚重对资本主义公共领域的理想性描述，韦伯否认了大众传媒具有天然和独立的公共性，他认为公共领域更根本的体现是大学的课堂和学术共同体。而大学课堂和学术期刊只有不以自己的立场为唯一的立场，而是尽可能地呈现各种不同立场的知识与事实的联系，尽可能包容各种歧异的知识立场，才是知识共同体作为公共领

---

① 韦伯：《社会学与经济学的"价值阙如"的意义》，见韦伯：《社会科学方法论》，李秋零、田薇译，北京：中国人民大学出版社，2009年，第120页。

域存在的前提。所谓"客观",不是超越性的普遍的范式,恰是以立场为前提的,这种立场是处理事实和自我关系的学术工作的价值所系。作为学者的知识工作需要在与不同立场的检讨、对话与权衡中完成,在这个意义上,无立场是不可想像的。教师和知识的作用不是回避选择,而是帮助和教导做选择的人批判式的反思和评价自己的选择。经验科学的任务不提供信念,但是它却是所有可能的价值判断的基础,而价值讨论的真正意义是把握对手和自己"实际意指"的东西,如此才能有真正的建设性的学术对话。

韦伯自己与国家官僚体系、大学体制和新闻界有过多次的冲突,其经历可以作为韦伯对于"公共领域"思考的一种阐释。

1911年,韦伯参加在德累斯顿召开的一次大学教师会议。在会议上,韦伯的观点引起了极大的争议,也使得他被迫卷入广泛的辩论中。韦伯批评了现代的商学院不去关心严格的学术训练,而是受到诱惑去追求社会特权,文凭贵族的兴起导致的是新的阶级分化,而把他们吹捧为新人类是危险的。他还批评了国家官僚政治和德国大学之间的关系,特别是普鲁士当局直接把教职不经过学校的认可就给予年轻学者的做法,对于学术新生代来说是有害的。韦伯一向认为,这种做法诱使年轻人依靠为国家效力而在学术生涯中寻求捷径,把他们培养成一种"生意人",是对学术尊严的破坏。但是这些言论被新闻界以耸人听闻的措辞进行报道而遭到误解,也引发了巨大的轰动。当局要求韦伯公开澄清,韦伯不得不做了一些修正和补充,他充分体会到的正是,新闻界惯于"不时的、冷酷无情地迎合那种对轰动性新闻的要求,而在没有这种新闻的时候就不择手段地欺骗读者"。①

在之前的1910年,玛丽安妮·韦伯领导的德国妇女联合会在海德堡召开代表大会,这是德国妇女运动史上的大事。一位青年讲师R却发表了对妇女团体的诽谤文章,冷嘲热讽地提到妇女运动仅仅是那些未婚妇女、寡妇、犹太女人、不孕症患者以及不是母亲或者不想担任母亲责任的人构成的。玛丽安妮·韦伯因为没有孩子,又是主要领导者,因此最尖刻

---

① 玛丽安妮·韦伯:《马克斯·韦伯传》,阎克文、王利平、姚中秋译,南京:江苏人民出版社,2002年,第486页。

的评论都指向她。玛丽安妮给作者写了一封信,要求他收回其恶言,韦伯支持妻子的行为。但是该作者拒绝了,并且扬言韦伯是不能接受决斗挑战的丈夫躲在妻子身后。韦伯得知此言后宣布,他接受决斗。但是这位作者又宣称自己反对决斗,并向法庭控告韦伯诽谤,后来在第三方教唆下撤诉。但是,新闻界却在几家报纸上发表了一篇耸人听闻的文章对此进行评述,并沸沸扬扬到处转载,还扩散到了海外。该文章在结尾部分引用了 R 博士问韦伯教授的话,问韦伯是否准备为妻子决斗,韦伯做了否定的回答,说自己的健康不允许这么做。但事实上是韦伯一再宣称自己愿意参加决斗,因此,他把这样的流言视为"可耻把戏"。

  他觉得这不仅违背了他自己的利益,而且同样违背了公共利益,为此他不遗余力地一连几个月都在努力匡正视听。这个事件的来龙去脉不仅表明了韦伯的个性,也反映了新闻界的某些行为特点:以编辑部保密为由耸人听闻地揭露名人以取悦读者,这使得那些受到牵连的人物要从轰动效应中来保护自己显得非常困难。①

  但是,韦伯决定抗争到底。韦伯先给有关报纸写了极其礼貌的信,指出捏造的事实,请予以刊登。但是编辑部的回复却表示,他们宁愿相信自己的记者,如果根据新闻法公布韦伯的更正,就需要公布记者的名字作为回应和对质。他们不打算这些做。韦伯逐一指出那篇文章的捏造和虚妄之处,并认为一次认真的调查就可以澄清事实。但是编辑部依然相信他们的信息来源是可靠的。在韦伯的坚持下,编辑部愿意以一则启事和致编辑部的匿名信的方式进行书面澄清,韦伯轻蔑地拒绝了这个要求,并再次敦促发表他的声明。在遭到再次拒绝后,韦伯强烈地斥责编辑部,"并因此使得报纸和它的编辑不得不向法庭控告他诽谤"。几个月后,此案进入审理,在案子进入第二个阶段的时候,一位匿名挑唆者暴露了出来:一位海德堡的新闻学教授。该记者是他的学生,而且因为这篇文章,该记者已经被教授推荐到新的新闻职位上。这位教授与韦伯并无私交,不过韦

---

① 玛丽安妮·韦伯:《马克斯·韦伯传》,阎克文、王利平、姚中秋译,南京:江苏人民出版社,2002 年,第 488 页。

伯曾因为第三方的反对意义没有邀请他参与对于新闻业的社会学调查。韦伯改变了对该记者的看法,为他恢复名誉,并且给他写信道:"我毫不犹豫地参加诉讼,并不是为了揭露 X 博士或者不惜代价证明自己正确,而是无论如何要让真相得到澄清,不管真相到底是什么,而在这方面你应该发挥一份作用。"在韦伯看来,这已经不再是他个人的名誉问题,"而是牵涉到了公共利益——维护大学的尊严以及让新闻界摆脱这种恶劣的行径"。他给这位新闻学教授写了长信,指出:

> 向一个职业记者传播有关一个同事的流言,你打算如何把这种做法与在大学里的身份调和起来?当这个人——可以想见——以新闻业的方式对这些事情进行加工利用之后,你又为什么隐名埋姓躲藏起来而不采取任何措施对已经发生的事情作出公开和私下的改正呢?……在蒙受大量损失澄清事实真相之后,我自然已经没有丝毫兴趣使你陷入什么狼狈境地,甚至更没有兴趣让这件事情成为一个有损大学声誉的公开丑闻。……对我来说,关键在于,不论你在上述事件中的所作所为还是你对我的态度,看来根本不配你完全有资格在海德堡大学培养未来的记者这样的自我鉴定。①

韦伯希望该新闻教授自愿辞去教职,但是该教授没有这样做,而是向法庭控告韦伯诽谤,希望把全部责任都推给记者。这个海德堡的"教授案件"已经成了市民口中的津津乐道,韦伯的整个朋友圈子都不希望看到诉诸法庭,他们认为,对此报以轻蔑而不是对质,会更加"优雅"。韦伯的处境很困难,但他不为所动。终于,在复杂的法庭辩论之后,记者作证说,新闻学教授给他看了 R 反对妇女运动的文章和韦伯夫人的答复简报,并且告诉他 R 发出了决斗挑战,当该记者觉得应该向 R 或者韦伯本人核实事实的时候,教授却建议他不要做,并且向他确认说:事情肯定就是这样的。这时,法庭上的新闻学教授没有勇气坦白他的教唆,却一口咬定该记者是惯于撒谎的无耻之徒。真相清楚了,"他的同事们现在也公认,在这件事

---

① 玛丽安妮·韦伯:《马克斯·韦伯传》,阎克文、王利平、姚中秋译,南京:江苏人民出版社,2002 年,第 494 页。

情上他的个人利益和公共道德是一致的。总之,让人们知道什么叫恶意诽谤还是很有价值的"。①

但是这时的韦伯却为该教授感到遗憾和难过,他觉得学校当局和教育部应该按照医生和律师们的模式建立名誉法庭。他甚至给该新闻学教授的系主任写信,希望能够让他获得宽大对待。为了把人们的注意力从事件的个人意义引向它的客观意义,韦伯给新闻界提出了建议,即在报道私人事务上应放弃编辑部保密的做法。

值得一提的还有一个与韦伯有关的名誉案。韦伯的一位年轻学者朋友的首部重要著作,遭到一位同行 X 教授损伤声誉的评论,还被暗示说"剽窃"。韦伯认为这种在科学上毫无益处、对个人吹毛求疵的批评是令人厌恶的,他为作者的驳斥附上了自己的"后记",逐一细致检讨和暴露批评的褊狭和错误,并斥责指控者动机恶劣,为此卷入一场涉及系和不同的大学同事之间的激战。这起新的"教授案件"再次在国内外的媒体上闹得沸沸扬扬,韦伯不得不耗费大量时间和精力来批驳各种指控。但是,当韦伯的一位信赖的同事告诉他指控者并非出于"卑鄙动机",韦伯则很乐意更正他的说法,他呼吁 X 教授认识到,"诚实地"收回一项不公正的指控是有可能的。在原则问题上,韦伯是不让步的,但是为了使 X 教授能够从容地履行对那位受到辱骂的作者应尽的义务,韦伯声明:"和不可避免地出现的表象相反,我无论如何不能因此指责 X 教授曾经想要'诽谤'那位作者。这同样适合于'剽窃式的窥视'以及其他类似的指控"。②

在这些涉及到学术界和新闻界发生的侵害真相和公共利益的案例中,韦伯都表现出极大的决心和毅力为事实真相、社会的公共利益和学术尊严而斗争,这其实正是韦伯思想的外在体现。

现在,让我们回到中国的问题。在今天的历史语境下,重读韦伯的意义何在?

首先,韦伯作为历史观的"价值无涉",有效地处理了普遍与特殊的辩证关系。它击破了历史学宏大叙事和微观叙事的困境,开辟出了一条历

---

① 玛丽安妮·韦伯:《马克斯·韦伯传》,阎克文、王利平、姚中秋译,南京:江苏人民出版社,2002年,第496页。

② 同上书,第507—508页。

史研究,也是社会科学研究的新路,为我们在新的历史语境中重新建立中国研究的问题意识打开了空间。对于我们破除各种形式的普世价值和目的论崇拜,可以起到强大的解毒作用。也正是在这个意义上,它对于我们今天重新理解什么是中国:在世界格局中的中国作为历史的和现实的存在,及其文化与政治的特定意义,特别是体现在讨论各种"中国模式"的时候,可以提供强大的借鉴作用。需要把这个意义上的韦伯从"理想类型"的西方普世模式中解放出来,才能使之成为今天中国研究中发挥作用的重要理论资源。所以,需要首先在这个意义上纠正对韦伯的严重误读。

第二,韦伯"价值无涉"的方法论,必须体现为中国学术公共领域的建设上,才是有意义的。今天中国的学术生态最大的问题正是缺乏自觉意识的学术共同体,立场的澄明与反思本身正是建构学术共同体的前提。但是,当立场分歧变成党同伐异,以自我标榜的政治正确性强占道德制高点,以普遍性的公理推导世界大同,不仅不能回应真正中国现实的问题,而且已经是学术共同体的轰毁。而没有一个具有自我批判和反省能力的学术共同体,以及这个共同体对学术自由的保护,这个社会中的公共领域其实并没有生存的空间。因为,一个社会的公共领域,无论是政治公共空间还是大众传媒的公共空间,都必须以一个社会的学术公共领域为依托,否则就会失去其价值判断的"科学"标准和"客观性"要求,这正是韦伯再三强调的要旨。在这个意义上,失去社会科学有效的批判与反思,一个国家和社会有责任的政治行为的基础就会崩毁,大众传媒其实也因此无法"独立"地成为"公共领域"。而没有学术共同体来践行严谨而"科学"的社会科学方法,任何意义上的"中国深度研究"的理想图景都不过是一纸空谈。

第三,韦伯以"天职"观来确立知识分子在学术与政治之中的位置,应该成为今天中国知识分子思考的新起点。二十世纪八十年代韦伯与中国知识界的相遇是一个重要的学术史现象,它与当时中国追求"现代化"的历史语境息息相关,"新儒学"以及一些港台学者对新教伦理与资本主义问题的关注是其中醒目的地标,但是对韦伯的误读也是严重的,其流弊至今。① 与此同时,另一个没有被重视的维度,却正是韦伯意义上的学术与

---

① 参见杨念群:《东西方思想交汇下的中国社会史研究——一个"问题史"的追溯》对余英时和林毓生误读韦伯的分析,载《杨念群自选集》,桂林:广西师范大学出版社,2000年,第42—52页。

政治的关系。在中国八十年代末和九十年代初这段特殊的危急时刻,韦伯对于中国学人的自我反思曾产生了重要的启示和影响,这一点值得今天重新读解。汪晖在回忆创办《学人》刊物的时候,曾叙述了韦伯对他的影响:

> 为什么在1989年的那个冬天,我和朋友们会建议出版刊物呢?这也不是一时的想法。就在这些日本朋友来北京之前的一个月,我记得就在北京市解除戒严的那一天,一些朋友凑了一点午饭钱,委托《读书》杂志召集了"六四"之后的第一次知识分子聚会,希望能够重振旗鼓,做点严肃的学术工作,并以学术研究的方式总结我们在80年代经历的过程和失败。我记得会上两种意见较为突出,一种是消极的,觉得在政治状况没有改变之前,知识界不可能有所作为;另一种意见较为积极,觉得即使无法直接讨论我们当下的问题,也应该坚持学术研究,对我们自身进行反省。在那次会上,我引用了韦伯(Max Weber)《作为学术的志业》(Wissenschaft als Beruf)中的话,试图为自己的研究工作提供某种伦理的基础。
>
> ……
>
> 在一个政治上无所作为的时代,知识分子必须找到适合自己的方式,并把自己的道德激情转化为一种立身处世的方式。这一际遇恰与学者们的反思相吻合。学术的专业化就成为这一方式的表达。在我的记忆中,如何处理政治与学术的关系是许多学者思考的问题:我们刚刚经历或者说正在经历一场社会动荡,处于极为严峻的政治氛围中,但当时的共识似乎并不是直接介入政治问题,而是力求形成相对独立的学术领域,不至于让学术研究迅速地转变为另一种政论。89年的失败使得大家意识到那种过度的政治激情会影响人们的判断力,而严谨的学术研究是我们理解中国历史和社会的重要途径。①

---

① 汪晖:《小小十年——〈二十一世纪〉与〈学人〉》,载香港:《二十一世纪》双月刊,2000年10月号,第142—147页。

通过韦伯的视野，可以发现一个社会越是在政治、社会的危机时刻，学术的伦理问题就越会上升为严峻的思考对象。与此相关联，当一个社会面临文化危机与断裂，也越是学术研究需要范式突破的时候。由《学人》开启的学术规范的讨论，正是在这样的历史语境中获得其作为学术伦理的意义，其一系列反思的视角与韦伯的视野有着密切的契合。今天，中国的改革已经再次处于严峻的历史转折关头，各种政治势力的斗争也日趋激烈和残酷。如何重新思考学术与政治的复杂关系，以及学人在其中坚守的学术立场，如何确立什么是真正的学术伦理，以及建立在此基础上的学术规范；学术共同体如何保护学术自由，以及建立在此基础上的思想论辩，学术思想的突破与中华民族文化命运的关系究竟该如何建立等等，一系列重大问题已经成为每一位严肃的知识分子无法回避的现实存在。在这背后，则是中国未来的道路究竟向何处去的历史抉择。重读韦伯，在他所开辟和献身的巨大的思想空间中探索前行，正是为了理清今天中国知识界的责任和方向，寻求在学术共同体的建设中重新确立"诚实"而"正直"的学术伦理的意义，并以此重铸和激励知识分子对社会守望的职责与信念。

韦伯在《社会科学认识和社会政策认识的"客观性"》一文中最后用了歌德的《浮士德》中的诗句作为结束："新的冲动已经苏醒，我急忙向前，吸吮它永恒的光辉，我的前面是白昼，背后是夜晚，头上是太空，脚下是波涛。"对于今天的中国学界来说，超越左右——并不意味着取消价值和立场，以及为此而必须付出的艰苦的学术工作，而是反对用政治化的道德标签来取代、阻碍和败坏真正的学术工作。在这个意义上，坚持学术"价值无涉"的客观性原则，不畏任何艰难险阻，以世界历史的比较视野、"科学"的研究精神、自觉的文化意识去担当中国自己的现实问题，是任何意义上的"中国模式"研究都应该追求的标杆。在这个严峻的历史坐标点上，为天地立心，为生民立命，已经狂飙落地，再次成为中国知识分子任重而道远的历史天命。

2010 年 10 月 7 日，完稿于上海

# 中国的现代性、大众传媒与公共性的重构①
—— 与赵月枝教授的对话

---

① 本文节本发表于《传播与社会》(香港),总第 12 期,2010,节本英文版 Chinese Modernity, Media and Democracy—An Interview with Lu Xinyu by Yuezhi Zhao, *Global Media and Communication*, Vol. 6, No. 1, 5—32(2010)。

背景:2008年盛夏,复旦大学新闻学院的吕新雨教授与其他三位中国学者应邀参加加拿大不列颠哥伦比亚大学(UBC)举办的"农民的终结?全球资本主义和农业社会的未来"高级研讨会。这次会议由香港中文大学中国研究讲座教授阿里夫·德里克(Arif Dirlik)组织,参加者包括著名世界体系理论家伊曼纽·华伦斯坦等知名学者。在农村居民仍占世界人口半数、世界生态和粮食危机凸显的今天,会议议题的重要性,与为"三农"危机所困的中国的相关性不言而喻。以会议主题为背景,以新闻传播学为主要学科关照,于6月27日在太平洋西岸风景如画的UBC校园,西门菲莎大学传播学院赵月枝教授就一系列学术理论与社会现实问题与吕新雨进行了对话。正在此访学的北京大学新闻传播学院博士生王维佳参与了访谈,感谢他根据录音编辑整理了访谈初稿,经赵月枝修改后,2009年8—9月间吕新雨做了最后的补充和修订,形成此文。

## 一、中国的现代性、革命与工农的主体性问题

**赵**:我最早是因为你对中国工人阶级主体意识的研究而逐渐熟悉你的。你2005年发表在 *New Left Review* 上的文章,"Ruins of the Future: Class and History in Wang Bing's Tiexi District"[①],引起了西方学

---

① Lu, X. (2005). Ruins of the Future: Class and History in Wang Bing's Tiexi District. *New Left Review* 31, January/Feburary, 125—136.

者的共鸣。然而,在中国的传播学研究中,现代化转型过程中的工人阶级及其主体意识一直是一个被忽视的问题。那么,是什么促使你开始研究这个问题,在研究中又有哪些主要的发现呢?

**吕**:关注工人阶级主体性这一问题,来自九十年代初,我从文学研究转向中国纪录片研究的过程。在八十年代,我们把文学的"自我化"或者"纯文学"作为文学的诉求及其先锋性的体现,这种文学的自律化背后实际上是政治性的诉求,以文学理论、美学等名义出现的各种思潮勃兴,使得那个时代的文学成为社会的公共领域。九十年代市场经济开启,政治性的背景发生了转换,当代文学和文学研究却在这种"自我"中迷失了方向,"自我"成为作茧自缚,逐渐失去了与社会有效的对话关系,文学日渐枯萎,丧失了对时代精神的把握与表达,而越来越沦为商业化的炒作,令人非常失望。当我转向纪录片时意外发现,这些纪录片正在建立与中国社会大变动的血缘关系,它们成为我观察社会的窗口和方法。在我看来,它打破了文学自我循环的封闭圈子,向着生生不息的社会现实开放,收复了文学的失地,成为一种社会的自我表达。因此,面对大量生动而丰富的纪录片,我的研究必须同时去处理影像表达的动机、美学和中国社会变动等多重关系。

九十年代中国最大和最触目的社会问题就是大批工人下岗、大量农民进入城市形成民工潮。中国社会中数量最庞大的两个人群:工人和农民,他们的命运因社会转型而发生着剧烈的变化。我开始思考,工人阶级曾经是社会无可置疑的主流人群,工农联盟是由宪法规定的国家政治主体,但是他们今天却变成了大众传媒和影像中的"社会底层"和边缘人群,其命运变化对于中国到底意味着什么?

《铁西区》这部纪录片关注的就是曾经是主流的工人阶级的命运。铁西区所在的东北承载了抗美援朝和民族国家工业现代化的历史,与苏联、日本以及东北亚之间存在特殊的地缘政治关系,因此,这一地区的工人群体在社会转型中的命运具有特殊的历史意义。在这部历时九个小时的"史诗性"纪录片中,导演王兵将工人阶级主体性破碎的过程放在一种历史凋零的状态中来叙述,给了我一个反思的机会,使我可以把很多历史与社会的问题整合起来思考。有学者批评我对这部纪录片的分析是"过度阐释",特别是不能同意用"阶级"的视角来进行解读。他们宁可将其视为一个纯粹的"艺术性"的作品,而不愿将其与更广阔的世界性的历史和政治关系联系在一起。可是在我看来,《铁西区》最大的意义就在于,它所折射的社会、历史问题,它寓言式的工厂的废墟场景,以及作为人的主体性的崩溃,揭示了一个我们曾经拥有的过去和一个似乎是无法改变的现状,并且向着未来发问——在这个意义上,艺术才有可能获得自己强有力的表达。在这个基础上,我试图去探讨新中国工业化的历史与整个人类工业文明发展之间的关系,并重新理解所谓"艺术"与时代、社会以及人的主体性的关系。

**赵**:与有关工人的研究议题被忽视的状况相比,农民与乡村社会倒是美国主流传播学中传播与(第三世界)"发展"范式的主要研究议题。在中国传播学界,也有一些关于传播与农村现代化问题的专项研究。不过,这些研究的理论视野比较狭窄,基本上在二战后源于美国的现代化理论框架内进行,往往把农民当作既定现代化价值的改造对象和现代传播技术的推广对象。在用现代化理论来研究中国农民对媒体的使用和传播技术在农村的扩散等具体问题时,传播学者也往往忽视了对这一理论的冷战背景的检视。直白地说,美国是希望通过"发展"来防范在世界资本主义体系的边缘,也即当时的第三世界,再出现象中国那样的以农民为主体的激进社会革命。近年来,随着"三农"问题的凸显,在传播学以外的整个知识界,关于中国农民,农村社会和中国现代化之间的关系问题有了很多讨论。你在自己的研究中是如何关照这些讨论的?

**吕**:我个人十余年来一直关注中国乡村问题,在我看来,乡村和城市是一个问题的两个方面,是中国社会不可分割和互相制约的整体性存在。没有乡村视野的城市研究必然有严重问题,而乡村社会是理解中国近代以来历史和社会变革的关键和秘密。说"秘密"是因为所谓"现代化"说到底就是一个遮蔽乡村的过程,中国市场化和城市化的过程主导了我们对中国的理解,也使得乡村问题在很大程度上被专业化的知识谱系所遮蔽,似乎只有做三农问题的学者才去关心,很多朋友对我涉足这个问题感到惊讶。但是在我看来,它几乎和所有中国社会的问题与危机关联在一起,这就逼迫我从历史和现实的双重视野中去清理并建立自己对乡村问题的理解。

我的专业领域是纪录片和大众传媒,在我所梳理的当代中国的新纪录运动中，其主题大部分涉及的是所谓"边缘群体"，也就是从主流媒体中日渐"边缘"和消失的工人和农民的群体。也许说得更恰当一点，现在的主流传媒中，这个人群主要出现在社会新闻中，与矿难、犯罪、凶杀等等血腥的事情联系在一起，已经沦为"物"和"他者"的存在。与此相对照，在纪录片中，他们的命运构成了对社会、时代的强烈质疑与反思，他们的情感诉求被充分尊重，只有在这个意义上"他们"的生活图景才有可能转化成"我们"的生活图景的一部分。今天，大写的工人与农民作为阶级的政治地位已经被分散的、小写的农民工、下岗工人等作为个体的"边缘人群"所代替。在我看来，中国工人阶级主体性的崩溃必须和中国的农民问题联系起来讨论，他们的命运是历史性的，也是彼此关联的。中国的乡村问题与近代以来的社会大变动有着复杂而密切的关系，作为整个中国革命和社会主义的"秘密"，是我们今天反思中国社会无法回避的关键。

中国很多后现代批评家和保守主义者认为马克思主义是一个西方的启蒙理论，不符合中国实际，所以中国整个革命是错的，这样一种观点将革命解构了。我希望能够回应这样的问题，就是为什么近代以来中国会从乡村爆发民族主义和社会主义这样的双重革命？革命对于中国来说到底意味着什么？改革开放三十年后，承袭晏阳初、梁漱溟等上世纪二三十年代知识分子的传统，中国重新出现了一批像温铁军这样的做乡村运动的知识分子，钱理群甚至总结出了不同历史时期知识分子"到农村去"的六个代际："五四"先驱者、三十年代的共产党人与乡村建设派、延安的青年知识分子、五六十年代的知识分子、文革中的知识青年、新时代的青年志愿者。看上去我们已经走过了长长的历史阶段，可是为什么在不同的历史时期我们都有回到农村去的历史动机？它绵延至今。这个"回去"意味着什么？当回顾三十年代知识分子乡村建设问题时，我发现梁漱溟始终面对一个强有力的对话者，这就是领导中国乡村革命和建设的毛泽东。当更深入地去理解这种对话，就会发现，他们表面看上去分歧很大，可是在具体的实践上具有结构上的高度一致，如对传统组织资源的改造性利用、对民兵和地方自治的尝试、新的医疗卫生制度的实践、知识分子与乡村的结合等等。为什么梁漱溟的乡村建设纲领和毛泽东的乡村建设纲领有那么大的相似性？因为这些都是中国社会的结构性要求，而不是某些个人的主观意识，因为他们要处理同样的现实问题，这种相似性背后有共同的历史动机。我试图去追溯这个动机,并由此追溯为什么中国的革命是以大规模的乡村革命和农民革命的形式完成的?为什么马克思原先设想的无产阶级革命是资本主义发展到一定阶段才会发生的革命,可是在现实的历史中,所有以社会主义标榜的革命都发生在资本主义的边缘,发生在资本主义失败的地方。

马克思主义是西方的理论,这个理论的重要内涵是无产阶级革命,无产阶级的历史使命是解放全人类最终消灭自己,消灭自己是它最高的历史目的。因此,在马克思看来,无产阶级具有较之其他一切阶级最坚定的革命性和道义性。近代以来,中国处在一个外部帝国主义和民族国家的丛林之中,逼迫传统帝国向现代意义上的民族国家转变。它意味着一个日益破产的小农经济却要承担现代国家一切政治、军事和行政的昂贵费用体系。这其中,首先是重工业、军事工业,中国重工业的历史动机是从晚清洋务运动就开始的,并不是从毛泽东时代,只不过毛泽东在他的时代完成了中国对重工业的历史诉求。而这些现代国家的沉重负担对一个传统的农业社会来说其实是无法承受的,所以梁漱溟强调说晚清帝国之所以垮台,就在于它要办新政,要变成现代国家。近代化过程,中国的小农经济普遍破产,破产农民成为这个社会最"无产"的阶级,也是这个社会最大的危机,这正是为什么无产阶级从经典的马克思主义的工人阶级理论,最终被中国共产党转化为一个中国破产农民的革命理论。因为近代以来,中国现代化和资本主义推进的过程中,恰恰是中国的农民承受着转变过程中的最大牺牲。所谓"无产"阶级,农民最名副其实,并因此为中国的革命提供了阶级基础。这样一种农民革命的现象,是需要去重新解读的,这种解读并不是外在或脱离马克思主义理论,而是在这个框架下的一个修正和发展,当然我们可以把它命名为毛泽东思想。在我看来,毛泽东思想中的一个始终贯彻的重要内容就是解决中国的乡村问题,从革命的主体性锻造到现代国家中乡村发展的探索与实验,都是这个问题的延伸。

梁漱溟的另一个思想也很值得重视,他说当年自己进行乡村建设就是要用团体生活来代替阶级斗争,如果他成功了共产党就没有成功的希望。可是他失败了,所以1949年之后他需要重新讨论阶级的问题。他认为,西方的民族国家都是靠阶级来承担国权的,资产阶级之所以能成为一个主流阶级,是因为他们革命的诉求使得资产阶级能够代表全社会的利益,并因此获得承担国家权力的合法性,这种革命是以全社会的名义来进行的。梁漱溟认为中国在民族国家转变的过程中,清朝皇帝推翻了,却没有一个阶级可以承担国权,后果就是变成了军阀混战。他讨论了为什么国民党不成其为党,就是因为三十年代之后的国民党力求成为一个全民党,丧失了阶级性和代表性,党就不成其为党,"党治"不成就变成了"个人治",从而导致党的严重腐败。而共产党之所以成功就在于它把自己定义和锻造为一个无产阶级的政党,并不显其阶级狭窄。其实,从人口数量上说,按照中国共产党所宣称的,它代表的正是中国最广大的人民(工农)的基础。从理论上说,这使得它能够取代了西方民族国家形成过程中的资产阶级所具有的公共性,以整个社会的名义完成新的民族国家的锻造。这里,梁漱溟强调阶级与国家主体性之间的关系,特别是在民族国家锻造过程中的作用,是值得重视的。

按照毛泽东的最初设想,新民主主义革命到社会主义革命要有很长的过渡时间。可是由于冷战格局的压力,中国共产党加快了从新民主主义革命转化为社会主义革命的进程。这样的过程很难靠自然进展完成,而必须通过国家的方式来构建工人和农民的主体性,让他们能够迅速地承担起国家建设的使命,否则就无法应对复杂和严峻的冷战格局。这样,中国的社会主义就必然体现在工农联盟上,工农联盟的意义在于:在中国工业化发展的过程中,使工业和农业之间,工人和农民之间,能够建立起有机的联系,从而克服现代化过程中单向的城乡分裂。这就是为什么在新中国的建设中,工农联盟被放在前所未有的政治高度上。

在冷战的格局下,中国的工业发展是依靠剪刀差的政策来进行。如果不优先发展重工业,中国就没办法完成如朝鲜战争这样的保家卫国的需要,就存在着国将不国的危险。而朝鲜战争的爆发是中国乡村加快推进合作化的主要动机。我们今天之所以需要重新讨论人民公社的问题,首先因为人民公社的设计是要用现代工业生产的方式重组乡村社会,是城乡两大社会组织一种互换的尝试,也是为了使乡村现代化的同时保持乡村社会的有机性。在这个意义上,人民公社是我们真实的历史,不是一个纸上的乌托邦幻想。我们曾经为之付出了那么多的奋斗和代价,不能简单否定,这是对不起历史的。今天中国乡村社会解体以及农业现代化的困境,都促使我们去总结历史的经验,无论是成功还是失败,都应该成为今天的借鉴。

三十年改革中迅速凸显的社会问题就是城市和乡村在市场化格局下的再度分裂。今天,中国的社会学家预言中国再度扩大的城乡断裂已经不可逆转。如果是这样,中国就会裂变成城市和乡村两个社会,并严重威胁到国家政权的合法性。从现实角度来说,今天"群体性"的事件急剧上升,是社会最广泛的基础正在分裂的征兆,它使整个社会犹如坐落在一个火山口上,这就是为什么"三农"问题变成了当今中国最大的社会和政治问题。与此相联系,则是基于国企私有化改革而产生的普遍的工人失业,他们沦为城市贫民,以及大批农民离开乡土成为私营企业和跨国企业的"新工人"群体。它们共同关涉的是作为劳动者在社会中的权利与地位,这是二十世纪以来中国革命的核心问题。因此,检讨这个问题,必须回到历史的视野。

今天世界性的经济危机爆发,使得依靠外向型经济拉动中国经济发展的改革策略面临巨大挑战,而这个外向型的经济是以 WTO 框架下农业保护的巨大让步为代价的。今天,拉动内需的刚性需要使我们把眼光转向了广阔的乡村市场,但是建立乡村市场的前提是农民结构性的增收,而不是简单地送货下乡。过去三十年农民的收入依赖的是农民工进城打工,但是经济危机的爆发使得这样的模式无法简单持续。从这些危机的历史根源来看,无论我们从什么层面上讨论国家问题,工人和农民主体性的问题都无法被忽略,其中,乡村问题是核心和关键所在,关系着中国从哪儿来,到哪儿去。解决中国问题,最彻底的体现是解决中国的乡村问题。我希望讨论的是,我们还有没有可能实现梁漱溟三十年代提出的以乡村社会为本的思想?中国社会的基础是乡村社会,因此,社会为本的思想应该落实在乡村为本上。西方资本主义的模式是都市化发展,但是这样的模式在第三世界传统的农业国家造成的却是革命、动荡和贫困。我们今天是否有可能反思和突破这样的模式呢?这关系到中国未来的道路。这也是我理解当代中国的新纪录运动的社会基础。

## 二、市场化改革与民主问题

**赵:**在中国主流的话语体系中,市场化的改革带来了经济的发展。但是同时我们也看到了市场化改革过程中出现的各种问题。在这样的背景下,很多知识分子开始重新思考中国曾经的社会主义革命和建设的历史。在这一过程中,如何构建历史和现实之间的联接?

**吕**:中国的改革过程中,我们以不争论的方式将政治的问题悬置起来,并使所谓"市场化"成为推进改革的主要路径。在这样的背景下,很多人认为中国已经只剩下一个社会主义的名头了,内在已经是资本主义。但我个人不同意这种意见,因为我们的宪法还在,整个国家体制还在。如果说九十年代大家迷信资本主义市场经济及其意识形态这一套的话,那么到了今天,我们已经看到了急剧"市场化"的严重后果,包括整个自然资源的严重消耗,环境的污染和中国工人、农民的悲惨命运,而建立在这些基础和代价上换回的大量美元外债,在世界性经济危机中却面临着泡沫化的危险。所有这些严峻的问题都逼迫我们从现实的立场来重新思考历史,市场原教旨主义和消费主义的意识形态开始受到这个社会越来越多的质疑。

这就是为什么中国被归类于"新左派"的学者中出现了温铁军这样非常有实践精神的学者。他们是在现实中发现问题,发现那一套所谓"市场化"的理论和现实是脱节的。单纯的经济学意义上的"市场化"理论无法解释中国农村的现象,资本主义的"市场化"在改造中国乡村的过程中出了问题。这里需要对不同的"市场"做一个区分。一种是任何一个社会共同体都存在的生产与交换的关系,中国的传统社会就有非常发达的市场关系,阿瑞吉在他讨论21世纪的最后著作《亚当·斯密在北京》中,强调了中国的(传统)发展道路不同与西方就在于它的市场关系,在于它符合斯密所界定的"自然"的发展道路,即是从农业和国内贸易的扩大和改进开始的。虽然,他没有更详细地分析今天中国的农业状况,对其危机也缺乏更深入的了解和分析,但是他的洞见却为我们解释今天中国的"崛起"提供了一把钥匙。另一种是以垄断为诉求的,以经济学为意识形态的资本主义生产关系,按照布罗代尔的叙述,它是"反市场"的,因为它恰恰是以吞噬和改变传统的市场、社会关系为前提的,在这个意义上,它也是反社会的。而在最终的意义上,它是反人类的,因为它的自我增值的逻辑是排斥人的存在,并以地球生态的毁灭为代价的。

有些学者认为如果没有新中国的社会主义改造,我们早就进入到繁荣发展的小康阶段了,中国今天的经济崛起是三十年改革的成果。但是,中国的所谓市场经济并不是八十年代才开始的，1949年之前我们走的就是资本主义市场经济的道路，正是因为这个道路的失败才使得中国爆发了革命。是中国革命锻造了今天中国的国家主权，才使得民族工业得以实现。今天我们市场化的条件，正是建立在新中国前三十年的社会主义改造和社会主义建设上的。是全国人民勒紧裤腰带，完成了基本的工业体系和农业建设，才给邓小平时代的市场化发展奠定了基础。没有前三十年的积累和发展，后三十年的繁荣是不可想像的，但是前三十年的积累和发展却被视而不见了。后三十年改革的成就也不能掩盖它的问题，那就是过度市场化，这种过度市场化给中国社会带来的实质性破坏已经到了任何意识形态都无法掩饰的程度。因此，土地资本化、劳动力市场化、城市扩张、"三农"危机等等问题都需要在马克思主义的视野里重新理解。需要重新理解中国六十年的社会主义的道路和百年来的现代化进程，需要支持不同的社会运动去锻造国家的"左手"。中华人民共和国作为民族国家的锻造过程，是以社会主义为诉求的，这个意义上的国家不能只属于某些精英和特定的利益群体，在中国的很多社会运动中都可以听到是这样的口号：国家属于人民！这是不同于西方社会运动的地方，这是中国社会主义的遗产，国家是社会诉求合法性的来源。社会主义不应该只是一个空头的标签和空洞的符号，我们需要社会主义来兑现它的诺言，它是以宪法的形式存在的。同样，"人民"也不应该只是空头的标签和符号，它需要落实和具体化。

赵：如你所言，中国市场化改革中暴露的各种社会问题已经无法遮蔽而必须去面对和解释。这些问题的显现，一方面是你谈到的市场化和新自由主义对社会的破坏；而从近几年中国社会运动的状况来看，问题暴露的另一个原因可能是大量社会运动的出现，是底层民众对兑现社会主义承诺的重新呼吁。正是由于他们的抗争，造成了对权力体系的冲击，造成了知识分子对社会力量的关注。那么你如何看待中国的社会运动问题，用什么样的理论来解释这些问题？中国的大众媒介与工人农民主体性的关系怎样？

吕：社会运动的出现，与资本主义市场关系的确立有密切的关系，按照波兰尼的叙述，资本主义在它扩张的过程中，必然会引爆社会的自我保护运动。但是，中国今天底层出现的社会运动不同之处在于，它的合法性的政治资源是以毛泽东时代的社会主义遗产为源泉的,这就构成了双重的挑战。一方面,近年来,我们虽然目睹了大量此起彼伏的工人和农民的社会运动,可是知识界和官方的话语体系并不承认这是一种主体性的体现,而是将这些社会运动定义为"群体性事件"。这意味着我们不承认它的合法性,不承认它是传统社会主义工农主体性的某种延续,而是用另外一种"去政治化"的话语将其遮蔽。从主体性所需要的政治自觉的角度来说,这些社会运动的主体性问题较之毛泽东的革命时代,是模糊和暧昧的。在这个意义上,也许可以说这些社会运动体现的不是主体性,而是某种客体性,是等待被唤醒的社会存在。但是,"自发"与"自觉"是相互关联的,没有自发的群众基础,也就不可能有自觉的政治行为。问题是,今天的历史条件下,我们可以用什么样的政治"理论"去掌握群众呢?毛泽东时代的社会主义遗产究竟应该怎么样发挥它的作用?另一方面,中国底层的社会运动很容易被放置在市民社会维权运动的解释框架下,被解释为中国在形成"公民社会"过程对国家专制主义的抵抗,是国家与社会的二元对立的体现。这种解释遮蔽了资本主义市场关系在形成过程中对社会产生的暴力作用,以及这种暴力与国家暴力的结合,在当代中国特别体现为城市化过程中土地资本化的残酷进程;同时也取消了国家——特别是一个以社会主义为认同的国家,对于社会底层保护性作用的合法存在。在很大程度上,这种解释简单地套用西方冷战的思维定势来处理中国的国家问题,丧失了对中国国家内部复杂性的分析,也拒绝了对国家"左手"的锻造。它一方面用以私有产权为前提的市民社会理论来要求中国社会,但是当这一由国家主导的私有化进程引爆了剧烈的社会矛盾的时候,它又把国家推出去做替罪羊,宣称自己站在社会的立场上。

但是究竟什么是中国社会?中国具有西方意义上的"市民社会"吗?我仍然认同三十年代梁漱溟的断言,他说中国是乡土社会,国家是融于社会之中的,不具有西方意义上的国家与社会对立的结构。简单搬用西方市民社会理论,不过是把中国的问题收缩为城市的问题,而离开乡村的视野,城市问题的根源是无法厘清的。中国的"社会主义"和"资本主义"都不能简单地从西方对这两个概念的理解出发。西方的民族国家来源于早期意大利城市国家,所谓市民社会的起源是与资本主义从城市国家到民族国家的发展相匹配的,因为权力是从这里出发去控制外在于它的殖民地和财富。早期的资本主义需要海外贸易与军事制度的配合，之后的资本主义需要工业主义和军事制度的配合，而现代信用制度则为超时空的资源聚合提供了条件，这就使得都市必然成为资本主义权力枢纽的聚集中心。中国传统的国家是建立在乡土结构上的，而不是城市之上，它的市场是建立在小农经济和手工业相结合的非军事化基础上的。经历了二十世纪的革命和民族国家的构建过程，这些传统的社会结构在何种程度上发生了转化？今天，究竟怎么样理解中国的国家和社会？这是一个极为重要的问题，否则，我们宣称的社会立场就是一个可疑的立场。中国目前出现的形形色色的社会运动，关键在于是否能够为这个社会实质性民主的实现开辟道路。在这个意义上，我们需要去寻找各种理论资源来重建和更新我们的话语叙述，这就促使我们既需要回到中国自己的传统（包括我们传统中的社会主义），也需要重新回到马克思主义、列宁主义理论和中国革命的关系中。这是当前语境下批判知识分子的任务，当然也是一个非常艰难的过程，其中，理论和历史、现实的互动尤其重要。我们既需要用现实去打破理论的自我循环，也需要用理论去掌握历史和现实，只有在这种生生不息的互动关系中才有可能找到突破的方向。

今天中国的大众传媒理论研究的贫弱尤其体现在它面对中国现实的时候。主流的新闻传播理论界沿袭的是西方自由主义理论，但是当用这些理论去解释中国风云变幻的传媒变革的时候，往往又陷于无语。因为在很大程度上，这是与如何解释中国政治、经济、文化的整体性问题联系在一起的。在这个意义上，新闻传播理论界不过是一个具体而微，却又极端化的体现。而传统的马克思主义的新闻理论则陷入教条和僵化，往往沦为国家舆论宣传的传声筒。因此，今天如何激活大众传播理论研究的批判性力量，是我们面临的严峻挑战。而大众传媒本身却在经历着剧烈的变动，国家、市场、利益集团等等不同的权力都以不同的方式渗透到对媒介的争夺中，愈演愈烈。在这样的局势下，大众传媒与中国工农主体性之间的关系是暧昧的，也是消极的，甚至是否定的。比如，最近几年，政府开始加大对乡村的投入和反哺，包括广电系统在乡村的延伸和覆盖。但是这个过程存在着一个悖论。一方面"村村通"工程对乡村的投入是很大的，可是当农民们能够看到电视的时候，他们得到的却是城市中心主义和消费主义对他们的改造。由于中国电视的市场化发展，其财政收入完全依赖广告,因此广告商的目标受众日益成为电视的追求,中国大众传媒市场化发展的结果就是媒体的城市化和中产阶级化。也就是说,一方面我们投入了资金,可是由于意识形态的原因,这样的投入却强化了乡村的解体,摧毁了乡村主体性的基础。所以,大众传媒并非一个独立的存在,而是深刻地受制于整个社会政治、经济的进程。因此,研究中国的大众传媒就无法脱离对这个社会的总体性的追问与分析。

这就是为什么像温铁军这样的知识分子今天要重新做乡村建设的实践。他们所做的乡村建设的一个重要的方面就是文化建设,是要重新唤起农民的主体意识。市场化过程同时也是一个城市化的过程,所有的资源和价值体系都是以城市为中心的,乡村已经沦为现代化意识形态的负面。农民们自己也认为乡村就是落后,乡村人是下等的,素质不高的,所以被人瞧不起是应该的,有追求的农民就应该往城市奔。在这样的状况下,他们没办法建立自己的主体性。所以温铁军他们所做的乡村建设的一项重要内容就是组织农民的文艺活动,让他们重新唱出毛泽东时代的歌曲"团结就是力量",重建日常生活的意义,这是建立自尊和主体的基础。市场化造成农民原子化,传统的组织资源瓦解,要让这些分散的、碎片化的主体重新整合起来,就必须靠团结起来的精神,所以文化建设就变得非常重要。当然,在一个离心力四分五裂的情况下,文化重建也是艰难的,但是艰难并不是放弃的理由,更重要的是文化与经济的关系如何重建。

**赵**:你讨论的工人与农民的主体性问题与民主问题密不可分,而这里实际上隐含着关于民主的不同定义。一方面是西方主流的,资本主义和"自由民主"结合在一起的民主,还有一种就是更强调参与的"人民民主"或者"大众民主"。你能不能谈一谈,在中国,不同的民主概念的交锋是一个什么样的状况?

**吕**:重新理解民主是一个大问题。改革开放三十年,中国自由主义学者强调中国要进行民主政治的改革,这个民主指的是程序民主,是选举框架下的宪政民主。但是,我们需要去理解民主的实质意义和它的程序意义之间的复杂关系。如果仅仅是着眼于程序自身,而不去分析这样的程序背后究竟涵盖了怎样的社会和政治关系,那么我们对民主的崇拜也可能走到它的反面。很多新兴的民族国家之所以陷入宪政民主的动乱中,与此有关。

中国的社会主义革命本身是包含极大的民主诉求的,是对民主的一场社会大实验。在这个过程中,社会平等的观念深入人心,它成为今天中国社会抵御市场化所造成的两极分化的重要思想资源。可是在今天,这样一种革命的民主传统在官方和精英学者的讨论中消失了,民主被限定在选举民主的程序框架下,民主变成了教条。这种对民主的界定遮蔽了我们对民主更丰富的想像,遮蔽了我们自己的民主社会实践的历史和传统。早在井冈山时间的红军就实行了军队官兵平等的民主化实践,延安时期我们就有在农民背后丢黑豆的民主实验,社会主义建设时期,我们强调工人是工厂的主人公。今天,农民正在失去土地,工人失去了对工厂的控制权,一夜之间,工厂就可以被私有化,工人们被扫地出门。在这样的情况下,到底怎么样才能是民主的?中国的民主首先应该意味着这个社会最大的群体工人和农民可以参与到决定自己命运的政治层面的决策中,而不是沦为利益集团的牺牲者。在这个意义上,今天中国的程序民主如何才能保障这个实质性的民主内容呢?如果这个关键不能解决,我们在什么意义上谈民主?否则,程序民主是否会沦为利益集团的权力游戏场,而丧失与中国社会的有机联系呢?其实,晚清以来,中国历史上的宪政失败都缘于此,即"程序"成为政党和上层阶级的游戏,而与社会脱节,三四十年代梁漱溟对中国宪政问题的批评和思考都与此相关。在他看来,他所倡导的乡村建设就是宪政运动,一个国家的宪政必须适合特定社会的结构,得到社会的支持,才能够成功。因此,回避实质性民主的含义,程序民主的形式并不能自动实现民主的理想。更何况,今天中国一些"自由主义"知识分子一方面热衷于程序民主,一方面却把底层民主的诉求判定为"民粹主义",这样的民主概念是自我瓦解的。因此,我们当然需要追问:到底是谁之民主?

**赵**:"经济民主"实际上是中国社会主义传统里面一个很重要的成分。而且很多西方社会理论也认为没有"经济民主"就谈不上"政治民主"。但是现在许多中国精英知识分子们谈的民主其实就是脱离了"经济民主"的"政治民主"。

**吕**:"政治民主"和"经济民主"的关系也需要重新理解。今天很多人愿意从公民社会的角度来讨论民主话题,但这只是一种政治的框架。国家给农民一个公民身份,农民是公民了,农民有选举的自由了,可是这种自由在实践中如何才有可能履行呢？公民身份本身并不能自动解决民主的问题，特别是经济民主，更何况如果公民的身份是需要以下岗和失业为代价的话。换句话说，中国经济不平等的问题是无法靠一个身份来解决的，而是一个深刻地受制于全球经济、政治不平等关系的复杂过程，仅仅强调公民身份，不是掩盖了就是简单化了这背后的实质性问题。比如中国很多自由主义学者把"民工潮"解释为中国农民的历史性解放，过去城乡二元结构中农民在农村不能动，现在可以自由流动。但是农民流动的背后是农业的破产和乡村的凋敝，这个问题却被掩盖。如果农民离开土地，进入城市，却没有工作机会，流落街头，甚至导致城市的犯罪率上升，这些就是"民主"的体现吗？中国传统的城乡二元结构不是中国社会不平等的原因，而是一个结果，是资源的硬约束和冷战的世界格局导致的不得已的结果。今天，这些条件依然以不同的方式存在，所以今天的现实依然是无法把城市全部开放。一方面我们在说迁徙自由，可是所有的城市都设了不同程度的门槛。客观地说，不设门槛，城市的公共设施就会瘫痪，因为城市没有办法提供那么多的公共资源给人数庞大的农民。而且，农民进入城市依靠什么来维持生活？工作机会并不是依靠政治身份就可以提供的。恰恰是市场化的今天，农民可以自由流动，但城市和乡村的断裂却加剧了。

今天，中国依赖的外向型经济正在转型，这种经济模式建立的城市化过程也应该被提出来深入反思。我们究竟为什么需要城市化？为什么中国不能探索发展以"乡村社会"为本的"另类"现代化道路？这本是我们自己的传统。在这些意义上，仅仅靠占据一个西方"自由民主"话语霸权所赋予的道德制高点来理解中国社会，或者照搬西方的发展格式来要求中国，很多问题是没有办法解释和解决的。道德的问题，或者说"政治民主"的问题必须和"经济民主"结合在一起，否则政治民主就会空洞化。这也是为什么我们需要回头重新讨论中国自己的民主传统之得与失。今天，工人和农民还能不能当家？如果不能当家，只能成为没有经济保障的雇佣工人，那么他们怎么去获得主体性和民主的政治意义？没有实质性的平等政治和经济民主为前提，任何意义上的形式民主只能是空洞的。而今天，讨论经济民主的问题必然会指向中国的"三农"问题和国有企业私有化改革，这两大问题才是中国民主的关键。

## 三、大众传播、新纪录运动与社会"底层"表述

**赵**：谈到大众媒介与乡村的文化建设和农民的主体性问题，我们需要反思的是中国大众媒介的市场化改革造成了哪些社会后果？在西方话语主导下的市场化的、城市化的大众媒介对中国社会的阶级关系和文化政治产生了何种影响？

**吕**：在中国当前的媒介研究里面，媒介经济管理的研究占主流地位，它的目标是帮助媒体做强做大，在这个意义上，学术研究成了利益集团的某种合谋。这些研究与中国大众传媒的市场化改革相互呼应，其结果是整个中国的大众传媒日益地城市中心化，为追求广告目标受众而中产阶级化，这其实构成了中国社会整体转型的一个重要组成部分。与此同时，工人、农民变成了被遗忘的人群，成了大众媒体中被表现的"他者"，而不再是主体性的存在。这样的媒介市场化改革，本身就是一个城市中心化的改革，也是城乡断裂的原因与后果。如何真正建立大众传媒对乡村的反哺或者是支持，是一个新的课题，它关涉到文化与意识形态上的重构。中国的大众媒体在所有制上是国有化的，在这个意义上，它有责任和义务为乡村服务，前提是需要有足够的共识前提和舆论压力，在这一点上，中国新闻传播理论界几乎没有什么作为，是令人痛心的。

以中国的电视媒体为例，CCTV是中国电视的旗舰，其广告市场占据了中国电视广告市场的三分之一强。它不是西方意义上的公共电视，但是却需要承担公共性的职责；不是商业性媒体，但是它的生存和发展却日益强烈地依赖市场。如何理解这样的现象？首先，我们不能简单地把它等同国家主义机器，这是西方意识形态最容易认同的观点。如果是这样，我们就无法解释为什么央视会出现《新闻调查》这样比较严肃的调查性新闻栏目，而《焦点访谈》可以让一个省部级领导丢乌纱帽。就如同国家本身不是铁板一块，而是不同力量的角逐，民主的空间是需要尽最大的努力去争取的，对于央视这样的国家级媒体，我们没有任何理由放弃它，相反地，需要利用一切可能的条件促使它朝向有利于社会民主的道路走，而不是听任它以政治权力与市场的力量合谋寻租。这就需要有批评的声

音,而且是足够强大的批评声音。正是由于它的国有性质,我们就有足够的理由给它压力,让它必须承担社会的公共性责任,而这种公共性不是被赐予的,是需要艰巨的努力才有可能。其次,我们需要打破媒介的市场化是通往民主之路的幻象,打破为市场化改革进行合法性辩护的意识形态力量,才能为实质性的媒介民主化发展开辟道路。

比如,央视的广告招标是中国电视行业中最被瞩目的事件。中国的民营品牌要创立自己的品牌,就需要在央视做广告。但是央视广告却成为企业杀手,央视"标王之死"的现象屡见不鲜。在这个意义上,作为国家电视台的央视与中国民族企业的关系究竟该如何理解?央视自身作为国家利益的代表,如果追求效益最大化的后果究竟是什么?这些问题都需要重新理解。

**赵**:对媒体的批评的确很重要,但最关键还有一个批评的立足点与角度的问题。如你所言,重要的是要通过对媒体的批评与改革强化它的公共性与代表性,而不是简单地用市场自由主义、甚至是市场民粹主义的逻辑,盲目地"反垄断",甚至认为市场化"不彻底"是中国媒体问题的根源。事实上,市场逻辑的深化与过度市场竞争往往导致媒体话语对消费主义价值和有高消费能力的城市受众更进一步的偏向和对社会"底层",尤其是农民的忽视。你如何评价纪录片在关注社会"底层"方面中的作用?

**吕**:与主流大众媒介的市场化改革不同,中国的纪录片从一开始就因为与社会"底层"的命运联系在一起,使得我所界定的"新纪录运动"成为历史的重要见证。而新纪录运动在发轫的八十年代末、九十年代初,是由体制内与体制外的力量共同推动的。我的研究一直强调这一点,而不是仅仅关注"独立导演"和"地下导演",是不希望落入某种西方的冷战思维来解读中国的现实。新纪录运动的第一代导演都不把自己看成是"地下",他们说不是地下,只是不同。而第一代即便是独立导演,也和电视台有着各种公共和私人的关系,原因很简单,是因为他们需要利用电视台的机器设备来做自己的片子,也因此,他们直接和间接地影响了体制内纪录片栏目的出现。正是在体制内和体制外交界的边缘地区,是最富有活力和创造力的交互地带,这是我的研究不同于很多西方学者的地方。

九十年代是中国电视的黄金年代,特别是媒体市场化改革强势推进之前,中央电视台的新闻评论部是圣地延安,全中国有志于电视理想的同道从全国各地奔赴这里,而体制的弹性也为他们提供了很多成长的空间。今天在央视起中坚作用的骨干们,很多是来自那个时期。但是从九十年代中后期,媒介市场化全面铺开,制度日益朝着所谓"现代化"管理的企业目标发展,这样的空间就萎缩乃至消失了。2008年末,原《生活空间》的制片人陈虻因病逝世,他创立的《生活空间》最早在央视确立了电视纪录片栏目的合法性,并培养了一批有激情、有理想的电视人。他的去世震慑四方,因为很多人把他的去世看成是中国电视理想主义时代的消失,特别是在面对市场大潮席卷一切大众媒介的情况下。但是,2009年6月以来,央视又在重新进行大规模的改革实验,已经被撤销的新闻评论部重新被恢复了,这次改革的动机当然是复杂的。但是有一点,就是它并不是以单纯市场为导向的,而是有着强烈的政治诉求,在这个意义上,它是对媒体商业化的某种调整。虽然结果尚待观察,但是对新的可能性和转机的出现,我们是不应该放弃的。我认识的央视一批有理想有追求的朋友又开始积极建言建策,新的空间永远是需要去争取的。在这个过程中,可以发现"新纪录运动"的精神在体制内的影响并没有消失,而有可能成为新的改革的推动力量。①

对于新纪录运动来说,九十年代中期以后,电视媒介的市场化推进几乎扼杀了纪录片在体制内生存的空间。而随着DV的出现和新技术的发展,新纪录运动开始不依赖电视台的力量而发展壮大,更加具有草根性、"底层"性。但是"底层"并不是被当成"他者"和奇观来表现,而是建立起了一种"他者"与自我的对话关系。所以新纪录运动一个重要的特点是,当它关注"他者"的时候,是试图让"他者"自己出来说话的,是试图赋予他们一个主体性的地位。另一方面,很多纪录片导演自己就来自"底层",导演自身的平民化和多元化,是一个特别有意义的现象,它使得纪录片在很大意义上成为社会的自我表达。当他们表达自我的时候,这些"自我"正是社会客体性的体现,它使得为改革开放的宏大叙述承担牺牲和社会阵痛的群体,这些社会的"客体"化的存在,拥有了一个进入历史的可能性,并在这个意义上,使民主有一个实现和敞开的机会。

---

① 参见我在《新闻大学》2009年冬季号编辑的"聚焦央视改革"的专辑。

很多纪录片表现"底层",不是带着怜悯的或者廉价的人道主义的关怀来表现苦难,而是对处于苦难中的人们的尊严致敬,并试图用乡村的视野来反思性地批判城市。这些一种"乡愁"式的乡村视野在今天重新出现,实际上是对中国的城市化过程、市场化过程的一个抵抗的姿态。当我通过纪录片触及到这些"主体性"的存在时,我深受感动,也使得我获得一个批判性的视角去反观主流媒体。新纪录运动的出现本身就是对中国的主流媒体的挑战,如果媒体中只有城市、消费主义和强势权力的声音,那么这个社会一定是一个不民主的社会。在很多人的想象中,只要脱离官方就意味着新闻的自由和民主,这就太简单化了。一方面,我们需要正视主流媒体的存在,这个空间是永远不应该放弃的,而且我也认识很多体制内的媒体工作者以顽强的理想主义精神在坚守;另一方面,新纪录运动的出现本身就是一个压力,它逼迫主流媒体和主流社会无法忽略这个社会"底层"的存在以及他们的诉求。

其实,在新纪录运动崛起的时候,我们并没有使用"底层"这个词汇。1993年陈虻为《生活空间》写的广告语是"讲述老百姓自己的故事",我们用"老百姓"来指称我们的拍摄对象,而陈虻对他的编导们的要求是:要像对待自己的亲人一样对待你的拍摄对象,这样才能建立信任,才能让拍摄对象不在你的摄影机镜头前发抖,才能实现真正的"人文"关怀。而批评者的指责也只是说当时的电视纪录片过于关注"边缘人群",即便是"边缘",也是在一个共同的社会空间关系中。但是"底层"则意味着社会空间关系的塌陷,我们和"他们"的分离。在我的印象中,这个词开始被大量使用,是九十年代中、后期以后的事情。这时候,电视纪录片的栏目化生存由于激进媒体市场化改革已经萎缩,取而代之的是大量的法制类节目,充满了犯罪、凶杀和血腥,这是作为"他者"的"底层"及其"奇观"浮出地表的时候。其背景正是中国社会加剧分化,到九十年代中后期,社会"底层"开始形成规模巨大的结构性的存在,在这个意义上,"底层"概念的出现是对已经完成的社会分化的一种追认,它内在的视角和立场是中产阶级和城市中心主义的。

也许并不奇怪,关于"底层"及其"代言人"的争论是在新世纪之后,多发生在文学界,也发生在对"第六代"导演的讨论中,其前提已经是弃绝了任何"底层"作为"主体性"的可能。今天,有一种指责说,今天的"新左派"

谈"底层"是为了占据道德制高点,左派知识分子有什么资格"代言"底层?这种论调听起来好像是关于"底层到底能不能说话"的问题,但在今天的中国语境中,其实是取消了"底层"问题的合法性。如果,我们再看争端挑起的一个目的是阻止"底层写作"与传统的左翼文学建立谱系,问题也许就可以比较清楚了——既然"底层"不能发声,而知识分子代言也不具有合法性,那么"底层"就只能以隐匿的方式存在,这唯一的方式。因此,在使用"底层"概念的时候,是需要对它的前提进行某些必要的清理。在我看来,"底层"作为概念的出现,是需要追溯它的前世今生的,所谓"底层"表述的人群,正是毛泽东时代的主流人群,从"主流"到"底层",包括了太多的历史内涵,需要读解。从人口数量来说,这个"底层"依然是今天中国社会的主体人群,为什么他们却成为"底层"了呢?是什么样的力量和意识形态把他们推向"底层"的位置呢?

其实,"新纪录运动"缘起的动机是试图建立不同阶层人群的对话和互相理解,这样的动机和传统一直没有消失,而是被各种努力所延续。如果我们沿用"底层"的概念来反观新纪录运动,就会发现,在新纪录运动中"底层"表达的丰富与复杂,已经远远超出了既有的理论描述,而构成了对理论的巨大挑战,是特别值得总结和珍视的。在这个意义上,"底层"并非不能发声,相反,他们正在以各式各样的方式呐喊,只是这些声音都因为"底层"的沦陷而消失在风中,所以需要特别的倾听和辨别。问题是,我们今天在多大的意义上能够做到这些呢?

**赵**:可以说,当中国的主流传播研究不但把自己的视野局限于主流媒体,而且出现媒介中心论偏颇的时候,你不但把视角投向了纪录片这一与底层社会和相关的社会运动联系最为紧密的另类传播形式,而且提出了中国新纪录运动的理论。你能否简单描述一下这一运动的发展轨迹和内涵?

**吕**:在当今的技术条件下,制作纪录片的成本越发低廉,使得影像见证现实和见证历史的可能性前所未有的扩大了。所以今天当一个社会运动出现的时候,我们会很自然地想到要用镜头去记录它。这就是中国新纪录运动崛起的一个动机。

如果从一个更加宽阔的视野来看中国的新纪录运动,我们大致可以区分为三个阶段。中国新纪录运动的前身是中国的纪实摄影,它始于七十年代中后期天安门的"四五"运动。当中国的普通老百姓发现中国在经历一个历史性变化的时候,他们首先想到的就是用照相机的镜头来记录和见证,因为当时能够拥有的就只有照相机。在这之后,一大批脚踏实地的摄影家在中国大地上行走,他们拍摄的很多影像都关涉到中国的乡村和民工潮,中国社会变动的历程在他们的镜头里历历在目。有意思的是,到八十年代末,也就是我所说的以电视纪录片为主的新纪录运动强力崛起的时候,很多导演的体裁、风格、对影像的理解与追求纪实主义美学的摄影家们有着非常大的结构上的相似性。这两个人群其实并没有特别多的互动,但是却有着不约而同的诉求,这就是我为什么把它共同放在"运动"的旗帜下,社会变动本身是新纪录运动的脚本。这就是为什么中国新纪录运动不是从电影生产系统里萌发出来的,因为电影由于成本昂贵、审查严格,所以很难被个人掌握。这种运动的继续延伸,就是九十年代以后第六代电影导演的出现。所谓第六代导演内部有很多不同,可是他们都分享了一个追求,就是当代社会的复杂现实开始进入他们的电影,他们开始重新建立影像与当代社会的对话关系,这是不同于第五代导演的商业化追求的。第五代导演的"东方主义"表现和"去历史性"追求与第六代导演的新"现实主义"诉求形成了强烈反差。当然,今天的第六代本身也在变化和分化的过程中。

我认为这种变化不是凭空出现的,而是有一个内在的历史动机。所以在这个意义上,我关注新纪录运动的发展,恰恰因为它是与中国社会脉搏的跃动扣在一起的。我们没办法把它放在一个艺术发展史的内部或影像的内部来讨论其风格的流变,而是要把它放在中国社会的发展过程中来分析。从电影史的角度来说,凡是一个社会发生大转折的时候,也往往是新的"纪实主义"崛起的时候。因为,传统的理论和叙述都面临被现实拷问而失效的问题,需要重新反思和建立理论与现实、主观与客观的关系,重新建立对这个社会的理解和叙述。这个时候就要把镜头打开,把自己打开,去面对现实本身。新纪录运动有强烈的结构上的相似性和美学风格上的共同诉求,这是我为什么把它命名为"运动"。运动意味着这些作为导演的个体在共享这个社会的大转折带给我们每一个人的震撼。改革开放三十年,我们每一个人都成为社会大舞台上的主角,在时代的胁迫中展开自己的命运。在这个意义上说,新纪录运动已经是我们生活中的有机组成部分。

**赵**：在你的研究和思考中，你经常使用阶级分析理论。在西方，阶级分析理论是马克思主义批判学术的核心内容；对于中国学者来说，这曾经是非常流行的分析框架。从学术探讨来讲，这也是一种很自然的选择。而你刚才提到，一些学者偏偏是因为你使用了阶级分析的方法而不认同你对《铁西区》的解读。那么，你能否解释为什么"阶级"在当前中国学术界成为一个很少使用的，甚至招致反感的词汇？

**吕**：这是一个很有意思的现象。毛泽东时代，国内的阶级已经趋于消灭，"阶级斗争"却需要年年讲、月月讲、天天讲，是因为那是一个需要用政治去克服社会危机和民族危机的时代。而在改革开放30年后，阶级分化加速形成的时候，"阶级"却似乎变成了一个禁语，凡谈及"阶级"就被认为是要回到过去的时代。但是，由于社会分化已经是现实，我们无法回避在新的历史语境下重新思考阶级的问题，这也是中国批判的知识分子所共同关心的话题。所谓中国"新左派"的崛起不是要简单地回到过去，而恰恰是针对改革开放三十年资本主义市场在中国扩张所带来的社会后果。上海的学者王晓明总结说，八十年代的关键词是个人主义，九十年代的关键词是阶级，而进入二十一世纪的关键词则是国家。① 其实，这三个阶段是有着内在的联系性的。正是因为有八十年代"个人主义"的合法化，才为中国的市场化改革铺平了道路，而市场化改革正是社会分化、阶级分化的动力和原因。但是，消解阶级分化的动力，却无法建立在对市场的崇拜上，越来越多的人意识到这一点并开始呼求国家的介入；与此同时，中国的出口导向型市场经济遭遇到海外持续的贸易摩擦，全球化和市场化背后的国家角色也已经无法隐藏；而随着西藏和新疆的相继动荡，海内外更聚焦在如何理解中国作为国家的存在。也就是说，从改革开放三十年到今天，我们终于发现所有的政治、经济与文化的冲突与危机，都是围绕着全球化过程中的国家角色而展开的，媒介生产也不例外。在这个意义上说，个人、阶级与国家作为关键词的相继出现，其实是问题不断走向纵深化的过程。

---

① 王晓明：《中国之认同的现实与期望》，《天涯》杂志2008年6期，第19页。

## 四、西方中心主义、后现代理论与马克思的幽灵

**赵**：你曾经提到，欧洲中心主义和西方的现代化叙事已经成为中国社会问题研究中最主要的方法论褊狭。那么造成这种褊狭的原因是什么呢？为什么这种西方中心的思路在这些目睹了反帝、反资农民革命的知识分子心中这样根深蒂固？

**吕**：经济问题与意识形态问题是结合在一起的，在中国为什么"市场化"能够如此激进地被推进？这恰恰是新自由主义被信仰的一个过程。戴锦华曾经嘲讽说，美国在哪里？美国就在我们的心里。八十年代以来，我们是把美国当作想象的乌托邦，所谓的"转轨"实际上就是转到美国那个"正轨"上，是因为美国正是今天世界资本主义霸权体系的最后表现，所谓"常识"往往是意识形态霸权确立地位的表征。我们自觉地把自己放在西方/美国中心主义的位置上来理解中国和世界。比如央视2006年播出的纪录片《大国崛起》，讨论为什么葡萄牙、西班牙、荷兰、英国、法国、德国、俄国、日本、美国九个世界级强权大国相继崛起，历史脚本的撰写是由中国的历史学家担任的，这九个强权大国相继崛起的过程基本上就是世界资本主义世界体系从发轫到完成的过程。这些过去的大国和现在的大国为什么会成功呢？怎样才是成功呢？因为他们发明了很多好的制度，民族国家、市场、股票、银行、信用等等，而殖民主义和军事主义的历史只是轻轻一笔带过。撰写《大国崛起》的一位历史学家在和我讨论这个问题时认为，我们今天不需要再讨论殖民血泪史了，这个东西我们从前已经说过很多，现在我们就是要师夷长技以制夷，就是要把别人最好的制度建设的东西表现出来。可是西方的制度创新不正是和殖民历史、军事主义互相配套才得以完成的吗？我们山西晋商的票号制度与现代金融制度非常接近，可是他们最终并没有变成现代金融制度，因为他们背后没有一个殖民、军事的国家力量的支持。在一厢情愿的想象里，我们把资本主义的崛起看成是一个自然的过程，把西方以自由民主为表征的一套意识形态看作是普世价值，而丢掉了我们自己的世界观和历史观。这是我在网络上找到的百度百科，这些网民对这部纪录片的评论很有代表性，"以前在历史书上学到的和老师讲到的说中国落后完全是由清政府的闭关自守所造

成的,其实我们换一种思维来看问题,其实中国在十九世纪末到二十世纪初被列强踩躏也是一种历史的必然","放下成见,不再以共产主义目光看待资本主义国家。向外国展示友好一面"。① 帝国主义成了历史的必然,资本主义成了世界大同的必由之路,这就是改革开放三十年建立起来的"常识"。在这样的世界图景中,讨论中国的崛起,是一件让人担忧的事情,而这样的"常识"的确立,知识界与传媒界的合作努力功不可没。

我们从中国的民族主义和世界主义的关系上来分析这个问题。在孙中山时代,中国积弱积贫,但孙中山对中国民族主义的想象却是,中国有一天崛起之后要协助弱小民族共同自立于世界民族之林。不是中国强大以后可以仗势欺人,因为中国已经被帝国主义欺负得太多,我们知道这个苦,所以等有一天我们强大了就应该扶助弱小民族,使所有的民族处于一个平等状态。而毛泽东时代则特别重视第三世界的政治视野,那个时代我们对第三世界的援助,迄今仍然是今天发展与非洲、拉美经贸关系的政治基础。在他们的视野里,民族主义和世界主义是一个事物的两个方面,不能彼此割裂,而且都是奠基在反对帝国主义强权,争取全球正义的基础上的。这个全球正义的诉求,是不应该被遗忘和抛弃的,否则"大国崛起"在什么意义上可以不重蹈资本主义强权逻辑的覆辙呢?

在内部的民族关系问题上,我们强调所有民族要建立平等的关系。当然不是说现实中完全没有民族歧视,但是从政治正确性的角度上,是绝对不能有歧视少数民族话语的,这在今天依然是高压线。从媒介再现的角度来看,西方的一些电影研究会说中国的少数民族电影都是展示少数民族的奇异风景,好像是内部东方主义。我觉得这完全是用错了理论,我们是努力把少数民族文化中美好的一面展示出来,而且是用它来批判汉族中心主义和城市中心主义,恰恰是好莱坞一些电影种族主义再现的反面。当然刻版印象是有的,可是它的政治正确性也正在那里,即不能把少数民族表现成落后、愚昧和封建。不是说这个模式没有问题,但这个问题不是"内部东方主义",西方用来形容东方的那些东西,在中国内部的民族叙事中是正好反过来的,它的政治性前提是所有的民族是平等的。这样一种对内和对外的平等关系的诉求是中国民族主义历史性的内涵,今天

---

① http://baike.baidu.com/view/640455.htm

需要重新认识。

今天,在全球化的冲突和矛盾加剧的历史条件下,中国作为一个社会主义国家,怎么重新面对这样的国际主义和民族主义的历史遗产？改革开放三十年的过程,是中国面向西方、背对东方的一个过程,我们已经不愿再将自己的目光放在第三世界地区了。我们对美国和对欧洲的了解,远远大于我们对亚洲、非洲和拉丁美洲的了解,这当然是有问题的。

中国大学体制的转型过程中,所有的评估都是以所谓美国标准来进行改革,这是造成整个学术界的视野是美国/西方中心主义的原因,也是后果,而且是不自觉的美国/西方中心主义。在社会主义革命的实践中,我们认为已经完成了反帝反殖民的历史任务。但是,改革开放三十年的主流思想是建立在对毛泽东时代的彻底否定上,而且是用一种禁忌的方式来否定的,就是不能讨论。这导致对强势文明的内部复制这样一种新的"被殖民"心态重新复活,并形成压制性的力量,使我们很难去批判性地分析我们的历史遗产,这就导致一种历史的矫枉过正或者说逆反。这个逆反,并不是反思的结果,而是一个镜像性的过程,就是过去都是错的,现在往相反的方向走就天下太平了。近年来,美国自身的政治、经济危机,全球经济危机的爆发,以及国内自身的社会问题的不断爆发,使得情况有所变化,美国崇拜的迷雾没有那么浓了,批评性的力量也在逐渐强大,这特别体现在网络上。但是,理论的清算并没有完成,其结构性的主宰依然占据主导地位。

**赵**：在你的文章中,你谈到了一方面我们要回到马克思主义的遗产,另一方面就是要从解构主义和后现代主义中继承遗产,能不能谈一谈这个问题？你熟悉的后现代主义理论是哪一派,在与中国接轨的时候是怎样一种接法？哪里出现了问题？

**吕**：后现代理论发生在西方内部,是对以西方为中心的现代性思想的批判。在这个意义上,后现代理论揭示了现代知识体系背后的权力关系,通过对权力的解构去瓦解西方中心主义的知识体系。后现代主义认为建立在传统的启蒙主义叙述上的一整套知识和思想体系已经构成了对这个世界的压迫性力量,所以需要从性别、殖民、反"东方主义"、"他者"等不同的角度来批判这个严密的、并与西方资本主义政治经济权力互为表里的知识体系。从理论上说,后现代主义是具有革命性的。我不太能同意说后现代主义都是虚无主义,只有破坏性,没有建设性。我所理解的德里达的解构主义理论,恰恰是以在新的历史条件下重建启蒙精神为诉求的,在这个意义上,我们需要和西方的"反西方中心主义"的批判理论联手,他山之石可以攻玉。

有意味的是,当解构主义进入中国的时候,它是被挪用来为中国的市场化改革和与西方资本主义体系"接轨"做辩护。比如革命的宏大叙述是应该被解构掉,应该欢迎"大众社会"、市场民粹主义和传媒工业化时代的到来。以德里达的解构主义为代表的后现代主义作为一个批判性的理论,到了中国,奇怪地成为对西方中心主义的一个辩护。它不是解构了西方中心主义,而是强化了西方中心主义在中国市场化过程中的合法性。最早将后现代主义理论引介到中国的知识分子并没有将后现代理论的批判资源用于对中国社会正在进行的资本主义市场化过程的批判,这是令人遗憾的。

我自己试图做的一个工作就是,重新理解在西方知识谱系里德里达解构主义思想的意义,并回到中国自己的历史语境中检讨启蒙问题。前期完成了一篇讨论德里达的文章,题目是《解构主义、他者之正义与启蒙精神》已经发表,而后续工作还在进行。德里达在《马克思的幽灵》中有一个著名断言,他认为这个世界上所有的人,不管他有意识还是无意识,都是马克思遗产的继承者。他讨论的是一个全球化的时代,这个以全球化名义来扩张的时代并没有兑现其对自由人权的许诺,而正好相反,在现实的层面上,是前所未有的不平等以及战争、恐怖和死亡的出现。德里达列举了当代十种世界失序的现象:失业、对无家可归的公民参与国家民主生活权利的剥夺、国家之间无情的经济战争主宰控制了国际法的阐释和应用、自由市场的概念和规范在实际中的无能、外债排斥大多数人进入市场又力图扩大市场、军火工业和贸易被列入西方民主国家科学研究、经济和劳动社会化的范围、核武器的扩散超出了国家和一切公开市场的范围、由于民族主义导致的种族战争的加剧、黑社会作为幽灵国家对社会经济组织和政府的渗透、国际法及其机构的使命受到特定的民族国家的操纵。这些失序恰恰是我们今天为马克思招魂的理由。在德里达看来,只要市场、外债、科技、军事和经济的不平衡发展还在维护一种实际的不平等,只要这种不平等和人类历史上的不平等同样可怕,那种"人权"话语就是不合适的,甚至是虚伪的、形式主义和自相矛盾的。因此,需要建立一种"新国际",新国际是"以新的观念理解国籍、国家和民主。事实上,它不是新的民主观念,而是在民主观念的传统中,重新定义现在的民主观念"。正是在这样的解构主义的政治理论视野里,我们需要重新反思中国的问题,也就是重新讨论马克思主义的幽灵对于当代中国的意义。

在当代中国为什么我们需要重提马克思?因为马克思的理论:一是对历史的解释,一是对未来的展望。它是一个乌托邦主义的理论,但是没有乌托邦就没有历史。乌托邦的末世论和救赎意义,在世界历史的任何阶段都是存在的。新自由主义不过是用"自由"和"市场"作为自己的乌托邦。因此,不在于要不要乌托邦,而在于怎样的乌托邦才能为真正的民主实践开辟道路?在我的理解里,德里达的解构主义和他的"延异"的理论是希望把历史和未来融入在当下,从这个意义上说,解构主义恰恰是一种新的建构主义。在解构主义的理论里,历史会以幽灵的方式存在。为什么在我们今天的时代,历史中的那些幽灵拒绝死亡?这正是历史以现在的方式生存的模式,而任何当下的存在都是历史性的。未来正是以想象未来的方式存在于当下,这就是所谓"末世论"的意义。死去的人和我们共享一个世界,当我们呼唤一个死者名字的时候,我们是在呼唤他所置身的那个历史情境,让它进入到当下。而未来正存在于我们对它的想象中,没有对未来的展望就不可能有历史的动力,所谓"当下"就会成为虚无。"当下"存在的意义是建立在我们对未来的展望上的,"延异"的意思就是过去和未来是以独特的方式存在于当下的,它给当下的时代赋予了历史和未来的维度。在这个意义上,我们不能简单地批判马克思主义启蒙思想,不能简单地批判进化论和现代性思维,而是需要在新的历史语境中重新解释和激活马克思,就像德里达所做的那样。

**赵**:提到马克思的"幽灵",就不能不提到作为中国革命和中国社会主义符号象征的毛泽东的"幽灵"。如你前面谈到,以社会主义标榜的中国革命有其世界历史的必然性。从这个意义上,我们不但不应该把西方的"历史终结论"内在化,在"告别革命"的保守主义大潮中把中国革命看成是不幸的历史弯道,而是应该把中国革命的历史看成是世界历史、尤其是在世界资本主义体系下底层民众争取民族解放和社会正义的历史的一部分。你是否这样认为?

吕：是的，正是在这个意义上，我们需要重新讨论中国革命的历史。社会主义革命的历史遗产对今天来说到底意味着什么？毛泽东的"幽灵"为什么在中国辽阔的大地上仍然徘徊？从网络上的毛主义者，到大众文化中的历史再现，很多内陆省份的出租车司机们在车窗上悬挂毛泽东的画像等等——为什么越是边远、所谓不发达地区，这种仪式就越强烈？这是一个需要重新解读的问题。中国的"自由主义者"们会说，因为他们愚昧，对封建专制主义没有批判。他们遮蔽了另一个重要方面，那就是毛泽东的社会主义革命和社会主义实践是对"人民民主"的尝试与承诺，只要这个承诺没有被兑现，毛泽东的"幽灵"就不可能消失。毛泽东的"幽灵"已经被无数人、无数次地宣判死去，可是它却不断地被各种力量"招魂"并"复活"，这是需要去面对的。因为它涉及的已经不是作为个人的毛泽东，而是整个二十世纪中国革命和社会主义实践对整个世界历史的意义，它既是来自过去，也是面向未来。中国的知识分子首先被赋予了这样一个使命，来清理这些遗产和传统。

## 五、传统文化、"中国特色"与批判知识分子的责任

赵：在中国走向世界和现代化的过程中，继承马克思遗产很重要，继承传统文化也很重要。近些年来，中国开始逐渐兴起"新儒学"，相关的讨论也越来越多。虽然"新儒学"、文化保守主义以及对传统文化的继承并不一定是同一层面的问题，但是我觉得这还是值得讨论的。你是怎么理解"新儒学"的？在你看来，它为什么会兴起？

吕："新儒学"最初在二十世纪八十年代的中国兴起，是用来说明中国的资本主义市场发展是符合儒家思想的。比如对亚洲四小龙经济成功的代表性解释就是新儒学与资本主义的结合，所以中国的市场经济改革与新儒学的思想是可以配套的。

今天中国保守主义的重新崛起，已经有所不同。它呼应的是"大国崛起"的想象。一方面在改革开放中，我们经历了一个不争论的，去政治化的历史过程。因此，社会主义革命传统中的很多政治资源，并不被认为具有合法性和可以被讨论，这一点官方和中国的自由主义学者是一致的。但是，这样一来，执政党突然发现自己面临了一个所谓"核心价值"缺失的

危机。当这种缺失变成一种社会结构性空虚的时候,就会有不同的力量试图来填补它。保守主义在今天的崛起,实际上是因为这种结构性抽空造成的一种反弹。但保守主义在今天崛起的前提也必须是"去政治化"的,这就意味着今天保守主义的特点是它试图把传统的儒家思想"去历史化"。它不是讨论这些思想在具体的历史阶段的不同流变,而是抽象或者固化某些儒家的思想,并把它变成本质主义的教条。所以我们一方面要分析它们兴起的历史条件,同时,我们也要警惕这些价值观背后的动机。它们到底以什么样的方式来介入到这个政权执政的过程中?试图达到什么样的政治诉求?我们今天要在这个层面上来讨论它们的出现。但是,这并不意味着我们不需要重新检讨传统的思想资源,而是以什么样的方式和动机来进行。我自己所做的梁漱溟研究中,就发现他在新中国建立之后,曾经做过了很多工作试图把二十世纪中国革命的传统与中国的传统做一个融合。

**赵**:那你是如何解释大众媒体和官方意识形态拥抱新儒学的动机和影响的?

**吕**:有很多学者指出,大众传媒中关于《论语》等经典儒家著作的解释存在很多谬误。但是问题并不在这个层面上展开,而是这个社会对这些价值观产生的强烈反响成为社会危机的表征。与此相类似,在当代中国的城乡,各种宗教和类宗教以非常快的速度扩散。这是因为传统的组织资源和社会资源处在一个崩解的过程中,这个社会本身在经历着极大的阵痛,它需要有救命稻草,容易抓住什么就是什么。这就是这类"心灵鸡汤"在大众传媒中流行的社会原因。保守主义的出现是这些社会问题的一个结果。大众传媒中,媒体知识分子对传统文化的宣传本身是有自己价值的,任何社会都需要传统文化的根底。但另一方面,他们把传统文化本质主义化,变成了社会的安慰剂,这恰好消解了儒家思想所具有的批判性和反思性的价值层面。今天大众传媒与媒体知识分子对新儒学的拥抱,迎合了这个社会释放心灵痛苦的需求,也起到了规劝这个社会桀骜不驯的反抗因素的"和谐"要求,官方意识形态自然是求之不得。但是,在这个意义上,它并不是解决问题的方案,而可能是遮蔽和麻痹问题的"麻佛散"。指出这些动机并不意味着我们不应该回顾和反思传统,而恰恰给我们提出了一个迫切的问题,就是我们怎么样去重新理解中国的儒家思想、知识分子与中国政治哲学的关系？意味着需要重新清理这些传统,而不是用本质主义的方法将其遮蔽。

**赵**:这就从思想层面回到了前面讨论的阿里吉有关中国的(传统)市场经济道路与西方资本主义发展道路的不同之处,和梁漱溟所强调的中国乡村社会中有不同于西方的国家与社会关系的问题。除了以上这些社会心理和政治上的需要外,中国传统政治思想及其实践中有没有能在更深的层面上克服西方中心论的成分？

**吕**:回到中国传统的政治思想中,回到西方中心主义占据知识体系霸权地位之前的思想图景中,会有可能给我们提供一个反思的立足点,否则很可能跳不出如来佛的掌心,保守主义的中国中心主义很可能不过是一个颠倒的"西方中心主义"。汪晖的《现代中国思想的兴起》在很大意义上,是为了回应这个问题的。①

比如,汪晖讨论说,在处理民族关系方面,中国的传统从来就不是单一的汉民族的传统,而是在各民族相互融合的流变过程中产生的,儒家思想作为一种政治思想一直是用非常丰富的理论来应对这些变化。清朝本来就是一个外来异族的统治,可是它成功地建立起和儒家正统的关系,用这些思想以夷变夏、以夏变夷,来建构一整套灵活的政治制度,这些政治遗产是我们需要重新去清理和发展的。同时,儒家思想中的夷夏关系使清朝政府得以在尊重文化多元性的政治框架下,灵活而富有想象力地处理满汉关系、西藏与中央政权的关系以及与其他族群的关系,这是西方的民族主义理论没办法解释的。西藏问题在西方之所以成为一个问题,恰是用西方框架来理解民族问题的结果。西方的民族主义理论是建立在单一族裔的基础上,这是导致今天西方政治危机和世界范围内族群民族主义崛起的重要根源,西方民族国家理论本身包含了强烈的暴力成分。当他们用这个理论来理解中国,自然会认为中国也应该转型成民族国家,各个族群都可以独立,这种思想正是西方中心主义的表现。所以西藏问题既需要在反西方中心主义的框架里来反思的,也需要放在中国传统的政治框架里,特别是儒家的政治视野里来讨论的。

---

① 参见拙文:《理解"中国"的视野如何可能？——读汪晖〈现代中国思想的兴起〉》,收入《书写与遮蔽》,第299—308页,桂林:广西师范大学出版社,2008年。

**赵**：也就是说，从中国传统文化和特殊国情来看，"中国特色社会主义"这一提法是有意义的，它并不是一个空洞的口号，更不应是"中国特色资本主义"的代名词与委婉语。有些学者把"中国特色"理解成了专制，当然这也是西方中心主义的思路。如你刚才的例子所表明，中国儒家思想中的民族关系理论，特别是清朝的关于处理民族关系的理论与政治实践，确实就是中国特色，所以"中国特色"不应被脸谱化。

**吕**："中国特色的社会主义"本身有空洞化的可能性。如果市场化的过程中，我们都是在新自由主义和西方中心主义的框架下思考问题，那么这个口号就必然是空洞的。但是，今天中国的现象，不能简单地用资本主义市场经济来解释。中国有自己有机的社会、经济、文化和国家结构，有长达一个多世纪的革命和社会主义的历史实践，这些从来都没有消失，依然是今天结构性和现实性的存在，这就需要批判的知识分子通过回溯历史的方式去清理。甘阳提出新的"通三统"的理念，即邓小平的传统、毛泽东的传统和儒家文化的传统要打通了去理解中国。崔之元对于"社会主义市场经济"的理解是强调国有资产的增值和分红。他们都是从不同的视角和立场在丰富和发展这个概念，当然其内涵尚需要更多深入的探讨和总结。

在我看来，中国乡村建立在土地集体所有制的"小农经济"为中国市场化发展所做出的贡献，是需要重新评估的。一方面，它成为劳动力资源的巨大水库，在经济萎缩的时候，农民还可以再回到乡村，不至于形成第三世界超大城市贫民窟问题；另一方面，小农经济养活了农民自己，这一人口最大的群体，使得中国不需要依赖世界粮食市场来养活十三亿中国人口。阿里吉在对非洲的研究中发现，农民的彻底无产阶级化最终给资本主义部门带来的是更多的问题而非有利的条件，只要无产阶级化是局部的，它就创造了非洲农民补贴资本积累的条件，因为他们自己生产了部分生存品。这是非常重要的观点，中国的城市化过程其实也是奠基在社会主义时代的"小农经济"对资本主义的巨大补贴之上的。当然，毛泽东时代的土改和集体化道路，对农业基本建设和技术发展的投入都是今天市场经济的条件和内涵。所有这些，都不是可以简单放置在资本主义市场关系中能够解释的。"市场"是任何一个社会共同体都存在的现象，何况传统中国曾有过极其发达的国内和国际的贸易关系。1958年11月，毛泽东在郑州中央工作会议上讲斯大林的《苏联社会主义经济问题》,就意在让干部弄清商品生产和价值规律这些在大跃进和人民公社运动期间被忽视的经济学原则。所有这些,都需要重新叙述,才能不断充实和具体化有中国特色的社会主义,而不是任其空洞,最后必然是"社会主义"被取消。

**赵**:在清理历史遗产和处理现实问题的过程中,很多中国知识分子已经做出了重要贡献。比如你自己将西方马克思主义、后现代理论的传统与中国的文化传统相结合,汪晖也系统梳理了中国思想史,还有温铁军这样的知识分子在农村开展各种实践工作等等,新的思想资源和新的社会实践正在不断地出现,还是很激动人心的。你是如何理解思想多元化和丰富性问题的?

**吕**:我只是初步探索,仅仅触及问题,不过是自己想把问题搞清楚,需要学习的东西很多,也一直面对各种挑战。思想资源的多元化当然很重要,只有这样才能让不同的视野互相激荡,才能拥有不同的反思空间。而只有依托思想资源的丰富,在面对和处理现实世界的复杂性时,才有可能杜绝独断专行,才有可能让世界本身的丰富性不断地折射出来。其实,在历史上,乡村建设的思想资源就是多样的,一方面是中国传统中地方自治的思想和实践,比如梁漱溟就是试图把传统的乡校改造成一个现代国家建设的团体组织;另一方面是十九世纪中期以来欧洲因为资本主义发展危害社会而出现的合作运动及其思想,它们在五四运动前后就已经传入中国。二三十年代各种社会政治力量都到乡村去做社会运动,其思想资源实际上也是中西不同传统的汇合。但是,更重要的是大革命的推动和需求,1927年成为中国乡村运动最重要的一年。毛泽东乡村建设的理论与实践,也是充分吸收了这个传统。他在二十年代大革命期间,就编辑过"农民运动丛刊",还邀请在日本学习合作理论和社会主义理论的于树德担任农民运动讲习所教职,为其丛刊撰写讲义。列宁的《国家与革命》是毛泽东反复阅读的经典书目,列宁从巴黎公社制度的角度对国家与社会关系的思考,直接投射在毛泽东对人民公社的制度构建上。而日本学者沟口雄三则认为人民公社"政社合一"是扩大地继承了传统的宗族制度。所以,历史的丰富性是需要我们从不同的思想资源出发去总结的。今天,理解中国的乡村问题,我们还需要看美国、英国、德国、日本等发达资本主义国家的经验,更要看马来西亚、印度和巴西等所谓不发达国家的经验。只有多维度、多视野,才能帮助我们对问题进行定位。

**赵:**从1999年在西雅图爆发大规模的反WTO社会抗争运动开始到后来的在巴西、印度等地举行的"世界社会论坛"(World Social Forum),大多数的反新自由主义全球化社会正义运动,从理论到实践都很少涉及中国。中国工人农民的抗争无法跟这些运动和思潮联接。你认为这样的情况最近几年是否有所改变?另外现在我们中国的社会运动跟全球社会正义运动的联接有什么样的可能,又有什么样的阻力?

**吕:**现在的情况应该正在改变。比如像温铁军这样的学者,他考察了世界上很多第三世界国家,非常关注另类合作的可能性,也联络了很多不同国家、团体与个人的力量。中国在发展中遇到的问题,促使很多批判的知识分子关注第三世界反新自由主义全球化和资本主义的社会保护运动,这一工作在中国正在逐步开展。中国农民和工人的社会抗争运动,应该说已经在世界范围内得到越来越多的关注,起码是很多NGO组织在介入。这里问题的复杂性在于,一方面这些运动很容易被纳入到西方国际人权保护的政治框架中去认同,并直接置放在与国家对立的位置上,从而很容易丧失了对其错综复杂的历史背景的分析,以及纠缠其间的各种社会力量、权力关系的分析,这就限制,而不是丰富了这些社会运动的政治可能性;另一方面,西方的左翼社会运动很容易简单地判定中国已经全面资本主义化,从而反向地隔绝对中国工人和农民这些底层带有社会主义性质的社会运动的理解。因此,如何从一个广阔的、有纵深的历史和现实的视野中,勾连今天中国底层的工人和农民的社会运动与全球正义运动的联系,是今天批判的知识分子的任务。

**赵:**如何理解中国今天的社会运动性质,它们与历史上的社会革命承接关系,以及它们的公共性问题?

**吕:**今天中国的社会运动其实有很多不同的层面,有工人、农民的社会运动,有消费者保护的社会运动,也有特定群体的利益自我保护运动。正是因为社会运动本身有其复杂性,它也有可能是中产阶级的特殊群体的利益保护运动——而这一种运动特别容易被界定为公民意识的觉醒和市民社会的形成,相比较于工农运动而言,中国的自由主义学者会认为这才是"民主"运动。而工农运动,不是民主问题,而是"人权"问题,或者是

"民粹主义"。这其实是很奇怪的论调。

从十七、十八世纪开始的世界革命的视野中看,按照马克思的说法,资产阶级革命是资产阶级在历史的某一个特殊阶段代表全体人民的利益,带领社会去挑战王权,这个阶级是具有公共性的。也就是说,当它以一个阶级的力量联合各阶级共同创建民族国家的时候,它具有公共性、正当性和普遍性。但是,资产阶级和公共领域的重合只具有历史性和阶段性的意义,哈贝马斯讨论的西欧资产阶级公共领域的"再封建化"从十九世纪末就开始了,马克思主义的新闻观也一直是揭示和批判这个问题的。在第三世界被压迫民族寻求民族解放的过程中,资产阶级的普遍性、代表性就变成了复杂的、非自明的问题。资产阶级本身弱小,对帝国主义的依附性很强,社会分裂,资产阶级并无力量整合国家与社会,因此资产阶级与公共领域即便是阶段性重合都是困难重重的。第三世界民族解放运动的建国动机主要来自于外来的帝国主义压力,而不是来自直接的社会内部的要求。因此,什么样的政治力量可以代表社会说话,就成了一个关键问题,这就是为什么二十世纪二三十年代对中国社会各阶级的分析是国民党、共产党都共同关心的课题。这是中国革命中一个历史性的问题。在这里,国家的合法性、权力的合法性的关键在于阶级的代表性,而政党又是这一代表性的组织形式。按照梁漱溟的分析,因为国民党在 1927 年之后,阶级性和代表性的问题就已经暧昧不清,导致"党"不成其为党,"党制"不成就变成了"个人制",这是其腐败和失败的原因;而共产党的成功正在于它以无产阶级的阶级性为基础,成功地锻造了阶级本身,并以此为"主体"承接国权,完成了民族国家再造的大任。这个观点是值得重视的。正是在中国革命的各个历史阶段,这一阶级以被压迫的普遍性来伸张它的公共性和正义性,并逐渐赢得全社会的意志。这一奠基在阶级性上的公共性和正义性是 1949 年之后工农联盟的基础。因此,以阶级名义出现的阶级斗争和阶级霸权又是历史地、辩证地具有阶级超越性的,这是无产阶级革命具有推动历史和发挥主体性作用的历史条件。

可是今天的情况已经复杂,政党的代表性问题变得暧昧,各种利益集团的博弈往往也是围绕着政党内外来展开。公共性的问题成为当代社会民主危机的表征。就社会运动而言,如果社会运动变成了各个特殊利益集团的争斗,或者民主被界定为不同利益群体的博弈,但是不同利益群体对公共领域的进入并非平等和自由,而公共领域却被理解成不同利益群体的博弈,那么这个博弈过程中是无法形成公共利益的,这种博弈就永远是强权的胜利,公共领域便是一个内部瓦解的公共领域了,并不具有真正的"公共性"。当哈贝马斯讨论西方的公共领域重新封建化的问题时,其实并没有能够给出一个解决的方案。但是,有意思的是,当哈贝马斯的公共领域理论被用到讨论中国问题的时候,没有人去说公共领域在资本主义世界里已经处于危机,哈贝马斯说由于这种封建化的出现,国家和社会的界限趋于消失,公共领域和私人领域的界限也已经消泯,这些很少被讨论。我们热衷于讨论如何在中国形成公共领域,而形成公共领域的前提是先造就"市民社会",扩大国家和社会的界限,发展私有产权,因为市民社会是由城市的中产阶级构成的——这已经成为某种陈词滥调,它来自中国自由主义知识分子对"民主"的刻板想象。当然,这样的对"公共领域"与"民主"的想象,无法进一步地提出对当代社会公共性危机的批判性反思——在中国,国家与社会的断裂,恰恰是危机的根源。这样的传媒研究也无法揭示传媒背后的权力博弈是如何限制了中国传媒公共性的形成,无法去讨论在今天的政治经济的格局下,底层的工人、农民的利益诉求如何自由、平等地进入到大众传媒中?"乡村社会"与所谓"市民社会"究竟是怎样的关系?说到底,"公民"身份本身并不意味着他们就能进入公共领域,如果只是一个被描述的"他者",他们在公共领域里就永远是缺席的,而这个领域就不再是"公共"的领域。

**赵**:历史的发展的确充满了挫折与反复。在理论上,共产党以党报为核心的新闻媒体制度许诺体现的是一种超越资产阶级特殊阶级利益的公共性,也即无产阶级公共性。如我在自己的一些研究中所言,这种公共性不仅包含了工人、农民、妇女等社会群体的利益和主体性,而且包括了中国作为一个从世界资本主义体系中获得独立的民族国家的主体性。今天,我们有些学者在希望推进媒体改革和重新构建媒体"公共性"的过程中,不仅忽略了"公共领域"与独立民族国家主体性的关系问题,简单地把"民主"意识与"民族主义"意识相对立,而且避而不谈公共性与阶级代表性的辩证历史关系,进而在对中国媒体的无产阶级公共性宣称采取历史虚无主义态度的同时,把哈贝马斯明言的作为一个"历史范畴"的"公共领域"当作理想来追求,有意无意把这个公共领域前面的定语"资产阶级"去掉了,仿佛这个公共领域的主体就是媒体人和他们所赋予话语权的"公共知识分子",最多包括他们所认同的、而且被认为是中国民主主体的"中产阶级"。这里包含了什么样的匪夷所思的历史与理论上的矛盾?

吕:中国的党报理论在中国革命与民族国家的锻造过程中,为无产阶级作为主体性的构建提供了空间和动力,其建立在阶级性之上的公共性是这个国家合法性的来源,如你所说,在一个资本主义世界霸权的体系中赢得了民族独立,这在人类世界历史中是独特和重要的现象。而马克思主义党报理论本身就来源于对资本主义公共领域的抗争过程,是对其公共领域意识形态霸权的批判。但是这样的传统在今天衰竭了,衰竭的原因在于"阶级"话语在当代中国政治话语和意识形态中的退场,但是"阶级"问题本身并没有在现实中消失,而是相反。"中产阶级"成为市场主义意识形态热衷构建的主体,而工人和农民作为"阶级"主体的存在确实是崩解了,因为提供其主体存在的政治空间/传媒空间消失了。我们总是控诉毛泽东时代的党报是宣传和欺骗,所以我们现在要建立的是西方意义上的公共空间,因为西方的自由民主代表了普世价值,所以"资产阶级"这个词当然要心照不宣地隐匿,否则我们怎么能让别人和自己相信其"公共性"呢? 但是,中国的媒体改革走到今天,我们公共性究竟应该如何在一个阶级分化、利益分化的社会上重新构建? 市场改革本身能完成这个任务吗? 这些都必须被重新追问了。

今天中国新兴的资产阶级是否再次具有代表全社会意志的公共性? 且不说这个新兴阶级的"原罪"问题,代表性和公共性意味着超越本阶级的利益,在今天的中国社会,我们并没有看到这个阶级表现出这样的超越性动机,而是相反。这其实是很荒诞的,一个背负着国有资产流失和灰黑色收入原罪的新兴阶级,可以指望他们来代表底层工农的利益吗? 如果不能指望,我们关于民主的想象到底是贵族的,还是平民的,就像甘阳所追问的那样? 就大众传媒的公共性问题而言,我们首先需要解决不同利益群体,特别是底层群体接触和使用大众传媒的方法,在这个过程中,他们才能够体现出主体性的存在。这是中国民主的关键,因为这涉及到的是占中国人口大多数的人群和他们的诉求。

在乡村建设过程中,作为中国最广大人口的农民,当他们获得主体性的时候,也是这个国家获得主体性的时候,因为他们代表了这个国家最广大人民的存在。新农村建设中加大基础设施投入等等是有意义的,但是这并不能代替农民主体性的锻造,锻造本身需要有意识形态的支持和文化建设的过程。历史上看,中国农民和工人阶级获得主体性的过程并不是自发的,而是中国的先进知识分子、马克思、列宁主义理论和工人农民相结合的产物。在这个意义上,今天的乡村建设过程中农民主体性的获得,仍然需要这样的一个历史过程,需要知识分子、理论和农民的结合。如果我们回顾二十世纪知识分子的历史,就会发现,二十世纪中国知识分子最优秀的传统正是他们试图超越自己的阶级和利益局限,去和中国的乡村结合,和中国的工人结合。无论是共产党还是国民党左派人士,或者梁漱溟这样的无党派人士,有追求、有思想、有担当的知识分子都殊途同归走了这样一条道路。最早提出知识分子要走和农民相结合的道路的并不是毛泽东,梁漱溟二三十年代就探讨过知识分子是做"民之贼"还是做"民之师"的问题。"师"的意思是有话语权的知识分子要帮助农民把疾苦喊出来,做他们的耳目喉舌,帮助他们把主体性建设起来。所谓主体性的形成是需要这样一种结合的,乡村和知识分子相结合是历史性的。在今天,我们要自问的正是:知识分子何为？媒体何为？

**赵**:改革开放这么多年来,大部分的知识分子没有走批判研究的道路。只有一小部分人在尊重与反思中国历史、包括中国革命历史的同时,选择了反思市场化改革的道路,是什么样的知识背景和社会背景使你走上了这样一条道路？全球性的知识体系对你理论框架的形成产生了何种影响？

**吕**:我学文学出身,硕士是现代文学专业,博士的研究方向是西方美学。硕士论文关注为什么八十年代中国的话剧传统会全面走向衰落？博士期间延续这个问题,但是希望追根究底,既然话剧来自西方,就需要清理西方戏剧理论的脉络,所以选择《诗学》做博士论文,是想根本性地理解西方戏剧的来龙去脉。当时也是不满意为什么我们总是要用西方"悲剧"、"喜剧"的概念来解释中国传统戏剧,希望借此理解中国传统戏剧、话剧传统和西方戏剧传统的关系。而话剧传统与五四新文化运动、中国革命的关系是非常紧密的,我的硕士导师陈坚先生是研究夏衍的专家,夏衍也是属于革命文学的范畴。

二十世纪的文学,在中国政治舞台上扮演非常重要的角色。虽然当我八十年代学习文学的时候，文学已经处于一个"去政治化"的过程，可是正由于处在这样一种转折过程中，使我对"政治化"和"去政治化"这两方面的资源都有接触和了解，也使得我有机会来思考一些问题。1987年我开始读硕士的时候，正是中国话剧出现危机的时代，当文学变得"自觉"的时候，话剧为什么会危机？这就迫使我去反思话剧的历史和中国革命史的关系，以及与八十年代的"纯文学"理念的关系。对"纯文学"的怀疑由此而来。

我的博士论文做的是古希腊神话、悲剧与《诗学》的关系，导师是著名美学家蒋孔阳先生，他要求我们读经典，要回到根本。"悲剧"本来是一个来自古希腊戏剧的西方概念，当我试图通过亚里士多德的《诗学》去理解其与古希腊神话世界观的关系，结果却发现西方古希腊的神话意识形态受到古埃及以及两河流域神话的强烈影响，这些影响因素是直接进入到古希腊悲剧之中的，这构成了我最初的对"西方中心主义"的怀疑。我在论文中引用了黑格尔在《哲学史讲演录》中的话，他说得很清楚："在希腊生活的历史中，当我们近一步追溯时，以及有追溯的必要时，我们可以不必追溯到东方和埃及，只在希腊世界和希腊生活方式内，就可以追寻出：科学和艺术的发生、萌芽、发达，直到最盛的历程，以至衰落的根源，都纯粹在希腊人自己的范围里面。"而我看到的考古和神话学的材料都不支持这样的论断。

当时蒋先生只要求我读文本，不要超出文本。但是我却一意孤行，觉得文本如果不把它放在一个社会和历史的脉络中去建立对话关系，是无法解释文本自身的。非常感激蒋先生对我的宽容，他在给我写的书"序"中这样说："我总认为，写亚里士多德的《诗学》就应当抱紧《诗学》，从《诗学》始，到《诗学》终，按部就班，条分缕析。但小吕不这样，她海阔天空。她从爱琴文明的考证谈起，谈到希腊古代的哲学家，谈到维科，谈到叔本华和尼采，谈到海德格尔和现代悲剧，等等。她无所不谈，我怕她收不拢来，替她担心。我把我的想法对她谈了，她既不表示同意，也不表示不同意，她默不作声。从她的'沉默'中，我感到她有委屈，她有自己独立的见解。我觉得我应当尊重她的独立见解，于是，我不要求她改变自己的想法……"今年正是蒋先生去世十周年纪念，我录下这段话，表达对他的感念和思念之情。当时之所以如此"忤逆"，也是因为觉得不如此无法把问题弄清楚，也就无法对自己和导师交代。

虽然当时水平和资料都很有限，我还是尽量寻找证据去解释古希腊、罗马的悲剧怎么样从民间的、宗教的形式逐步转变为西方文人戏剧传统的，这其中《诗学》起了重要的中介。从柏拉图到亚里士多德，悲剧的神话宗教意义已经趋于消失的状态，那是"诗与哲学的古老争论"之后，所以亚里士多德已经是从"形式"的意义上来阐释悲剧了。他用自己逻辑意义上的"定义法"来界定悲剧，定义就是属性加上种差，悲剧的属性是模仿，悲剧六成分是种差。但是，我寻找的恰恰是他的定义法无法解释的地方，比如悲剧"人物过失说"，在解释为什么"最完美的悲剧都取材于少数家族的故事"时，他给出的答案却是"这些人都碰巧都受过可怕的苦难，作过可怕的事情"。但是，从神话学的角度看，为什么西方古典悲剧的主人公都是英雄和王室贵族？这是因为在神话英雄时代，王室和英雄本身代表了普遍性。一个城邦的命运是要由国王、英雄来承担的，如果城邦有了灾难，王室和贵族是需要去抵命的。英雄就是为了城邦的命运和神的旨意而承受牺牲和痛苦的人，这就是传统悲剧中这些人物会成为主人公的原因。但是这样的神话学的内涵，到古典主义戏剧的时代，就变成了"三一律"，而三一律的根据是《诗学》对悲剧的逻辑主义定义，悲剧的精神被形式主义的枷锁所取代，这也是西方戏剧逐渐变成文人戏剧的时代，神话的意义隐匿了。这就是为什么古典主义文人戏剧逐渐变得枯燥而没有生命力，所以莎士比亚是在这个历史背景下横空而出的。莎士比亚其实是一个民间戏剧艺人，所以他的很多戏剧既不是悲剧也不是喜剧，不能用这些文人的范畴去框定，这正是他的生命所在，因为他是来自民间。民间的宗教意识形态具有超越性的力量，超越正统的和主流的观念，从而具有了普遍性的意义，而当时，他也是被骂为"粗野"的。

因此，得出的一个结论是，中国戏剧的传统不能放在西方文人戏剧的理论与传统中去解释，不能简单地用西方悲剧、喜剧的概念框架来裁剪。中国的传统戏剧是传统社会的大众传媒，它更多的是民间文化，但是得到了文人传统的支持，其角色行当制完全不同于西方文人戏剧传统下的导演制。当我们从西方文人戏剧角度来看中国传统戏剧的时候，很多我们自己历史里的东西丢失了。我们需要回到中国的戏剧传统里面来，需要把它放在一个民间的、集体的记忆里去观察它的公共性。中国很多传统戏剧中历史和现实相融合的关系，使得它们可以针砭时事，让历史存活在当下，同时也可以使现实的元素很快地融入表演现场，它构成了传统社会的有机组成部分。它既是礼仪的，也是日常的。我们需要重新去讨论这种民间性和公共性的关系。中国传统戏剧从历史上看，是完全不同于西方戏剧的文人传统。我们的错误在于，只知道用西方的概念作为眼镜，其他的都看不见了。如果在比较的视野里，中国传统戏剧更多是"喜剧"性的，就"喜剧"在古希腊戏剧中的意义来说，它代表的是民间宗教精神中对生命力的崇拜和礼赞，具有粗粝和旺盛的生命感。

今天，"悲剧"已经成为一个广泛的美学范畴。古典悲剧的王公贵族已经被小人物所取代。为什么今天的悲剧往往会以小人物为主人公？因为在古典时代向现代社会转型的过程中，在一个现代性的社会、个人主义的时代里，恰恰是社会底层的小人物承担了历史转型中的重负，最大的苦难是由他们来承担的，它构成了历史的普遍性的存在，这正是现代悲剧精神的历史转换。一个资本主义开始向全球化扩张的时代，付出最大牺牲的是他们，承担最大苦难的是他们，在马克思主义的理论里，最大的历史主体性也应该应验在他们身上。所以，小人物作为当代悲剧的主角是具有必然性的，对《诗学》的理解要突破其形式主义框架而看到它背后的精神性存在，悲剧的意义正在于其承受苦难的精神，小人物身上体现的悲剧性是需要重新去读解的。这也是为什么当我对九十年代以来的中国当代文学日益失望之后，对中国新出现的纪录片却一往情深，因为中国的新纪录运动恰恰是在这个层面上承担了它的历史意义。对当代中国新纪录运动的研究正是上述学术兴趣的延伸和发展，因为，新纪录运动正是以关注"底层"为其历史使命的，它是现代悲剧精神的集中体现，也是历史性的体现。而正是通过纪录片触摸到"底层"问题，使我不得不关注与此不可分割的社会之正义、民主、自由等政治话题。它是美学的、历史的、伦理的，也是政治的，这些构成了一个有机的整体，无法彼此分割。我对市场化改革的怀疑和批评，也正是因为今天中国社会作为"底层"的悲剧性存在。这种悲剧性不仅仅在于苦难本身，也在于对苦难的承受过程中所体现出的人性的深度，"底层"在与命运撞击的过程中折射出丰富而复杂的光谱，这些让我动容，也让我沉思。

也正是在这个意义上，现实主义成为一个需要重新讨论的话题。现实主义从历史上看从来就不是一种工具，也从来不是一种方法论。其背后是意识形态的斗争，从这个角度来看现实主义的问题，其实要看到是什么样的力量在支持什么样的现实主义？我们需要什么样的现实主义？这是更重要的。现实主义如果从西方的脉络里面追溯，最早来源于古希腊的模仿说，但是模仿说从柏拉图到亚里士多德有一个变化，柏拉图的模仿说是指对神的模仿，背后的意识形态追求是与神合一，对神的追求本身是现实主义获得合法性或者意义的来源。而亚里士多德《诗学》实际上在很大程度上是把它工具化和形式化了，把它理解为一个生物学意义上的概念，后来导致了很多的弊端——这是从诗学角度的脉络。如果从影像的脉络看，巴赞谈电影的时候是要把长镜头理论推衍到人类本身的形而上追求，即让片刻具有永恒的意义，这是人类本能的冲动，所以他的现实主义或者说长镜头理论的要义，是人类将真实世界的瞬间永恒化的冲动——这样的冲动是电影的动力，所以他通过追溯基督十字架上的裹尸布来讨论长镜头理论的观念问题。我们今天谈现实主义，很重要的意图是重建文学、艺术等和现实的对话关系，一个此岸世界的对话关系。这样的关系，我们将它命名为"现实主义"。此岸世界的表象性和怎么解释表象性是两个相互联系的问题，表象性本身和如何去解释表象性是现实主义最核心的两个层面，与现实的对话关系，以及如何解释现实的视角决定了现实主义的不同。如果仅仅从表象层面上去解读现实主义会碰到很多困难，应该更多地去看它用什么理念来与现实建立对话关系，才能从这个关系里确定现实主义的问题。

比如，今天的资产阶级或者说新出现的这个阶层，它是新的吗？它难道不是旧的吗？资产阶级在中国历史的二三十年代就已经出现，在文学作品里就有表现，比如《子夜》。那么，今天它的出现是属于新的，还是旧的现象呢？如果是新的，相比在二三十年代"现实主义"小说里的那些人物，今天的文学作品并没有给予他们更多合法性或者正面的塑造。他们作为短暂的"新人"出现，是在八十年代《乔厂长上任记》等小说中作为改革的厂长们。这批厂长将工人们下岗，在这个过程当中扮演了英雄般的改革角色。但是，很快到了九十年代他们就不具合法性了，就不再是在文学中将之作为新人塑造的一个对象。这是很有意思的现象，这说明这个社会主流的意识形态并不支持这个阶层的人作为主流价值的载体出现。

我觉得这个断裂恰好是有意味的。

有人说我们现在看到的纪录片都是底层的影像，什么时候可以拍摄一些中产（资产）阶级影像让底层人看看？为什么纪录片中没有资产阶级影像？一个原因是他们的收入来源不能见光，是要隐蔽的。但他们作为社会的一个操控性的力量又真实存在着，这样一个隐形的，却实实在在存在的力量怎么被表现出来？如果不能被"表象式"的表现出来，那么他们该以什么样的方式表现出来？是现实主义的还是非现实主义的？在这个意义上说，现实主义问题背后的意识形态观念更为重要，而形式本身却并非关键。曾经的社会主义新人形象是由国家主流意识形态来推动的，它是以自己的历史合法性来建构起来的，这样的建构在中国的历史上是前所未有的，作为一种"新人"的存在无可置疑，但是今天什么是新人？底层、中产阶级都不是新人，谁是新人？年轻的导演、艺术家和作家没有什么可以突破了，就开始裸露身体和性器官，让身体和情欲成为自我的乌托邦，裸无可裸的时候，那又该怎么办？这种破灭早已发生，这也不是"新人"。

之所以是一个没有"新人"的时代，最重要的因素是当今中国最重要的意识形态之战没有落下尘埃，正在以各种各样的方式激烈进行，而文学对此相对迟钝，不是前线。"先锋"艺术成为保守主义的堡垒。我们去看那些小说——为什么我觉得今天离文学很遥远，很少看小说了，是因为在那些小说里发现它们的意识形态都是陈旧的——它们并没有能够成为今天意识形态斗争的场域。在这个意义上来说，文学丧失了成为公共意识形态载体的功能，这可能是最关键的，哪怕它惟妙惟肖地写现实，因为背后意识形态的力量没有建立出来，所以它不是"现实主义"的。今天，我们怎么去重新理解文学和艺术作为社会意识形态的历史？文学和艺术的衰败也同样是这个社会意识形态的症候。今天大家更多去关注社会史本身，而不再去关注文学，也是因为九十年代之后，文学从社会中被迫后撤，结果是只看重自己和自己的对话，不再看重个体和现实、社会的对话。而个体和现实的对话关系意味着一个把自我抛入社会的痛苦过程，如果没有这个过程，文学还是自我的文学，不是一个和社会搏斗与撞击的产物，它的意义也就很有限。仅仅是个人的隐私本身，并不需要获得公共性。隐私无法从公共性中退隐，这才是问题所在。在此意义上，现实主义是一种参与和建构现实社会的方式。无论是内容还是形式，意识形态的诸神之争在文学中究竟落下怎样的痕迹？而文学是怎么参与到这个过程中？这些可能是我们判断这个时代的文学、艺术及其"现实主义"的意义所在，即不仅仅是"现实"，而且是"主义"，是主义之争。

对我来说，从文学一路走来，悲剧研究、纪录片研究和对中国"三农"问题的关心，其实都是一脉相承的。但是，更重要的原因还是中国在这个时代所生发的问题，无法回避，需要寻找不同的思想资源来帮助自己。值得提出的是，《读书》杂志对全球化的反思，以及被称为"第三代学人"所走过的路，他们的争论和分化，都对我产生了深刻的影响，在阅读和分辨的过程中，也逼迫自己在问题中去思考。

## 六、传播政治经济学在中国的使命

**赵**：在当前中国传播学界中，市场自由主义成为主流的话语，传媒经济学成为热点，定量方法受到推崇，比如收视率。这一现象背后有着怎样的知识—权力结构？你觉得传播政治经济学面临着什么样的挑战，怎么样才能使传播政治经济学重新得到重视？

**吕**：因为对传媒经济学研究的取向不满，我其实已经有意识地试图重新理解政治经济学，这本是我们的传统，八十年代以后消失了。只是开始的时候，还不清楚西方传播政治经济学的发展脉络，大概在2001年左右，当我读到莫斯可的《传播政治经济学》时，才大有相见恨晚的感觉。

当前的中国新闻传播学界有很强烈的焦虑。从事新闻传播实践的人认为新闻无学，做新闻理论的人也觉得似乎没有前途。大家普遍觉得党报理论已经过时了，西方的客观性理论、自由主义报刊理论甚至"公共领域"理论，也介绍得差不多了，专业主义被讨论了一阵，再往下怎么走不知道了，看今天新闻理论方面的论文，翻来覆去就是这么一些词。作为理想的"专业主义"在今天的新闻实践中越来越难，也越来越丧失。我们新闻教育培养的学生，媒体不太愿意接受，他们宁愿要社会学、政治学和经济学专业的学生，因为我们的新闻教育不教学生如何分析社会和确立自我，由文人办报传统而延伸的人文素质训练和社会理想教育也几乎荡然无存，让位于对传播学"社会科学"方法的崇拜。而秉承美国实证主义传统的传播学，在八十年代中期通过把"新闻"客观化为"信息"，已经完成了它的历史使命,就是为中国传媒的市场化铺平了道路。但今天的传播学,最大的焦虑却在于怎么让它成为一个可以被认可的自足和自立的科学"学科"。我们发现传播学不够自治,不能形成自己的道统,像个十字路口,无法划地为界,别的学科可以随意进入,而我们却进入不了别人的学科。那些西方的传播学大师都不是从传播学这个"学科"出来的,所以这个"学科"本身有合法性危机。实际上,新闻传播学科本身虽然问题重重,其对新闻实践界的影响却并非一个"无学"可以涵盖。相反,中国新闻改革的市场化推进是一直由学界在提供合法性支持的,我们回顾一下,就可以看到其互相配套的关系是非常清晰的。只不过,新闻传播学界的这个取向并非只由它们自己决定的,而是由这个社会主流的意识形态所确定的,那就是对新自由主义和市场原教旨主义的认同。

这其中,专业主义是一个特别有意思的话题,我们可以从《南方周末》的变化来看。《南方周末》在九十年代中后期开始明确以底层关怀来竖立自己品牌,所以它底层关怀的情结曾经是很强烈的。它成功地建立起弱势群体代言、媒体良心责任与市场的"正相关"的关系,并因此成为中国新闻改革高扬的旗帜。他们论证说,正是由于市场化的改革,才为这些寻求正义的声音提供了可能,市场可以抵制专制,使我们走出"国家全能主义"。但是,这背后的重要因素并不被追究,那就是正是由于激进市场化改革,才使得九十年代中后期社会分化骤然加剧,社会悲情意识崛起,底层成为社会问题爆发的焦点,《南方周末》的成功得以可能。但是今天,市场化导致的权力重组大势已定,"专业主义"便开始谈社会秩序,谈社会规则和政治规则的重建。他们开始自我背叛这种"底层"关怀,他们说这是新闻民粹主义,是迎合弱势群体对社会问题的不满,现在该从这种"社会对峙"中走出来。所以,要转变成"专业主义"。他们认为当时的报道都不够客观,太情绪化、太主观主义,现在要写"中性"的符合专业主义的新闻,在这个意义上,新闻不过是一种行当。[①] 今天,的确可以看到中国主流媒体变得很"中性",更多关注精英的问题,关注资本运作的问题,关注权力的博弈,但是这些资本、权力和博弈,对于中国社会的民主化进程究竟意

---

① 张志安:《记者如何专业——深度报道精英的职业意识与报道策略》,第218—220,第250—258,南方日报出版社,2007年。

味着什么,尤其对于社会底层意味着什么?这些问题却逐渐退场,他们即便关注底层问题也愿意更多是用"中性"的眼光。目前中国最主流的报纸都变成了金融类的报纸,上面充满了各种各样的专业术语,一般老百姓已经看不懂了。专业主义本来被认为是对付"专政主义"最有力的工具,但是,在实际的运用中,它成为媒体以市场的方式确立霸权的合法性力量。我不是否认"专业主义"在新闻生产中的意义,它可以帮助记者在面对复杂的现实问题时,避免个人偏见的过度介入,更多地呈现和揭示现实本身的复杂性和深刻性。但是,当"专业主义"开始宣称与理想、激情和"民粹主义"脱钩的时候,我就无法不怀疑这种"专业主义"在中国的使命了。今天,资本主义全球化市场的发展,并没有带领我们走出"全能国家主义",而是更深地陷入对国家角色在世界市场中的依赖,中国是这样,美国也是这样。更加可悲的是,当这些最早标榜自己新闻专业主义的报刊,在涉及不同政治观点的时候,毫无顾忌地侵犯最基本的新闻专业主义的原则,党同伐异,彻底走向新闻专业主义和自由主义的反面,主流新闻传播学界却对此保持沉默。

专业主义的问题与传播学进入中国的命运很相似。八十年代,美国主流实证主义传播学迅速接管了新闻学在中国的政治地位,并建立起学术霸权,一时间,新闻被"信息"所取代,"信息"满天飞,正是因为那个时代需要用"去政治化"的"信息"概念来抵抗新闻作为宣传的功能,这也给媒介的市场化改革提供了强大的合法性,它直接体现在关于新闻改革的官方文件中。在这个意义上,传播学在中国是否拥有一个独立的学术位置,是大可怀疑的。我们可以看一下目前传播学界热衷做的事情,不过就是用媒体的钱去生产数据,用政府的钱去生产数据,再卖给他们。在中国媒介市场化的过程中,并没有足够强大的批评声音出现,这与传播学与美国主流实证主义传播学的成功"接轨"不无关系。我们过度沉浸在一种想象中,那就是把整个市场化改革看成是中国媒介解放或者自由的过程。一直到今天,我们突然发现,市场化给媒体带来了这么多严重的问题,已经无法回避,我们却缺乏足够的思想资源来应对,导致整个新闻传播界在现实面前的失语与无为。我觉得,这与我们缺乏一个传播政治经济学的视野直接相关,其中,最突出的是我们缺乏反思全球资本主义发展的批判视野,无法把中国的问题与更广泛的全球媒体正义与民主问题勾连起来。

但这正是传播政治经济学今天进入中国的使命。今天,学界热衷于从市场和技术的角度讨论新媒体、媒介融合等,但是很少有人讨论其前提:正是传统媒体完成了其垄断和再封建化的过程,导致了传统媒体在政治层面上的失败,这才是网络上草根民主得以崛起的原因。是网民的民主需求促使了技术的发展,而不是相反。

赵:我在 Communication in China[1] 一书中有关《南方都市报》等市场化媒体在报道不同新闻事件中对倡导性新闻和特定专业主义准则的不同运用的研究正好与你以上对专业主义的分析相辅相成。如我与合作者在《维系民主?》[2]一书中所论,作为专业主义核心价值的新闻性客观性不但本身就是一种政治姿态,而且构建了特定的社会传播权力关系与意识形态霸权。回到学术权力的问题上,以传播政治经济学为基础的批判研究的发展遇到什么样的障碍?

吕:有两个层面,一个方面当然是学术权力的资源垄断,已经占据学术资源的人会用各种各样的方式来压制"异端邪说";另一方面还是有一些学者发自内心地相信资本主义市场和新自由主义的东西是对的,是普世价值,这使得他们本能地不愿把视野打开,不愿意把政治经济学的视野纳入到他们对传媒的反思之中,而只是希望在媒体自律的角度里,从媒体的内部来解决问题。这当然只能是一厢情愿。

赵:他们之所以不愿意把视野打开,接受批判的思想,是不是蕴涵了对回到"过去"的杯弓蛇影似的担忧?

吕:当然有这方面的因素。中国的新闻学有一个特殊性,就是因为其本身被压制得比较厉害,所以它反弹的程度会比较大、比较长。这就导致了一个后果,我们总是处在一个本能的条件反射的过程中,从而丧失了思考的深度。因为过去是那样,所以我们就要反其道而行之,它是正的,我们就是反的,它是反的,我们就是正的。我充分理解这种"悲情",但是如果不能脱离这种二元对立的思维定式,就没办法进入任何另类视野来讨论问题。这样一来,我们看上去似乎一直为脱离"过去"而努力,但实际上

---

[1] Zhao, Y. (2008). Communication in China: Political Economy, Power, and Conflict. Lanham, MD: Rowman & Littlefield.
[2] 罗伯特·哈克特、赵月枝:《维系民主?西方政治与新闻客观性》,沈荟、周雨译,北京:清华大学出版社,2005。

是更深地陷入到被"过去"的控制中。这样的一个二元对立的关系是亟需打破的。

可以举个例子来说。我的一个博士生做的毕业论文是以《人民日报》为案例来讨论大众传媒与当代中国农村医疗卫生报道方式的转变，做得很认真，也很谨慎，查找了大量的资料和文献。但是论文在盲审的时候被一位评审人枪毙了，在所有的指标上给出的评判都是不合格。其主要理由如下，"论文首先在标题上就值得商榷，《人民日报》从创刊到现在都是中国共产党的机关报，不属于一般意义上讨论的大众传媒"，"作为乌托邦经济制度和意识形态国家机器的产物，合作医疗已随着改革开放成为历史，和那个年代所营造的制度神话'大庆'、'大寨'一样"，"从大众传播的信息模式上来说，我们需要通过健康传播的推广来建构新的社会行销模式，而不是把廉价的意识形态幻觉和社会民粹主义当作社会未来的路标。"党报不是"大众传媒"？那么整个毛泽东时代都不存在"大众传媒"，这是因为他们认为只有依托市场的才是"一般意义"上的"大众"传媒，而"市场"的专制是不被看见的。毛泽东时代的合作医疗是乌托邦和神话？是"社会民粹主义"？那么我们今天重建的农村合作医疗的制度设想从哪里来的？是从西方的"健康传播"来的吗？其实西方的所谓"健康传播"完全不是这个概念，它指的是健康知识的普及及其行为的研究。在新闻传播学界既有的叙述里，《人民日报》已经被界定为宣传机器，它被当作虚伪的、不可以相信的东西，否则就是要回到"左"的过去，回到文革。这样一来，任何重新理解的努力都会触碰禁忌。我终于发现，对《人民日报》的态度是改革开放后新闻传播学界建立自我认同的核心，这个认同的想象正是建立在上述二元对立的基础上的。该评审书的结论是："论文把西方左翼学者意在批判西方国家传媒所有制结构的传播政治经济学来分析中国执政党机关报对群众运动的宣传性报道，既缺乏符合逻辑的论证过程，又没有表现出对历史的应有尊重。"如此"尊重"历史的观念，在新闻传播界并不是个案，而是主流观念。在这个意义上，传播政治经济学在中国的确是任重而道远。

在我的理解里，中国的党报系统是需要重新去理解的，这绝不是否认它们曾经存在虚夸、宣传等问题，而是需要去追究为什么党报会变得虚夸的历史条件。其实，历史上《人民日报》很多记者对事实的尊重与群众的联系是大大超过今天市场化时代的记者素质的。我曾经建议我的学生去讨论"人民来信",在传统党报系统里,人民来信是很重要的部分,它是政党和群众建立联系的一个渠道。这样的渠道在媒介进入市场化以后萎缩了,变成了对新闻线人有偿奖励这样一种生产关系,这使得我们传统的媒体和读者的关系完全改变。在这个意义上,我们是不是应该重新思考党报和"人民"的关系?它是怎样被转变为今天媒体和"受众"的关系的?《人民日报》的制度设计,它的上情下达的功能,是与社会主义政治制度及这个政党的自我定位联系在一起的。当时的制度设计本身有它历史的意义,这个意义是需要重新被挖掘出来讨论的。它的扭曲和改变,都与这个政党自身的变化联系在一起,而这样的变化又是与热战、"冷战"到资本主义全球化的过程联系在一起的。我们今天讨论党报体系曾经出现的问题,是要探讨为什么当时制度设计的承诺没有被实现?为什么党报在特定的历史条件下会变得僵化?这种僵化的历史根源在哪里?这些都是需要分析的重大课题。简单地否定,导致的必然是历史的虚无。

今天,中国社会公共性的重构,既需要打破单纯建立在对"市民社会"想象上的"公共领域"的迷思,也需要重新思考和总结"阶级"(资产阶级、无产阶级)、人民与公共性的关系。中国社会的公共性并非只有等待"市民社会"来孵化。跳出这个框架,就可以发现,在任何历史时期,都存在着不同的公共性的空间和方式,这些都是需要重新理解的政治与文化的遗产。今天的问题是,如何重申民主原则,重构社会主体,重新思考国家、政党与社会的关系,并在一个传播政治经济学的视野里构建新的公共性理念与实践?这是我们面对的严峻的历史任务。

# 国家、市场与传媒

# 仪式、电视与国家意识形态(一)[1]

## ——解读央视 2002 年"春节联欢晚会"

在报端看到今年春节晚会的导演说,她要对得起十三亿中国观众。十三亿是一种想象。就我们自身的经验出发,也知道现在不看春节联欢晚会的人是越来越多,虽然中央台照例每年都说晚会人气指数又上升了。但无可否认,从 1983 年第一届开始,在过去二十年里的除夕夜,这个中国人最重要的节日庆典里,中央电视台的春节联欢晚会扮演了一个不能被忽略的重要角色。在春节前后的日子里,它是一个众语喧哗的公共事件,无论是夸它还是骂它,在各类网上和网下的媒体上它都是一个"自然的"焦点。而这二十年正是我们所说的中国"改革开放"最重要的年代。在我们的眼前,在当今中国人的世俗生活中,它花枝招展,年复一年。

一

今年在晚会之前,有一档由崔永元主持的叫做"一年又一年"直播谈话节目。它以现在进行时的方式插入中央台一号演播厅和深圳分会场,以及记者对深圳罗湖口岸客人入关过年情况的报道,与此同时是"全球华人过春节"、历届春节联欢晚会的专题和系列"年俗"短片穿插其间。这个直播谈话节目是掐好时间的,它一结束就是晚会的开始。所以这个节目在这里的含义,一是帮助营造一个以晚会为中心的大一统的时空观,也就

---

[1] 本文节本发表于《读书》2003 年 1 期,原标题为《解读二〇〇二年"春节联欢晚会"》。

是以北京时间为标准的"天涯共此时"的观念,"全球华人"与"罗湖海关"所具有的符号效应,在这个时刻与晚会象征性地衔接;二是在于把春节联欢晚会与传统的"年俗"进行嫁接,把晚会作为新民俗来定义,目的在于使晚会从传统习俗中获得进入中国人世俗生活的合法性。

所谓节日就是在共同的时空环境下由参与的人群共同举行的仪式行为,仪式是一种参与,而且是"天涯共此时"的参与,就像月饼只有在中秋节吃才叫过中秋,鞭炮只有在年末岁尾放才叫做过年。因为节日表现的是人类对时间、对自然界生命节律的敬畏和礼赞,而对共同时空感的神圣化构建正是节日的宗旨。一个民族的习性可以从这个民族最重要的节日庆典中找到,所有的民族庆典都含有对生命的祝福,对生命和死亡的理解和超越。春节是生与死的交界,肃杀的冬天宣告结束,万物自此复苏,它既有阴森的一面,传说中的"年"为一凶怪之兽,故要放鞭炮去驱逐,同时对所有关于死亡的字眼和暗示都充满忌讳,所谓禁忌就是把具有威胁性的力量用仪式行为进行安抚并把它们搁置在日常语言之外,既敬畏它又供奉它。所以在传统中,祭祖先是重要的也是最充满禁忌的仪式行为。但同时,生与死又是同一枚银币,祭祖的仪式中又包含有庇护子孙后代祈求家族繁衍绵延的意义。超越死亡,一方面体现在大吃大喝,所有的节日都离不开宴席,春节尤甚,最贫苦的人家在这时也会尽量让家人吃一顿好的,杨白劳雪夜归来带回的两样东西,一是做饺子吃的白面,一是给喜儿的红头绳:红是生命的象征,所以过年的鞭炮是红的,对联是红的,民俗中的大红大绿都是生命旺盛的喜庆象征。按照巴赫金对大众宴会的分析,吃的仪式包含两个意义,吃意味着死亡,用嘴吞咽了世界;又意味着新生,吃掉是庆祝对世界的战胜,吃才能活,死亡与再生,毁灭与创造,生命就是这样在吃的仪式中周而复始。① 唱大戏看大戏是我们春节传统仪式行为中不可或缺的内容,中国的传统戏剧演出外国人听了头昏中国人看了热闹,要的就是这份热闹。就像西方的古希腊戏剧起源于酒神节,中国的民间戏剧与民间节日庆典也是有着血肉相依的关系。中国的民间戏剧是喜剧性的,是大团圆的,是众生狂欢的,是对死亡的超越,对生命的大欢喜,

---

① 参见《巴赫金文论选》,《拉伯雷小说中的民间节日形式与形象》,中国社会科学出版社,1996年,第163—251页。

是一个民族自我生存的本能表现,从根本上说是民间的和世俗的。中国人在除夕夜的守岁和团圆,是这个节日庆典核心概念的仪式化,守岁是象征性地拒绝进入黑暗的休眠状态,拒绝死亡;团圆是个体归宿感的实现,在传统的宗法社会里,这个归宿感的来源就是家族,所以团圆是以家族为核心的仪式行为,也是我们中国人对生命理解的起点,人有悲欢离合,月有阴晴圆缺,此事古难全。所以守岁、放鞭炮、摆宴席、看大戏,都是庆祝生命的再生,这是一个具有古老起源的象征性的行为仪式。

在现代大众传媒的时代,传统的戏剧和它的演出方式都没落了,中央电视台架满摄像机和各色复杂设备的一号演播厅成为现代节日仪式的举行场所。这是因为电视的神奇功能,它既可以深入到千家万户最隐秘的角落,又可以使这个仪式成为同一时空下的共同参与。电视使得在千家万户共同举行同一的仪式行为成为可能,村村通电视正是国家行为,当然如果你买不起电视机的话,那是另当别论的。直播的意义正在于此,它不是所谓电视的真实性本质的昭显,就今年的晚会来说,所有的一切从主持人的串联到每一个镜头的处理都是事先安排好的,排除了任何即兴的成分,鼓掌是组织的,那些步调一致的掌声把现场的观众变成了彻头彻尾的傀儡,就连现场采访的"群众"也是托儿!请看这一段报道:

> 演播现场的观众晚7时就进了场,坐下后就不能随便走动了。当晚会进行到晚10时,节目过半,坐了3个小时的观众也显出疲惫之态,这时,晚会的总体设计赵安便走到台前,借着镜头切到深圳分会场的间隙,笑容满面地煽起情来,他说:"晚会还要进行两个多小时,还有很多精彩的节目没演呢,拜托大家笑口常开啊,只要您笑得灿烂,摄像师就会给您特写,您的亲戚朋友就会看到您,多荣幸啊……"
>
> 或许是因为煽情心切,越说越起劲儿的赵安刹不住车了,以至于身后小品《邻里之间》的道具都放好了,就等镜头从深圳切回立马开演,赵安还没有打住的意思。这时,另一位现场导演三步并作两步冲到台口,拉着他就跑,赵安这才意识到险些"穿帮"。
>
> 晚会进行中,倪萍即兴问一位围着大红围巾的中年人想不想家?接着镜头切给这位观众,他向远方的亲人拜年。其实,这一幕是事先设计好的,这位观众是"托",他是赵本山、高秀敏小品创作的"军师"

之一。知道内情的人说,这是春节晚会剧组在黄宏、赵本山两个小品大腕之间搞的一种平衡。《花盆》上了《新闻联播》,就让《卖车》的主创人员也变着法子露一回脸。①

这种被排练出的甚至被利益化的"真实",比过去拍专题片的时候,让渔民"喜悦"地拉起穿在网上的鱼,把粮食堆在一起让农民"庆丰收"更加恶劣,因为那时尚没有现在这种挂羊头卖狗肉的寻租行为。这个写着"真实"字样的面具,其意义就在于用来制造一种幻觉,一种关于"真实"的意识形态幻觉,这正是中央电视台作为意识形态国家机器功能的昭显。

去年春节我客居美国旧金山。在这个华人聚集的城市,我发现中文电视其实非常弱势,都靠在频道里买时段来进行。旧金山最主要的华语电视 KPST 湾区无线 66 台,一般到了晚上 10 点就结束了,让位给没完没了的电视购物节目。春节则有所不同,早就做广告说要在除夕夜转播中央台春节联欢晚会,但仔细一想知道实际上这并不是实况直播而是录播,因为旧金山的除夕夜与中国的除夕夜有 16 小时的时差,在这个时差中他们刚好足够从容地把中央台的广告拿下来换上他们自己的。我突然发现了这个常识! 有意味的是在播出节目带的同时,他们也是掐好时间,在 12 点的时间上播出的内容正是晚会上在庆祝新年到来的时刻。这其实也是一个虚拟的"天涯共此时"。正因为此,我开始想每年晚会上那些来自海外的电报和电话是如何产生的,因为这个时间并不是海外的除夕夜,并不是他们的节日时间,除非是特别算好时间,或者是被组织好的。这个常识问题其实一直是被掩盖的,因为普天同庆要的是一个"同",所以"天涯共此时"其实是营造出来的。在"一年又一年"的直播节目上插入"全球华人过春节"的专题片,似乎他们和我们一样在普天同庆,其实是虚假的,是不可能的。仿佛是为了证明这一点,在今年春节晚会上,就有一首叫做《北京时间》的歌曲,就报纸的披露,这首歌是指定的,是安排给演唱者的,担任演唱的演员把它理解为与主旋律沾边的歌。②他没有错,"古老与年

---

① 见《米教头临阵卧病缺席——央视春节晚会直播现场目击》,《华商报》2002 年 2 月 19 日。

② 见《同唱歌曲〈北京时间〉戴玉强春节晚会将与孙楠搭档》,《潇湘晨报》2002 年 1 月 21 日。

轻相会在北京时间","冬天与春天相会在北京时间",北京是中国的中心,北京时间是全球中国人的时间,这是时间的秘密,也是意识形态的秘密。只是在这里,传统的家族宗法观念被隐秘地转换为对国家民族主义意识形态的构建。中华民族大家庭,"问我家在哪里,家在中国。从前我总是在心里默默地说,……现在我总是这样自豪地说","我家有万里长城,我家有长江黄河,我家的地方很大很大,我家兄弟姐妹很多很多"(《家在中国》),演唱的同时是身着各色少数民族服饰的伴舞演员在周围环绕。这些特别为晚会定制的歌曲,最直接体现国家意识形态内容,五十六个民族是一家,家和万事兴,这是贯穿了每一届晚会必然不可或缺的内容。与此相比照的维吾尔族和藏族的歌舞,都是最没有意识形态色彩没有政治风险的"情歌",其中一首歌词取自达赖六世,而歌曲则是由这位演唱者买下了版权用汉语演唱,四十名专程从牧区来的穿华丽服饰的藏族伴舞者从观众席上走向舞台,向观众做献哈达状。

## 二

在"大家"的概念框架下是小家与亲情,做亲情的文章也是每年晚会的重点,"亲情"是一种重要的抹平社会等级阶层的粘合剂。今年这个主题由雪村演绎。雪村因为创作在网上广为流传的《东北人都是活雷锋》而成名,对东北二人转音乐素材的利用,对世风日下的道德针砭和社会批判,以一种怀旧的方式深深打动了人心。最后一句道白:"翠花,上酸菜"以其底层化色彩而脍炙人口。雪村因为创造了这种叫做"音乐评书"的形式而名声大噪,"评书"二字正是对传统民间艺术形式的挪用。从在体制外徘徊无门而入,到通过网上的民间渠道得到认同,再到成为主流媒体的风流人物,从而进入封闭却竞争酷烈的国家意识形态中心的春节晚会,雪村的变化让人瞩目,也让人失望。现在这个携带手机《出门在外》的生意人——雪村舞台上的造型充其量是个体小商贩,而绝不是背着蛇皮袋挤在严重超载票价上涨列车中出门的民工,虽然当今中国背井离乡出门在外最庞大的人群其实是他们,唱着"出门在外,路边的野花不要采","出门在外,外面的世界很精彩",已经流于油滑。最后"翠花,上酸菜"这与歌词内容并无关联的招牌出现,只能说明,雪村的翠花酸菜已被做成了专利广告。这首歌其实并不是雪村自己的创作,而是出自晚会导演组成员,但是仍然挪用了"音乐评书"的招牌,雪村就这样被招安了。

晚会上,我特别注目一首叫做《知足常乐》的歌曲,很明显,它的目标观众其实是中国改革开放之后的利益受损群体。它明确指出成功和失败是每一个人的事,"人生的课堂谁都有对错,有时满分有时及格;美丽的梦大家都爱做,有的成功有的失落","人生的坎坷全靠自己把握",所以日子过得不好不得怨天尤人,是你自己没做好;一方面又进行道德训化:"平凡的岗位也有高尚品德"、"说来说去是知足者常乐"、"常乐的人会好好生活"、"谦让是福,奢望是祸"、"我们要无愧于父母和祖国";现在"平凡的日子大家一起过",并许诺将来"幸福的明天大家一样过"。演员在唱这首歌的时候甚至向观众直接喊话:"祝愿大家平平安安、心平气和、知足常乐!"这是一首直接服务于稳定社会秩序的歌,歌词听起来如干部训话,连虚拟的"咱们老百姓"的口吻都顾不上了。它对目前中国最广大弱势群体利益诉求和情感诉求的掩盖与抹杀,已经不需要艺术的迷雾弹。

更让我触目惊心的是《谁怕贝勒爷》。它是从台湾导演赖声川的《千禧年,我们说相声》第一幕中《听花》一折改编而成,按照倪萍的说法是为晚会"特别打造"的。在剧中,这位满族的没落贵族贝勒爷,一面满腹牢骚地作威作福,一面却要两位说相声的吃不饱肚子的穷艺人:说点美的、说点雅的,"什么是美呢?"乐翻天想到的回答是:"一碗香喷喷、热腾腾、没有米虫、没有石头子的米饭,那就是美!"贝勒爷则答道:"啊呸,你那不叫美,那叫饿!"——正是其中的一段经典台词。然而我震惊地发现,晚会上的贝勒爷依然在问:什么是美?乐翻天却把"米饭"换成了"冬天里的大火锅"!这一发现让我感觉沉重。呵呵,特别打造!不管这是自律还是它律的结果,它确实发生了。赖声川在这里煞费苦心地想对"主奴"关系做颠覆,结果却是不得不借助于最高权威的老佛爷,让说相声的"老百姓的"与最高权威进行象征性置换,其实还是对权威的屈服,虽然说出了"欺压老百姓就是奴才!""比奴才还不如"!但听起来却更像是阿Q的精神胜利法。在上海的美琪大剧院里,我看了《千禧年,我们说相声》的商业演出。两个百年的中国历史进行巧妙迭加的剧情框架,一方面借助中国民间讽刺喜剧传统表达出历史的荒诞感,时空倒置、交叉、渗透的手段本是相声的传统,同时又在西方文人戏剧传统上构建了全剧整体的历史悲剧感,时代的大悲剧用喜剧的方式表现出来的赖声川所谓"悲喜剧",使悲剧和喜剧这两个古老戏剧美学范畴之间的神秘关系通过中国民间艺术的相声得到了新的昭示,这种回到戏剧发生源头的反思,确实很了不起;而另一方面,"鸡毛党"一段对台湾社会政治生态的辛辣讽刺,却让在场的观众有隔岸观火的安全感。它在大陆商业演出的顺利与成功,也许正得益这种安全感的保障。在这个意义上,这个剧的艺术生命其实是属于台湾的,背景置换了,逾淮则为枳,《谁怕贝勒爷》就是这样结出的果子。相声的民间性就在于它来自市井,作为平民阶层不平则鸣的社会心理表达,堵塞了这个管道,它的没落就是一个逻辑结果,因为它无法与百姓"共鸣"了。

小品和相声被认为是春节晚会成败与否的关键,这是有道理的。春节晚会如果想要成功楔入这个民族最大的节日庆典,就必须具备一种民间的"狂欢"因素,让老百姓在打破一切等级束缚的笑声中体会身心的解放。小品和相声正是这样应运在春节晚会中出现。这里相声与小品的较量很有意味。相声从"撂地"演出到在杂耍园子、茶园演出,学、说、逗、唱,都是以"嘴"为主,所以听更重要。但是对于电视镜头来说,让观众"看"到什么更重要。而现在我们所说的"小品"正为电视镜头而产生的,或者更准确地说,是应春节晚会的需求而产生的,应该叫电视小品。它与相声的血缘关系最近,这是有目共睹的。但较之相声只是演员站在那里表演嘴皮功夫,小品对于电视镜头来说更有优势,一是它的表演性更强,往往借助于多种民间曲艺的表演形式;二是它的人物角色都固定在一定的故事框架里,有特定的情境和情节,情节是一种在时间中的展开,更符合镜头的叙述,因为镜头本身就是线性的。而相声却是以"包袱"的铺设和抖落为结构,它并不一定是以时间轴来展开的,相声并不需要统一的时空,相反,在时空的倒错中更能体现相声的魅力,它往往是反逻辑反因果的。据称小品本来是训练演员的教学手段,但我总觉得此"小品"已非彼"小品",因为被这种训练的演员并不能自然地成为晚会上的小品演员,中国的小品演员看来看去就这么几个人,而且很多来自那些原本名不见经传的地方剧团。对民间曲艺形式的借助是他们成功的重要因素,最受尊敬的小品演员赵丽蓉本身就是评剧演员,而民间曲艺形式又都是建立在各自地方方言的基础上,被台湾称作国语的普通话是以北方方言为基础的,也是我们统一的民族语言的基础,所以以北方方言为基础的地方曲艺在一个国家意识形态主宰的晚会上容易得天独厚,一时间小品演员都成了东北人,东北二人转和东北方言也一再被运用,至今不衰,这些小品演员则一夜之间爆得大名,名利双收。土得掉渣的人物角色塑造,地方方言,夸张、讽刺与幽默,传统戏剧中的"丑角"和他们在民间节庆活动中的功能改头换面后在大众传媒中重新出现,成为在平民百姓中创造认同感的重要手段,它极大的促进了春节晚会构建世俗化节日仪式的功能,使得小品成为春节晚会的标志性存在。

当年中国的老百姓从"革命化的春节"中走出来,电视为他们提供了一种在世俗生活中体验"狂欢"仪式的可能,八十年代的春节联欢晚会给中国人带来的期待感和解放感是今天所不再具备的。李谷一演唱《乡恋》所带来的世俗化冲击,是在主旋律和大众文化的摩擦和紧张中完成的,这种摩擦其实正是那个年代晚会活力的体现。今天这种摩擦早已不复存在,现在的晚会从不拒绝有票房价值的明星,从去年的章子怡到今年的周迅,在激烈的歌曲类节目中总有她们的一席之地,唱得跑调是无所谓的。主旋律与大众文化已经相安无事,并且互相利用。明星们渴望在晚会露脸,以抬高走穴的身价,为此"挤破脑袋"地进行着各种隐形和非隐形的"投资"行为。而晚会也会招募有人气的明星为收视率服务,毕竟,《知足常乐》这样的歌是无法赚广告费的。

狂欢仪式也是一种社会心理的宣泄。在这一点上,倪萍作为主持人的功劳无人能比,她的特点是能够把自己和别人都说得掉眼泪。但是今年,她在媒体上说,她很麻木,她只是服从组织安排。在晚会上,主持人其实也是傀儡,他们并没有自己发挥的空间。这一次倪萍被安排为面对上亿的观众,故意去戳别人的伤痛,目的是爱国主义教育。在杂技《力量》演出后,倪萍有一段重要台词,说其中的一个演员是孤儿,她是在与他聊天的时候知道这个背景的,并且告诉我们在法国演出时,法国人劝他留下来可赚大钱,但他向她表示,他是吃百家饭长大的,这里有爱他的教练和很多人,他要留下来报效祖国和人民,因为他的家永远在中国,接下来就是《家在中国》的演唱。这里一个很有意味的问题是,在倪萍的这段叙述中,这位演员交替被两种人称所指代。当倪萍说孤儿的身世是她自己与演员聊天时发现的,她是用第一人称和第二人称来建立虚假的与演员的亲近关系,这明显是一种叙述策略,为她抖落别人的隐私先做合法开拓。即便是在普通的社交场合,我们也不会无缘无故地这样去咀嚼别人的痛苦,那起码是不礼貌的。但是,在亿万人瞩目的晚会上,这种基本的对人的尊重却被故意地无视了。当倪萍说出他是孤儿时,我们看到镜头中那位表演《力量》的演员无助而伤痛地合上眼帘——摄影机镜头一直很近地盯住他,如此赤裸裸的语言暴行就这样眼睁睁地在我们面前发生着,这具刚刚展示非凡"力量"的身体——近于赤裸的身体就这样被强势话语凌辱并且示众。除了这段引出孤儿身世的引述,在其他时间里,这位演员都一直是被第三人称所指代,虽然演员就站在台上,却是一个"哑巴",所有那些关于"他"的故事都是倪萍用第三者的口吻去叙述的,这种"他者化"的手段把这位演员物化为一种道具,他的真实的心理变化已经被排除掉,他的话语权已经被剥夺。

每年晚会上,部队题材是不会被忘记的。与此相关的是,今年晚会上,工人和农民的题材却被有意遗忘。《花盆》里卖花盆的黄宏虽然声称"我们农民",但这个农民身份是虚假和空洞的,因为真正的农民并不卖花盆,他们需要卖出去的是粮!晚会上唯一由非职业演员参与的节目是由那个创造"疯狂英语"的李杨带领的《英语大家说》,他率领工、兵、学、商——没有农,农民心照不宣地被从"大家"中排除掉了,因为现代化其实是城市化,而中国广大的农村是离现代化最遥远的地方;这些城市中的各色职业人群在李杨的引导和指挥下,把这个世界上最强势的语言与汉语进行拼贴和"接轨",马到成功:马,house!成功,success!以我们在文革中都熟悉的"表演唱"的形式,进行着国家主义和全球化的大合唱,让中国走向世界,让世界走向中国。

## 三

与此相对照或者说相联系的是整台晚会的商业化趋势,商业广告可以说无孔不入。由于这个晚会的特殊性,不能像平时一样在节目中频繁插播广告,所以就有各种隐性广告遍地开花,变尽各种花样。比如说所谓网络主持,就是由主持人坐着念不痛不痒的串联词,同时在他们身后的大屏幕上很奇怪地出现一些人无声地却是引人注目地在那里拱手、作揖、说话,字幕上告诉你这是某家公司或企业。还有新鲜事物是往年由主持人念的世界各地的电报,现在改由字幕出来,与此同时,是各类企业的名字与这些电报放在了一起滚动,企业的数量甚至会压倒电报的数量。这种"复调"式的处理意味深长。

晚会直播中,时不时有一些现场观众的特写镜头。央视演播厅现场观众分圆桌席、排座席两种。坐上圆桌的多为大腕级的赞助商,坐在后面的则是各界人士。现场摄像师手里有一个本子,演到哪个节目给哪位圆桌的嘉宾特写,都明明白白地写着。据了解,只有为春节晚会投下千万元以上广告的企业老总,才有资格在此占据一席。

晚会中,倪萍、朱军和文清3位主持人不时站到演播现场一个固定的观众席前主持节目。当主持人面向镜头时,主持人周围的观众也就跟着进了镜头。记者在现场看到,这个位置的观众竟然是流动的,一拨人露了一回脸,跟着就换上一拨人。原来,有机会"到此一坐"者都是与春节剧组有关联的人或央视内部的"自己人"。①

在观众席中露脸的却是"假"观众,不知那些"真正"的现场观众对此作何感想,我甚至怀疑还有没有所谓"真正"的现场观众?我就不只一次在晚会的镜头里看到总策划赵安和其导演组成员坐在一起的镜头,近水楼台先得月,也算作自我犒赏?本来,晚会现场设观众席是为了建立电视观众对晚会的认同感,现在圆桌和排座成了等级,过去是劳动模范和英雄人物配做的圆桌席,现在则由财大气粗的广告商来占据。看来,新的社会分层不用到别处找,它就在观众席上。这种变化叫老百姓如何"心平气和、知足常乐"得起来呢?无论是现场的,还是非现场的观众,晚会其实并不真正尊重他们。

一方面为让观众充当傀儡,另一方面又设计出有奖竞猜之类所谓与观众的"互动",网上互动和手机互动是为中国电信、移动通讯和中央台自己的网站做广告;观众评选,是为某皮鞋品牌做广告。这些主要是通过网络、手机这些现代信息工具进行的与其说是互动,不如说是广告行为,因

---

① 见《米教头临阵卧病缺席——央视春节晚会直播现场目击》,《华商报》2002年2月19日。

为所有这些互动设计最大的得益者恰好是晚会的赞助商。而且让人生疑的是:手机在节目中也频繁出现。一位手上带着护套的三轮车修车师傅——其实他更多的工作是修自行车,这种人物角色其实我们在自己的城市中都很熟悉,他们大多是下岗工人和外来民工,手上沾满黑色的机油,在街道的某个角落里默默地劳作;这位修车师傅从工作服口袋里掏出手机,从一条短信息开始了这个叫做《邻里之间》的小品。小品的包袱设计很陈旧:误会和解除——观众从一开始就可以预料到。笑料则来自老套的正反歌,正反歌本是传统民间艺术的经典形式,体现的是对现存世界的颠覆和解放的快感,是所谓民间"狂欢"形式的一种主要体现;但在这个小品里,颠倒变成了空洞的形式,颠倒的对象并不具有对比的意义,没有压力下解放出的快感,并不好笑,从小品创作的角度来说是失败的,虽然它在意识形态上是安全的。据报道,这个原来叫《缺心眼》的小品在审查中曾因为格调不高无新意而被毙,这样的小品最后还是上了这个竞争激烈的舞台,让我总是忍不住以小人之心揣想,这莫非与这个小品的结尾有关?结尾是演员们热情洋溢地奉劝和号召大家都到手机上去发信息(我最好提醒大家,这种服务是收费的),最后一个镜头是演员的集体亮相,手里分别高擎着手机——活脱脱一个广告形象!雪村的《出门在外》最后一句"翠花,我马上回去,赶紧上酸菜"的时候,手里居然也用话筒模拟着手机!而这首歌的开头却是雪村刚从公用电话走下来。撇开广告嫌疑不说,这种对"信息化"时代迫不及待的献媚也是使人印象深刻的。在晚会上,信息时代、信息化这样的话语不绝于耳,完全不考虑中国的上网人群和拥有手机的人群在总人口中的比率,不考虑信息沟在中国日益加深的不平等关系。信息化集中在城市和发达地区,这就有信息不平等问题,无法接触到这些现代化通讯设备的弱势人群将更加深刻地被排斥在信息沟的另一端,这种不平等将加剧政治和经济的不平等,而不是相反。正是因为社会权力和资源优势是掌握在这些拥有信息化能力的人群中,这就产生信息与社会权力的结合,对"信息"的崇拜其实是对社会权力的崇拜。与此同时是信息歧视,非信息化人群与社会中心权力的关系进一步被疏远,他们将更加边缘化,并逐渐丧失作为大众媒体目标观众的价值,因为他们低下的消费能力丧失了对广告商的吸引,而在商业化的媒介发展中,没有广告商支持的节目是没有存在价值的。这就是为什么今天中国的媒介越来越把自己的目标观众锁定为占人口比例很少的所谓"白领"阶层。而号称面对十三亿中国人的中央台春节晚会也终于走向这条由广告商铺设的不归路!

今年晚会特别之处是设了一个深圳分会场,叫南北直播,同时有西安、上海、沈阳三个城市的外景插入。这个设置本身是出于意识形态的考虑,既是对共同时空体的营造,同时三个城市各有其符号意义:西安,取其古老也因为西部大开发;上海,繁华的现代化都市与改革开放,去年的APEC会议;那么沈阳呢? 这个全国最大的重工业基地,国有企业亏损最严重下岗职工最多的敏感的城市,它是稳定的! 所有的外景景观都是为晚会特别搭设,那些欢聚在镜头前的人群,也是应导演开拍的指令开始欢呼的,在此之前,他们只能比演播厅里的扮演"观众"的"群众演员"更无聊地捱着时间,想想沈阳、西安、上海冬夜的室外温度吧! 这些群众演员除夕夜不能在家过年,不知能不能拿到劳务费,他们并不像那些明星可以借晚会提高走穴的价码。当零点的钟声敲响,我蜷缩在上海寓所的沙发上,看到三个外景地的画面依次切入,看到镜头晃过上海外景地在寒夜中应声起舞(舞龙)的人群,荒诞感油然而生。几分钟的镜头,异地卫星传送,在我们看来似乎是劳命又伤财,但"陕西电视台新闻综合频道的副总监葛伟告诉笔者,这一次赴京竞选的城市如云,仅西部就有成都、重庆等城市加入了直播点的竞选……这次竞选已达'白热化'……据悉,西安直播点拥有8到9分钟的时间。葛伟激动地表示,如果按照春节晚会的广告片酬计算,西安这次等于赚回了1个亿,因为10分钟的春节晚会广告就是1.2亿的天价数目。除了经济价值,其影响和意义都是不可估量的"。①时间就是金钱,古话一寸光阴一寸金已远远不足以形容,晚会每秒广告最高达50万! 整个晚会广告收入逾亿。②

有意味的是直播点一般都是与当地电视台合作,但是这次深圳分会场却不是与深圳电视台合作,虽然他们同是国家电视台,而是与一个叫"世界之窗"的旅游企业合作。这个企业的背景是香港中旅公司和国务院

---

① 见《春节晚会直播点正式敲定 西安要"赚"一个亿?》,《长江日报》2002年1月14日。
② 见《新年报时10秒钟底价380万——春节晚会进账知多少》,《成都日报》2002年1月2日。

侨办,它属于华侨城集团,一个资本庞大的上市企业集团,该集团还下辖同是旅游企业的"锦绣中华"。没有选"锦绣中华"而是选"世界之窗",是因为"世界之窗"所具有的符号意义更符合晚会"走向世界"的意识形态需求。深圳分会场舞台背景正中的铁塔(艾菲尔铁塔?)上特设的"世界之窗"四个红色大字,并有眩目的灯光环绕,只要是全景镜头肯定少不了它,想要不在镜头里出现都难,何况现场导播还不时把镜头专门给它。那首叫做《美丽新世界》的歌第一个镜头就是从灯光簇拥的"世界之窗"拉出的。这个广告形象不动声色在镜头里反复出现,甚至演员演唱的圆台座座基上也是"深圳世界之窗"的字样,让我忍不住赞美:这真是商业利益与国家意识形态获得"双赢"的大好局面啊!这就是中国传媒产业化与市场化的一个结果,难怪有媒体说春节联欢晚会的商业化运作已经开始。

这台晚会还有一个最大的特色就是黑箱操作,对外界戒备森严,胆敢泄密"杀"无赦,所有的演员都噤若寒蝉,让那些被报社老总驱赶着去挖晚会花絮的记者们吃足了苦头。很多人都纳闷:不就是一台晚会吗?为什么要搞得那么神秘,为什么要如此严格地对记者封锁消息?仅仅从制造悬念的角度来说是说不通的,因为真正的悬念是一种精心制造的策略,有暗示,有诱惑,而不是这样气急败坏、变化莫测。唯一的解释是:这内部的争斗不到最后演出的关头都不会尘埃落定,国家意识形态的审查和内部的寻租活动其实是一直都在激烈地进行,所以当然都不愿意被曝光。但是利益争斗之激烈从它在今年有过之而无不及的控制中应该可以想见。

面子上是国家意识形态的油彩,骨子里是权力垄断者寻租活动的"黑洞",难怪陈佩斯说它是"名利场"!搭国家意识形态的顺风车,中央台其实是最大的赢家。其次的获益者是承办人员,权力寻租在这个势力范围内是更激烈的进行。"50万元广告赞助换取一张央视春节晚会现场直播入场券,900万元广告投入赢得圆桌贵宾一席之尊;为了在节目中露个脸,10多万人民币换个合唱的镜头,很多演员还不能如愿"。①但是晚会的危机也正由此产生。意识形态只有在我们没有意识到它是意识形态的时候,才最能发挥作用,当它的征召功能沦落为一种强迫和压迫时,意识

---

① 见《10万人民币但求露个脸——春节晚会"入场券"价值不菲》,《京华时报》2002年1月10日。

形态本身就面临危机了。而且,当大家发现这种意识形态甚至被用来做交易的时候,被欺骗的感觉也就无法阻止地油然而生。在晚会丧失了提供"狂欢"的可能性,而被等级和商业利益所占领时,它的危机就不远了。那时,皮之不存,毛将焉附?

等级的社会秩序,道德的耳提面命,百姓立场的丧失,"狂欢"色彩的消褪,成为今年春节晚会最突出的风景。对于骂声越来越高的现象,流行的说法是百姓的口味越来越高了,众口难调,这其实是一种掩盖和推卸。在特权与金钱准入原则主宰下的晚会,其实已经宣告了大众共同参与的平民狂欢的乌托邦意识形态的破产。

2002 年 3 月,上海

# 仪式、电视与国家意识形态(二)

## ——再读央视2006年"春节联欢晚会"①

中央电视台的春节联欢晚会从1983年开始创办至今,覆盖了中国"改革开放"以来最重要的时期。全家团聚,在除夕晚上守岁的时候看晚会,已经成为中国一个独特的电视事件,也被称为中国人的"新民俗"。无论是对于今天中国的文化研究还是传媒研究来说,它都是值得重视的课题。

## 一

赵斌在《春节联欢晚会:大众家庭电视与党的意识形态》②一文中,曾解读了1997年春节联欢晚会中国家政治意识形态的主宰力量,1997年香港回归,也是政治敏感的一年,她更多是用文本分析的方法从民族主义的"主旋律"角度来细读"国家"与"家"的关系,虽然她看到了市场化和商业主义对晚会的影响,但她更着重国家意识形态的"宣传"在制造认同方式上的转换,认为它是古老的儒家"大一统"传统的现代实现。在这个过程中,她认为:

---

① 本文节本发表于《读书》2006年8期。英文版收入 TV CHINA, Edited by Ying Zhu & Chris Berry, Indiana University Press Bloomington & Indianapolis, 2009. P111—125。
② Zhao Bin: "Popular family television and the party ideology: the Spring Festival Eve happy gathering", Media, Culture & Society, 1998, SAGU Publications, London, Thousand Oaks and New Delhi, Vol. 20, pp. 43—58. 引文系笔者翻译。

晚会如果服从严酷的市场,它就会逐渐消失,或者转换为完全不同的形式,但是,正是因为党/国的诚命,使得它得以继续,只是因为党发现了这是个最好的机会去向可能是最广大的受众同时传送社会的和意识形态的信息。春节联欢晚会因此可以被看成是一个特殊情况,在这里家庭通过电视被连接到了国家中心,古老的家天下的儒家理想,突然变得从未有过的真实。

因此,西方发明的电视在以家庭为中心的中国社会被发掘出一个特殊的功能:一方面它强化了传统的家庭中心主义,另一方面把家庭聚集成"想象的共同体"的国家。这里首先,赵文忽略了市场和国家合谋而形成的资本与权力的结合对晚会的共同塑造,它建立在对传统习俗的挪用上;第二,与其说家国一体的意识形态是中国社会特有的传统与党/国的结合,毋宁说它是具有普遍性的民族国家与电视媒介的共同关系,戴维·莫利在《电视、受众与文化研究》①中曾详细分析了电视作为一种仪式,在西方社会中具有建构家庭生活,提供参与到民族共同体中的符号模式的功能,指出广播电视在把家庭和国家结合成一个"民族家庭"(national family)的过程中扮演着重要角色。这里需要强调的是,传统中国并不宜简单等同与今天的民族国家,儒家的"大一统"思想所包含的"分封制"与"郡县制"、"天下观"与"夷夏观"之间的复杂关系也不能简单地等同于现代民族国家对领土的主权要求,"大一统"和"祖国统一"的背后各有不同的历史涵义。而传统的宗法意义上的"家"的概念也不同于今天以核心家庭为代表的多元的现代家庭形式,要言之,"国"、"家"以及"大一统"/"统一"都应该放在具体的历史变迁中去讨论,现代社会的"国"/"家"已经极大地不同于儒家思想中的"家"/"国"概念,它的背后是百年来中国社会复杂的现代性转换,这个转换本身的历史动机更应该成为关注和解读的焦点。春节联欢晚会作为一种电视形式进入中国人的家庭,这与其说是对传统家族观念的认同,不如说正是因为传统家族仪式所连接的天、地、神、人的观念及其实质在现代社会中的衰落,它所留下的结构性空缺被电视予以填补,

---

① 戴维·莫利(David Morley):《电视、受众与文化研究》(*Television, Audiences and Cultural Studies*),史安斌主译,2005,新华出版社。

才使得晚会成功地镶嵌到中国人最重要的节日中,而这个时间过去是属于神和祖先的。以宗法家族为单位的复杂的祭祀仪式及其意义的没落,使得这个节日的内涵产生了结构性的塌陷,这就是为什么每年春晚之后媒体上骂声不绝,但是其收视率却依然坚挺,因为对于这个社会来说,除夕夜有一个结构性的仪式饥渴虚席以待,这就为电视作为现代民族国家之仪式行为的介入提供了前提。"想象的共同体"本身正是现代性的产物,在本尼迪可特·安德森看来,在天堂和宗教退潮之后,"通过世俗的形式,重新将宿命转化为连续,将偶然转化为意义,……很少有东西会比民族这个概念更适合完成这个使命"。①

笔者认同文本研究,但是并不把文本仅仅看成是作者的文本,它同时也是读者的文本,文本研究也可以是受众研究的一个重要层面。在大众传媒的时代,受众的参与是内在与文本生产之中的,电视制作者和观众出于各自不同的立场,携带着各自的理解视野在这里相遇和碰撞,而他们的背后是一个社会共同的文化、历史和政治,这既决定了他们对话的可能性,也预设了利益的冲突和博弈。在 James W. Carey 看来传媒研究有两类:作为传播观念与作为仪式观念,它们分别形成了实证研究和文化研究的范式。② 作为社会科学的传播观念研究是主流,它关注信息的传送与接受,是一个空间和地理的概念,它追求信息穿越空间的速度和能量,目的是对距离及人的控制。因此,信息并不客观和中立,传播观念最初和宗教相伴随,欧洲基督教和白人文明在全球范围内的扩张,白人基督徒与土著异教野蛮人在美洲的相遇都是在传播形式下的空间运动,它的目的是在地上建立上帝之城,因此传播具有不言而喻的道德意义。十九世纪现代传播技术发明以后,美国人首先是把它作为更快更好传播基督教箴言的方法。而作为仪式的传播观念有着更古老的来源,与关注空间内信息传播的密集与否不同,它关注时间概念上的社会的延续和发展,是社会共享信念的表达。在他看来,当今美国主流传播研究只关注行为和功能,忽视了人类行为的文化意义,社会科学从文化中孤立,事实从文化中剥离,

---

① 本尼迪克特·安德森:《想象的共同体:民族主义的起源与散布》,吴叡人译,上海世纪出版集团,第10—11页。

② James W. Carey: "*A Cultural Approach to Communication*", Communication, Volume2, 1975, pp. 1—22.

而这里的文化恰恰是种族中心主义的,因此"剥离"其实是遮蔽。作为仪式的传播不是否定传播过程及其导致的行为改变,而是认为只有在仪式和社会秩序的范围才能明白传播的意义。在此基础上,Horace Newcomb 和 Paul Hirsch 发展了电视作为文化论坛的(TV as a culture forum)意义,[1]仪式应该被看成是一个过程,而不是一个结果,它具有修复共识的功能,它提出问题比回答问题更重要,尽管是在主流意识形态的框架内,比如在美国它成为检验政治多元主义功能和界限的公共论坛。电视是一个完整的系统,它提供给受众的是内在于文化的意识形态谱系。它是流变的文本,比如电视节目类型具有共同的模式,但最有挑战性和个性的节目往往是这一类型中最成功的。电视是一种意识流,它提供的是丰富的变化,而不是给出一个固定的主宰性的意识形态地图,所以观众是有多元选择权的,并通过这种权利参与到文本的讨论中。本文作为中国语境下的讨论,更关注传播的仪式意义在现代国家和市场社会语境中所具有的时间和空间的双重转换。每年对春节联欢晚会的议论也的确验证了电视的论坛意义,二十多年来的春节联欢晚会一路走来充分构成了主流意识形态变化的谱系,但是变动轨迹之背后的社会动力是什么?这却是问题的关键,仅用观众的遥控器所具有的投票权不足以解释观众边骂边看春晚这一独特现象。在 Horace Newcomb 和 Paul Hirsch"电视作为文化论坛"的框架下,着重的是社会差异性在协商中的和平共处,忽略了媒体、制作者和观众各自不同的力量、立场和利益冲突。观众的批评对晚会的影响和改变的确存在,但却是在一个主宰的结构性框架的内部;也忽略了媒体的市场化发展对电视文本的塑造,而这一点对于解读今天中国的电视尤其重要。

这里希望由多重视角来透视"春节联欢晚会"的意义,既有国家意识形态对传统民俗仪式和民间戏剧、曲艺形式的挪用;也有社会内部的危机与冲突在国家意识形态谱系中敏感而复杂的表现;更有中国电视市场化发展以及消费主义意识形态对晚会强有力的塑造。这构成了晚会在多重

---

[1] Horace Newcomb & Paul M. Hirsch:"*Television as a Cultural Forum*", In Newcomb, H. (ed.), Television: The Critical View. New York Oxford: Oxford University Press, 1994. pp. 503—515.

话语中的展开,它们之间的内在矛盾,以及由此给晚会带来的危机,应该成为关注的重点。

## 二

笔者曾经在解读2002年春节联欢晚会的时候,特别指出"北京时间"所营造出的"天涯共此时"从民俗意义向国家意义的转换。① 赵斌的论文也强调了"北京时间"对于晚会的意义,1997年春节联欢晚会第一次把北京时间作为主题,作为祖国的心跳和脉搏,分别由主持人宣告了三次。"北京时间"已经是春节晚会的结构性要素,特别是零点报时。但是,有意味的是它也越来越成为最重要的广告投标时间。2006年春节联欢晚会设了两个报时时段,除了零点报时,还将春晚开始前的20点也安排报时广告,据媒体报道20点与零点两个报时广告的起价分别为539万元与966万元,而2005年春晚的零点报时广告时段价格仅680万元。在中国本来就没有不同的时区概念,因此北京时间的实质体现的是国家的领土主权意识,是以时间概念体现的空间。在全球化的今天,它开始追求对海外华人的招募,并着力建构新的"视听领土"。2006年晚会通过网络电视以及中央台不同语种的国际频道进行全球直播,使得"北京时间"最大限度地实现它的非地域性。这也可看成是民族国家理念追求非领土化的过程。它为安德森所叙述的"同质与空洞的时间"(homogenous empty time)之于民族国家想象的重要性提供了一个例证,只是安德森所谓的印刷资本主义已经转换为"电子资本主义"和"网络资本主义",因为后者能提供更直接的"共时性"(simultaneity)因素,它是仪式得以发生的必要条件。与此相呼应的是晚会对网络及网络人群的高度重视,这已经构成春晚的特色,2006年春晚就招募了年轻的网络歌手走上舞台。在临近晚会的2005年12月22日,中央电视台中视网络发展有限公司特别举办了"2006央视网络电视全球华人网络春节主题活动"启动仪式,推出了"网络春节"这一网络视频品牌,这也被吹捧为中国互联网历史上第一次大规模的网络电视主题活动。中视网络发展有限公司是中央电视台、中国国

---

① 吕新雨:《解读二〇〇二年"春节联欢晚会"》,见《读书》杂志2003年1期,第90—96页。

际电视总公司所属的全资子公司,是中国中央电视台拥有版权的各类电视作品在全世界范围内进行网络传播交易的总代理,目标是服务"全球华人社群"。全球华人既是一个民族国家概念的衍生,同时也开始成为一个市场概念。

小品/相声作为春节联欢晚会的重要的结构性因素,一向是北方方言的天下,它与作为统一的民族语言"普通话"的亲缘关系,是其获得霸权的原因。但是,在2006年北方/东北小品一统天下的局面已经改变,南方的语言类节目:四川、湖南和湖北的方言小品进入2006年的春晚,再加上台湾的相声,在晚会的十个语言类节目中已经占据近一半的比例,但是这些方言其实都只是带有方言腔的普通话,就如台湾的相声在题目中所表达的那样:《学说普通话》,是用地方方言对普通话进行转译,而不是取代,它依然是普通话中心主义的,只是更积极地把方言纳入其中。与此相对照的是从2004、2005年以来,由于地方台方言节目勃兴,为此国家广电总局相继三次出台相关政策规定予以打压,强调不得使用方言和不标准的普通话。如果以此来衡量,春节联欢晚会已经违规。普通话与方言之间的关系是今天的国家与地方关系的折射,而它之所以成为2005年广电业热烈讨论的话题,也是市场化发展的产物,地方台需要培养自己的方言受众群,以此与中央台的垄断地位抗争。而国家广电总局的三道金牌,既是国家民族主义的自我维护,同时也构成了对中央媒体垄断市场地位的维护。戴维·莫利认为当国家媒介系统为公众服务的准则不断弱化的时候,全球主义和地方主义的关系便紧张起来。[①] 对于中国的情况来说,方言电视节目的兴起正是国家媒介系统从公共服务原则向市场化方向发展的产物,它导致中央台与各个地方电视台之间的利益冲突越来越明显,因此对方言小众收视人群的培养目的其实是广告目标受众的细分策略,是从全国的广告市场以及中央台口中夺一杯羹,并不能简单认为是媒介草根意识的兴起,因为这些方言区都是中国经济最发达的城市和地区,对地方认同的培养背后是媒体的广告营销策略,这种策略叫做市场区隔理论(Segmentation),它被称为二十世纪最有影响的营销概念之一,只是这里它利

---

① 戴维·莫利(David Morley):《认同的空间:全球媒体、电子世界景观与文化边界》,南京大学出版社,第2页。

用/挪用了地方方言作为其区域分割的基础。但是分布在广袤乡村的诸多方言以及少数民族语言就没有相应的"自发"方言/少数民族语言之节目出现,因为深陷"三农问题"之中的农民不是广告商的目标人群。如果与中国传统戏剧声腔的演变做一对比,问题会更清楚。中国丰富的方言正是其绚丽多彩的地方戏剧声腔的基础和温床,但是这些声腔并不是限定在固定的地域中互相隔绝,或者说它们之间并不以互相区分作为存在的前提,它们的地域性是流动和变化的,其声腔的源流变化就是南北杂糅的过程,比如说皮黄腔,按照周贻白先生的说法,系由"非出一源的两种声调的合流",西皮调出自"秦腔",通过湖北的"襄阳调"成为汉水一带的"楚调",后才成为湖北地区所谓"西皮";而"二黄调"源于"徽调",由"弋阳腔"变为"四平腔",通过"吹腔"及"四平调"成为安徽地区的"二黄"。这两种曲调在汉水一带会合,流行到北京,成为在京徽班的主要声调,再经由徽班与"昆曲"和各类"梆子腔"相参合,成为"京剧",而京剧也一直没有停止对其他地方剧种在念唱做打上的吸收。① 而同样的剧目(本事)会有不同的地方戏剧/方言版本,可以互相借鉴和转换,它们之间又有着共同的继承,从周先生编定的《中国戏剧本事取材之沿袭》可以看到后代对元、明、清杂剧和传奇的清晰承袭,而这恰恰是中国传统戏剧作为民间/草根艺术形式的重要性质。而今天的地方认同的背后却是垄断的后果,它是以分割为目的,而不是相反,中央台在广告市场上的超级霸权地位和地方台的自我区隔化是一对互相依存的市场关系。

三

市场化发展使得中央电视台的垄断地位与地方电视台的利益产生了越来越大的摩擦和紧张,② 媒体对此很敏感也很关注,一直有报道说一些

---

① 周贻白:《中国戏剧史长编》,上海书店出版社,2004年,第608—612页。
② 中央电视台广告招标2003年是33个亿,2004年是44个亿,2005年是52.48亿,2006年是58.69亿,每年总额是增加的,但是年增长率却是下滑的,2004年是33.09%,2005年是18.96%,2006年是11.8%,"对此,央视市场研究股份有限公司媒介总监袁方认为:年增长率趋缓,除了央视广告额基数较大外,也与各地方台的竞争加剧有关。"见中国广播影视集团主办的刊物《综艺》2005年12月12日头版报道《2005年末国内卫视拉开"星战"序幕》。

有实力的地方台,如湖南卫视、上海的东方卫视都希望挑战央视春晚的地位。2005年湖南卫视完全市场化运作的"超级女声"系列晚会被认为是对中央台的一个教训,据报道超级女声年度总决赛的广告报价每15秒11.25万元,超过了中央电视台第一套最贵的19:45时段11万元的电视剧贴片广告。而2006年的上海东方卫视第一次在央视春晚的同时段播出自办节目《春满东方除夕晚会》,但是其重头晚会《响亮2006华人明星大联欢》还是避开了除夕夜,并没有真正实现对央视的挑战,虽然央视晚会在上海地区的收视率从2005年的23.8%跌至2006年的17.4%,但仍然是收视率龙头。这其中最重要的原因其实是地方台不拥有国家意识形态的政治象征资源,无法取得它所占据的民族仪式的效应,所以在央视春晚的时间段,一般来说地方台都是为之让路的。也正因此,为了安抚和招募地方台,2005年的春联和2006年的灯谜应运而生。2006年央视春晚在"张灯结彩大拜年,天地人和万事兴"的名义下,设计了全国35家电视台及其主持人联合使用传统猜灯谜的方式来完成"张灯结彩"的串场结构,这其实是在寸秒寸金的晚会上给各个地方电视台一个广告时间,而它恰好取代了以往由主持人念海外政治团体电报的时间段,这种转换是很有意味的。而最具实力的地方媒体上海文广传媒集团和湖南卫视也都不约而同地把"全球华人"作为其市场目标,在清醒地意识到无法与中央台占据的政治资源相抗衡的基础上,各省级卫视台也在尽其所能以"非政治化"面目实现各自不同的"非地方化"策略,它们与"地方化"策略一样,都建立在对"市场"的打造上。突出的事例之一是上海文广传媒集团对专业财经类媒体的追求,而它与跨国财经传媒的合作却被国家体制认可为新的"外宣"模式,因此上海得出的经验是要用市场的方式做"外宣";例二是湖南卫视打造的"超女"效应波及海外,2006年"伦敦中国年"的形象大使是超女李宇春(而不是航天英雄),她和伦敦市长的合影一时间充斥了中国的大小媒体。以"非政治化"的意识形态来表证中国的可能性及其实践,事实上已经构成了对中央台优势地位的威胁和挑战,而挑战在今天之所以可能正在于国家对此的默许乃至鼓励,它正在大力推动"民族文化"产业的打造和输出,而媒介产业的全球战略正是以去地方化和非政治性为其特征的,这从中国电影产业的超级大片趋势中已经清晰可见。这固然使得国家民族主义对内的政治化运作与对外的"非政治化"/市场化之间构成了一种紧张,但同时它们又是一体双面的,这既体现在晚会内部结构逐年的变化和调整中,也体现在春晚不断被挑战的命运里,市场是以"非政治化"出现的"政治"直接介入到新的国家意识形态的重组中的。这就是为什么除了对晚会内容进行品头论足,媒体也越来越关注央视春晚的广告收入,据报道,央视春节期间广告年增长为10%,2006年以春晚为主体展开的春节广告已经超过令人咋舌的4亿元。"2006年我最喜爱的春节晚会节目评选"的独家冠名招商定的底价为2580万元,最终被某药业以4508万元夺取。今天的国家民族主义需要市场的赎买了,一方面意识形态必须建筑在市场上看它值多少钱,另一方面对意识形态话语权的垄断和追逐可以直接转换成对市场的占有,市场的背后是风云变幻的新的国家意识形态的图景,抢占不同的意识形态山头成为市场经济的体现。正是在这个意义上,春晚被看成是"聚宝盆",以下便是例证。

  台湾问题在国家议程中地位显著,这使得台湾主题的节目在晚会中有特殊重要的政治地位。2006年尤为突出,晚会涉及此项主题的有两个内容,一是台湾相声演员的《学说普通话》,用台湾原住民的方言普通话对传统京腔相声段子进行现代转译,颇值得玩味;另一是为送给台湾的大熊猫名字投票,这既是一次政治活动,同时也是重要的广告策划事件。由于硬广告对收视率有伤害,而且也有时间限度,再加上公众批评不断,所以春晚广告模式在硬广告之外,多发展隐性广告、活动营销和事件营销。此次大熊猫征名活动的组织者就是央视公众资讯中心和一家运营商,在晚会前央视多频道滚动播出的预告片花上已经不断播放大熊猫的生活片段:"要想知道它叫什么名字,请关注央视除夕夜的春节晚会……",而每条参与短信收费1元,是普通的手机短信每条0.1元的十倍,虽然电视字幕上有1元/条的提示,但主持人并不提示,却在5个时间点上连续鼓动大家投票,在新年钟声敲响之前宣布大熊猫名字为团团圆圆,并称有1.1亿观众参与了短信投票,也就意味着此项收入已经逾亿。但是很快在2006年1月31日的《北京晚报》上就刊登报道:《短信闹我心,央视春节晚会短信收费被指强买强卖》,称有观众在不知收费的情况下参与了投票,后来手机就不断收到每条1元的收费短信。用短信的方式和观众"互动",并且发展成中国电视除广告收入以外另一个重要的盈利模式,正是从中央电视台、中国移动合作推出"2002年春节联欢晚会"短信互动开始的,它标志着中国广电业与电信业结合的开始,而在那一年就有小品成为变相的手机短信广告。由观众参与的内容包括回答主持人问题与选择自己最喜欢的节目,当年,这是一项在中国市场具有开创性的业务,而到了2005年则由湖南卫视的"超级女声"节目则将之推向高潮。"超女"是一个由模仿"美国偶像"开始,然后在中国发展成全民狂欢的商业娱乐节目,由观众用收费短信投票选出自己喜欢的歌手,基本收费也是1元,其短信收入占整个节目收入的一半左右,总收入约3000万。但是2006年春晚关于大熊猫命名的投票却遭到了媒体和网民的质疑,认为是:短信圈钱,也圈走诚信。这是中央台急功近利地将其垄断的国家意识形态的政治资源转化为商业利益的典型案例。从2005年开始,中央台提出"开门办春晚"可以看成是应对不断批评和质疑的一种妥协和调整,比如由赵安案所暴露出的晚会黑幕之一角。赵安是原中央电视台文艺节目中心副主任兼文艺部主任,曾七次参与执导中央电视台的春节联欢晚会并四次出任总导演,2003年12月被北京市第一中级人民法院以受贿罪判处有期徒刑10年。但是所谓"开门办春晚"只是降低了私人寻租的可能性,却没有改变利益集团越演越烈的寻租行为。

## 四

笔者在分析2002年春晚时指出其刻意回避农民题材小品的现象,这是因为当时的"三农"问题已经成为社会危机,并因而成为一种话语禁忌。在其后,中央政府开始逐步把解决"三农"问题列为政府工作的重中之重,媒体也开始逐渐出现大量"三农"议题的报道,2004年央视宣称"三农话题"要进2005年的春晚,而2006年春晚关于农民工题材的小品则占了显著的位置和篇幅。创作者力图在意识形态上缝合城乡差别,它让乡下人称呼城里人,也就是他们的雇主为"兄弟",因为这种建构"兄弟"之情的背后指称的恰恰是城乡的分裂,所以很矫情,也遭到批评"又见春晚在拿农民开涮",[①]其实是因为现实的严峻和这种"政治正确性"的意识形态之间存在着无法弥补的反差,这也决定了负载这种政治任务的小品是左右都

---

① 郭松民:《又见春晚在拿农民开涮》,《新京报》2006年1月30日。

要挨骂的,因为它并不允许去触碰真正的社会断裂和伤痛。这就使它丧失了诙谐和戏仿的功能,而沦为国家意识形态的脚注,无法提供狂欢的反抗性,从而丧失使观众获得快感的来源。这也使得每年的小品创作变得比走钢丝还要艰难,不仅需要被国家上级部门反复审查和修改,而且也会不断承受社会上各种政治正确性的压力。2006 年的小品《说事》被选为最受欢迎的节目,但其中的一句台词"你这老年痴呆,出门忘吃药了你!"却遭到高调批判,一篇题为《歧视侮辱性话语的泛滥与道德的崩溃——从 2006 年央视春晚小品〈说事〉中的一句台词说起》的文章就声称,"我知道此话要是在西方媒体上说出,必定会引起一场轩然大波——即便演员不被起诉,至少电视台会收到成堆的投诉",①因为我们有每年几百万的老年痴呆症患者,所以这句台词成为"民族道德"崩溃的表现。但这只是宋丹丹扮演的角色的台词而已,要求小品所有角色的所有台词都要符合政治正确性,小品只有万劫不复。我们已经距离民间狂欢节的精神太遥远了,这个作者应该去读读巴赫金再来谈西方。

　　巴赫金认为,节日是人类文化第一性的和不可毁灭的范畴,它可能衰败乃至退化,但不可能销声匿迹,节日是使人暂时走近一个乌托邦的世界。② 在当代社会,节日的意义已经残缺不全,但是仍然会寻找它的替代物,大众传媒的仪式意义正是这种替代和利用,只是它的内核已经不同。中央电视台春节联欢晚会所占据的正是这种仪式的饥渴,将之转换为国家意识形态,并依靠所占据的国家意识形态舞台的位置获得垄断利益。但是在民族国家遭到全球化冲击的时代,它所承受的压力也越来越大,一是全球化对民族国家理念的挑战,导致这个理念的内部和外部都产生裂隙和冲突;二是中国媒体的市场化发展所强化的中央媒体与地方媒体的利益分割,以及媒体对消费主义意识形态以及建诸其上之利益的追求,不断威胁中央台的垄断地位。2005 年湖南卫视"超级女声"所激发的商业意义上的全民狂欢被认为是对政治化的春节联欢晚会的挑战,这中间引发出复杂的市场、政治、民主、民粹等话语的辩论,详细分析不是本文的目

---

① 此文被很多网站转载,包括"学术中国",见 http://www.xschina.org/show.php?id=6047。其作者介绍为:朱涛,建筑师,2001 年毕业于美国哥伦比亚大学建筑研究生院。
② 巴赫金:《弗朗索瓦·拉伯雷的创作与中世纪的民间文化》,河北教育出版社,第 320—321 页,1998 年。

的,这里只是指出国家意识形态自我分裂的力量也正在于此。今天的中国,市场既是国家新的自我认同的来源也是自我分裂的动力。中央电视台春节联欢晚会二十多年所经历的发展和困境,正是这个社会在政治、经济和意识形态上的矛盾与冲突的缩影。

在传统的政治意识形态衰落之后,能够为这个社会提供同一性的似乎就只有市场了。南方某著名报纸不同寻常地为三次"超女"发表特别社论,其中有一段妙文:"超女是社会主义精神文明事业上绽放的一朵奇葩。它的绽开具有革命性的意义。历史将证明这一点,一些所谓的专家抱残守缺,凡是人民群众喜爱的嗤之以鼻,凡是符合历史进步潮流的心怀叵测,时间也将会证明这种人的下场"[①](着重号系笔者所加)。它说对了一点,那就是"去政治化"的市场化发展的娱乐及其产业将越来越是"社会主义精神文明"的题中之义。市场成为"人民"的代言。市场对"人民"的挪用是饶有意味的,也是今天的中国大众文化研究首先必须处理的问题,与文化工业相对应的"大众"和作为政治主权的"人民"之间究竟是什么样的关系？真的如文学批评家吴亮所激烈宣称的那样:"人民"就是"大众"?![②] 那么为什么今天的市场偏要祭起"人民"的旗帜呢？与文化工业相对应的"大众"在中国语境下被转换为"人民",意味着市场作为意识形态在政治与国家的层面上占据发言权的强烈需求。但是除非你能证明横扫全球的好莱坞电影是全球"娱乐民主"的标志,否则我们就无法放心地为"大众"海选出的超女贴上"民主"、"平等"、"自由"等等金子招牌。因此,市场"去政治性"的说法并不准确,这场关于"超女"辩论背后是深刻的政治问题,市场就是政治,而恰恰是这种隐身的政治性给了"超女"市场化成功的动力。不夸张地说,2005 年几乎中国的所有媒体都卷入了这场辩论,为此推波助澜并成为其免费广告,而这些辩论的背后其实都是中国的

---

① 《让我们大声地为超女叫好》,《南方都市报》2005 年 8 月 25 日,作者为:戴新伟,标注的身份为:南方都市报娱乐评论员。

② 见吴亮的网上文章《顺手记》:"可以冒犯'大众',却不可以冒犯'人民'——难道这两个词后面分别是两群人吗？大众平庸,人民神圣;大众是无权者,人民是主权者;大众没有主见,人民眼睛雪亮;大众盲目追随,人民当家作主;大众只忙于消费,人民却忙于生产……等等! 告诉我,哪里去找只生产不消费的人民,又哪里去找只消费不生产的大众？",见 http://bbs.99read.com/dispbbs.asp? boardID=18&ID=6998&page=264,该文后来以《顺手记与反手记》为题发表于《海上文坛》杂志 2005 年 6 期。

政治议题,所以才会有那么多"公共知识分子"不同寻常地积极参与这样一个商业性节目的讨论。而无论正方还是反方,都共享了一个前提,那就是市场的成功就是民主的胜利;或把市场看成为庶民的胜利而欢呼,或认为是民粹式民主而反对,却没有真正分析出"市场"在中国胜利的原因。批评者如果无视诸众参与的快感,所有的批评都必然沦为空洞。就这个意义上说,没有中央台的春节联欢晚会,就没有"超女"的如此成功,2006年春晚拒绝"超女"就是众多媒体关注的焦点,因为对后者的快感正来自于对前者特权与垄断的挑战,来自于前者在民族政治意义上提供乌托邦想象的破产,以及由此所释放出的空间。市场被想象成是对国家的胜利——这正是这样一个商业性节目得到如此多政治关注的原因,这种过度阐释也正是它获得市场成功的原因。学者许纪霖在《戳穿超女民主的神话》①的短文中认为:"所谓的'超女民主',只是一种民粹式民主。历史已经证明,而且将继续证明,民粹式民主正是权力意志的最好掩护。"虽与上述社论观点相异,但有共同的修辞,那就是不约而同地征用了"历史"的名义。网络作家安替对此的反驳很有代表性:

>　　许教授让我们警惕民粹民主,因为它"正是威权意志的最好掩护"。不过我怎么觉得许在讲一个笑话?威权意志还他妈需要掩护?它不正在现在好好地存在当下吗?我们喜欢超女,就是因为她给了中国人民一个机会,知道了威权意志的可恶和自由选择的可爱,这种我们很少能获得的反对威权意志的机会,怎么在许教授的眼中,就成了威权意志最好的掩护?这不是黑白颠倒吗?②(着重号系笔者所加)

这里,"超女"/"春晚"被想象成民间/官方、民主/威权、市场/国家的象征,并从中生产出"抵抗"的想象性快感。对于大众文化的受众而言,正是现代社会仪式意义及其认同感的失落所带来的结构性缺陷,由电视予以填补,才制造出一个虚席以待的"李宇春"。而大众文化的偶像崇拜现

---

① 见《新京报》2005年8月29日。
② 见《写给许纪霖教授的公开信——既然您不敢反专制,那就请别逻辑混乱地反超女》,http://vip.bokee.com/2005082986543.html,该文也被很多网站转载。

象之所以发生,是因为许纪霖先生所厌恶和警惕的(政治)"民粹主义"已经衰落,是这种衰落的结果,而不是相反。在一个利益日益分化、等级加深的时代里,政治丧失了提供泯灭差异的共同感,这才为大众传媒的乘虚而入提供了条件,它制造了"受众"的同一性,提供了一个虚拟的共同感:共同"爱"的乌托邦,那里人人平等并且融合在一起,这就是为什么那些"粉丝"团会自发地组织在一起分享"爱"的经验。让人始料不及的参与狂热并不是民主的激情,而不过是一个"非政治"的个人主义的时代里被压抑的社会仪式需求在寻求出路。只是它被今天的电视和电讯产业用现代电讯技术成功地用导管导引到市场的渠道,并转化为传媒的巨大利润——这对于"民主"来说其实是个莫大的讽刺,如果"民主"只能寄生在市场的霸权下,它还是民主吗?作为符号的"李宇春"的中性气质不过是早已流行的国际时装模特和大众影星的类型化之一种而已,既与女权主义的性别政治无涉,也与激进的同性恋合法化运动无关,但微妙正在于某种模糊和不确定的想象和暗示,并不挑战社会主流的价值底限,它提供的是一个温和的商业主义的自我"反抗"式的认同,男女两性都可以从中发现没有危险的快感,这使得"中性"比仅是传统/激进的女性形象更能产生想象的快感,也就更有商业价值。在这个意义上,费斯克(John Fiske)还是值得重视的,他把快感的生产放在大众文化研究的中心位置上,[①]虽然他的理论本身有很多必须质疑的地方。民间狂欢仪式在现代民族国家及市场条件下的隐匿和显现,对于大众文化研究来说是关键性的。

中央电视台"春季联欢晚会"仍然需要继续证明自己为中国人提供狂欢的可能,那还会是在多大的程度上呢?

2006年3月12日,完稿于上海

---

[①] 约翰·费斯克:《理解大众文化》,王晓珏、宋伟杰译,中央编译出版社,2001年。

# 政府补贴、市场社会主义与
# 中国电视的"公共性"①

  2011年3月1日,国内某卫视宣布取消每年3个亿的商业广告收入,通过从政府获得每年1.5亿元的补贴,尝试使一个商业电视台转变为"公益电视台"。作为中国广电业的地方改革模式的尝试自然引发争议,势所必然,这样的地方改革方案在新中国的广电发展史上也前所未有。在这些争议中,颇有意味的是,学界、广告界以及网络空间中批评的意见占大多数,且彼此的论辩焦点存在相当的错位。
  本文尝试打破官方/民间,学界/政界二元对立的立场,试图把论辩双方的观点置放在一个学术的、历史的探讨平台上加以讨论,借此推动由此生发的一系列涉及中国电视公共化改革的重要议题。

## 一、政府补贴与公共电视

  此次论辩的一个基本焦点是:从国际惯例的角度看,"公益电视台"都

---

① 本文初衷来源于笔者与加拿大西门菲莎大学(Simon Fraser University)赵月枝教授、台湾政治大学冯建三教授就重庆卫视改革为议题的学术笔谈计划。赵月枝教授的《重构社会主义媒体的公共性与文化主体性》与冯建三教授的《公共广播电视的钱、人与问责:多重模式,兼论中国传媒改革》发表于《新闻大学》2011年秋季号,他们的论文在相关问题上有更深入和详尽的分析阐述,敬请关注。本文写作于2011年7月,中文版发表于《开放时代》2011年9期,英文版发表于 Modern China November 2011;37(6)。但是,这却是一场短命的改革,前后只持续了一年的时间,2012年3月重庆卫视恢复了播放商业广告。改革虽然夭折,但是本文讨论的问题却依然存在,且有意义,而正是因其失败,这些问题更显得重要。作为一个历史的存照,本文收入时,仅作了个别文字的处理,基本观点均未作修订。

有不播广告的先例,比如,日本的 NHK,英国的 BBC,至于说到的"美国广播电视台",应该是美国公共电视网 PBS(Public Broadcasting Service)。① 这些都是世界范围内公共电视的典型案例。

对此,"网易财经"在"网易解读"的特别栏目中,以独家专稿的形式高调反驳:《被补助的某卫视无法成为 BBC》。② 这篇针锋相对的文章中认为:"在国外,像 NHK、BBC 这样的公共电视台主要靠收视费运营,而非财政拨款。一个电视台禁播一切商业广告,靠 1.5 亿纳税人的钱维持运营,不仅是回归计划时代,而且也很难保证其新闻独立。"这里,我们首先需要考虑的是,即便排除制度设置的原因,在中国用收取执照费的方式来建造中国的公共电视,也是不现实的,因为今天中国的老百姓很难再认可一个需要强制缴费的电视制度。在这个意义上,某卫视自然不可能是BBC。但是,我们需要追问的一个问题是:如果我们不可能建立 BBC 那样的执照费制度,中国可不可能或应不应该有自己的公共电视?再者,也许是更重要的,中国电视的公共性究竟应该如何建立?

其实,政府补贴并不是公共电视的禁忌,而是很多国家公共电视的选择,典型的就有澳大利亚、比利时、加拿大和美国等。③ 澳大利亚广播电视公司 ABC(Australia Broadcasting Corporation)主要以政府经费为主,比如它在 2006 年总收入为 10.59 亿澳币,其中政府经费为 8.27 亿澳币,占 78%。④ 比利时三个不同语言的公共电视台(荷语、德语和法语)都以不同的方式接受大量的政府补助。⑤ 加拿大广播公司(CBC)作为加拿大

---

① 陈艳涛:《为什么重庆卫视不再娱乐》,黄奇帆原话为:"公益性的广告,叫红色电视台也好,或者叫公益电视台也好,其实有国际惯例。大家有时候把国际惯例给忘了,任何一个国家政府的电视台,其实都有这个国际惯例,美国的广播电视台,日本的 NHK,英国的 BBC,你去看,24小时里没有 1 分钟广告,如果说资本主义国家是一个唯利是图的体系,它在宣传其宗旨的时候或社会活动的时候,也有许多的媒体,这些媒体都是市场化的,但它能够保持一个媒体的电视台不做任何广告,我们为什么做不到?"《小康》杂志见 http://www.chinaxiaokang.com/xkzz3/newsview.asp?id=5311。

② 王慧:《被补助的重庆卫视成不了 BBC》,http://money.163.com/11/0306/18/6UFUCJ6N00254L4P.html。

③ 台湾财团法人公共电视文化事业基金会(编):《追求共好:新世纪全球公共广电服务》,"全球主要公共广播服务机构经费体制与数额汇整比较表",第 234—235 页,2007 年。

④ 台湾财团法人公共电视文化事业基金会(编):《追求共好:新世纪全球公共广电服务》,第 78 页,2007 年。

⑤ 同上书,第 100—102 页。

的公共广播公司,它的执照费在1953年就取消了,因为地广人稀和受到美国免费电视的影响,执照费很难收取,①所以其经济来源主要就是国会的拨款。在2006年度,其年度经费为16.6亿加币,其中国会拨款占了近六成(56.99%)。② 其实已经高于国内某卫视从政府中获得的50%的补助。1967年美国《公共广播法案》授权成立公共广播公司CPB(Corporation for Public Broadcasting)负责拨款和管理全国的公共广播电视机构,国会支持并拨款在美国建立和其他国家水平相当的公共广播电视事业。除此之外,美国的公共电视网PBS(Public Broadcasting Service)还从州政府或者市政府获得经费补助。③ 虽然美国各个公共电视台的经费来源不一,但联邦政府的资助都是非常重要的部分。里根总统之后,美国的公共电视预算不断被削减,导致公共电视处境维难,成为美国广电政策被严重诟病的一大问题。其实,即便是BBC,其对外播出的"世界广播电台"(BBC world Service)也是靠政府拨款资助的。最近的例子则可以看台湾公共电视的发展历程,1998年台湾地区的《公共电视法》规定,公视第一年得到的政府捐赠为新台币12亿元,其金额逐年递减10%,至第6年以后应为第一年政府编列预算金额的50%,这个标准正是重庆卫视第一年的标准。而实际情况是,经过争取,从第三年起政府捐赠不再降低,固定为9亿新台币,另有线广播电视发展基金会每年捐赠约1亿新台币。2007年元旦起,台湾地区成立公共广播电视集团,新增加的频道:原住民频道、客家频道、宏观频道(对海外华人)均为公务预算,每年约10至11亿新台币。④

由上所知,政府补贴公共电视的做法,并不就意味着取消了"独立性",而是相反,是扶助公共电视在一个媒介市场化的环境下或是获得主流地位,或是获得生存可能。在这个意义上,无论是采取强制性的执照费

---

① 廖亮:《当代世界电视》,第78页,上海交通出版社,2007年。
② 台湾财团法人公共电视文化事业基金会(编):《追求共好:新世纪全球公共广电服务》,"全球主要公共广播服务机构经费体制与数额汇整比较表",第234—235页。
③ 廖亮:《当代世界电视》,第105页,上海交通出版社,2007年。
④ 台湾财团法人公共电视文化事业基金会(编):《2010公视基金会年度报告》,台北:财团法人公共电视文化事业基金会,第48、96、134、144页,感谢冯建三教授提供资料。见台湾《2010公视基金会年度报告》。

制度,还是政府补贴,可以说,世界范围内公共电视的制度设计大都有着非市场化的内在逻辑,其目的是最大限度地保证媒体制度对民主的承诺,并抗拒资本主义的市场逻辑对媒体民主的侵蚀。

## 二、交叉补贴与市场社会主义媒体之路

回到中国的语境,在中国电视版图中,省级卫视之间高度同质化、无序化和低俗化的恶性竞争,导致自相残杀的僵局,早已经是广遭批评的顽疾。2007年重庆卫视就因为选秀节目《第一次心动》的恶俗表现,被广电总局叫停,并给予全国通报批评。残酷的市场生存环境,使得中国电视改革其实已经势在必行。而关于中国公共电视以及电视的公共性问题的讨论,学界也已经进行很多年,但是理论与实践之间一直存在着似乎无法弥补的断裂。

正是在这样的背景下,重庆卫视的改革具有需要为之辩护的合法性。它以特立独行的方式突然展现,开启了中国电视格局中的另一种可能,即反思性地批判以市场化、收视率为唯一导向的中国电视发展之路,这就创造出特别值得重视和讨论的改革契机,一个历史的契机。所以,关键问题依然是:今天的中国究竟需不需要公共电视?如果我们认可这样的观点:"现在,老百姓看电视之所以是免费的,是因为广告客户花钱买了单,如果不播广告,不管是财政拨款还是支付收视费,最终都是纳税人、老百姓买单。别人买单不同意,非要自己买单,这不是很可笑吗?"①那么,世界范围内的公共电视都丧失了存在的必要和合法性,岂独中国?这样的指责本身是令人深思的。中国目前广电传媒业的情形,按照冯建三教授的分析:

> 虽然正在被改变中,惟中国截至目前为止的全国与各地传媒结构,确实还在顽固地阻止"资本"逻辑的畅通,在此前提下,争取倾向(市场)社会主义的传媒"结构"才有可能;思考的时间与空间并不宽裕,但从知识上进行准备,指认必须要进行哪些改革,使其不但不至

---

① 喻国明:《否定广告的实质是否定市场经济》,《广播电视学刊》2011年4期,第27页。

危及,并且可以是走向市场社会主义传媒的道路,是无法回避的课题。①

今天的中国并没有可能复制西方发达资本主义国家公共电视制度,我们需要的是探讨在中国的社会政治环境和脉络下,中国自己的公共电视发展之路。在这个意义上,冯建三教授在给赵月枝教授《传播在中国》②英文书稿的书评中提出的市场社会主义,或者说自由社会主义的传媒道路,值得结合重庆卫视的改革经验予以高度重视。其实,市场(自由)社会主义道路如何行走其本身就是中国模式的一项社会经济和政治实验的重要内核,按照黄宗智教授的总结,第三只手,或者第三财政的经验,是把国企的钱投入到对基础设施和公共设施之上,使政府的财政因此能够减少在基础设施上的很大投入,更多地把钱用到社会保障、教育卫生事业、公共服务上。在这个意义上,重庆卫视的改革也可以视为开中国"公共电视"模式的先河之举。

提倡中国公共电视的非市场化发展的逻辑并不意味着全面否定中国的市场经济;相反地,要走的正是市场(自由)社会主义之路。在对重庆卫视的批评意见中,我们已经看到新闻传播学界喻国明教授的观点影响很大,也很有代表性,他认为:

> 在市场经济和广告业发展的过程中,我们不能因为出现一些问题就彻底否定广告,否定市场经济,这是一种历史的倒退。禁播广告,不禁让人想起了明朝的"禁海"政策,这种关起门来自搞一套的做法,最终只会使自己与这个世界隔离起来,闭关锁国,贻误发展。
>
> ……
>
> 因此,反广告、反商品经济的思潮,与"以经济建设为中心"的基本国策是背离的,与当前我们国家的经济政策是背离的。③

---

① 冯建三:《市场社会主义与媒介交叉补贴:从〈传播在中国〉说起》,香港《二十一世纪》杂志。
② Zhao, Yuezhi (2008) Communication in China: political economy, power and conflict (Rowman & Littlefield).
③ 喻国明:《否定广告的实质是否定市场经济》,《广播电视学刊》2011年4期,第26页。

这些想象、判断和指责缺乏基本事实依据。重庆发展其实是一种高度市场化的经济模式,否则,它也不会在7月7日被西方权威的《财富》杂志评为全球15大新兴的投资环境最好的城市。但是它却无法等同于任何资本主义发展模式,这一点黄宗智教授和崔之元教授已经做了详细阐述,并将其归结为具有中国自己的社会主义特色的道路。崔之元借用诺贝尔经济学奖获得者米德的理论认为,应该借助政府所有资源的收益和增值作为"自由社会主义"的核心,而重庆正是"自由社会主义"的试验田。其实,重庆卫视的改革只是作为一个频道的公共化尝试,黄奇帆市长对此有非常明确的解释:

> 重庆的广播电视集团拥有12个频道的电视节目,那11个还可以去市场化。另外,广电集团、电视媒体和平面媒体是可以融合的,和网络媒体也是可以融合的,你有一切手段重组资产运作,媒体各方面手段的综合,也可以产生收入,你干嘛非要靠做一个电视台的广告收入来平衡呢?所以我不瞒大家说,这3亿里面1.5亿可能是广电集团通过它的综合运作自己平衡,还有1.5亿当然是政府财政拨给它。①

在政府补贴之外,用交叉补贴的方式来保证公共电视频道的运营,这样的路径在台湾地区公共电视研究学者和实践者冯建三教授看来,正应该是市场(自由)社会主义的体现。② 因此,这些基本事实与"闭关锁国"、回到文革以及背离"国家的经济政策"之类指责实在是相去太远。而把媒体单纯依赖广告的所谓"市场化"发展看成是唯一的"世界"道路,更是丧失了对媒体与社会民主、自由关系的基本思考。

对于一个国家的公共电视台来说,政府补贴本身并不是问题,问题是如何运用这些政府补贴和交叉补贴,即它的内容生产究竟应该如何进行,

---

① 陈艳涛:《为什么重庆卫视不再娱乐》,《小康》杂志见 http://www.chinaxiaokang.com/xkzz3/newsview.asp?id=5311。

② 冯建三:《市场社会主义与媒介交叉补贴:从〈传播在中国〉说起》,香港《二十一世纪》杂志即将刊出。

这才是需要学界与社会一起来大讨论的。即补贴如何才能体现为电视的"公共性"？我们肯定重庆卫视的改革道路，正是在这个意义上。但是这并不意味着重庆卫视的改革就已经成功，做出这样的判断，尚需时日。但是船已经起锚，改革已经上路，我们需要从公共性的视角去为改革辩护，并以此检视公共电视体制每一步改革的动机与效果，并提出建设性的批评意见。这样做，并不仅仅是为重庆卫视的改革，更是为中国的电视改革之路提供经验和教训，中国媒体改革之路的宗旨应该体现在最大限度地促进社会民主与进步、平等与参与，这些社会主义的因素。也正是从这样的社会主义的视野，冯建三教授的如下设想和期望是需要今天来共同思考的：

> 依此论事，中国大陆各省有卫星台，不因省经济力大小而见差别，各省城、地市乃至于县城都能拥有频道，基本上都值得肯定。假使这个结构不变，则在中国生产力提升至更高水平时，中国无疑会比奉行资本逻辑的国度之（地理）传媒，来得具有潜力，以较大水平，给予本地居民较多的传媒资源。①

今天的中国如何让广电传媒资源更多地为人民服务，而不是为资本服务，这是今天判断中国电视公共性的重要尺度。在这个意义上，禁止广告，或者有限度、有控制的利用广告（而不是为广告所用），并没有绝对标准，这其实可以根据各自的情况做出抉择，纵观世界各地的公共电视，在此问题上其实各有千秋。

## 三、结语：作为"社会过程"的中国电视之"公共性"

对于重庆卫视的改革，官方媒体对改革的报道没有直接用"公共电视"这样的称呼，而代之以"公益电视"。其实，用什么样的命名并非关键，关键在于如何发掘和实现媒体的民主诉求。在这一点上，加拿大传播政

---

① 冯建三：《市场社会主义与媒介交叉补贴：从〈传播在中国〉说起》，香港《二十一世纪》杂志。

治学者文森特·莫斯可(Vincent Mosco)的论述尤为关键,他针对哈贝马斯被广泛援引的公共领域的概念,批评这样的概念使得我们倾向于把公共领域看成占有特定空间的实体,但其实这样的"实体"往往是幻影。然而,指出这一点并不是为了消灭"公共"的存在:

> 我们应该把公共的内涵界定为实行民主的一系列社会过程,也就是促进整个经济、政治、社会和文化决策过程中的平等和最大可能的参与,从而避免唯心主义的幻影论,又避免了将公共领域作为具体空间来捍卫的伪唯物主义。……用过程来思考的价值在于,虽然某些制度的形式和空间可能会带来较大程度的平等与参与,但用过程来界定便不会因此排除其他任何结构性体现或结构性位置。我们最好将结构看成作斗争场域,无论是国家、市场,还是其他企图远离国家与市场的社会结构(如社会运动)都是斗争场域,商品化过程与社会平等与参与的过程在这里进行抗争。①

即便是公共电视体制本身,也并不能自动保证"公共性"的实现。民主与公共性的过程,从来都无法一劳永逸地解决,因此需要在持久的动态过程中不断追求。中国电视改革之路漫漫,但这却不是应该放弃的理由,而是相反。犹如赵月枝教授所强调的:"更重要的是报道以民众为主体的社会实践,而在这个过程中,媒体能不能提供开放式和参与性的论坛,激发不同社会群体以主体的身份参与有关中国社会未来的政治性辩论和文化建设,并在此基础上引导人民群众确立社会主义价值观和文化自觉",②这将成为决定改革成败的关键。

我愿意在文章最后部分,再次援引莫斯可教授的话以为结语:

> 我们称公共媒介是公共的,不是因为它占据了完全分离的空间,相对自由地存在于市场的考虑之外,而是因为它由特定形式的过程

---

① (加拿大)文森特·莫斯可:《传播政治经济学》,第165页。华夏出版社,2000年。
② 赵月枝:《重构社会主义媒体的公共性和文化自主性?重庆卫视改革引发的思考》,刊登于《新闻大学》2011年秋季号。

构成的,这个过程坚持民主胜于商品化。假如它不这么做,公共媒介这个说法也就毫无价值。

中国公共电视体制的改革刚刚破冰,何去何从,尚需要学界和业界的共同努力去探索与发现。在这样的"社会过程"中,需要就一系列重大议题展开广泛论辩,而市场社会主义媒体改革的唯一可能路径也正在于此。

2011年7月13日夜,上海

# 转型社会与央视《新闻调查》的自我理解

## ——关于《新闻调查》栏目十周年的思考

非常感谢《新闻调查》栏目组以及制片人张洁先生给我这样一个机会,八周年的时候参加了研讨会,十周年的时候再来,非常荣幸。今天我发言的题目是:转型社会与《新闻调查》的自我理解,希望探讨几个问题。这几个问题不仅希望向《新闻调查》各位同仁提出,同时也是给我自己的提问。

## 一、什么是转型中的中国社会,它到底意味着什么?

我们都说中国是一个转型社会,但是转型到底意味着什么?这并非不证自明。它对于我们到底意味着什么?对于《新闻调查》到底意味着什么?它要转到哪里去?转成什么样子?转型社会,意味着旧的规范已经打破,新的尚未建立。这样的社会是一个痛苦而不安的社会。

《新闻调查》把十周年以来所有的节目分成几个方面,比如说法制建设、公共卫生、"三农"问题、教育问题等等,分类当然是为了把握,但是今天中国转型社会的复杂性已经远远地超出了我们所能够把握的范围。分类作为把握的需要,它是否足够?这是一个疑问。所有的分类背后其实有一个共同的东西,就是转型中的中国现实,这个现实本身是无法被分割的,就像中国最严重的法制问题,最严重的公共卫生问题,最严重的教育问题都是和"三农"问题结合起来的。虽然分类的背后是我们一种把握的努力,但是中国到处充满了匿名的现实,其复杂性超出了任何个人的体验和把握的范围,也无法被任何既有的语言所描述,无论是理论或学术的语言、影像语言,还是日常语言,这就是今天转型社会和转型中国的问题。而所有这些问题都是互相牵扯着的,它们的背后是作为整体的现实存在。中国处在一个无法被既有的话语叙述所描述的过程中,这特别体现为城市和乡村的断裂。

## 二、在今天这样的一个社会中,媒体何为?《新闻调查》何为?

在这样一个复杂性远远超出了我们所能够把握的转型社会中,中国的媒体到底何为?或者说《新闻调查》到底何为?它希望做什么?媒体在今天这样一个社会中的位置和定位是什么?这对于《新闻调查》来说是一个大问题。

我们已经看到当代中国的媒体是如何积极地去娱乐中国,并以此作为媒体利益的来源。可是我们也知道,当一个社会处于过度娱乐化的时代,恰恰也可能是这个社会处于深重苦难中的时候,比如三十年代美国大萧条却成为"好莱坞"发展电影工业的沃土。话语和现实、媒体与现实之间的分割,往往是各行其是。在今天的中国也可以观察到这样的现实,话语自身的循环,或者与现实之间的互相分割或者话语的不及物,是今天一个很瞩目的现象。就好像我们从电影《无极》里看到的美轮美奂的仙境,它的现实却是拍摄地植被严重地、无法弥补地破坏了,它与美轮美奂的幻境恰好构成了一个极度反差。梦幻的海棠精舍不过是丑陋的水泥建筑。

也许这个问题和《新闻调查》无关,因为我们无法从《新闻调查》得到娱乐中国的感觉,所有看《新闻调查》的人都会发现它无法快乐,凡是看过《新闻调查》的人,有一个共同的感受就是作为一个中国人你无法快乐。相反地,它带给我们的是痛苦,是夜不能寐,是不得不从自己的日常生活中被揪出来面对这些现实、这些真实:我们到底是处在一个什么样的时代和什么样的社会,没办法让自己蒙着眼睛在日常中讨生活、过日子,这是《新闻调查》给我们的震撼,也是很多人不愿意看《新闻调查》的一个理由。

《新闻调查》把自己定位在真相探讨的过程中,这到底想做什么?到底能做什么？这些年轻的记者和编导，当他们进入这个栏目，进入《新闻调查》以后，当他们把自己的个体生命与这个社会巨大而无边的苦痛联系在一起的时候，我无法想象任何个体的生命能够承受住这样的重量。我可以想象的是，对于他们来说，无力感比理想更真实，或者说绝望可能比理想更真实。我们其实都无法承担这个社会的苦痛，血肉之躯如何承载得了？但是，真正承担这个社会苦痛的其实并不是《新闻调查》，不是《新闻调查》的记者和编导，不是制片人张洁，不是"我们"，而是这个社会中的"他们"，是在社会改革中被剥夺的那些人，他们是真正的承受苦难的人们。真正最沉重地承载这个社会转型代价的不是我们，而是那些社会底层最没有权力的人。

那么，在这个意义上，我们如何去反思《新闻调查》？它作为影像、作为调查，当它面对真实的时候，它的局限性何在？《新闻调查》在多大程度上能够"探求事情真相"？我们知道现实本身并不能解释现实，影像本身也并不能解释影像。今天的现实背后是非常深刻的历史、社会、政治的复杂因素。在当今中国，实际上当《新闻调查》在宣布它对真相调查的过程中，已经有各种各样的权力，这些权力包括政治、社会、经济等等，都在宣布他们拥有真相，他们是真相的阐释者，都在争夺对"真相"的拥有权和解释权。《新闻调查》凭什么来宣称自己探求的就是"真相"？真相的边界在哪里？

《新闻调查》需要反省的正是自己对于这个社会的了解和理解，究竟是以什么样的方式进行的？因为无论受过多少专业训练，《新闻调查》的记者和栏目面对的都是一个远远超出了他们调查能力的复杂社会，新闻是要和"调查"这两个字放在一起的，在这样的社会、这样的处境下，"调查"是《新闻调查》这个栏目通往真相的必经之路，这是我们理解为什么证据在镜头前的获得是《新闻调查》的重要标志，为什么要把调查和证据作为节目的核心结构。这是因为只有调查和证据才是《新闻调查》可以向权力说真话的语法和语汇。

在这个过程中，我们需要去理解"客观"为什么对《新闻调查》是重要的。今天"客观"这个词在学术界有很多讨论和争议，客观在很大程度上被认为是不可能的。为什么《新闻调查》依然坚持"客观"，它到底意味着什么？在我的理解里，"客观"的意思是不以自己个人的立场为立场，是以承认个体立场的局限为前提,只有这样的承认才能够去说自己是客观,即它希望以更多的人,不仅是以"我"或"我们",更是以"他"或"他们"的立场作为评判事实真相的一个立场。客观不是上帝的眼睛,对于《新闻调查》来说,主持人不是立场,主持人只是一个视角,是通过这个视角去检验自己的立场。"客观"就是不以自己个人的立场为唯一立场,而是尽可能地去包容不同的立场。《新闻调查》需要解释自己的立场,才能获得自己的"真实"和"客观"。一个不敢宣称自己立场的人,他所宣称的真相是可以被质疑的,因为如果没有立场,我们就是把自己想象成上帝了,只有宣布自己有立场的人,我们才能相信它的真相。真相永远是和立场联系在一起的,有了立场,真相才是真实的,也正因此真相是有局限性的,真相是需要敬畏的,我们对新闻文本的编辑过程就决定了这件事情的"真相"。《新闻调查》的记者编辑们,当他们在编辑机上剪辑节目的时候,应该知道,其剪辑的每个画面其实都在决定着《新闻调查》怎么样去解释这个现实世界的真相,它的背后正是《新闻调查》的立场。

只有在此基础上,才能建立起对社会整体的脉络性的理解,而不是仅仅满足于、或局限于片面的表达和简单的道德宣泄,这样《新闻调查》才是成熟的。它应该更多地依靠思想的力量,而不能仅仅是感动,思想才是探求真实的动力。

## 三、我们是谁?记者和主持人是谁?我们的权力来自哪里?

如何来反观我们自己?我们探求真相的权力来自哪里?如何反思我们手中的摄影机?在中国,媒体既是国家权力的一部分,同时也是社会公共权利的重要组成,它不应该变成任何利益集团的工具,而《新闻调查》所坚持的不过就是这种权利的公共性。它建立在这样的理念上,那就是中央电视台作为国家电视台,它的公共权利就是服务于公众,这是一个社会正常运作的基本和正当的要求,也是国家媒体所应该担当的道义与责任。所以,在今天这样一个媒介市场化和商业化所主宰的转型社会中,《新闻调查》这个栏目也成为我们检测这个国家与社会的标示。

对于西方国家来说,媒体是社会的一部分,但是对于中国来说,媒体是社会的一部分,也是国家的一部分。国家和社会之间并没有泾渭分明的界限,国家和社会之间是互相包容和渗透的。国家并不是别人的,国家属于人民,属于我们每一个人,这是社会主义的承诺。国家需要我们去锻造,其空间需要我们去争取,民主需要一个在国家内部争取,需要锻造国家权力对社会弱势群体的保护和对社会意识的保护。这种锻造需要我们去践行,需要中国的媒体去奋斗。今天,我看到的是《新闻调查》在这个层面上所做的珍贵努力。它所有的坚持其实都是为了国家媒体作为社会公共权利的正当性,当然,它遭遇的所有的困难与困境也是因为这个权利被轻视的结果。

我注意到《新闻调查》一再说自己需要坚持和坚守。坚持和坚守意味着什么呢?意味着其实是有很多别的选择和诱惑,而且是非常强大的。需要坚守的到底是什么?其实是坚守媒体作为社会公共权利的正当性,这可以赋予《新闻调查》的每位同仁以神圣的使命感,我相信这也是《新闻调查》理想主义情怀的一个来源。但是这并不意味着我们可以把自己看得高于这个栏目,记者和主持人是因为这个栏目才拥有这样的权利。我看重《新闻调查》恰恰是因为它坚持国家所赋予的社会公共权利,它坚持做到的这些事情也是因为其他媒体放弃了,这才是我敬佩《新闻调查》的原因,而不仅仅是因为张洁的坚持或者《新闻调查》的记者、编辑们作为个体的坚持。对《新闻调查》的支持不只是对张洁个人的支持,或者是对《新闻调查》某一个记者的支持,而是对媒体作为社会公共权利、服务公共利益这样一个理念和行为的支持。

## 四、到底是什么力量成就了《新闻调查》?

成就《新闻调查》的并不只是这个栏目的坚守,也是一个国家和社会的力量使然。坚持固然是很重要的,但是《新闻调查》之所以存在,正是因为中国转型社会的需要,是中央台作为国家媒体的需要,尽管遭遇了很多打压,遇到很多的困难。但是《新闻调查》的重要定位是不可否认的,那就是它是作为中央电视台,作为国家电视台的一个内部存在。正因此,在某种程度上是没有让《新闻调查》直接暴露在赤裸裸的市场竞争环境下,暴露在赤裸裸的收视率和商业主义的利益下,如果是这样的话,《新闻调查》仅仅靠张洁们的坚持也是坚持不住的。这就说明其实对《新闻调查》有一个内在的需求，这就是国家的内在需求，国家有内部空间容纳《新闻调查》。我们可以把它解读为中国的进步，因为它能够容纳《新闻调查》这样的栏目存在，它能够容纳你们的坚持。

这同样说明《新闻调查》是有力量的，但是力量来自于哪里呢？是来自张洁个体的精神力量？还是每个编导的精神力量？我相信编导和制片人拥有和《新闻调查》一样的公共情怀。但我们更应该看到，真正的力量来自于《新闻调查》所处在的国家内部以及它所处的立场，即面对"他们"的立场。就像我刚才的解释一样，由于"他们"的存在，由于这个社会中被剥夺与被损害的那个巨大人群的存在，使得《新闻调查》具有力量。所以"他们"的存在是《新闻调查》存在的理由，也是这个社会道义的来源。只有《新闻调查》栏目把自己和"他们"联系在一起的时候，"他们"才可以有力量对权力说真话。对权力说真话的力量不仅仅是来自于你们个体的努力，更是因为你们背后"他们"的存在，他们才是支持道德感和正义感的力量，而不是相反。力量来自于背后的"他们"，由于他们的存在，《新闻调查》才有价值，因为他们的被剥夺和被损害，才有了你们存在的理由。他们是《新闻调查》的衣食父母，他们是这个社会道义的来源，当《新闻调查》自觉地把自己与"他们"联系在一起的时候，它才能够有力量对权力说真话。

所以在这个意义上，我觉得需要反省《新闻调查》的定位，它在一个转型社会中的角色和担当，它自己的自我理解。这些问题其实不仅是对《新闻调查》提出来的，也是我对自己提出来的，我虽然不是《新闻调查》的人，可是作为这个社会中的知识阶层，我们也应该反思在一个转型社会中，知识阶层到底何为？

我一直关注中国三十年代的一批知识分子的乡村建设运动，他们的所想所为。比如著名学者梁漱溟先生，别人尊他为儒家、哲学家，他对这些名词不屑一顾，他认为他这一辈子做的最重要的事情恰恰很多人不提，那就是三十年代在山东邹平做的乡村建设，对他来说，这是最重要的。三十年代也是中国社会的转型期，其实，中国社会的转型不仅仅是在今天，一百多年了，我们的转型还没有完成，甚至该往何处"转"？都失去了方向。在这个过程中，最重要的一个改变就是中国城市和乡村之间的断裂，梁漱溟其实要做的事情恰恰是解决这个问题。在这样一个前提下，他对知识分子立场的反思,是很值得我们今天来回顾的。

我们在梁漱溟和晏阳初的乡村建设方案里,都看到了对知识分子走向农村的号召和行为。向农民学习,这并不是中国传统社会的士绅阶层需要做的。它正是现代性的产物,是对现代化过程中城市和乡村分裂的反动,"故中国社会本不好分判得开,唯乡村与都市无论就政治言就经济言,却见形分势异。"在梁先生看来,"中国问题之解决,其发动主动以至于完成,全在其社会中知识分子与乡村居民打并一起,所构之一力量。"因为知识分子是少数,"又何能旋得全个社会成此远业?"所以,知识分子与农民之间的关系中,"他是宾而不是主耳。主与宾,何有定?方向在谁身上,谁是主。从乎其方向来完成其事者为宾于此,可以打个比喻。一社会知识智力之士,是其社会头脑心思之所寄;社会众人离他不得。一个人的行动,虽无不经过头脑判定而身体活动出来;但方向有早决于体内者,有待决于头脑者"。因此,"革命的知识分子要下到乡间去,与乡间居民打拼一起拖引他上来",知识分子到乡村去,好比为乡村增添了耳目喉舌,果真乡村人受到祸害能呼喊出来,中国民族的前途便有了希望,乡村建设便成功了一半。

"今所谓知识分子,便是从前所谓念书人。……在辟建理想新社会的工作上,他是最合适不过的。因新社会的辟建,一定要能先知先觉,一定要用教育功夫。……如果不能尽其天职,只顾自己贪吃便宜饭,而且要吃好饭,那便是社会之贼。今之知识分子其将为师乎?其将为贼乎?于此二途,必当有所选择。"他认为,农民是社会的主人,因为他们是社会的最大多数,知识分子也许可以说是社会的头脑,但不是社会的身体,社会的身体是"他们"。所以知识分子应该把自己和农民自觉地联系在一起。晚清以来,中国就面临重建新中国和新社会的巨大历史任务,今天这依然是一个没有完成的历史任务。新社会的开辟一定要有先知先觉者去做教育的事,这是他对知识分子的定位,知识分子的道路分为两条,一条为师,一条为贼。为师就是做启蒙,一百多年,中国的知识分子一直以此为己任。今天中国又被抛到一个转型社会中,中国的媒体与知识分子其实又重新站在一个选择的基础上,是做把自己的头脑与社会的身体相结合的"启蒙"事业,还是贪吃便宜饭的"民贼"?在梁漱溟看来,三十年代中国社会凋敝最大的原因就是中国农民的问题,农村和农民的苦难是中国社会最大的问题。今天历史似乎又走了一个循环,我们又回到了这个问题,这就是今天中国的"三农"问题。《新闻调查》很多的节目其实都直接与中国的城乡变革息息相关,如何重新理解今天转型社会中的城乡关系,并为构建新的平等而互哺的城乡互动而努力,为一个新的可持续的社会发展而努力,这是摆在我们每一个人面前的任务。

这既是我对《新闻调查》的期望,也是我对这个时代的知识分子和媒体的期望,谢谢大家。

2006 年 5 月

# "幸福"与"舌尖"
## ——关于央视的两则评议

### 当"幸福"成为一种提问[①]

2012年国庆假日期间,中央电视台在最具官方色彩的《新闻联播》中,推出了《走基层·百姓心声》特别调查节目《幸福是什么》,连续播出9天,突破了传统报道和编播模式的刻板与僵硬,引发关注。微博网络的各种议论更使得"你幸福吗?"这一短语迅疾走红,其中一位农民工"我姓曾"的回答尤为著名,节目中各种所谓"神回答"被汇编成视频集锦,在微博中广为扩散,开放出各种解读,并成为热议事件。作家莫言获诺贝尔文学奖接受央视《面对面》采访时,也因此遭遇这一提问。

在那些被认为精彩的"神回答"集锦中,基本是对"幸福"做调侃和反讽式回应,多数来自社会底层人群,如城市中的农民工、劳作的农民、辛苦的小商贩、沿街擦鞋的妇女,并揭示出他们的生存处境与"幸福"之间的张力,具有冷幽默的效果。但是,这些另类回应在9天的节目中,是散落在不同地方的。其主流并不逾矩。从"CCTV新闻值班室"关于此次节目的微博访谈中,得知此特别节目动用的记者除了央视,还包括各省市县电视台以及驻外记者群体;采访了3550人,播出采访147人。采访时有意识没有带话筒标,没有表明央视身份。播出后获得的影响效应,也使得此特别节目得到央视领导的大力赞赏。

---

[①] 本文发表于《新闻记者》2012年11期。

值得关注的是,此次参与采访的所有记者都被要求学习一部央视《纪事》栏目的纪录片《幸福在哪里?》,这是 2005 年该栏目的元旦特别节目。它开始于一行字幕:青海有一个叫德吉滩的地方,每天都有班车开往那里。"德吉"藏语中意为幸福。画面中出现通向远方的公路,记者在"通往幸福滩的班车上",开始采访:你幸福吗?你认为什么是幸福?此次央视特别行动基本上是复制了这个模式,但是以更碎片化的方式,更抽离的方式——从被采访者自身的生活脉络和时空环境中。

重温《纪事》是一种让人心态复杂的感受。因为这个以"行进中的中国影像"为广告语的纪录片栏目已经在 2008 年停播,同时停播的还有另一短时段的纪录片栏目《百姓故事》(10 分钟)。原《纪事》栏目曾更改名称为《百姓故事》,长度 45 分钟,作为 CCTV 新闻频道惟一的长纪录片栏目,袭用的是原《纪事》的广告语。但是这个"行进中的中国影像"还是于 2010 年终止了。

其实,它们都渊源于 1993 年央视新闻评论部《东方时空·生活空间》,这一以"讲述老百姓自己的故事"而著称的央视第一个纪录片栏目,其制片人为陈虻。它诞生于九十年代中国电视的黄金十年,也见证了这个时代的消逝。2000 年,该栏目改名《百姓故事》,同时创立 30 分钟的《纪事》栏目作为周末版。这两个栏目汇聚了央视最好也是最具有理想主义色彩的纪录片编导,他们主要来自于陈虻和时间这两位著名制片人所培养的队伍,代表了体制内对中国纪录片的理解和坚守。今天央视纪录片栏目化基本失守,其主创人员也都成为星散于不同部门的中间领导层。但是,他们仍然代表了央视内部专业主义与理想主义的一脉,并成为推动央视新闻改革的主要的自下(中)而上的力量,虽然微弱,但火种尚在。仅存的《看见》努力保持纪实风格,便是这一精神血脉的延续,虽然是以艰难的方式。

今天央视创立的纪录片频道,已经不使用栏目化形式,其大投资的人文和历史纪录片高调复归,呼应着打造国家软实力的需求。但是《舌尖上的中国》的异军突起,却在此框架之外,其实代表的是中国体制内纪录片发展十多年来在困顿中的一次突围。它依靠的是中国新纪录片运动在体制内的遗产,其创意和设置都立足于平民视角,它强调中国美食不是靠大厨也不是靠精英,而是靠底层的百姓,靠他们的辛苦、汗水与智慧,以及在此基础上的创新与发明,这样一种集体的底层传承造就了中国的伟大。它包含的追问是:到底什么是中国,以及中国的"软实力"?

今天,央视的"幸福"调查,之所以获得如此的社会效应,正在于凸显了这样的追问,那就是中国的主流媒体,究竟应该如何回应中国社会的巨大变革?在网上已经停止更新的《百姓故事》的栏目介绍中,依然保存着"历史是由人民写成的"字眼。今天,它通过"走基层"的方式获得了一次新的表演。但是,这样的行走,在很大程度上,却是浮光掠影的,它在某种程度上激活体制内的纪录传统的同时,也回避了另一传统,那就是努力地深入社会的脉络,建立与社会血脉相连的有机联系。

对于央视的新闻改革,我希望这是一个反思的契机。八十年代以来,对纪录精神的追求,一直是体制内新闻改革的重要动机。新世纪以来,这一传统的式微,也同时伴随着主流新闻媒体生态的不断恶化,这并非偶然。"你幸福吗",这一来自1960年代法国人类学纪录片《夏日纪事》的经典提问,已经成为一种纪录电影的传统,在不同的时代和社会脉络中被传承和发展。但是它从来不是一种简单的提问,而是深深地镶嵌在特定的社会与时空的内部,并在此基础上不懈地对摄影机与真实问题进行反思性处理和追问。这是避免这一传统沦为单纯的媒体表演,以及对被拍摄者的功利性利用,甚至迎合大众狂欢心态的影像杂碎——唯一可能的路径。

今天的中国,"幸福是什么?",它更应该成为这个时代对我们主流媒体的提问。

## 真正的传播是展现多视角的中国[①]

对我而言,让我最感兴趣的是《舌尖上的中国》和我一直在关注的"乡土中国"之间的关系,我发表过一篇文章《新乡土主义,还是城市贫民窟》[②],反思中国和世界的城市化进程,当"城市化"被看成是普世道路的同时,它所造成的灾难被遮蔽了。我从这个层面来理解《舌尖上的中国》。

中国几千年没有中断的文明都是建立在乡土文明的基础上,我们的

---

① 本文发表于《国际先驱导报》2012年6月13日,记者杨梅菊采访/整理。
② 吕新雨:《新乡土主义,还是城市贫民窟》,《开放时代》,2010年4期。

哲学、理念、生活方式、风土习俗，所有能标志中华文明的东西，其实都生长在乡土的中国之上。如果没有这个基础，我们的生活还能剩下什么？就像《舌尖上的中国》中所说：中国现在的城市从样貌上已经没有什么差别，能用来区分它的只有飘在城市上空的气味。但是，这个气味也在消失的过程中。《舌尖上的中国》是对我们的一个提醒：我们的生活的根基究竟在哪里，文化与文明的生命力又存在在哪里？《舌尖上的中国》让我们感受到另外一个中国，它还可能活着。这样，它就开启了一个公共讨论的空间，是让它仅仅成为一首挽歌，还是需要把根留住？

在我看来，《舌尖上的中国》代表的是中国体制内纪录片发展十多年来的一次突围。它一方面得益于对国外纪录片有意识的借鉴，影视叙述的手法比较现代，点面结合，小处入手，大处着眼。解说词表达了一种温和的科学主义视角，用"科学"的解释来破解对于乡土中国愚昧落后的理解，把传统美食重新置放的今天的现代主义的视野里。同时在解说词里不仅从内部视角观察中国，也拉开距离从外部视角来评说中国，以增加国际化传播的可能，并帮助生长在城市中的人们理解中国的丰富性和多元性。这种借鉴（特别是对《美丽中国》）显然是成功的。但同时它又保留了中国新纪录片运动在体制内的遗产，它的整个创意和设置都立足在平民的视角上，它强调中国美食不是靠大厨也不是靠精英，而是靠底层的百姓，靠他们的辛苦、汗水，靠他们的创造和发明，这样一种集体的底层传承造就了中国的伟大。《舌尖上的中国》把食物放在了社会的脉络里，把食物和中国社会最平民阶层的血肉关系揭示出来，在这里，你看不到中国三十年改革开放对乡土社会的侵蚀，乡土中国似乎并没有瓦解。这一有意为之，也体现了编导的一种特别的考虑。

也许是这一点会让人感到疑惑：为什么乡土的中国反而能得到那么多人甚至是外国人的喜欢？那恰恰是因为《舌尖上的中国》没有去迎合"文明就是走城市化道路"的普世价值，而是回到乡土中国，这个视角本身即对全球化过程构成反思，它立足在中国这样一个包括了农耕文化、游牧文化的多元文明体系里面，展示了一个存在于社群关系中的国度，食物是一个社会机体的表达和有机组成。例如村宴，以及宴席上对老人的尊重，这种将食物和社群勾连在一起的手法，当然是对今天城市化过程导致社区瓦解的一种反思。这些社会问题不仅只发生在中国，它是世界范围内的问题,所以《舌尖上的中国》从中国食物和社群存在的角度提供了一个视野,他们看到文明的传承竟然还活着,这是能够获得好评的关键。从这个意义上说,我们不是要去迎合西方的口味,而是要怎么样回到自己的文化中,从中国的特殊性里找到普遍性。

事实上,国家纪录片对民间视角的重视并不是现在开始的,上个世纪九十年代新纪录片运动在体制内的存在都在讲述老百姓的故事,只是今天《舌尖上的中国》给我们的启示是国家纪录片应该更多的具有这种民间视角。另外一方面,通过纪录片向西方表达中国也并非从纪录片频道才开始,长期以来,中国独立纪录片在国际影展上一直受到关注,只是体制内的纪录片受制于双方浓重的意识形态和偏见的笼罩,走出去非常困难。所以也可以说,《舌尖上的中国》的成功其实是体制内纪录片对西方影视市场的一次突围。它提醒我们去想,究竟什么是真正的市场关系。

中国是一个无限丰富和开放的概念,无法被既定的任何理论所穷尽。大家都在试图叙说中国,不管是赞美的、诗意的还是批判的,如果多视角的中国能够有机会展现出来,这才是真正的传播。不是说负面的要遮蔽起来,这种思路本身就违背了传播的内在要求,真正重要的是否是中国立场。至于什么是中国的软实力?我们今天把软实力理解为成功的文化传媒大公司、跨国企业等资本层面上,这样的理解本身就是错误的。一个国家的软实力是该国人民的生活方式和价值理念,是体现在他们对生命意义的体悟、对文化与社群关系的理解。中国真正的软实力是体现在百姓与社会中间,这才是我们最应该"宣传"的。

一般而言,中国独立纪录片获得认同的一个前提是西方人希望看到更内部视角的中国。但从国家话语方式和高度对一个民族和国家的呈现,是任何一个国家的主流意识形态都需要去做的。在这个过程中真正重要的是观念,即你怎么样理解中国?只有理解了什么是中国,才能理解什么是世界,才有理解世界的立足点。《舌尖上的中国》之后,我们需要的是国家电视台更多从不同视角对中国的阐述,对于这一点,它们责无旁贷的。体制内对社会发展的推动是值得重视的,这次的选题是总导演陈晓卿自主选题上报的,它给予的一个希望是,内部的推动是值得期待的。

# 也谈启蒙、媒体与文化产业[1]

郝老师叫我来参加这个会,其实我昨天还在推脱。之所以犹豫,是因为觉得这里面涉及到的问题非常复杂,很难一时半会讲清楚,所以会有很多的争议,而这些争议很可能没有共识。

刚才杨老师也说到启蒙的问题。什么是启蒙?当然,我们都知道康德著名的文章,还有福柯对该文的重新解读。但是如果我们是要落在中国当下的语境下,什么是启蒙?今天会上有人把它推到1915年的《青年杂志》,也就是后来的《新青年》。所以,首先面临一个怎样重新理解"五四"的问题?作为中国启蒙运动开端的标志,关于"五四"我们已经有了很多叙述,包括救亡压倒启蒙,保守主义的崛起也会对启蒙进行更彻底的否定,不同的趋向都投向了怎么样理解作为启蒙运动的"五四"。今天,已经有更多的研究指向了"五四运动"本身的丰富性和复杂性,它本身包含了各种不同层面的思想趋势。如果我们只是把"五四"看成是一个西方学说的引进,但是这个引进的过程同时也引爆了中国对自己传统文化的重新解释,正是"五四运动"本身包含了强劲的保守主义的崛起,也包含了重新整理中国民间文化的趋势,比如,周作人等在北大创立民俗研究。所有这些其实都是"五四"运动的内在组成部分,它包含了激进的取向也包含了"保守"的面向,更包含了对革命学说的引进。这个革命的内容包含了从资产阶级的法国大革命到土耳其革命,当然还有更重要的俄国革命,以及

---

[1] 本文系2012年10月在上海大学新闻理论研究中心和《文学报》社共同主办的"新媒体文化产业与新世纪文化启蒙"研讨会发言。

对一战之后欧洲危机的激进反思。所有的这一切其实都包含在"五四"新文化运动的内部,今天有一个很大的可能就是把启蒙单面向了,这就会丧失掉对很多问题的历史把握。所以我们讨论"五四"启蒙运动需要有一个再出发。

我自己做了差不多十年对梁漱溟先生的研究。梁漱溟在"五四"的知识谱系里是属于保守主义的。梁漱溟在今天开始重新时髦了,很多人开始做他的研究。梁先生对我来说意义是在于:他在很大程度上使我重新去思考中国的现代性以及知识分子和乡村、城市和乡村的问题。如果我们把启蒙的主体是看成知识分子,这个没有错,但是为什么恰恰是这些作为启蒙主体的知识分子,他们在不同的历史阶段都会走入农村。五四新文化运动的时候,李大钊就提倡过新村运动。新村运动来源于欧洲社会主义思潮中的合作运动及其在日本的推广。它所对应的是西方资本主义发展导致的对社会的破坏而激发的社会保护运动。中国第一波合作运动最早是在上海,是在复旦展开,主要的活动先驱者薛仙舟和杂志都是在复旦大学。但是这个立足在城市的合作运动很快就失败了,因为1924年大革命爆发了。所以启蒙和革命的关系无法回避。革命本身就是启蒙运动的展开。

在中国讨论革命的问题就必须讨论城市和乡村的关系。实际上是二十年代的大革命及其失败,催生出三十年代乡村建设运动的热潮。除了受共产主义影响的知识分子去延安,去乡村做革命,做农民运动之外,我们还看到大量的不同的政治光谱的知识分子,比如说梁漱溟,比如说晏阳初。晏阳初的背景是宗教,他从美国国会募钱,然后到中国做乡村建设运动。国民党、军阀也都支持乡村建设运动。不同的政党和不同的人群都到农村去做乡村建设。这提醒我们的是,一百多年来中国的国家与社会发展的内部,城市和乡村断裂的问题是怎样内在于中国的历史中。这才是我们解释为什么这些作为文化主体的启蒙知识分子会以自觉的方式走向农村。梁漱溟的乡村建设运动最后其实是失败的。1937年日本人来了之后,村校和乡校的校长有被村民打死的,因为民兵整建制地被军阀拉去上战场,导致他的整个乡村建设运动失败。但是我们看他的乡村建设的实验却和毛泽东的乡村革命具有非常强烈的呼应关系。三十年代的梁漱溟的乡村建设方案,与共产党从大革命时期到延安时期一直到这个五、六十年代农村的社会主义改造、集体化的道路,之间有共同的历史逻辑和历史动力。这些问题是特别复杂的,这里不展开。

我只是先回到今天讨论的问题。今天城乡分裂再度开启,这使得中国在城市化的过程中对城市化的反思也再度爆发。莫言的获奖是一个象征,他是属于乡土中国的作家,是乡土中国获得了诺贝尔文学奖。这提醒我们再次注意的是作为乡土中国的主体性在今天的命运以及可能。梁启超曾经说过"欧洲国家,积市而成;中国国家,积乡而成"。今天的激进城市化的过程中乡村正在沦陷,每个人的家乡都在沦陷——这是一本文学杂志上的说法。在这个过程中,很多年轻人,正以不同的方式开始回到农村去试图重新激活这个传统。在新的历史条件下,重新认识城市和乡村的关系,知识分子、艺术家和文学家与乡村的关系。这样的一种新乡村建设运动,我称之为新乡土主义的新一波社会运动,该在什么样的启蒙光谱下来讨论?这值得今天重新来思考。

我们今天会议的另一个关键词是新媒体文化产业。新媒体是一个概念,文化产业是另外一个概念。今天会有很多人希望把新媒体产业化,或者说商业化,但是商业化本身是不是新媒体的目标,这是需要打问号的。在今天国家主导的文化产业建设里边,主体部分其实不在于新媒体本身,而是打造新的国家意识形态的载体。在这个意义上打造作为国家形象的巨片,这使得中国的电影产业整个好莱坞化。好莱坞化背后的理论支持就是中国需要文化产业的发展,而文化产业的发展又被直接挂钩于国家的软实力。这使得我们产生一个疑问,究竟什么是国家的软实力?国家的软实力主要是指一个世界话语体系里的话语主导权。如果我们对从五四新文化运动一直到今天的历史,没有一个清醒梳理的话,在话语上失守这样一个局面将会延续。这就会注定中国文化产业的不可能,即便我们把自己变成好莱坞的中国翻版,也并不意味着成功,我们已经看到了很多好莱坞式的中国大片,第五代导演集体好莱坞化,他们并没有带来中国软实力的增强。而是恰恰相反,其电影成为空洞的能指的狂欢。而莫言在谁也没有预料到的情况下,没有国家投资、没有国家战略依靠的情况下,作为一个几乎被中国大众传媒和文化产业所遗忘的人物,突然获得了中国话语的表达权,这构成了一个反讽的局面。他逼迫我们追问,什么是文化产业和文化产业背后所不可或缺的价值观?这个价值观应该怎样放置在中国近百年从五四新文化运动以来的文化启蒙的谱系里边来理解？今天中国的文化产业在很大程度上沦为一个寻租的场域。地方政府从中央政府中寻租，媒体利益集团从各级政府中寻租。当文化产业作为寻租模式的时候，我们怎样期待从这样的文化产业里生产出中国的软实力和中国的话语体系？能够立足在中国自己的文化和历史的语境下，并且这个话语体系是能够在今天的世界文化和政治格局中拥有一定话语权的，这是一个尚未解决的问题。

在这样的一个前提下，我不认为我们有文化产业的可能性。新媒体讨论有很多，我们曾经选取了十大微博事件来进行案例分析，并以此做了一个工作坊。我们的研究结果并没有发现在微博的领域有更多启蒙的乐观。恰恰相反，我们在这里边看到的很多期待，比如说民主的期待、交流的期待、公共空间的期待等等，所有这些期待在今天的新媒体里都困难重重。今天的新媒体也同样遭遇到很多的问题，包括资本的控制、利益集团的控制。新媒体并不能自外于中国的现实。所有这些都对我们今天文化价值的处境提出了挑战。所以，新媒体和文化产业，作为一个产业形式，其产业形式作为一个市场经济的行为，并不能解决这些问题。正因为我们对这样的市场经济行为背后的意识形态的反思是不够的，这使得我们的文化产业面临着一个空洞化和虚无化的可能。这也使得在今天我们重新去讨论什么是启蒙？什么是在今天新的历史条件下的启蒙？这些构成了新的迫切话题。中国知识分子在今天这样的一个格局中到底能扮演什么样的作用？这在今天是暧昧的。我们已经目睹了公共知识分子怎么样由一个褒义词变成了一个贬义词。九十年代我们的主流媒体知识分子还是被高高赞扬的，但是今天在微博上，所有人都知道公知是一个骂人的词汇。这背后的逻辑到底该怎么样去建立？我觉得这是值得反思的，不能仅仅归罪于媒体自身和社会，知识分子在今天的自我反思和自我批判也许是更重要的。

# 媒体的狂欢[①]

## ——对台湾地区传媒生态的观察与思考

1997年11月,我应台湾联合报系文化基金会的邀请赴台湾地区做了为期一个月的访问研究,该基金会一向致力于海峡两岸的文化交流,而我则有幸成为该基金会邀请的第一位大陆的媒体研究者。在这一个月的时间里,正好赶上台湾的两件大事,即陈进兴绑架案和台湾县市长选举,国民党败北民进党获胜,这使我获得了一个非常好的机会近距离观察台湾的媒体与社会,也由此看到一些值得思考的问题。自台湾回来以后,对这些问题的思考一直延续,一年多过去了,我想以此文来对自己的观察与思考做一个阶段性总结。

自1987年全面解禁以来,台湾地区以西方自由主义的意识形态为旗帜,建立了市场化发展的媒介制度。而我关注的便是在这样的媒介制度下,媒介的社会角色,它与社会意识形态之间的关系,知识分子在媒介制度中的角色等。我的观察多以电视为读本,因为时间短,条件所限,没能更多地核实材料,一些凭感性印象,错误之处,祈望大家批判。

一

电视被认为是现代社会中的强势媒体。台湾地区最早的电视台是无

---

[①] 本文节本发表于《读书》2000年2期。

线三台,即台视、中视、华视,这三大台都是六七十年代就建立,从报禁之前延续过来的,其主要特点是官股民办,台视的主要股东是台湾省政府,中视的主要股东是国民党中央党部,华视的主要股东是军方和教育部,所以这三台一向被认为是国家意识形态的工具。报禁解除十年来,台湾的媒介生态产生重大变化。对于电视界来说,除了无线三大台以外,新出现第四家无线台,即民视,该台的政治背景是在野党的民进党。而最大的和最重要的变化则是所谓"第四台"有线电视的合法化发展和卫星电视的崛起,这一过程正处于群雄逐鹿,烟尘未落的阶段。小小台湾岛因此烽烟弥漫,各路政治、经济势力都欲在此一展身手,外资插足强占市场,甚至黑社会也有介入,呈现出非常复杂的局面,在这背后已经形成极其错综复杂的政治和资本交织的权力关系。

有线电视在台湾获得立法是1993年。有线电视的出现,使得台湾的电视出现了多频道的形态,据我所看到的1996年的统计,台湾已经有一百六十家以上的有线频道可供受众收订,[1]这个数字还在增长。节目的性质趋向与以频道来区分。学者们认为这使公众的媒介接近使用权(access to the media)得以有可能实现,因为频道资源不再缺乏。媒介接近使用权是美国社会责任理论出现之后的一个重要内容,是对古典自由主义的媒介理论在资本主义进入垄断阶段后不敷使用的补救与发展。台湾有线电视法中有一条很重要的规定是系统经营者"必须免费提供十分之一以上的频道作为公益性、艺文性、社教性节目之用"(有线电视法第廿三条第二款),就是为这个权利做法律上的保证的,这些公用频道应该向社区民众、学校机关、文艺团体、公益团体开放,不向订户收费,也不得向频道使用者收费,也不得播广告,公益广告除外。台湾的这一法案是以美国1984年通过的"有线电视传播政策法"(The Cable Communication Policy Act)为蓝本的,该法案规定,系统频道数超过36个,必须开放十分之一的"社区近用频道"(community access to channels),给民众、教育机构和政府使用。其实,早在七十年代初,美国的联邦传播委员会就提出了开放免费频道的法案,即"有线电视公告与法规"(Cable Television Report and Order),但是在1979年的一次案例判决中,该法案没有

---

[1] 《有线电视与观众》,彭芸、钟起惠编著,广电事业发展基金出版,1997年3月,第199页。

得到美国最高法院的支持,最高法院认为有线电视系统经营者也应该受到宪法第一修正案的保护,从而判定法案无效。所以到了八十年代,鉴于最高法院的否决,美国通过的这个"有线电视传播政策法"是由各地方政府监督实行的,并没有全国性的统一执行标准,所以执行情况并不理想。[①] 台湾的情况是,虽然有法可依,但是在实际操作中问题仍然很多。除了法规本身不够严密,主要问题是系统经营者并不乐意去做,而一般民众对这项可以利用的权利毫无所知,没有人告诉他们,电视媒体出于自身利益不会为此做宣传;不过,即便是知了,又能如何? 电视节目的制作需要专业化训练和昂贵的器材,这本身就是限制。为什么系统经营者不乐意呢? 因为"系统经营者对共用频道的态度,仍然以'市场'和'收视率'为主要考量点。"[②]在市场竞争白热化情况下,经营者自然不肯去做不赚钱的事。有线电视法的相关法规实际是一纸空文。如此一来,有线电视频道林立的结果其实并没有使得多元化发展成为现实,官方的意识形态的垄断确已打破,但是一个民主、多元、公正的新秩序并没有如所期待的那样建立起来。

而另一个很重要的问题是,面对如此庞大的频道轰炸,受众似乎并不太买账,据统计,对频道的收视数目,1994年仅为6.27个频道,1995年略升为6.28个频道,[③]这是耐人寻味的。这首先意味着在市场化发展状况下极为严重的资源浪费。为什么观众不热心于有线电视呢? 对观众的调查显示,很多节目质量低劣是一个重要的因素。如此之多的频道,节目制作水准的普遍低劣就几乎是不可避免的,人才、资金都处于分散状态,加上恶性竞争,还有卫星电视的加入,把一个没有成熟的市场暴露在西方强大媒体的火力之下,使得目前的台湾其实并没有具备发展一个健康的高水准电视文化的环境。

---

[①] 参见《"媒介使用权"的实践——初探我国有线电视公益频道的规范与问题》,吴宜蓁,《传播文化》第四期,辅仁大学大众传播学研究所刊行。(作为学术资料,文章标题保持原貌。下同。——出版者注)

[②] 吴宜蓁:《另类频道:解析我国有线电视共用频道之意涵与问题》,载《一九九六年媒介与环境学术研讨会论文汇编》,辅仁大学大众传播学研究所印行。

[③] 同上,第71页。

## 二

对于我,一个来自不同制度的观察者来说,我关注的是自己到底看到了什么。第一印象是新闻非常戏剧化,这和大陆的新闻节目的政治规范有很鲜明的区别。每天的屏幕很热闹,像个大舞台,我到来不久,就很快熟悉了其中的主要角色。因为选举日近,我很自然地就开始关注媒介与政治的关系。我发现政界人物像永远没有结局的电视剧演员,每天露面,谁骂了谁了,谁又有了反驳了,从人身攻击到大打出手,见惯不怪,私人家庭领域也会不可避免地被牵涉进去,某太太又在屏幕中哭诉政敌对她和她先生的人身攻击,但是却也很难激起人的义愤了。政治成了赤裸裸的政治,不再需要道德的遮羞布。而"作秀"却成了一个使用率非常高的词,每一个政界人物都必须具备在镜头中作秀的本领,这成了政治上能否成功的首要条件,可以这么说,在镜头中的表现不能打动选民就几乎不能当选。所以在竞选会上,竞选与助选的人又唱又跳,煞是热闹,李登辉也不例外,也要拿着话筒唱唱小曲。我被告知,老百姓看到李登辉在台上笑容可掬的向人们频频鞠躬,"感觉好极了"!随意骂总统也是老百姓发泄情绪的惯常途径。而且老百姓确实把不再信任的国民党在这次县市长选举中选掉了,当时媒体以"台湾变了天"来表达一种惊叹,国民党内部也引起很大震动和反省。

对涉及到有党派利益的新闻来说,特别是选举,不同的电视台会有不同的视角。台湾学者在研究 1996 年的台湾总统直选时的报告表明,三大无线台有明显的政治偏差,并不"公正、客观",①政治倾向在节目中有淋漓尽致的表现,这一点,我不看台湾学者的报告,就凭我有限的看电视的体会也感觉得出来。该报告还表明,有线电视在选举报道上要比无线三台要"公正平衡",虽然也有偏差,但是"可能"为结构偏差,而非政治偏差——但是关于这一点,报告并没有给出让人信服的证据。我对此持怀疑态度。因为我感觉到,台湾有线电视的发展还远没有到能够自觉地保

---

① 罗文辉:《总统选举的政治偏差:无线与有线电视台的比较分析》,《一九九六年媒体与环境学术研讨会论文汇编》,辅仁大学大众传播学研究所印行。

持媒体的独立地位,不受权钱影响的时候。我看到另一位学者在演讲中说"很多和政治上相关的人物,都涉足有线电视,其中包括立法委员、县市长,差别只在程度上的不同而已。有的人真的入股,有的人以亲戚、太太的名义入股,反正就是想办法拥有一部分控制权,希望自己在选举时能有多一点机会露面。"①我相信这是事实。

  我认为,台湾地区的政治在很大程度上可被界定为媒体行为。台湾地区县市长选举,我曾去板桥参加了一个由知名主持人李涛主持的TVBS知名栏目"全民开讲"的直播现场,现场邀请台北县县长的各党派候选人列于主席台上发表演讲,台下是各候选人的支持者。会场很热闹,像个大集市,也像个狂欢节,孩子骑在爸爸的脖子上,手里拿着色彩鲜艳的气球,每个候选人有规定时间演讲,最具有煽动性的是民进党候选人苏贞昌,比起其他候选人,他在演讲中其实并没有讲多少施政纲领,多是简单的口号,但反响也最热烈。最受冷落的是新党,这是一个知识分子占多数的党,候选人是博士,他的演讲也最学究化,很详细地说明与论证,但是应者寥寥。国民党候选人没有参加这个影响很大的节目,被主持人李涛讽刺为不敢,后来我听说他们的理由是"比汗水而不是比口水",结果却是汗水输给了口水,国民党在台北县失守。这是一个口水的时代。也是一个媒体政治的时代。那么,媒体是否公正就是一个关键的因素。

  媒体如何才能公正?市场化能实现公正的理想吗?

  媒体以在制度上和经济上独立来保证公正,这一直是一个没有完全实现的理想,而这个理想的实现除了媒体自身的道德追求和对社会责任感的自觉承担,更重要的是,要靠媒体所在社会的制度保证。古典自由主义认为市场化可以提供一个"意见的自由市场",而人作为有理性的动物,可以凭借理性作出正确的选择。但是当今社会,媒体的市场化发展其实已经形成对自由主义理念的挑战。首先,对于每一个社会公民来说,市场化并不意味着公平,因为媒体的经营需要巨大的资金投入,这就不是谁想干就可以干的,政治上的平等被经济上的不平等所置换;其次,媒体的市场也不是建立在理性基础之上的,即如果你的产品质量不好,就不会有人

---

① 刘幼俐:《谁是未来的CNN?》,载《新闻·媒体·面面观》,联合报文化基金会出版。

问津；而媒体却可以靠迎合人的非理性欲望来受到欢迎，严肃的报纸在发行量上永远敌不过建立在欲望的"最大公分母"上的黄色小报，如果单纯以市场来做裁判，必定会形成所谓劣币驱逐良币的现象，以金钱为唯一驱动和价值评判，必然会使媒体无法承担自己的社会责任。而且，人们越来越认识到"意见的自由市场"背后有各种权力之手的操纵，在默无声息地掌控着人们的观念。毫无疑问，自由主义的理想需要维护，但是凭借着理想的市场化方案，是否能完成民主的任务，值得重新审视。台湾的新闻自由是被包括台湾学者在内的很多人作为台湾民主社会的重要体现，因为这是只有在台湾全面解禁之后才有可能出现的局面，但是新闻自由是否能够必然导致客观与公正？新闻自由是否必然导致民主的实现呢？这之间是否能划等号，看来并不是一个不需要质疑的问题。

## 三

在私人访谈中，我被告知解禁十年，自由了的台湾媒体已不能忍受任何形式的压抑。所以台湾至今并没有一部新闻记者法，而且台湾是否需要这个新闻记者法，在台湾学术界尚是一个有争议的问题，那么是否会有新闻记者滥用新闻自由呢？回答是可以通过新闻评议会等方式限制。但是我在媒体从业者和研究者那里调查得到的回答是一致的，那就是在现实生活中，新闻评议会全无作用！不是它不发挥或不想发挥作用，而是没人听它的，它远远不足以构成制衡的力量。新闻评议会形同虚设。也就是说，一旦新闻记者滥用新闻自由，没有任何可以制约的力量，除了在商业利益追逐下软弱无力的道德诉求。

谁能制约媒体？我们都知道任何不受制约的权利都会产生腐败。在这里，没有任何限制的新闻自由，正是台湾媒体产生"腐败"的根源，而使我对此获得验证的正是媒体对陈进兴案的报道。

陈进兴是轰动台湾的白晓燕撕票案的主犯，白晓燕案曾造成台湾强烈的社会和政治动荡，李登辉与连战向民众道歉，内政部长和警政署长相继辞职，股市重挫，各社会团体和民众走上街头游行。我刚到台湾时，他还在逃，于是我有幸在电视上数次看到警方围捕陈犯无功而返的情景，使初来乍到的我颇为惊讶的是，我看到的记者比警察勇敢。原来台湾警察社会地位低下，待遇很差，很多人甚至不能配备防弹服，当然愿意卖命的人也不多。相比之下，记者却为了抢新闻不怕死，奋勇当先，冲在警察前面。一次警方搜索阳明山无功而返，便有漫画出来，阳明山上三道人墙，第一道是摄像记者，第二道是搜山的警察，第三道是看热闹的民众，而陈进兴却安然地在山脚的小屋里看搜捕他的实况转播。事实是那天陈犯确实是在山脚看围捕他的实况转播。

陈进兴等人创台湾犯罪史上最善于利用媒体之最，在逃期间，他们数次给一些著名报纸写信，为他们的犯罪辩护，他们知道这些报纸抵挡不住热卖点的诱惑，他们赢了，报纸果然照登不误。最精彩的是最后，穷途末路的陈进兴趁黑夜潜进南非武官官邸，绑架了武官全家以为人质，这使得一个台湾社会内部的事件有可能演变为一个国际事件，这对于正在拼命发展国际生存空间的台湾当局来说，实在是很震惊的。全台北的电视媒体都到了现场，黑压压的都是摄像机和转播车在守候，警方在现场划的警戒线根本挡不住记者。而曾经被学者高度评价为民主与自由体现的CALL-IN（直播中接通观众的电话）这回前所未有地大大地唱了一把主角，主持人在直播间与陈进兴接上了电话线，接下来就是长达数小时之久的现场"采访"，陈犯在拿着枪控制着人质的时候，一边看着实况转播的电视，一边在电话里话语恳切地为自己的所作所为辩解。主持人对他的逻辑并不反驳，也不敢反驳，怕惹恼他威胁人质的安全，所以整个CALL-IN就成了他的讲坛。陈进兴甚至还提出要求CNN派记者来采访作为条件，被CNN拒绝。但是台湾的媒体似乎是很愿意被他看中，可以做独家采访。我后来在政治大学为此举办的一次座谈会上，听到那第一家把电话打进现场的媒体的负责人说，他们得到新闻线索的时候，也觉得不太好，但是一想，如果我不做，别人肯定要做，既然别人要做，那么我为什么不做呢？并且反问道，在座的有谁那天夜里没有看这个节目呢？我相信那天深夜，收视率是创了纪录了。我也是撑着睡眼熬到午夜三点左右，只是因为他们再次用我听不懂的台湾方言说话，才不小心睡着了。后来我听说，因为电视台占了线路，以至于警方要办案电话都打不进去。早上我醒来，再看电视，发现一直扬言要自决的陈进兴已经与警方达成协议投案自首。媒体还有一个绝妙的理由为自己辩护，说正是因为与主持人的交谈，释放了陈进兴的紧张和焦虑,使事件的和平解决有了基础。但是解决问题并不是传媒的任务,不能以此来辩护。在对这起案件的报道中,传媒频频越位,充分暴露了台湾媒体制度中的很多问题。我想,媒体对这个案件的报道,会成为台湾传媒史上的一个典型事件。

对于此事的发生,学界倒是有迅速的反应,政治大学传播学院专门召开了一个"犯罪新闻报道座谈会",邀请知识界和媒介实务界中一些知名人士在一间阶梯教室面对学生发表意见。知识界多从职业道德上谴责,实务界多为自我辩护。因为是面对学生,所以各位人士像是在轮流演讲,彼此的观点并没有交锋,所以没有也不可能解决任何问题,除了会议主持人宣布把各位演讲收集起来出一本书。有学者说:我们这些从事新闻教育的人很悲哀,辛辛苦苦教导学生要有新闻职业道德,可是学生一毕业,一进入媒体,职业道德就被付诸脑后,我们的心血也就付诸东流了。我想,这个问题是一个制度的问题,媒介实务人士难道不明白职业道德这个道理吗?但是,人在江湖,就身不由己了。

观众的反映如何呢?就我的接触,有代表性的一种是大骂陈进兴不够英雄,是狗熊,信誓旦旦地说要自杀,结果却没有,不免使通宵守候在电视机前的观众觉得不够过瘾,一个期望中的电视连续剧高潮没有到来。以此种观点来看,观众对电视新闻的期望并不是理性的,而是非理性的,是以戏剧化心态来看待新闻的,这种心态是否是由台湾电视新闻的叙述结构培养出来的呢?是否是台湾电视新闻的一个折影?

另一种观点,特别是一些青少年,觉得陈进兴还是挺有人情味的,他很爱自己的太太、孩子,是个好丈夫、好爸爸。这是一种很危险的观点,这意味着陈进兴成功地以他个人的视角遮蔽了这个社会对他的犯罪,而且是如此残暴的犯罪事实的认知,从而混淆了一个社会赖以生存的最起码的善恶观。事情发展到这一步,自由主义已经无法为之辩护;因为从自由主义的观点来看,观众愿看,电视台愿播,并不违背新闻自由;而且陈进兴是否也有人权?他为什么就不可以在媒体里发言?但是,所有的人都可以凭着本能嗅出其中的危险,因为这种危险会直接指向这个社会中的每一个人。

于是,问题成了这样:媒体是否应该承担对一个社会主流意识形态的维护?对于我们来说,这不是个问题。但是,对于台湾的媒体来说,这确实是个问题,而且是个大问题。

我的感觉是,在解禁之后,台湾的媒体便进入了一个盛大的狂欢节,在狂欢节中,一切束缚都在想象中被抛弃了,那是一种美好的体验,但却是非现实的。自由,那是生命中不可承受之轻。在这种轻盈的体验中,媒体的社会责任就变得太沉重了。

在台湾,年轻人很愿意选择媒体职业,因而大学里的新闻与传播的专业很受欢迎。因为记者有很高的社会地位,有话语权。这一现象与大陆相同,但是性质却不同。大陆是因为国家电视台所享有的权威,所以中央台的门槛最高;而台湾是因为记者所服务的媒介享有空前的自由权利,握有强大的社会权力,而不必为责任所累,在我看来,这正是狂欢效应的体现。台湾有很多以 Talk Show 形式出现的新闻评论类节目,邀请一些嘉宾就某事件或话题展开讨论,并且有 Call-in,也就是现场接通观众电话。这类节目一是时效性强,二是制作费用便宜,所以很风行。而这类节目主持人的风格可以概括为:以自我为权威,他/她可以任意地毫不留情地截断嘉宾的话和观众打来的电话,态度强硬,并不文质彬彬,甚至在我看来有不够礼貌之嫌。我想,这正是媒体希望自立为权威的体现。在大陆的节目主持人纷纷以平民化为追求时,反观台湾,觉得这里面意味多多。

## 四

我在台湾地区的观察发现,没有迹象表明在市场化发展下,目前台湾的媒体可以自觉地承担为一个独立的政治力量,这一社会"公器"从来就是各种社会力量角逐的目标,"公器"成为"鹿"。中原逐鹿,鹿死谁手?"鹿"总有一天会被"逐"死的,逐鹿的动机不过在于希望分的鹿肉多。群雄争鹿的局面不会太久,就会形成新的封建割据,多而小的局面会被少而大的垄断所代替,这就是市场的逻辑,发达资本主义市场的逻辑。台湾地区的电视业正在朝此迈进。目前,政治和资本已经在这些私营电视台背后形成了错综复杂的关系,所以除了政治利益和经济利益,私营电视台很难承担社会的公益性的服务,收视率是上帝。由于笔者的学术兴趣,我很关注台湾的纪录片的状况,但是我在电视中看不到任何严肃的纪录片,纪录片界的朋友告诉我说,私营电视台不可能开辟纪录片的栏目,因为不赚钱,所以寄望于公共电视台的重新建立,而公共电视台在立法过程中曾受到重重的阻碍。我在台其间,台湾的公共电视台已经在筹备重建,其中有一档《原住民杂志》,工作人员多为受专门培训的少数民族。目的是为弱势文化与弱势人群建立一个发出声音的管道,现在已经开播,希望能有所作为。

我在台湾的观察还印证了,在自由主义的口号下面,台湾并没有发展出优良的电视文化。台湾的知识分子对此深恶痛绝,但也无可奈何。政治大学的潘家庆教授明确地告诉我,他认为大陆的文艺类的电视节目比台湾的好,好得多。我是到了台湾以后,才知道会有如此粗糙的节目制作,比如说,在大陆知名度很高的李敖先生,曾在一个有线电视台里主持一个叫"李敖笑傲江湖"的栏目。这是一个时事评论类节目,每天由他一个人坐在那里唱独角戏,一人、一桌、一椅、一布景而已,而且我怀疑那个摄像记者已经睡着了,因为镜头几乎没有任何切换,有时李敖先生出具一些文字材料,镜头会很迟疑地才推上去,在摇镜头中途甚至会咯噔一下,才把镜头完成,也就这样上了电视了,不肯重摇一下。一个上课的实况录播,几乎没有后期制作。

特别让我惊讶的是:在台湾一些电视中色情节目的堂而皇之。特别是一些小的有线频道,不到夜间十二点钟,就开始放格调很低的黄片来赚取收视率,我说它格调低下,并不是因为仅仅有不健康的镜头,而是在于这些镜头明显是商业目的的。一位从美国刚到台湾的朋友也很惊讶,他说想不到台湾电视比美国还开放。综艺类节目中有一些带有非常强烈的性游戏色彩的成人节目,让我瞠目的是主持人的主持语言和行为已经到了在任何正常的社交场合里都不可能被允许进行的,因为充满了露骨的性骚扰。我后来在台湾学者1997年做的研究报告里查阅到,台湾周末晚间大型综艺节目共有四个,都有程度不同的性骚扰现象,最突出的是台视(还不是有线台)的一档叫做《龙兄虎弟》的节目,报告中有一个例子,不妨一看:"(主持人)故意将女艺人说'吹喇叭'的话引申到暧昧(口交)的意义上,或是唱着淫秽歌曲作为娱乐方式,如唱到'我每天晚上陪你睡觉吹喇叭,我还要赚钱给你去乱花,你吃我喝我玩我睡我把你耍,你存心把我当傻瓜''昨天吃春药,我吃得睡不着,想要把你×××'"(《龙兄虎弟》1996

年11月9号)。① 如此的程度！我无法想象在一个有孩子的家庭之中，父母如何与孩子共享这样的节目。这类节目都是建立在强烈的女性歧视的基础上的，既违背现代社会两性平等的价值追求，同时也降低了社会对这类性骚扰事情的道德罪恶感。

## 五

但是，即便是传媒在惊呼"台湾变了天"的情况下，我并没有看到社会有任何失范的迹象，太阳照样升起，台北的大街上车水马龙，一如既往。所以，我就在想，看来这个社会并不在乎这个社会的天空是什么颜色的，只要大地是实实在在的。那么，什么才是构成这个社会的大地呢？

首先从我对台湾电视中迷信节目盛行的观感谈起。我曾看到一个节目，主持人与某算命大师围着一个水晶球煞有介事地为当时的台北市市长陈水扁算他的仕途如何云云；还有一档节目专门由风水阴阳大师带领志愿者夜里去墓地古宅感应鬼魂。如果说这是电视台为了收视率迎合观众的话，那么我还看到一个比较严肃的社会档案类的节目，这个节目回顾台湾社会历年的社会犯罪，在说到一个杀人案中，凶手已经交代尸体埋藏的地点，但警方的挖掘工作一直不果，这时候警方采取的办法是烧香献牲，第二天果然顺利找到尸骨。而政界人物在选举获胜之后，第一件要做的事便是到庙堂中去叩头。看来，这就不仅仅是收视率的问题。

我曾与在台北的朋友探讨此事，我说台湾的科学技术的发展应该是高的，但迷信在台湾人的观念中却有这么大的市场，实在很奇怪。他问，大陆呢？我说大陆不可能让这些与科学世界观相抵触的迷信在国家媒体中露面，因为共产党是"五四运动"的产儿，而"五四运动"的精神就是德先生和赛先生，科学世界观是共产党立国的一个基本的意识形态。他反唇相讥道：那么德先生哪里边去了？我莞尔而笑：在台北打架呢！

当然这是调侃。我不想，也没有能力对台湾的社会制度做评价。我关注的只是媒体与社会的关系。当今的中国大陆正在努力去完成民

---

① 张玉佩：《拒绝电视性骚扰：看周末晚间大型综艺节目》，载《传播文化》第五期，辅仁大学大众传播学研究所印行。

主与科学的任务,为此我们曾付出了痛苦的代价。作为一场社会变革,它面对的是中国社会的结构性的变革,这个艰难困苦的任务绝不可能在一夜间完成。今天,自由主义的呼声已经"浮出水面",但是我们同时发现,自由主义、市场化、民主建设、法制建设,这些重要的问题之间有着错综复杂的关系,建立一个自由、公正与正义的社会,绝不是靠简单的自由主义的口号所能解决的,特别是对于以全球化过程为背景的中国社会改革。在当今中国学术界,对自由主义的全方位探讨和反省方兴未艾;但是遗憾的是,这一重要的问题,并没有在新闻理论界得到回响。而中国大陆的新闻改革现在正处于一个很复杂的状态,很多迫切需要解决的理论问题并没有理清。而在我看来,自由主义旗帜下的台湾媒介现状其实告诉我们,简单地把自由主义市场化当作一种理想的乌托邦,并不等于民主的实现。

自由主义旗帜下的台湾并没有进行多少意识形态的革命,没有一个建设新社会从而对传统进行痛苦反省与决裂的历史背景,所以它比较多的保留了或者说依靠着中国传统的意识形态对社会,特别是基层社会的整合。传统与现代处于一种并不互相排斥而是叠加在一起的状态,下层是传统的,上层是现代的。对这一点,我终于有一天恍然大悟,那是陈进兴在逃其间,我听到其妻在媒体中对他的劝告,说的却是因果报应之类的话。我才明白中国传统的世俗宗教还在作为一种有效的社会意识形态在当今的台湾社会发挥作用。其实在意识形态上统治台湾的并不是政党,而是中国传统的民间意识形态,因为没有遭到大的破坏,传统的意识形态的惯性能够保持着对社会基层的控制。所以对政治敬仰的失落,并不会导致社会的失范与解体。台湾社会是一个大蛋糕,各个政党不过是布丁,或者是奶油标花,任何一个政党都不具备切割蛋糕的能力。所以他们必须同舟共济。国民党和民进党之间其实并没有想象的那么对立,在最根本的利益上,也就是台湾作为一个孤岛的生存利益上,他们的立场是一致的。一位台湾年轻的博士告诉我,台独不过是一种悲情主义的体现,它注定只能以一种非主流的状态存在。我觉得有道理。

我想,社会制度与媒体制度之间其实是有着唇齿相依的关系,唇亡齿寒。它决定了任何媒体制度的改革都必须和社会制度的改革匹配而行。台湾的社会制度与媒介制度之间有很多值得读解的东西。对于我来说,至少打破了我对自由主义市场下的媒介制度的简单幻想,它使我认识到中国的新闻改革必须走自己的路,既必须开放、改革,又必须警惕资本的操纵,才有可能使民主得以真正实现。

1999 年 7 月,上海

# 作为社会存在的新闻与新闻事业[①]

## ——关于新闻理论中诸概念的重新思考

## 一、只有进入大众传媒的新闻才是现代新闻学意义上的新闻

据说,新闻的定义有上百种之多,现在一个普遍被接受的定义为:"新闻是新近发生的事实的报道"。[②] 这个定义"不但包括了大众新闻传播工具所传送的新闻,还包括亲身传播、群体传播所传的新闻",所以"对于大众新闻传播工具来说,光有新闻定义还不解决问题"。[③] 然而对于一个现代意义上的新闻学来说,它必定是建立在对大众新闻传播媒介的研究之上。新闻学是新闻事业的产物,如果新闻没有脱离亲身传播和群体传播的界限,没有独立地成为一种社会事业的话,也就没有现代意义上的新闻学可言。所以,新闻事业已经先天地规定了现代新闻学意义上的新闻的本质,也就是说,只有进入大众传媒机器的新闻才是现代新闻学意义上的新闻形态。就新闻来说,如果没有大众媒体的运作,没有它运作的动力和目的,事实本身并不能成为新闻,新闻必然是经过大众传媒的运作到达最大范围的受众才能成为新闻的。就像资本的本质就是获得利润,新闻的本质就是获得最大限度的传播。然而,因为"新近发生的事实"难以计

---

[①] 本文原载《新闻大学》1997年夏季号,标题为《以人的社会存在为背景的新闻与新闻事业》,系编辑改定。此处恢复原标题,文本收入本书则未做修订,以存原貌,特此说明。

[②] 陆定一:《我们对于新闻学的基本观点》,1943年9月1日延安《解放日报》。

[③] 李良荣:《新闻学概论》(修订版),福建人民出版社,1985年,第251页。

数,可以说是无穷多,但并不都可以成为新闻,所以新闻学应该关注的是什么样的"新近发生的事实"能够被"报道",成为被传播的新闻。对于新闻学来说,大众媒体运作的动力和目的,比之事实本身更值得关注,因为正是它决定了新闻的命运。

## 二、新闻的客观性:理想与现实的断裂

我们一直不敢正视大众媒体对新闻的质的规定,是因为我们害怕遮蔽了新闻神圣的"客观性"。新闻的客观性一直是新闻理论的至高追求,它从一开始,并且一直就是一个永远追求而不可得的彼岸;我们甚至在对这种至高追求的仰望中遗忘了脚下立足的土地。它逐渐成了我们的一种信仰的对象,而不再是用思想去探寻的对象。这就使得新闻理论在中国纷繁复杂的现实存在面前显得无能为力,丧失了读解现实的能力,并且长期困扰于"新闻无学"的尴尬境地。

新闻学理论的哲学来源是反映论,但它仅仅停留在反映论,这多少有点令人惊讶。"真实"作为新闻理论中一个重要和崇高的话题,指的仅仅是新闻报道与客观事实的符合——这种常识性的理解。但这种理解马上就会在新闻实践中碰壁,比如,报道农村中万元户如何,哪怕报道与事实符合,但给人的印象却是中国农民都富了。为了解决这个问题,理论界只好又推出诸如"本质真实"、"宏观真实"、"整体真实"的概念,但是所有这些概念从理论上进行界定时都遇到麻烦,麻烦的关键在于它们都无法完满地完成"客观性"的任务。

基于这种"客观性"的努力,新闻理论界从八十年代以来最重大的观念改变便是从传播学中把"信息"的概念借过来使用,让新闻成为一种信息,"新闻的生命在于信息",信息成了保证新闻客观性的"护身符"。然而,首先信息本身并不仅仅是一个物理现象,它还是一个社会现象,信息资源的开发和利用,其背后直接联系着利益原则:国家利益、民族利益、集团利益、个人利益,所以才有全球性的Internet网上的知识产权问题,控制和管理权等诸多问题。网络成为政治家关注和商家角逐的新战场。信息资源的共享只是一个不断克服局限的努力,但是局限是永远存在的,先天的不公正已经包含其中。信息概念的引入,问题并不因此消失,而是变得更为复杂。

## 三、新闻不是,或不仅仅是信息

　　Internet 网上的信息,即便是现在,一个人穷其一生不能尽看,也不会去尽看,他只看他需要的。每个人都根据各自需要去查找信息。个人化的信息不是新闻。在这个信息爆炸、信息似潮水涌入的时代,新闻却在为寻找头条而苦恼。要使信息成为新闻的前提必须是:在一定范围内人人都关心并要求获取,必须有一个共享的范围,而这个范围越大,新闻的价值就越高。这就是信息与新闻的区别,信息着重在越来越个人化的服务,而新闻则着重在共同群体间的服务,没有普遍的认同需求,没有社会效应,没有舆论形成就不是新闻。信息是个别;新闻是共同。所谓舆论(public opinion)就是公共意见。广告是信息,不是新闻;这并不在于不用买的是广告,而需要买的是新闻(信息就既有免费的又有收费的);而在于广告本身并不能决定它必然是一个社会群体的共同需求,它是单向度的,它自身不能检验它的社会需求,而新闻则必须是需求与供给的共同利益的平衡——这正是大众传媒机器作为联结传者与受众之间中介的作用,而广告永远只站在传播者的立场上。香港曾有报纸把广告放在头版,被评价为:要钱不要脸。不要脸的意思就是它丧失了站在受众一方代表受众利益制约传播的功能,从而也就丧失了大众媒体的品格。新闻不仅仅是信息,它还必须是舆论。一个中心化的文化社会必然会有权威的媒介机构,而一个没有权威媒介机构的社会必然是一个文化零散化的社会。对信息的研究不能取代对新闻的研究。即便未来的新闻需要从计算机网络上获得,传受双方的互动方式已经截然不同于传统的方式,但是有一点是无法改变的,那就是人依然是社会存在中的人,他需要确立自己的文化归属,需要确立自我价值,要做到这些他就必须使自己处于一个共同的文化环境中,拥有共同文化价值评判标准,而新闻就是这种共同性的体现。尼葛洛庞帝在风摩世界的畅销书《数字化生存》中为我们描绘了未来的电子化生存方式,它是以越来越个人化为其特征的,新闻事业是否会随之化为泡沫? 我认为,现在下断言还为时过早。尼葛洛庞帝认为:"互联网络用户构成的社区将成为日常生活的主流,其人口结构将越来越接近世界本身的人口结构。""网络真正的价值正越来越和信息无关,而和社区有关。信息高速公路不只代表了使用国会图书馆中每本藏书的捷径,而且正在创造一个崭新的、全球性的社会结构"[1]这些话是耐人寻味的。人类的生存方式无论发生多大的变化,文化和社会化是不会改变的,数字化只不过是文化和社会化的新的表现形态。人以类聚,物以群分,只不过这种聚和分已经打破了物理的界限,不是地理概念上的,而是在网络上,在观念上,在网络所形成的文化区域内。地理因素是否完全不起作用呢？我觉得也未必,要看如何理解,地理因素所形成的传统的居住生存方式因为有文化传统的延续不可能说瓦解就瓦解的,民族的概念中最核心的是因共同居住所形成的文化传统,只要文化传统能得到延续,这个民族就存在着,不管它今天或者明天是否在地理上还聚在一起。中国人走到哪里都忘不了长江黄河炎黄子孙,犹太人更是一个例证,虽然散布全世界,但是都是从一个共同的地方来的,有了这种文化上的归属感,这个民族就会永远存在。所以,虽然数字化生存使物理空间变得无关紧要,电子社区将取代地理意义上的社区,我们从理论上讲有绝对充分的自由和可能与地球另一端的人做电子邻居,但是文化传统作为一种观念形态会对电子社区的形成起重大的作用。美国人、德国人、中国人……并不会因为网络的出现而消失。只要有社区的存在,我就对新闻事业抱乐观的态度。因为共同社区意味着共同利益和共同兴趣,这就是新闻价值安身立命的所在。只是在信息化时代里,新闻事业对新闻事实层面的关注可能更多地会转向对价值事实层面的关注;对新闻事实的真与假的判定,我们可以有无数渠道去获得信息做出自己的判定,所以造假的可能会越来越低,取而代之的是如何寻求(选择)大家共同关心的话题。信息时代全球一体化趋势应该使我们能够拥有越来越多的共同关心的话题,而共同正是新闻的生命。

## 四、新闻真实的事实层面与价值层面

在哲学的意义上讲,"客观真实"也只是一个形而上学的命题,它强调用摹写的方式使主客观达到一种统一。但是这种统一是值得怀疑的。我以为新闻的"真实"起码应该有两个层面的区分：

---

[1] 尼葛洛庞帝：《数字化生存》,胡咏、范海燕译,海南出版社,1996年,第213—214页。

第一个层面，事实层面。新闻所报道的是一个现实事件，一个事实，而不是主观虚构。这应该是由大众传媒从业者的职业道德及相关的职业法规来保证的，这是基础和前提。职业道德教育和新闻法规建立，它是重要的，但是它还不能说明为什么有的事实可以进入大众传媒成为新闻，有的却不能。事实只是新闻的潜在形式，是新闻的质料。就像鸡蛋生下来目的是为了成为小鸡，但是并不是所有的鸡蛋都能成为小鸡，比如，很多鸡蛋是上了我们的餐桌，决定能否成为小鸡的是养鸡业的制度、操作规程和机遇，当然前提必须是鸡蛋并且是受精卵。借用逻辑学的老祖宗亚理士多德的一对哲学范畴来说，质料只是潜能，从潜能转化为现实存在，还需要目的因和动力因，质料与形式这一对范畴是被亚理士多德用来解释事物发生的原因的，形式本身可划分形式因、动力因和目的因，再加上质料因，便是亚氏著名的四因说，一切事物的发生离不开这四因。在亚氏看来，作为潜能的质料从理论上讲是在先的，但实际上，现实性是在先的，因为，如果潜能在先的话，那么"很可能一切的东西都可能存在，却还没有存在"，没有现实的存在原因，就不会有运动，就不会有事物的产生。就新闻来说，如果没有大众媒体的运作，没有它运作的目的和动力，事实本身并不能成为新闻，新闻必须由大众媒体运作到达受众才能成为新闻，就这个意义上讲，进入不了大众媒体，就不是新闻。所以，新闻真实第一个层面的含义便是划定了新闻的质料。从定义的角度来说，规定了事物的属性。形式逻辑的定义法也是亚理士多德开创的：被定义项（种）＝属＋种差。属和种是事物的外延，种差是事物的内涵，属的外延大于种的外延，一属有多种，种与种的区别便是种差。新闻作为"新近发生的事实的报道（传播）"，没有揭示出新闻的种差，比如新闻与信息的区别；我以为，这只能是新闻的属概念，而不是种概念："定义是表达事物本质的词组"，新闻的定义要完成这一任务还需要进一步的分析。这就涉及到对新闻真实第二个层面的划分。

第二个层面：价值层面。新闻事实仅仅是一个客观事实是不够的，它还必须具有新闻价值，才能进入大众传媒完成新闻的使命，所以新闻事实必然是价值事实；正是新闻的价值决定新闻的本质。然而我们一直不敢公然宣称新闻事实必然是价值事实，因为我们害怕掉进相对主义和功利主义的泥淖，所以一直顽强地固守着"客观性"的最后防线，以为凭此才可以保持住新闻理论作为一门学术研究的尊严。但是,真正的尊严应该建立在理论与现实之间积极生动的对话之中,而不是高高地守护在南天门上,"高处不胜寒"。

新闻仅作为反映论摹写方法的最大缺憾在于:它忽略了观察者,忽略了观察者的观察视野对结果的影响。除了全知全能的上帝,任何一个观察者都必然立足于地球,立足于一定的文化背景、时代背景,立足于个体经验,也就是说,他必定是一个现实存在的人,他不可能拔着自己的头发离开地球和人类社会。这在当代哲学解释学中被称为"合法的偏见",因为任何一个观察者是在历史和文化之中的,局限性是先天地存在着的,历史中的人及其理性无法摆脱"偏见","偏见"作为观察者的视野局限是合乎情理的存在,而且恰恰正是它才揭示了人在历史中的真正状态。西方传统哲学对主体与客体相分离的形而上学划分,其前提是对人的理性精神的崇拜和信仰,让理性凌驾于历史和现实之上,其结果是遗忘了人的真正存在恰恰是在历史局限之中。苏格拉底说,真正的智慧在于知道自己无知。让凌驾于历史与现实之上的人的理性重新回到历史与现实之中,正视人的局限性的存在,这当然是人在智慧上的进步。当代西方哲学早已在对自己的形而上学传统进行重新审视和批判,我们还有什么理由抱着狭隘的机械反映论不放呢?当代科学理论领域里的相对论,量子测不准效应等都是引入了观察者的视野所取得的成果。

重视观察者的视野对结果的影响,并不意味着新闻事实可以成为百变金刚,丧失掉一个统一的价值标准。新闻不同于信息就在于它是有价值标准的,这个标准必然是在一个共同的范围内有效的。然而,这种效应也是有边界的,它受制于我们的观察视野,所以才会有一个文化价值体系中的新闻价值不同于另一个文化价值体系中的新闻价值的现象,这其实是可以理解的。

什么是新闻价值?"新闻价值就是事实所包含的引起社会各种人共同兴趣的素质,"这些素质包括时新性、接近性、显著性、趣味性。[①] 显然,这些"素质"其实并不能成为对新闻价值客观性的证明,起码接近性和显著性对于不同位置的人来说是不一样的。与其说这些"素质"是新闻"客

---

① 李良荣:《新闻学概论》(修订版),福建人民出版社,1985年,第259页。

观性"的体现,不如说是表明新闻事实与作为观察者的受众的关系。新闻价值说到底是一种价值观,而任何价值都不是孤立地存在着的,它是主客体之间互相交融的体现,任何一方的缺失都会导致价值的消失。价值不是事物的属性,就像物理属性或化学属性一样,它是一种关系的体现。我们可以分析一根香蕉含有多少维生素、矿物质、糖分,而香蕉的价值却取决于吃它的人,对于生长发育期的孩子和一个严重糖尿病患者,它的价值是大不一样的,价值与主体是不可分割的。对新闻价值的考察也是这样。

## 五、新闻价值的有效性及其边界

新闻价值是一种价值观,但它不是个别的价值观,而是一种普遍的社会价值的体现,是社会实践运动的体现。我们总是说,实践是检验真理的唯一标准,这是中国七、八十年代关于真理标准问题大讨论得出的结论。在这之后,价值学说逐步在中国理论界成为一个学术热点。我认为,新闻理论界有必要关注价值学说的建立和发展,包括它的分歧与争论,它有助于我们拓展视野深化理解新闻价值这一新闻学的核心概念。也许它还能为新闻学的理论发展提供一个新的契机。

价值学说中最具启发性的是对主体的考察。价值事实从本质上说是一种主体性的事实。但这个主体并不是主、客观相分离的形而上学两分法的主体,而是一种能动的主体,是主客观相交融相统一的主体,它不是单纯的客体本身的事实,也不是主体本身的主观意图,而是既体现了主体的内容,又体现了客体的内容,价值事实便是主客体之间价值关系运动的现实效果。

新闻价值的主体当然是人,而人在其现实性上是一切社会关系的总和。人和人的相加就构成社会,主体与主体的相加就构成社会主体。较之单个人,社会主体更应该成为新闻价值的主体。

就价值主体来说,小而言之为单个的人,大而言之为整个人类社会,这两者之间还可以划分出无数个层面:集团、国家、民族、阶级、社会……。站在不同的主体层面,就有不同的价值评判,价值评判的背后是利益原则。不同的价值主体就是不同的利益集团。新闻的本性是获得最大限度的传播,新闻的价值便是最大限度地体现共同的利益原则。就这个意义上讲,人类的共同利益应该是新闻价值的最终归属,人道主义是新闻事业中放之四海而皆准的价值标准。然而,人类毕竟是一个抽象的概念,在其现实层面,人类是由不同国家不同民族不同文化的人组成的。在人类的共同利益之下,是国家利益和民族利益,是由共同的文化纽带联结起来的利益群体,其利益原则在观念形态上的体现就是一个社会群体共享的价值观念体系,这个体系在一个社会的制度、教育、法律、道德以及文化传统的共同约制的价值气候中形成,能够最大限度地保障社会成员的共同利益。当新闻事业是以国家民族为价值主体时,新闻价值就必须服从这个国家民族共享的价值观念体系,并且新闻价值评判的有效性也正是以该社会价值观点体系为边界的。因为不同的国家、民族的社会体制,社会规范和文化传统是不一样的,一个社会的价值观念体系也就绝不会跟另一个社会的完全一样,新闻价值所立足的观念体系就决定了新闻价值的标准及其有效性的边界。所以,新闻价值并没有绝对的客观性,价值主体决定价值标准。但是它也绝不是功利主义的工具,它必须得到一个共同的现实社会中价值观念体系的支持。

十年动乱中新闻媒介沦为少数阴谋家手中的工具,这种历史教训是中国新闻理论一个沉重的无法忘怀的精神创伤,甚至成了一个解不开的情结。这正是因为新闻价值主体不再是国家民族的共同利益,而只是少数人的政治利益,他们的利益是与国家民族的共同利益相抵触的,当少数人利益与多数人利益发生冲突时,以传播为天性的新闻应该选择追随多数人利益及其价值观念体系。如果一个社会的新闻事业无法使新闻做到这一点的话,就说明社会面临危机,新闻最大限度传播的天性得不得伸展,无论危机是朝哪个方向发展,必然导致新闻事业的变革。中国新闻事业的改革是伴随着中国政治、经济、社会的深刻变化而进行的,开放搞活的政策目的是让国家富起来,老百姓富起来,这就与文化大革命期间宁要社会主义草不要资本主义苗在意识形态上有了重大变革,整个社会的观念价值体系也有了鲜明的变化,新闻事业的改革和新闻价值的重新确立就已经是必然的了。

在中国,国家意识形态对社会共享的价值观念形态进行强有力的整合,是一个历史性和现实性的存在,也是中国新闻价值确立的根据和边界,中国的新闻价值在根本上不得违背这个共同的利益原则,这是它的天命,是由它的价值主体所决定的。在中国当前的新闻实践中,对经济建设利国利民的强调,对老百姓生存状态的前所未有的关注,都是价值主体决定价值关系的证明。我们应该从这个角度来解读中国的新闻改革和新闻事业。

就新闻真实的意义来说,当它符合这个社会共享的价值观念体系时,它的真实是有效的,否则,就是无效的。真实也是与价值主体不可分割的。真实就是合理,符合社会的合理性原则,就像黑格尔所说的,凡是存在的都是合理的。在中国的社会制度下,新闻的真实性原则与意识形态的国家功能密不可分,新闻价值中首先是意识形态,这是一个需要新闻学进行读解的现实存在,无视或漠视这一点,都是理论的懦弱。

大众传媒进行运作时,其传播网络中布满了各种各样的"把关人",这便是著名的"把关人"理论。美国有大众传播学者指出,一个通讯社决定传播的新闻只占发生的重要新闻的百分之一,大众媒介对现实的描述是经过价值标准的选择的,新闻事实必然是价值事实。价值的背后是利益原则,资本和政党作为商业利益和政治利益的代表,对西方大众传媒的渗透与角逐早已是不争的事实。西方的新闻自由理论所标榜的"客观性"已经证明是一个乌托邦,社会责任理论的崛起,意味着新闻媒介代表最大限度公众利益的本性得到重视和尊重,这应该是必然的,虽然他们要完成这一点还有艰难和漫长的路要走。

## 六、小 结

新闻是人类社会存在方式的体现。新闻的本质是追求最大限度的传播。在大众传媒的时代,大众传媒运作的动力和目的必然是新闻本性的展开形式。新闻事业是体现人的社会存在方式的价值活动,新闻价值不是客观事物的属性,而是价值主体与社会存在的关系。新闻价值既是一个现实的社会关系的体现,也是它的证明,所以它是有边界的。在此基础上,新闻学追求人类共同的利益原则。

什么是新闻?新闻就是追求最大范围传播的事实。

1997年2月,上海

# 附录

## "再讨论"是迟早要发生的[①]
——读吕新雨《以人的社会存在为背景的新闻与新闻事业》及《新闻大学》"编者按"

### 陈 坚

读《新闻大学》1997年夏季号上吕新雨博士的文章《以人的社会存在为背景的新闻与新闻事业——关于新闻理论中诸概念的重新思考》以及《新闻大学》编者为这篇文章所加的按语,感到非常兴奋[②]。对新闻学原

---

[①] 参见陈坚:《安宜生文存——新闻实践论》,第90—98页,北京:中国文联出版社,2004年。
[②] 陈坚先生有个附记:附记:《"再讨论"是迟早要发生的》一稿,是我为参加《新闻大学》发起的关于新闻基本概念问题的讨论而写的,只投寄《新闻大学》一家。稿件寄出后不久,我便收到《新闻大学》主编姚福申教授的复信。复信的全文如下:

陈坚同志:
  来信及来稿收到,谢谢支持。
  就我本意而论,我是十分赞赏您对吕文的评价。现在我担任主编后,新闻理论栏目由另一位老师负责,她是坚决反对吕博士的观点的。编者按由这位老师撰稿,稍作改动,因而显得模棱两可。初稿的筛选权在她手中,定稿权在我这里,我不好一定要她选用您的文章,但可以请她留意大作的学术价值。发表吕文是我的意思,因为吕是我系副教授,所以在编辑部内部没有明显的反对意见。我说可以讨论,通过讨论对有些问题的理解可能深化。为了避免引起错觉,吕博士的观点即编辑部的观点,故请栏目主持人写编者按表明编辑部的态度。应该说这份编者按还是相当客观的。吕文刊出后,听到本系有激烈的反对意见,但为数不多。
  校外的反应尚未听到,您是第一位。秋季号新闻理论稿件据说很多,估计您的大作是插不进去了。如果刊用的话,恐怕也要到冬季号。
  大作我会尽快交给栏目编辑,请释念。
  顺祝近好!
                姚福申 97.6.24

  姚主编亲自给我复信,而且词意恳切,我是很高兴的;但同时又模糊地感到,这封信仍和"编者按"一样——"显得模棱两可",一方面表示"我是十分赞赏您对吕文的评价"、"请她留意大作的学术价值,并且表示"我会尽快交给栏目编辑,请释念";另一方面又表示"初稿的筛选权在她的手中……我不好一定要她选用您的文章",似乎是在婉言拒绝。我虽然希望自己的稿件能够发表,但我也理解姚主编的难处,只好耐心地等着。结果秋季号出来了,没有我的文章;冬季号出来了,还是没有我的文章。我知道没有希望了,这稿子是不会刊用了。同时我还发现,(转下页注)

理中的基本概念的再思考、再认识，以及由此引起的再讨论是迟早要发生的。为什么长期以来一直有人认为"新闻无学"？我认为"无"就无在新闻学原理中的基本概念内涵有重大缺陷，经不起理论和实践的检验；基本概念内涵的重大缺陷导致新闻学理论体系中的逻辑混乱和理论偏离实际。《新闻大学》编辑部就吕博士论文提出的问题发起讨论，我认为抓得很好，对建设有中国特色的理论新闻学有非常重要的意义。五十年代中期，美学理论界曾对美学理论中的基本概念，如美、美感等进行了十分热烈的大讨论，产生了深远的影响。这次《新闻大学》发起的讨论有类似之处，如果搞得好，有可能像五十年代美学讨论那样产生影响，从而推动我国新闻理论建设和新闻事业的发展。

1990 年我曾写了一篇题为《新闻本质论——新闻定义之争和新闻内在的主客体矛盾结构》的文章，也曾对新闻理论中的最基本的概念——新闻本质（即新闻或新闻定义）进行了"重新思考"。文章写好后，托人带给曾担任过新闻理论研究单位领导人的一位师长请他审阅。他阅后把文稿退给我，带口信给我说："文章很大胆，有新意，但我不敢向有关新闻理论刊物推荐。"我冒昧地将文稿寄给北京的一家权威的新闻理论刊物，他们很快就把文稿退回，回信只有一句话，"新闻定义问题已经解决，无需讨论。"后来我又抱着试试看的心理将此稿投寄给与我素昧平生的《新闻大学》编辑部，没有想到他们很快在 1991 年春季号（总第 27 期）的《新闻大学》上刊出，并且安排在该期首篇的位置上，表示了他们对此文的重视。这件事给我很大的鼓舞，我对《新闻大学》发表拙文表示感谢，并对他们敢于理论创新的勇气和公正无私的处理稿件的态度表示由衷的钦佩和

---

（接上页注）不仅没有我的讨论稿，而且也没有刊发其他人的讨论稿，也就是说，他们已决定取消了原定的开展讨论的计划。

我是从 1990 年，即在我 58 岁时开始新闻哲学的学习和研究的。虽然兴趣甚浓，但自知人微言轻，且年事渐高，因而决定退出研究，不再撰写这类文章。从 1990 年到 1997 年这七年间写了可以称得上为"新闻哲学论文"的文章只有八九篇，现在集中地发表在这本文集（《安宜生文存——新闻实践论》）里，说明我曾在这个领域里独立地进行过与主流观点不同的研究，似乎可以成为一家之言。从 1997 年到现在，又有六年的时间过去，我仍然坚持认为，新闻理论，即使是最抽象的新闻学原理或新闻哲学，不仅要有中国特色，而且还应与时俱进，以人为本，别的话就不多说了。

写于 2003 年 11 月

敬意。

　　我仔细地阅读了吕博士的大作,感到犹如一阵清新之风扑面而来。正如"编者按"所说:"她从独特的角度,对新闻理论中的许多基本概念——作了新的富有哲理性的探索。"吕博士的审视是敏锐的,吕博士的剖析是犀利的。她的确触及了当前新闻学原理中诸多概念的痛处。从时代性来看,这些概念还是近代的,而不是现代的。从哲学来源看,它们来自反映论,但是偏向于直观的机械反映论,而不是能动的反映论,忽略了观察主体的意义和作用;从新闻构成的要素来看,它们不仅仅是信息,还应该有文化传统;从新闻构成的层面看,它不应该停留在"事实层面"上,还必须具有"价值层面",新闻事实必须是价值事实等。吕博士把她的文章的题目定为"以人的社会存在为背景的新闻与新闻事业",表明了她的理论观点是与传统的忽视人的社会存在的新闻理论观点是相对立的,强调了新闻主体即价值主体在新闻活动和新闻事业中的意义和作用。这个总论点我是十分赞同的。同时我也十分欣赏吕博士文章中的这样一段话:"新闻的真实性原则与意识形态中国化功能密不可分;新闻价值中首先是意识形态,这是一个需要新闻学进行解读的现实存在,无视或漠视这一点,都是理论的懦弱。"这段话的确是捅到了新闻学原理基本概念的要害的,说明了对这些基本概念的内涵确有修正的必要。

　　下面我想着重对"编者按"中所说的一段话谈一些粗浅的意见:

　　首先,我们应该注意到"编者按"对吕博士的"审视"和"探索"是欢迎的,明确表示"这对繁荣新闻理论研究、拓展学术探讨的深度和广度无疑是有益的。"但是"编者按"也不无担心地说:"学术没有禁区,我们不排斥对新闻学基础理论作新的思考与探索,但需要提请读者和研究者注意的是:这些概念是否在理论上丧失了它的科学性和合理性?是否在实践中失去了它的分析力和实用价值?对这些基本概念的修正和否定会不会给我们的新闻活动(包括大众传媒运作)带来严重的影响和后果?"这种担心,实际上不单是《新闻大学》编辑部的担心,而且还代表了负有对新闻学教学和科研领导责任的领导者们的担心。它提示我们对新闻学基础理论作新的思索和探讨时,要采取审慎的、冷静的、持重的态度,不要头脑发热,不要瞎起哄。

　　对于"编者按"中提出的三个问题,我的回答是三句话:凡是现实的,都是合理的;凡是合理的,都是现实的;凡在人类历史领域中是现实的,随着时间的推移,都会成为不合理的。下面结合眼前要讨论的问题,对这三句话作一些解释。

先说"凡是现实的,都是合理的。"这是黑格尔的话,我借用它来说明这些基本概念的出现在理论新闻学中的合理性。我领会这些基本概念(包括新闻、新闻客观性、新闻真实性,但不包括新闻价值)的基本精神就是突出地强调新闻要客观、真实,要尊重事实,要绝对客观地反映事实,不能夹杂任何主观意图和主观判断。这些基本概念的涵义可以说是与新闻学共生的,自从有了作为独立学科的新闻学,就有了这些基本概念。它被抬高到最高原则的地位,客观真实是新闻的生命,如果新闻不客观、不真实,那么就不成其为新闻。这反映了近代工业社会出现后科学求实精神。工业社会生产劳动的特点是机器生产,机器生产大大地提高了劳动生产率,许多产品可以通过机器"复制"出来。"复制"有复制的要求,要忠实于原件不能走样。这就是新闻真实性、新闻客观性以及突出地表现新闻的客观真实精神的新闻定义的由来和时代背景。这些基本概念先是写在西方资本主义国家的新闻学教科书里,后来又流传到社会主义国家和第三世界国家中来,普遍奉它为新闻学中的圭臬。

我国新闻学教科书采用的陆定一同志的新闻定义(1943年提出),实际上也是从西方传来的。这一点我们只要把它和美国新闻学学者约斯特的新闻定义比较一下就可以知道了,两个新闻定义可以说是一样的(约斯特的著作《新闻学原理》是美国新闻院系的教材,影响较大)。另外,我国新闻学界推崇陆定一同志的新闻定义,还有我国特殊的历史背景。我国新闻学科的重建(实际上是创建),是在打倒了"四人帮"和党的十一届三中全会召开以后。在"拨乱反正"、恢复党的"实事求是"的思想路线中,我国新闻学界之所以推崇"新闻的定义,就是新近发生的事实的报道",是因为认定只有它才是彻底唯物主义的,才能跳出极左路线的阴影,与"四人帮"假、大、空,不尊重事实,甚至可以随心所欲地捏造事实的新闻路线划清界限。

新闻学基本概念的出现已有三百多年的历史,它们已作为一种文化传统积淀于人类精神文明的宝库之中。当它在中国开始传播的时候又碰上了"拨乱反正"这样一个特殊的历史时期,因而被新闻学界看作是神圣不可侵犯的金科玉律也就不奇怪了。

第二句话"凡是合理的都是现实的"。这句话也是黑格尔说的。我借用这句话来说明吕新雨博士对这些基本概念的重新思考是合理的；正因为是合理的，所以她的观点必将得到新闻学界的承认。

任何具体事物都是相对的，不会绝对正确。新闻学的这些基本概念曾有过它的辉煌的历史，但是在进入信息时代新的历史时期，在开始社会主义现代化建设的中国，这些反映了近代工业文明的新闻学基本概念也暴露出它的弱点和不足，甚至显示出某种向其自身反面转化的趋势。吕博士所指出的种种问题我认为是合情合理、无可辩驳的。新闻学作为一门独立的学科，有它自身的专业性和独特性，但它的基本概念却浸透着世界观和方法论，体现着一定的时代精神，是新闻学与哲学的结合。党的十一届三中全会以来，我国哲学界对哲学问题进行反思，曾有过关于主体性、价值论、实践唯物主义等热点问题的讨论。这些讨论都在敲打着新闻基本概念，揭示出它们直观性的弱点。这些弱点正是马克思在《关于费尔巴哈的提纲》开头第一节中所批判的、与马克思主义的实践学说以及历史唯物主义相对立的直观唯物主义。新闻仅是一种认识活动吗？不是，它不仅是认识活动，同时还是实践活动、评价活动。新闻学是一门自然科学吗？不是，它是一门社会科学，是研究以人的社会存在为背景的新闻与新闻事业为对象的学科。新闻是注定要拒绝意识形态、不能为政治服务吗？不是，恰恰相反，它本身就是一种很强的意识形态，是为一定的政治，一定的国家、民族、阶级、政党的利益服务的。它不仅要求人们受动地、尽量准确地认识客观事物然后对它报道，而且要主动地按照一定的目的、要求（即价值取向）去选择、加工客观事物发展变化的信息，然后及时公开地传播出去。事实仅是报道的基础，而价值才是报道的"决定因素"。马克思说："哲学家们只是用不同的方式解释世界，而问题在于改变世界。"新闻工作者运用着大众传播媒介不仅在"解释世界"，而且参与了"改变世界"的伟大事业。这就是吕新雨博士论文中论点的合理性，她的论点应该在我国理论新闻学中得到承认和肯定。

第三句话："凡在人类历史领域中是现实的，随着时间的推移，都会成为不合理的。"这是恩格斯在引述了上述的黑格尔的话之后又加上的一句话（见《路德维希·费尔巴哈与德国古典哲学的终结》，《马克思、恩格斯选集》第4卷第211—212页)。我借用它来说明由于时过境迁,对这些新闻学上的基本概念应该重新诠释,对原来的释文应该修正、补充,使它符合当代的时代精神和我国的国情。这些基本概念虽说仅是一些抽象的概念,但实际上反映、代表了一种新闻观。它应该与我国的社会经济制度、政治法律制度、民族文化传统等相适应。它是否科学、合理,关系到新闻理论研究和新闻实践的"导向",而不只是"失却了分析力和实用价值"。如果发生"误导",就不仅对新闻事业,还必然对全国全党的大局产生不良影响和危害。我们之所以对这些基本概念"回头望",是由于我国严峻的现实提示我们:难道新闻仅仅是新近发生的事实的报道吗?如果这是对的,那么在新闻领域里哪有党性、指导性、服务性和新闻价值等主体性概念的容身之地?前苏联、东欧发生了一系列震撼世界的剧变,再一次提示我们要考虑上述问题。戈尔巴乔夫不是提出过一个"新思维"吗?公开性便是这个新思维的重要组成部分,结果给国际共产主义运动带来了一场大灾难。所以江泽民同志说:"历史经验反复证明,舆论导向正确与否,对于我们党的成长、壮大,对于人民政权的建立、巩固,对于人民的团结和国家的繁荣富强,具有重要作用。舆论导向正确,是党和人民之福;舆论导向错误,是党和人民之祸。党的新闻事业与党休戚与共,是党的生命的一部分"(《视察人民日报社时的讲话》)。舆论导向问题既然如此重要,而新闻的基本概念必然要和舆论导向问题有所联系,那么对它们重新思考"回头望"以及必要的修正就是十分地入情入理的了。

不错,对新闻学的基本概念的解释应该有相对的稳定性,不能跟着形势走,跟着政策变化走,避免造成混乱,不利教学。但是如果在理论上和实践中确实发现这些解释有重大缺陷,那么就应该及时地修正、调整。应该看到,这些概念的涵义本来就有脱离实际、不能自圆其说的弱点,因而对它们的修正、调整,对新闻事业包括新闻理论建设是不会有什么消极后果的。相反只会使我们的理论研究与实际相符,保持着一种蓬勃相上的势头。

正如"编者按"所说:"这些概念是新闻理论研究中最基础和最具核心作用的概念","是新闻学作为一门独立学科安身立命的基石"。因此,修正这些概念的涵义,使它们更科学、更全面、更具有生命力,是新闻理论研究和新闻教学部门的大事,也是新闻理论刊物的大事,一定要既积极又稳妥。而要做到这两方面的结合,我认为,首先要组织充分的讨论,时间可以拉得长一点,必要时还可以组织一些针锋相对的争鸣。这既是让这些基本概念获得完满、正确的新涵义的好办法,又是促进我国新闻基础理论研究上一个新台阶的重要举措。衷心希望《新闻大学》编辑部能把这一讨论搞好。

写于1997年6月中旬

# 历史、社会变革与中国影像

# 《铁西区》:历史与阶级意识①

> 我们想创造一个世界,但最终这个世界崩溃了。
> ——纪录片《铁西区》导演王兵

看过纪录片《铁西区》的人都会对那一开始的运动长镜头印象深刻。随着火车缓缓进入,视野中展开的是一片白雪覆盖的荒芜的厂房,在冥暗的灰色天空下,一些活动的身影如同幽灵,仿佛我们进入到了另一个世界,一个业已毁灭的世界:工业文明的废墟。长达三分钟的长镜头以一种仪式般的方式赋予我们一种进入,对历史的进入。

铁西区位于辽宁省沈阳市,是中国历史最长、规模最大的机械加工业基地和基建配套工业基地,其主体是国有企业,也是社会主义计划经济在今天的最后堡垒。铁西区的历史可以追溯到1934年日本侵华期间,它为日军生产武器装备及为大型军工企业提供机械配套设备,南宅北厂的格局就是在日本人期间形成的,2003年拆迁的很多工人的住宅还是在原日本人住房的基础上改建的。新中国建立以后,苏联将二战期间从德国拆除的设备整修后,作为著名的156项投资项目援华,其中大部分安装在这里,因为有靠近苏联的地缘条件和日本人建立的工业基础,所以它也成为计划经济管理体制实施最早和苏联模式实施最彻底的地区,今天辽宁的

---

① 本文节本发表于《读书》2004 年 1 期。英文节版:*Ruins of the Future Class and History in Wang Bing's Tiexi District*, New Left Review 31 Jan/Feb 2005. 法文版:*Les Ruines du futur. Histoire et conscience de classe dans le film À l'ouest des rails de Wang Bing*, Communications. No. 79 (2006)。

国有资产比重仍达75％。在改革开放之前,东北的工业一直是中国工业的脊梁,是社会主义现代化的发动机,直到八十年代初,在铁西区一带工厂就业的工人数量依然达到顶峰,约有100万左右。改革开放以后,中国现代化的发展路径从依赖计划经济转向依赖市场经济,整个国家改革开放的战略历史是:八十年代重点发展珠江三角洲,九十年代重点发展上海浦东。当中国的南方已经进入市场经济时代,东北还处于指令性计划时代,钢材、机械产品高比例平价调出,而财政高额上缴——不是三十年而是五十年的共和国的计划经济在为二十年的市场经济承担成本和代价。正是在九十年代初期,铁西区部分国营企业开始出现亏损,到1999年末大部分工厂陆续停产。2002年中共十六大开始重视东北老工业区的振兴,希望通过推进市场化改制,使东北的国有企业实现技术密集与资本密集的现代企业制度的转型。但是资本密集型的重工业发展所需要的资本,中央政府却不再或无力承担,这意味着国家把这种"振兴"其实建立在对外资的期望和依赖上。在这个国家决策的背后是中国目前总体工业装备已经形成进口依赖,社会固定设备投资的三分之二已经依赖进口,东北的石油、煤等矿物资源严重枯竭,仅辽宁的失业工人就已经达到了250万,工潮此起彼伏。就业成为这个社会市场经济体制转换中最痛的问题,它关联着中国现代化过程中的工人阶级及其命运。

当王兵单枪匹马用一台小的DV摄影机进入铁西区的时候,正是1999年末。他拍摄的最重要的一个工厂是沈阳冶炼厂,它建于1934年伪满时期,到今天依然是铁西区最有名的工厂。它有三个很高的烟囱,一个是日本人建的,另两个是在六十年代计划经济发展到巅峰的时候兴建的,在王兵看来,这三个烟囱的历史和形象代表着这个区,也代表着沈阳,是东北工业的一个象征。还有两个重点拍摄的工厂是沈阳轧钢厂和电缆厂。电缆厂生产的输变电系统是中国解放以后独有的,在八十年代之前,沈阳电缆厂是中国重要的输变电系统工厂。而沈阳轧钢厂和当时的铁西区的一些工厂一样在等待破产,其实已经处于被废弃的状态。王兵拍摄的时候冶炼厂的生产还很正常,1999年春节过后破败的迹象才显露出来,但当时谁也不知道冶炼厂会不会倒闭,后来这个工厂终于倒闭了,王兵正好拍了下这个历程。有一次拍到一个车间要停产,一位工人躺在凳子上谈他个人的经历,从上小学开始一直到上山下乡,他在讲述自己生命的过程,他和社会的关系,他怎么理解自己。但是他没有意识到,十分钟之后,他命运的改变就开始了,一个人走了进来告诉他工厂停产了。王兵觉得他拍摄到的那个时刻特别重要,拍摄的时候它是未知的,摄影机和这位工人共同度过了那一刻,王兵对它记忆深刻。因为摄影机的见证,这个时刻在时空中凝固,不再消逝。

六十年代后期出生的导演王兵对《铁西区》的解释是:

> 我们想创造一个世界,但最终这个世界崩溃了。我拍的是一个主流人群的生活,他们和社会的关系,他们自己生命的印迹。如果把过去几十年的东西拿过来和我的片子放在一起看,你就会看到这几十年这个国家的人在做什么事情,就会看到那个时代人的理想是什么,最后他们的理想实现了没有。这是一个特别重要的问题,同时也可以界定出以后我们应该怎么活。

这里的"主流人群"就是中国的工人阶级。第三世界社会主义国家的工人阶级及其历史不同于发达资本主义国家的工人阶级及其历史,这个不同正是我们需要给予阐释的。第三世界的社会主义革命和现代化的实践到底意味着什么?这已经是无法回避的迫切问题,它将界定出我们的自我理解,但这个自我理解的过程却将注定在各种不同力量的争斗中艰难展开。这是纪录片《铁西区》让我们看到的最重要的意义。

## 第一部 《工厂》/"锈带"(Rust)

> 工业——只要它是制定了目标的——在根本的意义上,在辩证的和历史的意义上,仅仅是社会的自然规律的客体,而不是其主体。
> ——卢卡奇《历史与阶级意识》

> 工厂就是我的主人公。
> ——王兵

纪录片《铁西区》的第一部是《工厂》,它的英文很有意味地被翻译为

"锈带"(Rust),中国的工业被放在了西方工业的历史谱系中指认和拼接,它一方面提醒的是:中国的工业史其实离不开与西方工业史之间的关涉,工业化的过程是总体的世界历史;另一方面也暗示了一个西方工业文明历史进化图谱的先在与合法,今天的铁西区不过是七八十年代美国中西部传统工业锈带区和德国传统工业鲁尔区衰落的重演,是共同的历史理性在不同的时间、空间的展开,我们并没有可能逃脱这个法则的强制。工业在辩证的和历史的意义上是社会的自然规律的客体,卢卡奇如是说。

正是在这个客体的意义上,王兵展开了他对工厂的主结构的叙述:工厂就是我的主人公,是我影片的命运,它的发展、延续,经过怎样一个过程,是最重要的东西。在王兵的影片中,作为存在客体的工厂开始获得主体性的意义,因此《工厂》并没有传统影片叙述中贯穿始终的人物和情节,冶炼、轧钢、电缆,这三个建于1934年的工厂是影片的主角,生产流程是影片的主要情节。影片对工厂作了极其详细的辨认、推理与论证,观察、进入、选择、递进、平衡、实现,《工厂》是《铁西区》三部曲中结构最复杂的一部论文。《工厂》严密地按照工厂的操作流程来进行,整个影片结构按照工序来剪辑。先是电解铜的粗炼,然后通过进料口转到下一个大的工序:电解铜,返回到粗炼,旋转、精炼,把铜叙述完,进入到对于铅的叙述;从车间里几个人在焊东西,到铅楼,铅的操作新厂,然后进入工人的休息室,把铅叙述完离开这个工厂。再转到对电缆厂的叙述,并回到原来没有叙述的从铅电解到铅铸型的过程,再回到铅楼。这是一个过程,影片的前两个小时结束。后面进入对工厂进入停顿状态的描述,先回到铜,铜叙述一半以后,跳到锌,把锌叙述完的时候,这个锌车间就要停工了,等再回到铜的时候,铜的工序也停了,最后回到影片开始时的电解铜,它是整个工厂最后一个停工的。空的厂房,几个人在洗澡,整个工厂都完了,而这是曾经是有人在生活的——铜的叙述结束,接着去结束对铅的叙述,冶炼厂关闭,工人们到30公里外的疗养院做最后一次疗养去排除身体里的铅,一个工人掉到水塘里淹死了;然后回到原来的电缆厂,电缆厂因交不起采暖费被迫让留守人员放长假,工厂办公室内的冰冻结了半米多厚,大家在冻得冰冷的厂房里铲冰;最后叙述空的轧钢厂怎么被拆掉。影片结束的时候回到影片开始时在冶炼厂铜冶炼车间工人休息室理发的工人,跟他回家,从他那里进入对火车的叙述:火车移动在工厂区的空旷的雪野中——这样,影片又一层一层地回到叙述开始的地方,再一层一层地结束,从而完成了一个叙述的循环,这也是工厂生产的循环和工厂生命的循环,而这个循环是以自我封闭来结束的,循环被静止了,工厂倒闭了。对于王兵,"工厂,它的庞大和质感都有一种吸引力,感觉就像一个人过去的理想"。现在,工厂成为理想的废墟。

在《工厂》的叙述循环中,王兵认为它的各个单元都是环环相扣的,每一个叙述单元都是多元素的,既是对生产工序的叙述,又是对事件的叙述:工厂从正常运作到停产,同时也是对影片中的工人及其心境的叙述。每一个观众都可以从当中看到他所需要的,一个过去工厂的工人会看到的他曾熟悉的完整的工厂。研究工业的人可以看到全部的工业流程,从矿料开始到最后的产品,而在所有的叙述中一直贯穿的副结构线索是关于人:工人,他们的工作与生活。

《工厂》中的工人是影片叙述的重要元素,却不是主角,而是配角。我们看到工厂有它自己的生命节律,钢铁的机器、冶炼炉、传送带、吊车,它们巨人般自动地移动、上升、轰鸣,既怪诞又神秘,庞大的体积把人压迫得渺小而微不足道。工人似乎不过是巨大的机器客体性的附庸——影片要探讨的正是工人与工厂的关系,他们的个人生活与每天面对的这些一道道工业流程的关系,在日常生活和工作中最外部的质感所裸露出的生活的真相。工人们在休息室听着收音机讲着股份制改革,讨论他们的下岗、工资和养老金的问题,聊天、打牌、吃饭、洗澡、打架、骂粗话、讲荤段子、看色情电影,休息室是他们的工作与日常生活衔接与交界的地带。王兵想表达在一个特定国家在特定的社会时期所形成的一种特定的生活关系:工人的生活方式,他们生活的细节,他们的爱好,比如在同样的澡池里洗澡,穿同样的衣服,用一样的饭盒,做一样的事情,谈一样的话题——他们都是面目不清的无名的存在,群体的存在,被客体化的存在。这些人群构成了一个整体的命运,并形成为影片另一个重要的复调结构,与关于工厂的叙述主结构对比和呼应,他们看上去碎屑、无聊碎片般的生活被影片的结构整合为宏大的总体描述:关于工厂的概念和人的生活的各个因素的对比,个人的命运被淹没在总体的历史趋势中,这种整体的历史感和命运感,在影片里有非常确定的表达。影片中让人震惊的是反复铺陈的洗澡情境,不同的工人们以同样麻木的神情在镜头前裸露他们的肉体,肉体被还原为一种客体的存在，身体的裸露与否已经不构成对文明的定义，文明和欲望一起消失，剩下的只是被强大的工厂机器所阉割的无能的肉体，以及不能被肉体实现的本能：他们毫无表情地坐在电视机前，屏幕上播放的是肉欲的赤裸裸的三级片的录像带，肉体成为"物"和"他者"的存在。

王兵说一个作者最初的作品对世界都是很敏感的，原因在于他对世界是陌生的，有很多东西，他需要去辨别和认识。安东尼奥尼《红色沙漠》中的工厂和机器的美学意象，曾启发过王兵，那个藏在女主人公心中巨大而无名的恐惧，是这个工业文明的世界中驱逐不掉的幽灵。王兵认为自己在《工厂》中要表达的其实就是一种敏感和情感，在三部曲中，这是最敏感、最直觉的一部，而结构正是情感的方式和表达，结构本身是为了展示情感，它在情感的展示中变化，情感有它自己的准确性。所以，他对工厂的描述其实是"意象性"的，在视觉的隐喻和象征中，有一种茫然和绝望的情感，就好像一个人在巨大而空旷的工厂里正走着，吊车"呜"地升空起来，那种声音让你觉得似乎走在一个恐惧的山谷里，忽然哪里发出一种奇怪的鸟叫，让人感到惊悚。

在世界历史巨大的客体性面前，惊悚或许是人类获救的起点？

对于人类的历史来说，工业的出现究竟意味着什么？工业革命的秘密在于人类的财富从此不再依赖土地与劳动力相结合的传统农业和手工业生产方式——它是以可再生的自然资源：有机肥料、劳动力、太阳能、风能、水能和牲畜能为前提的。工业革命以后的人类现代化都是以地球上不可再生的矿物资源为财富的来源。资本主义的法术是对自然的剥夺和异化，在这个过程中，人也是自然的一部分，资本对人的剥夺与它对一座矿山的剥夺并没有区别。当马克思说，资本不是物，而是以物为媒介的人与人的社会关系，他的确深刻地指出了资本以社会异化的方式对人的奴役。但是当《资本论》把劳动力作为唯一的价值来源的时候，劳动力获得的其实是高于自然的地位——这是启蒙思想的前提，人与自然已经疏离，由此资本对人/物的奴役和剥夺的深层结构被遮蔽了，即：资本对劳动力的奴役与它对所有自然力的奴役是同一个结构过程，劳动力不过是自然力的一种形式，对劳动力的征服是把农民从土地上剥离出来，就如同把矿物从石头里开采出来——都是对自然力的征服。马克思在他的时代观察到了资本依赖对人的劳动力的奴役来完成资本主义原始积累，于是他给了劳动力高于自然力的地位,这也是因为黑格尔主义的历史辩证法对历史动力的主体需求预设了工人阶级的历史主体地位。但是工人阶级与最先进生产力的结合却并没有因此得到保证与实现,当代工人阶级的命运恰恰是被最先进的生产力所排斥,资本密集与技术密集替代了劳动力,科学技术成了生产力,而雇佣劳动却成了被排斥的对象,因为科学技术证明了是机器,而不是人,可以更快地使资本增值。科学和技术以加速消耗世界能源和自然资源的方式,把自然力转化为生产资料和资本,生产力就是把自然资源转化为资本的能力,而代价则是整个地球生态的严重危机。这正是为什么最早的工人运动都是以捣毁机器为开端的,对机器的仇视正是因为资本对人的排斥,机器是非人的,当机器占据了人的位置,人就变成了物,世界就无可避免地物化了,工人对机器的反抗是对资本把人"物"化的反抗。因为机器不需要维持劳动力再生产的必要劳动时间,当机器从工业革命中获得了第一推动力,开始越来越快地把自然资源转换为作为商品的资本,作为工具的人就不重要了,因为资本并不需要为地球上的煤、石油和所有其他矿物资源的巨大消耗承受自然力再生产的成本,这样机器就成为工业文明的永动机。当商品对于资本最重要的价值就是剩余价值的实现,就是尽快被消耗掉,资本的增值过程就意味着地球上属于全体人类的自然资源被转化为(私人)资本的过程,这个"物"的资本化过程正是当代资本主义的最大秘密。

当古典政治经济学向现代经济学转型的时候,最重要的变化就是"物"的消失,边际效应理论作为现代经济学分析范式的出现,它强调的是主观因素对经济运动过程的影响,人的欲望及其满足成为分析的出发点,消费、分配、价格、市场等等成为理论的核心,资本似乎失去了它的物质属性,现代经济学完成了对资本物质性的遮蔽,成为讨论边际效应的心理学,经济从研究作为物质存在的社会存在转为研究社会心理,注意力成为经济问题,而自然/社会的生态则不是经济问题。资本主义的知识体系不能揭示而是遮蔽了自然的物化与资本的关系,所以后现代主义理论终于把消费社会理解为一个符号的社会,消费社会的商品来源被遮蔽了,符号成为不及物的存在,物质隐身了,只剩下符号,马克思主义的政治经济学蜕变为符码的政治经济学,理论与物质、历史的关系断裂了。在这样符码的政治经济学中,后现代主义成为资本的合法性的论证,总体的真理性被否定了,"物"变成了符号和信息,文化成为能指的狂欢,资本成为财富,而货币成为资本市场上丧失所指的符号,资本市场的泡沫由此形成,"物"本身则沉沦了,在资本主义社会的知识体系里义无反顾地沉沦了,在这个意义上,卢卡奇是对的,他指出了资产阶级思想无法克服自身的二律背反。资本的形成要达到它的抽象永恒的统治性,就必须抽出现实物质性,遮蔽它的来源。但是,所有的商品都无法消除它的"物"身,就像所有的"人"都无法消除自己的肉身一样——正是这个肉身要求存在的权利。遍布全球的白色污染的塑料袋都是以商品的符码出现的,却并不随着商品的消费而消失,就像人被作为无利可图的"物"而被资本排斥,但是这些"物"却要求存在的权利。当主体被封闭在符码体系里的时候,它就成了没有物质和肉身的主体,这意味这对主体的取消和灭绝——人的灭绝,对于工人阶级来说,它就是失业,是作为"物"的存在的人不能转化为商品的逻辑结果,资本离弃工人,就像资本离弃一座挖空的矿山一样。资本定义了物的存在的意义,凡是不能转换为商品的物都失去了它的存在价值,被置于历史的黑暗中。资本离弃的地方,"物"只能以工业文明的垃圾场的形式而存在。社会层面的异化如果不是以自然(物质)层面的异化为前提,其实是不可想象的。当商品被看成是在资本魔力下的自动涌现,劳动者不再是生产力,科学与技术成了生产力——但是生产力的物质对象却隐而不障,它掩盖的是这样一个简单的事实:资本主义从地下魔术般地唤起的财富,不过是自然资源的转换,财富依然是物质的,货币本身并不能创造财富。商品的洪流是以物/人的异化为代价的,消费社会是以预支未来为代价的,那就是自然界的物的极限,不可再生的能源的极限。而人是否只有在被当作物化的对象,作为"物"的阶级意识才能够形成?从土地、水到空气的全方位的环境污染和生态危机,以及各种意义上的工人运动和社会运动,恰恰要求证明的是世界和社会作为物质客体的主体性。

物质客体的存在将最终否决新自由主义的历史叙述,那就是:人类的历史只剩下资本的生产与再生产的历史,即市场扩张的历史,意识形态已经终结于资本的自我增值的过程中。历史的终结只有当它是抽走了物质性的时候,才是可能的。然而,不是别的,正是被物化的自然/人要求打破被资本垄断的历史叙述,被物化的历史客体自身将决定历史的真理。马克思用抽象劳动时间作为价值的尺度,其实为资本在意识形态上的非物质化过程开启了后门,正是在这个过程中,资本极力掩盖和逃脱它对作为人的劳动者和作为物的自然资源的掠夺,正如阿多诺所说:所有的物化都是一种忘却,现在应该是唤回物质的主体性作为历史的主体性在辩证法中的地位的时候了。在这个意义上,我们其实仍然置身于马克思唯物主义的历史辩证法的理论视野中——在劳动价值论上的出走正是为了在人/自然的异化理论里与马克思重新相遇。世界是物质的,资本是物质的转换,是自然的转换,也是自然的被剥夺和被异化,在这个过程中,工人阶级乃至整个人类都是物化世界的对象。

在这个意义上,我们需要重新理解工人阶级及其命运,物化意识就是工人阶级的意识,但是这个意识将获得前所未有的广泛联系,它不是一种界限和区分,相反它是一种联系,与失去土地的农民的联系,与抗议WTO在坎昆愤而自杀的韩国破产农场主的联系,与黑人民权运动的联系,与形形色色环境保护运动的联系。只有在最广泛的现实联系的基础上,历史的总体的辩证法的力量才有可能出现,工人阶级的主体性才能够被辨认和重建。在这个意义上,《铁西区》体现的不仅仅是中国工人的历史和阶级意识,也是作为第三世界的社会主义国家的历史和自我意识——这一过程本身就是内在于人类的历史中。

在当代中国,工人阶级作为社会主义国家的主人公,其主体意识已经被指认出虚假的意识形态性质,在官方意识形态中一直居于正统地位的劳动价值论成为市场社会主义理论中无法逾越的困境,工人阶级被解符码化了,在市场经济条件下,失业的工人已经无法被国家赋予的主体性意识形态所召唤。工人阶级正在丧失了它的主体性而沦为物化世界的一部分,因此恰是工人阶级的肉体——他们的客体存在要求获得主体的意义,作为客体存在的肉体必须是先在的,因此肉体就成为以客体形式出现的主体,这个作为客体的主体正在强烈地申求着它在现实世界中的合法性,而合法性只能是在主体意识形态获得重建的时候。那么,当代中国工人阶级的主体意识形态该获得怎样的重建呢?否定的辩证法是否意味着只有当工人阶级重新成为客体的时候,我们才拥有返回主体的可能?

其实,当代中国工人阶级主体性的黄昏与中国农民阶级主体性的丧失,是这个世界物化的不同表现。资本对农民的剥夺,在马克思主义的理论中遭到道义的谴责,却被赋予了历史辩证法的正义,因此资本对农民的剥夺,以及农民对资本的反抗都无法被吸纳到现代性的马克思主义历史叙述中。经典马克思主义中对传统农民主体性的否决,可以被视为当代工人阶级主体性失落的前提。农民主体性在现代性理论中的丧失,是因为资本需要以排斥传统的农业生产方式为自我发展的前提,这是现代性理论被压抑的潜意识,也是今天的现代性理论批判特别需要反思的重大问题。工人阶级由于与资本的结合而被赋予的主体意识,随着资本把汲取财富的龙头直接转移到对自然资源和自然力的垄断和开发,工人阶级的主体性便丧失了它的物质基础,资本对雇佣工人的排斥与它对传统农民的排斥是出于同样的逻辑。因此,必须把工人阶级和农民阶级的命运放在一个共同的历史空间中去对待,这在当代中国已经是迫切的现实问题。中国工人阶级的再度无产阶级化,和日益暴露在世界市场上的破产农民,以及数亿被迫离开土地在中国大地上流动的民工,他们的命运前所未有、历史地交汇到了一起。被资本所物化和排斥成为中国的工人和农民在今天的共同命运,因此,工人阶级并没有可能获得独立的解放,工人阶级主体性的重建只能以农民阶级的主体性的获得为前提,这正是1949年以来中国计划经济的社会主义现代化实践的失败所告诉我们的。

## 第二部 《艳粉街》/废墟(Remnants)

> 在废墟中,历史物质地融入了背景之中。在这种伪装之下,历史呈现的与其说是永久生命进程的形式,毋宁说是不可抗拒的衰落的形式。寓言据此宣称它自身对美的超越。寓言在思想领域里就如同物质领域里的废墟。
>
> ——本雅明《德国悲剧的起源》

《艳粉街》是《铁西区》的第二部。艳粉街的名字由来于一个传说:一个有钱的大户人家的丫环死后葬在了此地,所以这里就被叫做丫环坟,后来改名为艳粉街——一个很容易让人联想是女性出卖肉体的地方,它与社会地位低下的女性之间的想象已经决定了这里社会边缘人的地位。三十年代至五十年代之间,这里居住的大部分人都是从关里来为日本人的工厂做工的工人,七十年代末至八十年代初,从农村回到城里工作的部分知青在此安家,现在艳粉街绝大部分居民为铁西区各工厂的工人。我们在电影里看到,那都是一些低矮、破败、简陋如窝棚般的建筑,里面有病了的母亲、疲惫而失落的父亲、年迈了的祖母和无法在狭小空间里安顿自己的不安分的孩子们。

　　与这些衰败的房子形成对比的正是这群十七八岁的少男少女,他们的青春、爱情、欲望、欢笑、嬉闹成为这个晦暗背景中的一抹亮色,仿佛是每天升腾在屋顶上的云彩。虽然他们无所事事地整天在堆满积雪与垃圾的社区里游荡,但他们的出现还是为这个沉沦中的街区带来对生命活力的希冀,他们代表着这个街区最有生命活力的群体,这构成《艳粉街》上半部分的主要内容。导演仔细地观察这些在最敏感年龄里的孩子们对生活现实的理解和表达——"我和他们在一起,也使我不断地在思考我自己过去的生活",看着那些孩子整天在街上走,他们的青春在怎样的状态下消失,他们的未来会是什么样子?这其实是既可以预计,又无法预计的。然而他们的愿望,他们用自己的本能和天性对那些美好事物的朦胧意识与追寻,其实是导演寄托希望的所在:人总是要去追寻他生命中的东西。但是,对于《铁西区》来说,这并不意味着一种轻易的托交,王兵不得不追问的是,这些希望到底是否靠得住?青春和希望是很容易像朝露一样地逝去的,特别是以物质的贫瘠和精神的贫瘠为底色,在人的命运被一种巨大的异己的力量所左右的时候。片中有两个大男孩在一起讨论他们以后可以干什么:

　　——我也不知道,干啥你问我干啥去,我不知道干啥去。
　　——一点理想都没有,跟我一样啊。
　　——妈你那个逼样说我干啥呀!
　　——跟我一个逼样啊,一点理想都没有。
　　——啥理想啊……
　　——操你妈!
　　——是啥理想啊?
　　——啥理想啊,啥理想啊!
　　——我这不是跟你聊天吗?
　　——当饭吃啊?

——啥理想啊。

这个男孩子一边说他一点理想都没有,一边露出了在王兵看来"特别迷人"的笑容,这笑容鲜花一样盛开在一个虚无的未来中,构成了一种奇异的悖论——它命运般笼罩在这些少男少女的身上。一个本来在这群男孩中最受宠的女孩,因为和男朋友闹矛盾,被所有的男孩子们离弃了,王兵拍了一个长长的镜头,她一个人站在那里,其他的人都走了——王兵突然就觉得,青春的东西已经消失,好多东西都消失了,再也没有了。《艳粉街》的结束部分正好也是整个影片最后一次的拍摄,在厚厚的积雪的街道上,大部分的房屋已经被拆成了废墟,昏暗的路灯,一个大男孩从屋里走出来,茫然地眺望着这片曾经熟悉的荒漠,它寂静无声。

《艳粉街》的英文名字被翻译为"废墟"(Remnants),影片的后半部分表现的就是这条街的死亡,它是怎么从一个工人们日常生活的领域成为被拆迁的废墟。拆迁是为了招商引资,全中国大大小小的城镇都在实施拆迁,这是当代中国的醒目景观。旧的拆掉了,新的在哪里呢?对于铁西区的工人们来说,拆迁意味着从公共生活到日常生活的全面解体。生活变得无处着落,因为失去了全部的物质寄托。工人阶级被拆散了,被无法掌控的力量发配到彼此不知道的地方去了。工人阶级主体性的丧失表现为自我意识的失语,过去所熟悉的生活分崩离析了,日常生活领域无法抗争地沦陷与失落了。在物质的巨大废墟上,是工人阶级无言的精神的废墟,它的荒凉犹如烟花后的天空,记忆中的繁华如落在雪地上的爆竹的碎片,使得无边的黑夜和虚空变得触目而惊心。

其实,铁西区的工业化最早见证的并不是中国的社会主义,而是日本以军国主义出现的扩张与侵略的资本主义。正是由于它在亚洲特殊的地缘政治,使得它成为新中国苏联援助的社会主义工业基地,从战败的法西斯德国没收的机器成为新中国工业化的开始。世界历史的风云际会使得铁西区成为人类二十世纪"热"战与冷战的见证,也是社会主义与资本主义激烈交锋的锋面:它以工业化为历史的战场。东北,从大清帝国皇家命脉的风水宝地,到抗日联军浴血奋战的白山黑水的战场;从新中国第一代钢铁工人与石油工人的诞生,到志愿军抗美援朝雄赳赳气昂昂保家卫国跨过鸭绿江,它硝烟弥漫,血迹犹在,一幕幕历史的悲喜剧在这里被书写——纪录片《铁西区》是离我们最近的一幕,由于动迁的缘故,近年来铁西区仍不时有大批日本人遗留的锈迹斑斑的炮弹和被怀疑为军队医院的地下建筑被发现。《铁西区》因为迭印了所有这些历史的沧桑印迹而使我们动容。

是工业优先于农业的现代化诉求，更是反抗资本主义掠夺的全球霸权，决定了第三世界社会主义国家的工人阶级与西方不同的历史与阶级意识。六十年代中国工人阶级的代表是铁人王进喜，一位贫苦农民的儿子，新中国第一代钻井工人，铁人精神表现为"为国分忧，为民族争气"。中国现代化工业发展首先需要解决的就是能源和钢铁，这是现代工业的第一要义，因此石油工人和钢铁工人是中国工人阶级的光辉典范，这就不是偶然的了。为国家炼油炼钢的"主人翁"精神成为对工人阶级主体性的构建，它表明中国工人阶级主体性的获得是与国家民族工业的实现联系在一起的，是共同在第三世界社会主义民族国家的框架中实现的。因此当代中国工人阶级对毛泽东时代的怀念，绝不意味着对专制的怀念，而毋宁是对以第三世界被压迫者的民族主义精神反抗西方资本主义霸权的主体意识的呼唤，正是在这样的主体意识中，中国工人阶级获得了自己的国家和在国家建设中的历史主动性。被压迫者的当家作主的感觉一旦获得，它就永远不会也不应该被忘记——这正是今天的社会主义无法被抹杀的重要遗产。

中国工人阶级的命运一直内在于中国的现代化过程中。而中国对现代化的渴望是被漂洋过海的帝国主义枪炮教训出来的，因此以洋务运动为代表的早期现代化首先是建立在对军事工业现代化的诉求上，就丝毫也不奇怪了，它只是证明了一个历史的逻辑，对工业尤其是重工业的需求对于要把自己锻造成一个民族国家的中国来说，是在近代史的开端就注定的宿命。它已经先在地成为新中国重工业优先发展战略的历史动机。中国对工业化与民族国家的需求同是近代史的产物。所以，中国的现代化问题并不只是中国的马克思主义者提出的，因为鸦片战争以后，中国就已经陷入世界资本主义全球化的过程中。而在殖民地半殖民地的历史中，不管是农业还是工业，中国国民经济的现代化发展靠"自由"市场其实已经完全不可能。在三十年代中国农业和民族工业深陷危机的历史背景下，中国知识界进行了现代化和工业、农业问题的大讨论，当时的代表性观点认为，中国人要想"挺起腰来做人"，就得不避艰苦，向工业，尤其是向重工业迎头赶上去，方可把中国从根救起来。然而，自由主义者胡适清楚地看到,中国的现代化最重要的在于怎样建设一个站得住的中国,使她在这个现代世界里可以占一个安全平等的地位,因为无论是工业现代化还是农业现代化在没有主权的国度里都无法实现。由此我们才能理解毛泽东站在天安门城楼上的宣言会如此响亮:"中国人民从此站起来了"!人民的概念本来就只有在现代民族国家的框架里才是可以成立的。

犹如铁西区的历史曾深刻地打着苏联的烙印,中国的革命和社会主义建设离不开与苏联的关系。新中国与苏联的历史有着没有被足够重视的相似,那就是他们都是由农民革命所推动,同时又建立在对农民的剥夺上。无论是俄国的十月革命,还是中国的民主主义革命,都是旧时代和它的子民们不堪忍受资本主义的原始积累而反抗的革命,是农民革命——中国的工人阶级都是农民的儿子。相反,凡是工人阶级力量强大的发达资本主义国家,社会主义革命都不能发育成熟。苏联和中国的社会主义之所以能够出现,其实都是其民族资本主义失败的结果。历史并不是没有给予中国和俄国发展市场资本主义的机会,而恰恰是这种发展导致了社会的分裂,正是资本主义对农民的排斥和掠夺,产生了农民的反抗和社会危机的爆发,从而使得社会主义得以诞生——社会主义成为另一个现代性的替代方案。而凡是民族资本主义能够取得胜利的地方,社会主义都失败了,美国之所以有工人运动却没有社会主义,正是因为它没有农民革命,没有几千年的传统农业社会与文明对资本主义的抵抗。这或许正是为什么在西方的资产阶级革命中,最残酷的是法国大革命,它其实是被工业革命和政治革命后的英国所推倒的——世界革命的多米诺骨牌由此开始。在这个欧洲大陆传统农业最强大和最富裕的绝对主义国家里,80%以上是农民,这绝对不是一个应该被忽略的问题。因此,法国大革命与现代性的关系,依然是今天需要探讨的复杂而重要的问题,它的历史意义远远没有被穷尽。沃勒斯坦在《自由主义之后》中认为法国大革命中自由主义和社会主义之间有着密切的关系,社会主义不过是激进的自由主义。现在看来,法国大革命和俄国十月革命应该是一个值得比较的课题。不是马克思所期望和设想的最发达资本主义国家的工人阶级起来推翻资本主义社会,不是资本主义占统治地位条件下的反资本主义革命,而是资本主义在它所确立的过程中所激发出的旧世界的反抗,恰恰是这种革命运用了社会主义的旗帜并获得成功,人类历史上迄今为止的社会主义国家的建立，其实都不是工人阶级和工人运动的结果，而是农民革命的结果。在因此诞生的社会主义国家中，工人阶级的主体性既是被马克思的历史辩证法所赋予的，也是被现代性的历史动机所赋予的，工人阶级意识形态的优越却以农民阶级的被剥夺为前提和代价的，推动革命走向胜利的农民却成为被剥削的对象，这是怎样的历史悖论！民族国家的历史使命是用国家的力量发展资本和现代化，因此，现代化和工业化以对农民、农业的掠夺和剥削来完成资本的原始积累，无论是资本主义的英国还是社会主义的中国、苏联，都是同一个历史动机的不同演绎。

由于新中国要在一个资本短缺的国家发展资本密集的重工业，无法依靠市场来完成，它产生了以国家资本的形式对农民、农业的过度汲取，造成城市与乡村、工业与农业的日益深刻的分裂——这依然是今天中国社会最严重的危机。但是它并不只是社会主义的危机，而是近代以来中国在全球化格局中被迫接受现代化的民族国家的逻辑结果，所以毛泽东时代努力解决却并未完成的工人与农民、城市与乡村、体力劳动与脑力劳动的"三大差别"在今天市场经济的条件下不是缩小而是扩大了，城乡二元的问题是自晚清以来中国现代性悖论的现实展开。出身农民并对底层有深刻同情的毛泽东却必须用国家暴力来建立城乡对立的体制结构，来保证国家的汲取以实现民族国家的工业化发展，同时又不断地用社会意识形态动员的政治运动形式希望消灭三大差别。毛泽东的悲剧和中国社会主义实践的悲剧是植根于全球化与现代化的历史与问题之中的，而不能仅仅在中国社会主义内部来理解。毛泽东的社会主义道路其实是中国版本和社会主义版本的"工业革命"，对于中国的工人阶级来说，他们主体性的获得与失落都与此相关。其实，八十年代以来的改革开发只是用另一种国家设计：市场经济，去继续完成这个追赶现代化进程。为发展现代化而建立的新中国，其政权的合法性必须建立在现代化的发展之上，这是民族国家一旦建立就无法违抗的天命，是五十多年来新中国建立的目的与合法性的基础。毛泽东时代的"大跃进"和今天的加速发展现代化，体现的是同样的历史逻辑。今天中国引进外资和工业化指标成为对地方官员政绩的考察，这导致统计数字泡沫化的重演，这是同样的"大跃进"在不同历史时期的表现。然而，中国的现代性悖论已经再一次出现在我们面前，这就是以"民工潮"现象和工人抗议活动为表现的社会危机。今天中国工人阶级在市场经济中的命运悲剧,是以社会主义形式出现的现代性悲剧的体现。历史的悖论在于,当社会主义民族国家的"工业革命"以计划经济的形式完成之后,工人阶级的主体性却分崩离析了。工人阶级不再是创造价值的主体,他们成了被资本放逐的对象,资本主义市场经济时代降临了。但是,正如很多研究者所指出的,没有毛泽东计划经济时代三十年的高强度积累,就不可能有邓小平改革开放实现市场经济的物质条件。在这个高强度积累的背后,是中国最广大的工人和农民为国家的"现代化"所付出的极大代价。在市场经济的条件下,这个代价不但没有被抵付,反而被抹杀了,"现代化"成了外在于他们的异己的力量。

今天,中国东北工业的衰落意味着社会主义计划经济为民族国家承担自我锻造的历史使命已经结束,一个时代结束了。铁西区,这个艰难而痛苦地承载了第三世界社会主义民族国家重工业发展历史过程的地方,这个在今天的中国被改革开放的市场话语叙述所压抑的工人阶级的历史,因为这部叫做《铁西区》的纪录片而被照亮,并灼痛了我们的记忆。

王兵在拍他的纪录片的时候,一直在想的问题是:我们为什么会造这么大的工厂,为什么它会成为一个时代的理想?为什么整个国家,在那个时期,牺牲个体的一切其他东西为它服务。为什么我们想创造一个世界,但最终这个世界还是崩溃了?

《铁西区》的确让我们无法逃避地置身于这些历史的拷问中。

## 第三部 《铁路》

> 铁路的路堑、桥梁和车站,已形成了公共建筑群,相比之下,埃及的金字塔、古罗马的引水渠,甚至中国的长城也显得黯然失色,流于一种乡土气。铁路是人类经由技术而取得巨大胜利的标志。
> ——霍布斯鲍姆《革命的年代》

铁路由于煤矿业而被发明以来,就与启蒙主义对人类历史进步的信仰并不奇怪地结合在了一起,火车成为历史和人类命运的象征。由此,传统社会对世界和时间的理解发生了根本转变,农业文明对谷物的出生与死亡的理解而获得的对生命/时间的循环的信仰开始消融,农业文明的社会沉沦了。工业文明的时代和火车的汽笛、蒸汽机的白雾一起出场,它对人类的震撼前所未有。而历史成为火车钢铁身躯底下钢筋水泥的铁路轨道,冰冷而闪亮地向无穷的远方延伸,客体存在以钢铁的形式与力量出现,顺之者昌,逆之者亡,历史成为不依赖于人的世界动力,它以对地球和宇宙空间的征服来开展自身。

本雅明在《德国悲剧的起源》中说道,对于"这个不惜一切代价接近自然奥秘的资源的时代"来说,"古希腊的时间之神和古罗马农作物的精神"已经变成了死亡收割者,他手中的镰刀不再争对谷黍,而是针对人类,"正如控制时间流程的已不再是每年一次的播种、收获和冬季休耕的循环,而是生命向死亡的无法挽回的迈进。"本来,"历史就好比种子撒在大地上",但是现在,"在哭泣声中我们把种子撒在歇耕的土地上,伤心地我们从那里走开。"历史之旅成为没有复活的物质的死亡之旅,无灵魂的物质性成为历史的归宿,它的尽头是黑暗的虚无的深渊。然而,哑言的造物者希望通过所意指的东西得到救赎,这就是本雅明阐释"寓言"的意义。寓言是自然与历史的结合,在诸神的世界消失的时候,能够保存这个世界的恰恰是寓言,寓言就是废墟,它发生在历史衰落的时代,当客体从寓言的结构中向外凝视时,它是以不完整和不完善的碎片的形式显现的——废墟的形式,寓言所指涉的细节和碎片是在有意建构的废墟中安顿下来的认识客体。本雅明是以寓言的方式重新叙述了现代性的历史。

《铁西区》正是以它巨大的废墟的意象,忠实地体现了本雅明意义上的寓言的存在。这种惊人的契合,使我们对艺术在这个世界中的存在及其意义有了新的信任和领悟。我曾在自己的书中讨论了中国八十年代中后期以来纪录影像的崛起,并在导言中把它命名为:在乌托邦的废墟上——新纪录运动在中国。在一个巨大转型的社会和时代中,作为运动出现的纪录影像的意义在于:它承载了历史巨轮下人的痛苦,和置身其中的我们对意义的追寻,它以自己的力量试图暴露和揭示历史的压迫和剥削,在历史的铁的逻辑中,努力为作为"人"的生存诉求和情感诉求找寻安置的所在——艺术以此确立自己与时代、社会的关系,并在此基础上成为对历史逻辑进行质疑的力量:人类自我救赎的力量。

《铁西区》里安排了各种类型的空间和各种类型的人,导演先在地考虑到这些类型的叙事性与隐喻性。他通过工厂、艳粉街和火车这三个大的关系,来结构整个影片,这三个空间互相矫正,形成影片的稳定和客观。正是在《铁西区》中所呈现的物化世界的各种具象,对物的反复论证,客体性的压抑,物对主体性的否定与取消,工人阶级自身的客体化,人与物的对比,钢铁与肉体的对比——这些历史的客体(自然)化和客体(自然)的历史化,以巨大的废墟的意象揭示出这个世界的物质性的沉沦,人的沉沦,灵性的消失,以及这个时代的衰落。物质自身的重量压倒了一切:人及其心灵。它具有一种陌生和震惊的效果,没有任何廉价的和没有被论证的乐观。《铁西区》在叙述上不屈从于任何试图吸引观众的诱惑,也拒绝了任何轻佻和轻易的接近,导演对影片长达九个小时里的每一个镜头,都有着严格的控制,是非常理性和清醒的把握,它直接指向对现实和内心的诚实。影片的长度有它自己的合理性。作品本身有它自己的生命节律。王兵说:我非常希望能肯定生命的价值,但是在现实面前,我却变得非常无力,对生活越来越怀疑——他把怀疑变成了强有力的影像力量。在一年半的拍摄过程中,他始终希望保持一种冷静与清晰的思维,以此去观察和思考这个社会的现实问题。当很多事情在拍摄过程中雪崩般不断发生时,王兵深受触动,他觉得在以前的生活中并没有认真地思考这一切。这个触动的过程与作品同时发生。其实,无论是对于创作者还是观看者来说,《铁西区》在任何意义上都是一个艰难的过程,它也是作为纪录片的《铁西区》的宿命。王兵认为,对于一个作品来说,谁做的其实并不重要,重要的是当别人看到它的时候,觉得它有意义:和他自己的生命、生活有关系,那么他就会用心去关注——而导演只是借了这个心灵之光,才会被照亮的。作品有它自己的命运。

《铁路》是三部曲中的最后一部,铁路与火车也是整个影片的重要意象,影片由它开始,也由它结束。但是这里的火车,业已丧失掉三十年代西方工业化时代先锋派与未来派在他们的纪录片中对煤矿、钢铁、机械、工业的乐观与赞美的历史意蕴——那是一个新时代的开始,就如英国的格里尔逊在《工业化的英国》,德国的罗特曼在《伯林,大都会交响曲》,苏联的维尔托夫在《热情——斯巴顿交响曲》中所歌颂的那样。《伯林,大都会交响曲》也是由火车开始的,火车在清晨穿过空旷的乡村的田野,在铁路两边跳动的电话线和铁轨不断分叉与合拢的运动中,生气勃勃地进入到因此而苏醒的城市和工业区——这是一种对历史进程胜利的庆典,各种机器缓缓开始发动,机械手越来越快地自发弹跳,仿佛被施了魔法。我在看《铁西曲》的时候,不断地联想到这部不同时代的伟大作品:它们处在不同的历史位置,一个是时代的上升,一个是时代的衰落,却属于一个共同的历史命运。在《铁西区》中,火车始终缓慢而阴郁地穿行在破败的工厂所构成的废墟的意象中,周而复始,铁路本身成了锈迹斑斑的过去历史的回忆。工厂停工了,火车依然在废墟的内部穿行——一个空旷而荒诞的空间,铁路本身已经是废墟的一个部分,是废墟的死魂灵,在冰雪覆盖的寒冷、枯燥而衰败的土地上,在已经死亡的工厂的废墟中,火车的运行不再是人类胜利进发的标志,却是历史和人类衰落的形式,以及对这种衰落进行悲悼的仪式。在本雅明看来,对救赎的需要正是当历史化为物质的废墟的时候。

在这样的历史的黄昏和暗夜,我们该如何来肯定自己的生命？真正的生活应该是什么样子？我们怎么去预见我们自己？《铁路》借助了一群在铁西区火车上谋生者的生存状态来进行追问。他们终日在毫无变化而又荒诞的工厂区的火车上,每个人在现实的生活中都有困惑和无法跨越的无形界限,在一个既定的、狭窄的体系里,徒劳地寻找生活的乐趣,寻找变化,寻找能让时间变得有意义的东西——他们不知道怎么样去跳出这样的处境,既被这种处境所限制,又依赖于它。无论是否愿意,其实这个国家里的每个人都在不断地承受和体验这样的命运过程,个体的命运在国家的大命运中挣扎,而这个被巨大的锈蚀了的钢铁与物质的空间所隐喻的国家,它的繁荣和衰落也是在一个无法控制的力量中。但正是在个体的挣扎中,有生命本身的力量。王兵认为,如果通过这样的命运能认识自我,认识事物的话,那么,他虽然在这个命运当中,但对一个个体来说,他是觉醒的。觉醒是被救赎的前提。

与《铁西区》的前两部相比,《铁路》有一个引人瞩目的不同:作为个体的人在昏暗的背景中被照亮了,个体被赋予了最细腻的拍摄。杜锡云和杜阳是一对以火车为生的父子,然而,他们并不是铁路上的正式职工,而是游离于社会体制外的个体。在中国很多地方,都有这样一些人,他们没有户籍,没有固定的住所,但每个人都在用自己的方式生存。这都是一些生活在主流历史之外的边缘人,却寄生在历史中,依靠对体制的阿谀、背叛、剽窃、威胁,在体制的缝隙中寻求脆弱的生存空间。瞎了一只眼睛的老杜和他的儿子,靠每天帮铁路上的人打杂,拣或者偷火车上的煤卖掉,来寻求生活来源。他们与体制、与铁路、与那些正式职工是相互依存、利用和对立的关系,也是很不稳定的飘离的关系。

父亲一无所有,却被艰难困苦的生活锤炼得坚强而猾黠,对周围的社会和生活有自己的理解和判断,并且努力维持着自己和孩子在颠簸变化的生活漩涡里的生存空间。而面容忧郁、沉默寡言的十七岁的儿子,因为母亲在他很小的时候就离家出走,在非正常的环境里成长,内心非常脆弱,和外部世界的接触障碍重重。

一次,父亲因为偷煤被抓到拘留所里关押了。独自留在破屋中的儿子从墙角塞塞窣窣翻出一个包了两层的塑料袋,慢慢打开,却是一叠照片,最上面是一张包括母亲在内的全家福,再一张是年轻的母亲斜靠在草垛上,从装扮上看似乎从农村进入城市不久,她微笑而温和地看着世界。这时,忽然,音乐般的钟声响了起来,在这样的黑夜和重负下,钟声仿佛来自天堂,它扣人心弦,一直敲了十一下——镜头从照片缓缓地摇到墙上的挂钟,再摇回来,儿子已经泪流满面,泪水透亮地挂在伤恸的肮脏的脸上——这张孤儿的脸在刹那间被彼岸的光所照亮。

在这个冰冷的物质的世界里,当温热的泪水滴落在卑微的人生中,我们终于被来自内心深处的悲悯所打动。在整个《铁西区》严密、冷静和理性的叙述中,这个场景仿佛是一道被划开的伤口,暴露出了它背后导演情感复杂的内心世界。正是个体在巨大的物质世界中的渺小与无力,使得王兵去发现并珍视作为个体的人对情感的强烈需求与肯定,那是生命本身的力量——然而,这是通往救赎的路吗?

影片结束的时候,火车依然穿行在灰色调的大雪中的厂区,如同在历史的白夜中,破落苍凉的建筑物梦幻一般地展开和后退,渐行渐远——从工厂中延伸出来的铁轨,联系着我们和摄影机所在的地方。这时,雪几乎是温柔地悄然飘来,一点一点无声地落在摄影机的镜头上,落在观众的眼睛里,融化在天地一片苍茫中。雪花所唤起的被压抑的纯洁与感性给影片抹上了最后的感伤的调子——灰色调,那是光明与黑暗之间的色调。天空和大地已经黯淡下来了,那是历史尚未明朗之前的暧昧,在这暧昧之中,火车上的我们会进入怎样的未来呢?

2003 年 10 月,上海

# "孽债"、大众传媒与外来妹的上海故事[①]
## ——关于电视纪录片《毛毛告状》

## 一、引子：1993年的上海故事

1993年，邓小平南巡讲话的第二年，继南方的特区之后，上海的浦东成为中国改革开放的前沿：一年一个样，三年大变样——上海进入超速发展的轨道，由此伴随的民工潮也越来越强烈地撞击起这座中国最大的沿海城市。这是一个城市大变动、大变革、大发展的前夜，作为中国最重要城市之一的上海开始承受巨大的社会转型的阵痛，充满了痛苦、焦灼与希冀。几乎所有在这个城市生活的人都无可避免地卷入到这个过程之中，并从此改变了命运。然而，在一个"摩登"的消费主义意识形态塑造的上海形象背后，一个平民角度叙述上海的可能性还存在吗？

正是1993年的初春2月，上海电视台8频道，作为当年上海最重要的电视媒体，在它的黄金时段开始了一个叫做《纪录片编辑室》的栏目，它也是我称之为"当代中国新纪录运动"在体制内确立的重要标志，这个时间点的确立并非偶然。这个运动以关注小人物和边缘人群为自己的主要特征。《纪录片编辑室》是全国开辟的第一家以纪录片为名的电视栏目，也是当代中国新纪录运动在体制内的重要代表。它在九十年代以来创作了一批以变动时代中的城市底层人物为题材的作品，曾创下过36%的高

---

[①] 本文发表于《天涯》杂志2006年3期。

收视率,压倒电视剧,一时间街谈巷议,并因此成为上海电视台的名牌栏目,它有过这样的广告语:"聚焦时代大变革,记录人生小故事"。在上海市民中,它享有很高的知名度。

这一年夏天,我从复旦大学文艺美学专业获得博士学位,准备进入复旦新闻学院工作。学生时代的最后一个暑假回到父母家中:安徽合肥,一个内陆省会城市,家里老人说起上海有一个《毛毛告状》的节目,不知道毛毛的官司有没有打赢,我由此感知这个节目的辐射力。回到上海,这个由《纪录片编辑室》播出的故事在这座城市里已经家喻户晓,结局是毛毛打赢了官司,但这时的毛毛不过是三个多月的婴儿。真正打官司的自然不是毛毛,而是她的母亲谌孟珍,一个遥远的湖南农村来的打工妹。故事从这里开始了它的讲述与被讲述的历程。《毛毛告状》也由此成为迄今为止这个栏目收视率最高的节目,一个无法逾越的顶峰。

1993年,正是从《纪录片编辑室》这个栏目起步,我开始了对中国新时期纪录片的研究,十年后我的书《纪录中国——当代中国的新纪录运动》出版,而2003年的上海电视台拍摄了《毛毛十岁》,作为《毛毛告状》的续集。这样一个真实的故事,它的主人公和他们至今依然延续的命运还在这个我生活的城市中,与我们的命运纠缠在一起。这个故事似乎像一个漩涡,凡是介入其中的人都不由自己地身陷其中。

本文试图从围绕这个故事的几个相关文本来探讨大众传媒是如何展开一个城市立场的上海故事,这个故事的主角是乡村来的打工妹,它展开的背景是中国八、九十年代以民工潮为表现的中国现代化过程中的城市和乡村的关系,表现的是城乡关系如何内在于城市的自我意识之中,而上海的城市意识是如何控制了这个故事中的叙述,这种叙述本身又是如何被挑战的?最后聚焦在从乡村到城市中的女性主体性的建构过程及其问题。

我的研究文本和材料来自1993年上海电视台《纪录片编辑室》播出的《毛毛告状》的播出版本,十年后也就是2003年同栏目作为续集的《毛毛十岁》,上海电视台纪实频道播出的纪录片谈话类节目《经典重访》中关于《毛毛告状》的访谈,《毛毛告状》的导演阐述,以及笔者对主创人员的采访和谈话。

## 二、城市的"孽债"与被缝合的"大团圆"

### 1. 女性的乡村与城市

《毛毛告状》表现的是一位湖南来的打工妹,与上海弄堂里一位残疾青年未婚生子。但是毛毛出生后,父亲认为自己的残疾程度不足以生育,不肯认子。母亲抱着3个月大的女婴找到法院打官司,在纪录片导演的介入下,为小毛毛作了亲子鉴定(毛毛没有到作亲子鉴定的法定年龄),在摄影机前,父亲流下了眼泪,悲喜(悔恨)交加地认了女儿。该片的叙述采取的是现在进行时的方式,上集播出的时候,观众都在父亲到底会不会认子的悬念中,这使得下集的播出如一出苦情戏般扣人心弦。最后的"大团圆"结局给各方以充分的安慰。

作家王安忆说《毛毛告状》是她最喜欢的"纪实性电视节目",她曾用《毛毛告状》来对比艺术创作中的问题,认为它推翻了文学中"很多虚伪的东西,假的东西"。在她看来,这个电视纪录片以"真实"挑战了文学:

> 我们花了许多力气和代价去争取到小说的真实,可今天我感到非常困惑的是,真实是否真的是小说的理想。张艺谋的电影《秋菊打官司》,它真是真实,它用当地的群众作演员,说了本土的地方方言,他让大明星巩俐拼命靠近生活。它已经把生动的面目这一层上的真实做到家了。我们如果说小说是用生动的面目反映深刻的历史的话,张艺谋,不管怎么说在生动的面目这一层上真实到家了,他不能再真了,电影的材料要比小说具象和真实得多,那我们还能做什么呢?接下来更进一步的,出了那么多纪实的作品,我觉得这个打击也是非常大,譬如说《毛毛告状》。去年上海电视台"纪录片编辑室"搞的这部纪录片,我觉得它真的是很真实,而且我觉得它具有着真实的价值,它的真实把我们很多虚伪的东西,假的东西,错误判断的东西,都推翻了。譬如说它跟踪追拍的那个女人,毛毛的妈妈,她到上海来做短工,和一个残疾的男人有了这样的关系,然后生了孩子,那个男的却不肯认这个孩子,她就抱了孩子到上海来找,一定要孩子的父亲认她。我一下子就想起了我们小说和电影中很多的这一类,我们所

谓的农村小保姆的形象,曾经有一部电影,得过"金鸡奖",叫《黄山来的姑娘》,它所描绘的那个女孩子,那么温顺、那么贤良,逆来顺受、忍辱负重,最后回到农村,得到自己应有的幸福。而《毛毛告状》这里面的女孩,全然不是这样子,她非常勇敢,她豁出去了,她才不管自己的形象如何,她就是要向这城市讨还自己的权利,争取自己的利益。《毛毛告状》告诉我们,我们所做的"真实",很多都是出毛病的。你们看,在生动的面目下的历史事实,人家纪录片也真实到这份上了,我们还能做什么?到头来还是那个问题:小说到底是什么?我们究竟要做什么?假如我们所做的不是说一定要反映真实的话,那我们应该做什么?我们并不是制造伪善,也不是制造虚假,这一点很清楚,但我们也不是制造真实,那我们究竟要制造什么呢?

我们过去对小说的观念看来不对,这条路走不通,因为我们如果是这样子要求真实的话,我们走啊走啊,就走到《毛毛告状》那里去了,就是说,彻底地放弃虚构的武器,向真实缴械投降。①

新时期以来的小说、电影、电视、摄影等诸多艺术形式都先后不同地经历了对"真实"的追求,又都在随后的日子里,对这种"真实"进行质疑和反叛,这背后有一种共同的时代动机。在王安忆看来,作为对一个现实发生的故事的纪录,《毛毛告状》具有超越小说的"真实"价值,它逼迫小说改弦更张。王安忆把《毛毛告状》与两部电影作了对比,一是"不能再真"的《秋菊打官司》,另一是温良、忍辱负重的《黄山来的姑娘》。的确,这三部片子放在一起很有意思,最重要的共同点是中国传统的乡村社会都是以女性的形象出现的,女性成为乡土中国的能指。

《秋菊打官司》名义上是关于农民上访的故事,但秋菊的动机其实被归结为男权中心的封建宗法意识,是因为乡干部踢了她丈夫要命的地方,但只要多少对今天中国的乡村社会有一些了解和体验的人都会知道,它和今天的农民上访,和现存的中国农村社会的深刻危机以及中国乡村社会最尖锐的社会矛盾几乎没有关系,中国乡村不断发生的农民与基层干部的冲突背后是中国城乡关系的深刻变革,由此源源不断的农民上访是

---

① 王安忆《心灵世界——王安忆小说讲稿》,复旦大学出版社,上海,1997年,第7—9页。

这个社会真正的现实性。而电影中对秋菊这种"一根筋"的性格喜剧式处理,把打官司的动机归结于维护男权的传宗接代的传统宗法思想,这是一个隐含的与现代性相比照的乡村的封建性,正是这样的叙述视角赋予了片子和人物以喜剧性,这就有效地回避了现实的残酷,现实社会中农民与基层干部冲突的真正动机被隐避和置换了。所以,秋菊作为一个乡村妇女,她看上去是那么强烈地争取自己的主体权利,她的主体性被置于传宗接代的传统女性的使命中,但是影片最后告诉我们,当她的被告被司法部门带走,她却陷入了迷茫,她的动机和目的之间存在着断裂,这个断裂恰恰是由于她被定位在一个与现代化相对立的"他者"的传统"封建"乡村立场上,她的动机与现代社会有时代性的错位,这样的秋菊其实是被赋予了一个虚拟的"他者"化的主体性,就像我们在银幕上看到秋菊的时候,我们都很明白她其实是巩俐,无论她如何惟妙惟肖,她所有的逼真,只是巩固了她作为国际大影星的地位,而这种反差本身正构成了我们去看这部电影的重要欲望之一。秋菊不是直接遭遇城市,但是她遭遇的现代司法体系却是从现代城市中来的。张艺谋借用了纪实主义的手法来获取一个真实的名义,但是故事的叙事和结构是反现实的,他是在用故事的方法寻求与主流权力话语的合谋,以"真实"的名义绑架了现实。他的《一个都不能少》重复了这种叙述策略,只是更露骨罢了。

　　这里,我首先关注的隐喻是:当乡村遭遇城市的时候,乡村就成为女性。在一个强大的"他者"面前,主体总是以女性的形象和想象出现。《黄山来的姑娘》里的乡村形象,按照王安忆的总结:温顺、贤良、逆来顺受、忍辱负重,它其实是中国现代化过程中城市对乡村关系的一种想象性描述和塑造:这个黄山来的姑娘最好的归宿是回到她来的地方,那里有她"应有的幸福"。这种集体想象有它的"现实性",但现实性却并非一成不变,上海也会被当作女性的城市,那就是当它遭遇一个比它强大的他者之时,一如我们在卫慧小说《上海宝贝》中所看到的那样,在一个强大的西方想象的话语系统中,上海形象是由女性来指代的,而上海的男人要么性无能,要么娘娘腔,这也是为什么恰恰是"上海男人"会特别成为一个喜剧化的社会讨论或争论的话题。与此形成比照和呼应的正是《秋菊打官司》:对作为丈夫的乡村男性之"性"能力伤害的道义追讨,成为作为妻子的乡村妇女秋菊没有完成的自我认同的内核,它是喜剧性的,也是注定无法完成的。在这个意义上,今天的上海研究热是否也已注定是喜剧性的,抑或黑色幽默式的?

王安忆用《毛毛告状》来质疑小说的真实性,问题是《毛毛告状》在多大意义上能不同于王安忆所说的小说的叙述,也就是以真实的名义所追求的这种叙述呢?王安忆所叙述和推崇的这种"真实"到底是如何产生的?

一篇讨论户籍制度的文章曾以《毛毛告状》为例,说明在外来妹的婚姻关系中很多是不幸的:

> 从当今居高不下的外来妹离婚率中可看出:外来妹的婚姻是与当今都市中的婚姻现象同步的,它们都属于中国现代化进程中所出现的一种必然现象。例如:1993年夏,上海电视台收视率极高的黄金段《纪录片编辑室》播放的一部名曰《毛毛告状》的写实片就产生过强烈的轰动效应。该纪录片讲的就是此类婚姻典型:一位湖南来的外来妹与一位上海籍贫困、残疾、大龄且恶习不少的青年同居,生下一个女儿,但这位父亲并不打算承认其母女的存在,经亲子鉴定后,才承认了自己的女儿。①

其实并不需要社会学家的统计,我们也能够想见从农村"嫁给城市"的打工妹最后获得"大团圆"结局的,并不是一种普遍现象。那么,《毛毛告状》是如何可能的?作为纪录片的《毛毛告状》到底使用了什么叙述方式来获得一种普遍的认同?

这个故事最重要的人物其实是谌孟珍,她是推动故事发展的最直接的动机。而她的动机则内在于一个更大的社会动机里,那就是离开土地的人们从乡村进入城市。谌孟珍,这个湖南乡下来的打工妹进入的这个城市,正是上海。中国的内陆乡村以这个女性的身份进入到这个中国最大的现代都市,是以一个匮乏、饥饿等待被救济的身份,一个饥饿的乡村的女儿,在她第一次出场的时候,字幕为她确定了身分:谌孟珍,26岁,湖南安化县人。对于立足于城市的大众传媒来说,一个司空见惯的做法就

---

① 周勍:《扒开户籍制的皮——中国现行户籍制与社会稳定问题检视》,见 http://ytht.net。

是为所有涉及到的外来人口标示出籍贯,作为一种甄别和排斥"他者"的机制,这种做法在中国的媒体上比比皆是,今天的大众传媒以城市为根据地,每一座城市的媒体都会自觉地建构起对自己城市的认同意识,传媒是一座城市主体意识的主要承担者。

虽然王安忆认为"毛毛的妈妈"是在向城市讨还自己的权利,争取自己的利益,但是她并没有指出:谌孟珍之所以能够在上海的大众传媒中获得出场的机会,却并不是因为她自己,而是她手中抱着的这个婴儿,毛毛的名字是谌孟珍在请人写状子的时候,由写状子的人起的,这个官司正是毛毛被命名的动机,也是毛毛命运的秘密。那么,这个官司对于谌孟珍来说意味着什么?对于这个纪录片来说,又意味着什么呢?这是不同但又互相关联的两个问题。

在这个以摩登和消费主义著称的中国最现代化的城市里,这个远不摩登的贫民家庭却不期然成为上海最知名的家庭之一,这是特别有意味的。

## 2. 城市的焦虑与"孽债"

对于这部纪录片来说,正是毛毛的存在使得谌孟珍作为外来打工妹的代表获得了进入城市大众传媒的可能。节目一开始,该片的女编导王文黎,上海电视台的资深记者,是以一个主动叙述者和行动者的身份来讲述这个故事的。故事开始的场景是电视台的编辑机房,王文黎坐在编辑机前,手里拿着节目带,这个开场明确了该片的电视台立场和编导对自我身份的界定,编导的第一段话是这样的:

> 观众朋友,今年5、6月份我们摄制组正在拍摄关于民工潮的纪录片。6月10日忽然接到一位电视观众打来的电话,他说,有一个外地打工妹抱着小孩来到上海找孩子他爸,被拒之门外。现在她身无分文,走投无路,希望电视台去关心一下。[1]

---

[1] 《目击纪录片编辑室——告诉你真实的故事》,纪录片编辑室栏目组编,《毛毛告状》第98—119页,东方出版中心,上海,2001年。以下《毛毛告状》片中文本皆出于此。文中涉及的《毛毛十岁》与《经典重访》的文本,系笔者从节目录像带中抄录。

通过虚拟的面对面的叙述方式（这也是电视最为惯用的叙述模式），编导不仅为自己和电视台的身份与功能做了定位，一种优势地位，也为这个节目与上海的观众设定了一个互相认同的关系，从而为这个故事建立了基本的叙述立场与框架。它首先交代该片与上海的民工潮有关，但我们很快发现电视台和编导关心的兴趣点其实是毛毛和爸爸的关系，毛毛是不是"上海"的爸爸所生？或者说，毛毛是否属于上海的血缘，这是问题的关键，也是谌孟珍作为一个乡下女子能否被上海合法接纳为上海人的关键，电视台对此极为敏感。

我们看到导演对谌孟珍反复追问，片中还特别上了一段对北新泾法庭书记员朱琦良的采访：

记者：外地民工和上海人的婚姻纠纷这种……
朱琦良：挺多的。
记者：一般都是些什么情况呢？
朱琦良：一般都是外来妹到上海打工，嫁给上海人，一般生下孩子没有多长时间就破裂了。
记者：是什么原因呢？
朱琦良：性格不合，婚姻基础不牢，结合的时候各有自己的目的。

由此可见，这个焦虑是一直隐藏在后面的，它是城市甄别机制的动机，所以大众传媒首先敏感的是外来妹是否有自己的目的，这个目的就是进入上海。上海并不是随便可以进入的，这个城市有自己的准入原则，它是上海人优越感的来源，王安忆小说中的人物认为：这个世界最大的不幸就是做外地人。这种优越感在不同的时代有不同的意味，它发生于中国晚清以来的现代化历程中。庞大的农村中来的打工者在今天中国的城市里是隐形的存在，因为城市在计算人均收入的时候只按照户口指标。因此，从乡村来的打工妹要成为被户口证明的上海人，唯一的渠道就是婚姻。"上海人"，作为一个似乎不同与中国任何一座其他城市的称谓，是这个城市的自我意识和自我界定，而上海的大众传媒则是这个城市自我意识的集中体现。这个先见已经构成了整个片子发展的动机。

作为上海作家的王安忆对上海作了这样的解释：

> 世界上所有的城市都在怀念乡村，做着还乡的梦。人性的萎缩与堕落是世界上所有城市的通病，可是涌入城市的大潮源源不断。城市提供给人最多的是生存机会与可能，城市是效率最高、生产力最强的部落，与人的第一需要——生存，息息相关。上海是世界上无数城市中的一个，它牺牲活泼的人性，冒着堕落的危险，承担起无数贫困乡村的生计，为一个农业大国有限的产值增添可观的数字。它很少兄弟和伴侣，它的困窘与拮据日益加深。因此，上海人便不自禁地紧张起来，睁大了戒备的眼睛，带着排斥的表情，他们变得不宽容，不接纳，不友好，气量狭小。生活在上海的我们，只有祝愿我们的上海富强，昌盛，天天向上。（着重号系笔者所加）①

在同情的理解下对城乡关系进行叙述，王安忆这里的表述比较委婉，却也似乎无力摆脱一种既定模式的阴影。城市有永远的还乡梦，因为它是从乡村来的（看一看今天城市对农村的圈地狂潮吧！），但是城市里的人性萎缩和堕落也正是因为乡村的存在，这是一种压力，它使得城市无法洁身自好，正因为有从乡村中不断涌来的人流大潮，城市就永远陷在犯罪的恐惧中，大众传媒就会永远在报道那些外来人口的犯罪。而上海是这样的城市，它承担了拯救中国这个农业大国的命运，上海人的小气和排外正是这个命运的副产品。这段话为这个城市为什么需要一个甄别的机制给出了一个注脚：上海人的注脚。这个注脚有它强烈的现实意义，意识形态永远有自己的物质性，今天中国的每一座城市都在承受不堪重负的人口压力。由此可知，一个城市通过大众传媒表达的自我意识，并不仅是官方意志，它同时也弥散在这个城市中，与每一个城市人的自我认同和利益息息相关。但是，在这种城市认同背后的问题是：对于一个汪洋大海的乡土中国来说，近代以来中国的现代化城市发展到底意味着什么？上海对于中国到底意味着什么？而乡土中国对于上海又意味着什么呢？

其实，对任何一座中国城市的理解，一个无法逃避的尖锐问题就是：

---

① 见王安忆《寻找上海》一书中《疲惫的都市人》，学林出版社，上海，2001年，第154页。

城市与乡村的关系是深刻地内在于城市之中的。中国近代以来的现代化历史正是在这样的关系中艰难开展,中国的乡村是为中国的工业化、城市化、现代化付出了沉重代价的,这恰好是一个基本史实,无法抹杀。然而,这样的史实无法直接进入到面向西方的现代化城市的自我认同中,但它的现实性却不会因为受到压抑而消失,被压抑的意识会以一种潜意识的方式伪装地潜入主体,这就是王安忆所说的"堕落的危险",那是当它与乡村相遭遇的时候,上海对此有一个自我命名:孽债,它来源于上海作家叶辛的知青小说《孽债》,并由上海的女导演黄蜀芹改编成同名电视剧而轰动一时,是少有的由上海本土生产并成功的电视剧。它说的是这样的故事:当年上海知青在云南插队的时候,留下了一些孩子,这些孩子长大后结伴回上海找爸爸,这些云南来的孩子成为上海这座城市无法消解的"孽债"。

电视剧《孽债》源于上海东方电视台的电视纪录片《不了情》和《情未了》[1],它们是一个真实故事的上下集。一位当年上海的知青为了回上海,把初生的女儿和少数民族的妻子留在了西双版纳,很多年以后,在电视台导演的帮助和陪伴下,长大成人的少女来到上海与素不相识的父亲会面。纪录片在上海播放时同样产生了巨大的轰动效果,因为无意间拨动了上海这座城市最隐秘也最复杂的心弦。当上集《不了情》播出后,许多有过知青经历的企业家和社会人士纷纷介入,他们为经济困窘的父亲提供接待女儿来上海的援助,使得故事的叙述和走向因此而改变,在下集《情未了》中,我们看到的是来到上海的女儿陷入一种公共关系中,她被领着参观资助者的企业和工厂,出席各种座谈会,而她和父亲之间的一种微妙和隐秘的私人关系却因此受到了极大的干扰和破坏。来上海之前,她在镜头前表达了希望与父亲一起生活的憧憬,因为父亲依然孤身一人,但是片子结束的时候,她已经执意要回到云南去了,镜头的介入和镜头后面的那些力量的介入改变了故事的可能性,推动故事叙述的并不只是人物自身的力量,永远不是。知青的故事是以一个时代的方式进行和展开的

---

[1] 《不了情》、《情末了》,编导王光建,1993年。《孽债》是由上海东方电视台根据这个纪录片题材策划制作,由叶辛创作出小说和剧本,1994年播出,20集,黄蜀芹导演。《孽债2》于2010年开播,由叶辛编剧,梁山执导。

城市与乡村的遭遇与碰撞,也是空前绝后的中国现代性的故事。为什么"孽债"这个称谓会在知青一代回到城市并站稳脚跟以后的九十年代出现和被命名?它的意义在今天值得更深入的读解。

晚清以来中国的城市与乡村的关系就呈现出一种结构性的悖论,现代化的城市只是露出水面的冰山的一角,它其实受制于水面之下那隐秘、巨大而无声的乡村的存在——它的潜意识的焦虑的来源。七十年代末期的知青大返城和八十年代以来开始出现的民工潮,它们在巨大的历史差异中也呈现出某种历史的同一性。如果知青运动在今天的解读中仅仅是罪孽,那么,它和今天的民工潮所表现出的城市与乡村的关系,其实是同一种"孽债":现代性的原罪。它既表明了今天的现代化城市需要否认它与乡村的同一性关系,通过疏离这种历史性来获得面向西方的自我确立和想象,同时也暗示了这种否定性的冲动所伴随的危险与不安,因为只要有乡村的存在就意味着沉没的恐惧和堕落的诱惑,一种无法割断和挥之不去的"孽债",被无法忘却和否决的血缘关系提醒着罪孽的追讨与赎罪的压力,中国的现代化城市都注定要在这种孽债中滚动与挣扎,它以隐秘的方式在城市的交感神经中潜行,使得霓虹灯下的城市夜夜不得安息。

### 3. 被缝合的"大团圆"

毛毛正是上海这座城市的孽债。当电视台的导演对谌孟珍的饥饿表示同情时,是因为母亲的饥饿直接关联着毛毛的饥饿,毛毛是谌孟珍获得同情的前提,毛毛的血缘性质将决定这个城市对待毛毛及其母亲的态度。这就是为什么这个片子会被命名为《毛毛告状》,毛毛是谌孟珍获得进入上海这座城市合法性的来源。因此,对毛毛血统的鉴定就成为故事最重要的核心,为此导演不惜动用电视台的权力为年龄尚达不到亲子鉴定的毛毛特别抽血,这是这个被带到乡下的孩子重新回到城市时必须经历的甄别机制,毛毛的啼哭、挣扎以及整个抽血的过程,在片中有充分的展示——这是作为孽债的毛毛进入城市的洗礼:血的仪式。

这已经注定了的导演面对谌孟珍所扮演的动机甄别者的角色。在对谌孟珍第二次采访的时候,我们看到了这个过程:

记者:我上次去找赵文龙,见到赵文龙后的第一个想法就是你为什么要跟他?

谌孟珍:我们俩开始几个月根本没有感情。

记者:我看他残疾很严重,不是一般的残疾。

谌孟珍:所以他一直都跟着我走。后来看来看去他也有点值得同情。他脑子可以的,如果我自己是这样,也需要有人同情。我慢慢的同情他了。

记者:那你现在不同情他了?

谌孟珍:现在是不可能同情了,因为现在我这样他没有同情过我。有时候我把眼睛闭上,他那可怜的样子就出现在我的眼前。我只是忘记不了他可怜,没饭吃。

记者:他现在又下岗了,一个月只有150元生活费,又是一身残疾。

谌孟珍:我只是看他可怜,没饭吃。

(这里的记者都是王文黎,下同)

导演反复追问的都是最现实的问题,这个男人既严重残疾又下岗,在婚姻市场上他唯一值得重视的就只剩下上海户口了,所以谌孟珍用同情来解释显然不能消除导演和作为观众的上海市民的疑虑,以下是对赵文龙的采访:

记者:我是很坦率的,我也问过谌孟珍,你好好一个人嫁给赵文龙,你到底想从他那里得到什么?他没有钱,也没有地位,甚至连一个健康的身体也没有,你为什么要跟他呢?

赵文龙:我也跟她讲,才又才没有,官又官没有,钱又钱没有,咱们到此就结束了,我对她讲。

记者:那么,她为什么要跟你?你分析分析看,你的吸引力在哪里?

赵文龙:可能她认为她到这儿来能帮她报进上海户口,她可能也有这种……

记者:她讲过没有?

赵文龙:这个事情呢,我在和她谈朋友之前我跟她讲起过,像我这种人,社会上可以照顾的。我也曾给她谈过。

记者:那么你是否认为她相信了你的话,否则的话,你好像没有条件可以吸引她。

赵文龙:对的呀,那么事实上呢,她觉得我这个人也还是不错的,对吧,我这个人智力方面可以的,思维问题什么的也可以的。

记者:我觉得到现在为止她对你还是相当同情的。

赵文龙:同情,这是另一回事情。我现在认为,到现在我还认为她对我不忠诚。因为我深信自己的判断能力,我始终深信我自己的。

导演从正面、侧面不断探究的都是谌孟珍的动机问题,其实导演自始至终都没有解除这个疑虑,正是这个因素决定了同是作为女性的导演,却把立场和同情放在了代表城市的父亲身上,她有一篇拍摄手记叫做《我的朋友赵文龙》,①赵文龙就是毛毛父亲的名字,通篇说的是她如何调解这个家庭的矛盾,使这个家庭能够维持下去,让赵成为"好父亲,好爸爸",但是,母亲却被置于一种受动的地位。在她看来,毛毛拥有的是一个"严厉"的母亲和一个慈爱的父亲:

> 我知道这些年来赵文龙在努力地承担丈夫、父亲的责任。他结婚以后从来没有向电视台要求过帮助,不过他倒是向我提出过要求的:"王老师,你劝孟珍不要打毛毛。孟珍脾气太急躁,打起来不分轻重的。"有好几次春节相聚时,他都这样要求我,说得我也心痛起来,我说:"孟诊,你以后不要再打毛毛了,要知道毛毛不仅是你的女儿,也是我们上海人的女儿,你再乱打她,我第一个不答应。"这时候,赵文龙是一脸的痛楚;毛毛却得意洋洋,歪着头望着谌孟珍,似乎在说"你以后还敢打我吗?"谌孟珍一把将毛毛搂在怀里,不说话,只是对我傻笑。我忽然想到许多电视观众都在揣摩的问题,谌孟珍嫁给赵文龙就是为了一个上海户口,一旦户口到手,她就会远走高飞的。我说,"你和毛毛都已经是上海户口了,会不会有什么新的想法呢?"谌

---

① 《目击纪录片编辑室——告诉你真实的故事》,纪录片编辑室栏目组编,见《我的朋友赵文龙》,第119—126页,东方出版中心,上海,2001年。

孟珍收起脸上的笑容说:"会不会有什么新的想法,口上说了不算,让大家看我的行动好了。"

"是呀,嘴上讲讲又不算的啰。"毛毛又来插话了。

"你不懂不要瞎说。"赵文龙把毛毛拉到自己身边,"其实我是这样想的,等毛毛再大一点,那时孟珍如果想走,我也会理解,我不会拦她的。"

这就是我的朋友赵文龙。他的身体是残疾的,但他的人格却越来越完善,越来越坚强,他的进步使我惊喜,也让我十分自豪。(着重号为笔者所加)

即便已经在婚姻中,户口问题依然敏感,它不无关联地使我们看到谌孟珍被描述为一个施暴者的形象:对女儿没有母爱,而母亲的身份却是当年她被城市接纳的前提。因此当谌孟珍被描述为只会"傻笑"时,毛毛的身份意义在这里被强调了:她是上海的女儿,赵文龙有权力把"毛毛拉到自己身边",只要谌孟珍敢于离开赵文龙,她面临的就是母亲身份的剥夺,毛毛将成为对她的惩罚。这个城市只有当它面对毛毛的时候才肯承认它的罪孽感,而母亲也必须照此定义:只有作为毛毛的母亲,否则母亲本身并没有意义,这个世界上有很多饥饿的母亲,上海对此并不觉得有义务和道德的压力。这也是为什么赵文龙会被夸张地描述为身体残疾却人格完善以至于要令导演"十分自豪"的人物,因为要取得对谌孟珍的道德优势地位。但在《毛毛十岁》里,我们看到了很多不一样的描述,天真可爱的毛毛说:我妈妈是一个很好的人,对我好,对我爸爸也好,而爸爸生病以后,就变得很坏,老是嫌妈妈烧的菜不好,她甚至这样评价妈妈当年的行为:"我老妈真傻!"在《毛毛十岁》中我们看到的并不是赵文龙,而是谌孟珍在承受整个家庭的重担,赵文龙身体很不好,每个月都要去医院,光医疗费就是很大的开销。家庭主要经济来源都依仗谌孟珍,但是作为家庭经济来源的她却面临着做临时工也不断下岗的境地,她对这个婚姻有着复杂的感受,赵文龙也对自己的生活非常消极。

为什么《毛毛十岁》的叙述与王文黎的叙述如此抵触呢?首先是续集的导演已经换成《纪录片编辑室》的两个年轻编导,由此导致过去相对自足的叙述出现裂隙,更主要的原因是现实的残酷其实无法回避。王文黎在拍完《毛毛告状》以后,虽然收视率很高,但是在专业圈子内部受到了批评,主要是针对她在片子中动用媒体的力量,使不到做法定年龄的毛毛冒有一定危险做了亲子鉴定,是一种煽情,而且正是她的撮合使这个婚姻得以完成,显然这个片子极大地改变了这三个人的命运。面对这样的批评,王文黎大概并不认可,她后来一直拒绝就《毛毛告状》接受任何采访,也不愿意再拍《毛毛十岁》,该台有一档叫《经典重访》的栏目,是一个关于纪录片的谈话类节目,曾做过《毛毛告状》的主题,她拒绝出场。的确是她在片子中营造了一个大团圆的结局,但公平地说,这并不是仅仅出于个人立场和利益,难道大团圆不正是我们所有的观众都希望看到的结局吗?

但是,王文黎促成的这个婚姻,很显然对赵文龙最有利,正如她在婚礼上作为证婚人时所说的话:"湛孟珍你虽然打赢了官司,其实你'输'掉了自己;赵文龙虽说输掉了官司,其实你赢得了老婆和女儿,你才是最大的赢家呀。"与此相对照,湛孟珍在《毛毛十岁》里很坦然地说,我蛮后悔的,当初应该带了孩子跟别人,都是提心吊胆过日子,那我宁肯跟别人,人家最起码的生活条件比他好。在湛孟珍看来,她打官司的目的并不是婚姻,而是通过讨还毛毛的抚养费来证明自己的清白,当初她是可以有选择的,王文黎的文章里也说:片子播出后有人向湛孟珍求婚。但是这样一来,毛毛就不是赵文龙的了,而只有通过婚姻,即便湛孟珍走人,毛毛却是属于赵文龙的。这就是为什么王文黎要把赵文龙塑造成一个"人格"完善的父亲,这是为提防湛孟珍出走,让赵文龙获得毛毛提供一个埋伏的合法性论证。只有这样,这个城市才有资格从道义上赎回它的孽债。

《毛毛告状》是以赵文龙的忏悔结束的:

……看来这一切的一切都是我造成的,我对不起她们母女,使她们吃尽了苦头:现在事实证明我是错了,希望通过您王老师请求孟珍的原谅。
……

我想和孟珍重归于好,建立家庭。在我这不幸的40年里能遇到孟珍这样的好的姑娘是我不幸中的大幸,才能使我有了自己的孩子,做了父亲。这对我这个残疾人来说是多么不容易啊!因为从现在起,生活中升起了希望,看到了将来。我会珍惜现在的一切。(着重

号系笔者所加)

画面中是赵文龙的信。这个结尾已经预示了家庭的出现,它的前提是大众传媒力量的介入。浪子回头,通过这个城市孽子的忏悔,这个城市赢得的是什么呢?"城市的堕落"被城市所赎回,一个大团圆的结局,所有的人:导演、媒体、观众、赵文龙、谌孟珍、毛毛各得其所,所有的矛盾和冲突都得到了一个令人安慰的解决和释放。这就是这个被大众传媒所缝合的"大团圆"结局的意义。在《经典重访》的现场嘉宾中有一位"搞妇女研究"的上海作家王周生女士,她谈对这部片子的感受时,说她十年前看的时候很激动,十年后重新看"我觉得还要激动,不知道为什么,因为刚刚我流眼泪了,特别是看到赵文龙哭的时候,我很能够理解他",在她看来,正是由于电视台的播出,大众传媒的介入,不仅挽救了三个人的命运,而且拯救了受到命运不公正待遇的所有的人,比如下岗之类该如何对待等等。她认为赵文龙本应该高兴,因为他从没有想到过他会有女儿,可是他却哭了,可见他是有良心的——如此看来,赵文龙确实更能得到内在于上海的理解和宽恕,尤其是来自于城市中的女性知识分子。

当这个故事的叙述者自觉不自觉地站在城市的立场上,这个故事本身其实是处于一个更大的隐形叙述之中:这就是从城市立场去想象和处理的乡村与城市的关系,这正是这个故事在上海这座城市被如此广泛地消费的意义,它缓解了这个城市潜在的道德焦虑,也提供给这座城市一个满足道德感的渠道,这是当城市面对乡村付出代价时所欠下的孽债——它体现在片子播出之前之后,都有包括摄制组在内的无数的人通过各种渠道表示愿意帮助他们和这个家庭,摄制组和各种资助者的资助活动本身就是这个片子重要的组成部分,他们共同演绎和推进着对于这个故事的叙述。王文黎更是直接介入到这个家庭,当这个家庭出现矛盾纠纷的时候,她就会成为平息矛盾的人,是她像"亲人"一样维系着这个家庭的团圆。作为上海的观众,我们其实都是导演的共谋者,共同努力去缝合了这个大团圆的故事,这已经是一个"我们"自己的故事。《毛毛十岁》中展现的是这个家庭的现在生活,虽然这个家庭有很多经济上的困难和现实的烦恼,但是这个家庭是好的,毛毛很可爱,她有父爱,有母爱。电视台需要以此来证明当初对他们生活和命运的介入在道德上是正确的,这既是一个媒体的自我论证,也是对观众期望的一个预设性的满足。

## 三、从乡村到城市:身份与危机

但是,"毛毛告状"中"大团圆"结局在缝合过程暴露出很多自相矛盾的针脚,指向的却是某种残酷的真实和现实。《毛毛十岁》拍摄之后,王文黎的同事,纪录片导演余永锦先生担任上海电视台纪实频道《看见》栏目的制片人,他也曾经想在栏目中做一期该题材的节目,但是拍摄了一次便决定放弃,因为觉得很难过,毛毛成为一个家喻户晓的轰动人物,媒体因此获得了很大的利益,但是十年过去了,他们一家的境遇却仍然那么不好,这是件很尴尬的事情。谌孟珍并没有从出名中获得什么好处,她不断下岗,因为她有名,有些地方反而不要她;而有些地方愿意要她,却是因为她有名,想利用她。"大团圆"是电视台在消毒剂、紫药水和其他化学药剂的配合下所缝合出来的一个伤疤,它掩盖了创伤,伪造了愈合。但是,在伤疤的下面,是一种真实的痛楚。

在《毛毛告状》中,我们看到的是谌孟珍作为一个乡村女性以母亲身份被城市甄别与接纳的过程。但是,对于谌孟珍来说,她为什么愿意接受这个过程呢?这个过程,对于她来说,到底意味着什么?

在《毛毛告状》里,官司对于当初的谌孟珍来说,其实并不意味着婚姻,而是一种洗刷。从片中,我们知道当年 26 岁的谌孟珍与 40 岁的赵文龙曾在一个工厂做工,是在工厂老板介绍下,并在赵文龙追求下开始恋爱,后同居,而谌孟珍的怀孕是矛盾的开始,赵在镜头前明确说道:"我认为我在生育上比较欠缺。",观众也可以看到他身体残疾的确非常严重,由此赵怀疑谌不忠,他在谌孟珍抱了孩子来找他的时候不肯见,并对导演表白:"这种人我还见她干什么?我一辈子打光棍也不愿要她,她是祸害,只会带来痛苦。"谌孟珍也一再提到赵文龙骂她的话:你这种女人在马路上都可以跟人睡。这是赵在道德上的自我解脱,与王安忆对城市的"堕落的危险"的忧虑相类似:乡村成为淫乱的诱惑的象征。面对这种指责,谌孟珍其实已经没有别的选择,她只有作为乡村道德价值的维护者,才能起到对自己主体性的维护。因此,毛毛对她来说是唯一的证明:她的干净,道德的和身体的,这是谌孟珍的出发点。"他以为我是乡下人,没办法找他了",这时她的自我认同是"乡下人"。在她被迫回湖南老家生孩子的时候,她主动要求和赵文龙写下了这样的协议书:

> 等女的把孩子生下来,通过科学鉴定来确定孩子是谁的。如果是男方的,女方就把孩子留下给男方,她一概不管,如果不是男方的,就请她把孩子带走,男方也一概不负责。为了今后事情真相的明白,特留此条为依据。

其实,从片子里可以清楚地看到谌孟珍并不想给出孩子,她打官司的理由是要求得到孩子的抚养费,在亲子鉴定结果出来之后,她提出的抚养费是 60 元,但是赵只愿意出 30 元,谌孟珍对法官表示 60 元一个月其实是不够孩子吃的,当然不够,"我要求 60 元是看重他","因为他那时跟我说,小孩是他的归他负责……","因为我是同情他,60 元钱是绝对不够的,每个人都说我是戆大,60 元钱不够的呀"!在法庭的调解下,谌孟珍接受了每月 50 元的抚养费的判决。50 元其实更多是带有仪式的性质,从一开始区区 60 元的要求,就可以看出这个官司更大的实质性并不是钱,她完全可以据理力争更多的抚养费,它的功能更多是对谌孟珍的洗刷和证明。就像她后来在《毛毛十岁》中所说的那样,要争的就是这口气。这正是为什么她愿意把自己置于大众传媒之中,她要让这个城市见证她的抗争和清白,这个乡下来的打工妹借助了这个城市的媒体来表达和建构自己,她在镜头前面的勇敢和不矫饰,让人印象深刻。有观众说:她真会利用媒体!的确,她和媒体的关系是复杂的,由于媒体的介入,她接受了婚姻,在法律上成为上海人。不能说成为上海人不是她所希望的,只是她的本意并不是用毛毛来要挟上海,因为这个婚姻其实更多的是上海的媒体和上海的观众所促成和期望的,谌孟珍与媒体,到底是谁在利用谁呢?

因此,十年后《经典重访》的节目现场,当主持人问到底是一股什么力量在支持她打官司的时候,谌孟珍的回答就特别值得倾听:

> 我认为,你不管要我付出什么,我始终要记住一条,就是我是什

么样子的人，就是什么样子的人，我必须要一个真理。因为我没有真理，你的说法全是不对的，没有根据，就凭你自己的心理想像，这是不可能的，你可以不要我，也可以不要小孩，但是你必须得承认，这是最重要的，我可以帮你养小孩，也可以带着小孩走，但是你必须要知道自己是错误的。（着重号系笔者所加）

的确，她说出了"真理"这个词，她认为自己是在讨还真理，它是这个"承认的政治"的核心，自我认同是以对真理需求的方式出现的。在这个过程中，谌孟珍正好是把自己放在城市的"他者"立场上来确立自我的，她是一个乡下人，但是她有真理，这个真理必须被承认。主体的意义来自它的真理性，差异的政治来自对差异主体真理性的捍卫，交往与承认的政治实践的前提首先是主体对真理的认同，这个真理具有不可让渡的优先权，它不是从外部被赐予的，而是每一个主体在内部确立自身的方式。没有这个前提，这个乡下女子就无法以主体的方式进行这场一个人面对一座城市的抗争，谌孟珍是背水而战。在这个为了承认和尊严而进行的斗争中，她的确借助了大众传媒的力量，但是这种借助同时也是一种角逐和争斗，这使得在《毛毛告状》这样一个由大众传媒所主控和主导的叙述框架中，我们依然可以辨析出她勇敢的抗争的身影：当她坦诚地说出自己真实的想法和动机的时候。

当时的电视纪录片理念，即纪实主义手法和对现实的真实性的尊重，给了谌孟珍直接面对镜头诉说的机会与可能，而这在1993年以前中国其他的电视节目形态中都不可能。也正因此，纪录片的镜头往往会溢出导演的控制，呈现出多重意义，现实本身的复杂和暧昧拒绝被导演的主观意念所驯服，并抗拒任何一厢情愿的主观解释，它陨石一样无法消融地穿越导演的叙述框架，坚硬地砸在地上，从而使纪录具有了多元的解读空间。这一点，在今天反思纪实主义美学原则的时候，是不应该被忽略的。恰恰是它在很大程度上构成了新纪录运动的魅力，中国纪录片导演的幸运也正在于他们与今天中国现实社会之间无法互相妥协和交融：这种碰撞的关系。回到王安忆的问题，如果要说今天的小说与纪录片的区别，这是重要的一点。然而今天中国现实巨大的客体性，已经迫使当代中国的文学与艺术必须重新反思和面对它们与现实之间的复杂关系，对"真实"不是回避,而是如何以文学与艺术的方式重新定义,在这个意义上,真实与虚构并非泾渭分明,真实也可能被虚构,虚构甚至可能更真实。艺术的"真实"是对现实的理解与对话,这样的现实我们每个人都置身其中。

在《经典重访》的节目现场,作为主持人的上海女作家王晓玉特别问谌孟珍一个问题:毛毛不听话的时候,你打她吗?我们已经知道这个问题是从王文黎的拍摄手记中来的。谌孟珍很坦然地承认道:实在是急的时候也是要打的。主持人接着问:那么赵文龙呢?谌孟珍回答是:他倒是从没有打过她,这并不是说他脾气好,而是他从这件事情里,从十年前开始,始终还有一种心理的内疚感,好像去打她总归是更对不起她,十年了,毛毛再过分也不打的。这个回答并非有意,因为谌孟珍不太有可能看到那篇拍摄手记,但却彻底扭转了王文黎给出的那个歧视性的解释。在谌孟珍看来,她打孩子正是对待孩子的正常态度,而赵文龙不打孩子正好是因为他内疚,是他忏悔的方式。这就有力地颠覆了王文黎所描述的严厉母亲和慈爱父亲的家庭模式,谌孟珍以一种坦白诚实的方式成功地维护了自己的主体性。因此,在这里"真实"与"真理"具有同一的意义,真实是弱者的真理,也是武器。在赵文龙和王文黎都拒绝在节目现场出现的时候,谌孟珍却接受了这种出场,在大众传媒中的出场。她为什么不可以利用大众传媒来为自己说话,说出真实,来完成自我的认同呢?大众传媒挑选她的动机,与她对大众传媒借助的动机,这两者的确出自差异极大的不同立场,在不同动机的合作中,在合作的多个文本中,我们听到的是不同声部的声音,它们并不和谐地突破了一个整体叙述的压迫各自表述自己的意义。"他者"作为被表述的客体,却顽强地从客体的框架中表现出自己作为主体的存在,这也是当代中国新纪录运动的重要意义。问题是,我们是否学会了一种倾听与关注呢?

谌孟珍接受婚姻也是她身份认同转变的开始,接受作为上海人,也就是接受把母亲角色作为新的自我认同的来源,它要求谌孟珍的是某种隐匿与改变,《经典重访》中谌孟珍出现时,字幕打出来的正是"毛毛的母亲"。妻子的角色已经是附属的,也是欠缺的,因为赵文龙说过他在生理上是欠缺的。因此,谌孟珍对婚姻的接受,是一种类似祥林嫂捐门槛的行为,是一种以自我"阉割"的方式接受城市对她的规范,以此来获得承认和清白,城市索取了她的牺牲作为城市的入场券。这也是为什么《经典重

访》的节目现场会请来居委会的干部参加,那么,捐了门槛的谌孟珍获得她的期望了吗?这位女干部如此说道:

> 谌孟珍是一个很负责的女同志,虽然她是外来妹,但是她走进这个家庭以后,挑起了家庭的重担,作为妻子,她是照顾好了赵文龙,因为赵文龙是高度残疾,在教育子女方面,她把毛毛也教育得很好,所以我觉得她是比较有负责感的,我们街道现在不是叫她们外来嫂,现在是现有人口管理……,你既然来了,我们就要拿你当自家人。就像媳妇一样,娶进来了,就要让她们在我们的生活当中一体化,像自己人一样。

这其实是一种鉴定的程序,"居委会"成为一个公证机构,谌孟珍并不是作为个人,而是作为外来妹和外来嫂的代表被放在这个叫做"责任"的位置上,她也被证明履行了这个城市要求于她的"责任"。即便如此,关于谌孟珍的称谓却始终在第二人称和第三人称之间游离,也在单数和复数之间互换,它说明谌孟珍的身份在"真正"的上海人看来依然暧昧和不确定。

对于谌孟珍来说,现在她只能依靠家庭获得新的认同的可能与实践。因此,她在《经典重访》现场中表现出对这个家庭的维护,她说,她和赵文龙蛮谈得来的,有共同语言,说他们没感情是没有道理的,她是在重申和证明从《毛毛告状》时就表明的对赵文龙的"同情",这是维系这个家庭的基础——这个动机完全区别于导演对这个家庭的维护动机,这一点不应忽略。她说他们这个家庭比起那些有钱的家庭要好,他们从没有在经济问题上有过争执和吵架,她没有一分私房钱,因为她要钱的时候就能拿到,家里的经济状况她完全可以做主。其实这个家庭主要开支都是她赚的,她当然应该有主导权——她是要通过宣称对家庭所拥有的自主权来表明这种家庭内部的认同,这是她获得新的主体意识最直接的资源。家庭是她与这个城市的对话方式,维护家庭就是维护她与这个城市的平等关系,正是通过家庭,谌孟珍在这个城市有了一个位置。她希望证明自己能够担当起这个新的身份。从以"乡下人"的身份向城市讨回公道和清白,到十年后的谌孟珍要表现出完全有资格做一个上海人,除了服饰和发型引人瞩目的变化外,最重要的变化是她已经完全说上海话了,《经典重访》中主持人特别用普通话问她,她仍然坚持说上海话。在这种坚持的背后,是她的全部心路历程。认同理论最敏感的就是语言,当谌孟珍说她和赵文龙"谈"得来,当看到她用上海话建构自己,上海话已经是这个家庭的日常语言的时候,我们看到的是内在于这个时代的对城市/上海的强势认同,它的背后是一个社会强势的政治和经济脉络,它携裹了我们每一个人,而在这个强大力量的背后是已经完全沦陷了的中国腹地的广袤乡村。

谌孟珍依赖自我牺牲来获得新的身份:城市的身份,但是她的悖论在于,当她接受了这个强势的力量对她的召唤和塑造时,她正好得不到这个力量的庇护,这使得她新的自我认同从一开始就充满危机和分裂。家庭和电视台作为两个最重要的社会资源,是谌孟珍为建立上海人的认同感所借助的力量,但这样的力量反过来正构成对她的压抑。家庭本身并不是一个与外界脱离的私人空间,相反,这是一个从一开始就被公共化的私人空间——谌孟珍为寻求自我认同和社会承认所付出的巨大代价。在一个社会大变动的时代和历史中,这个家庭其实是风雨飘摇。当谌孟珍从沦陷的乡村终于进入到城市的时候,她所加入的这个城市阶级正面临历史性的沦陷。《毛毛十岁》中,我们看到谌孟珍从乡下打工妹的身份转化为机床边的城市工人,而这个城市的工人正在承受着大面积下岗的命运,大量的工厂不断地破产、拆迁和外移,工人阶级的主体性在这个城市中正处于丧失的过程,她恰好在这个时候加入了这个历史。赵文龙下岗,她自己也不断地下岗,十年中就换了十几个岗位,虽然她合法地转为城市人,也努力使自己成为"上海人",却无法因此得到这个城市的平等待遇,"我们现在又没有文化,年龄又偏大,在职工工人和外面用的工人是不一样的,没有四金,工资不一样,待遇不一样,就这样还没有人要,因为企业不敢用你","哪怕有两三年安稳的日子也好",但这也是奢望,她反复诉说她不得不上班赚钱来维持一家人的生活,毛毛没有人照料让她的心里充满悲苦。她的新的主体身份无法得到这个城市真正的认同,但她却为此背负着这个城市交付给她的十字架。在《毛毛十岁》中,谌孟珍坦言她对这桩婚姻其实蛮后悔的,因为日子太艰难了,总是提心吊胆过日脚。以前带女儿离开就离开了,不踏进这道门就好了,当然,现在已经是不可能离开了。赵文龙面对采访说道:"中国的家庭凑合型多了,实在过不去,她要走我也没有办法,就这回事,现在无所谓,大不了结束生命,也无所谓,人总是要结束生命的,像我们这种人活到现在也差不多了",作为"上海人"的"下岗工人"的丈夫已经丧失了对生活的信念,这就是谌孟珍必须面对的真实的家庭状况,进入婚姻和城市中的她所要承担的是残疾的上海丈夫和年幼的"上海人的女儿"。毛毛十岁生日的那一天,谌孟珍面对镜头流下了眼泪,她诉说着所受到的不公,她的生活的悲哀与艰辛。其实,十年后的谌孟珍之所以愿意再次走进大众传媒的强光之中,正是因为她面临危机,主体的确立并不仅仅是观念形态的,它必须以经济和政治的认同力量作为前提,否则,主体就会崩塌。在这个意义上,再次借助大众传媒来完成新的主体身份的整合与实现,应该是谌孟珍所希望的,但这是一个可能被实现的愿望吗?

谌孟珍在《毛毛告状》中勇敢无畏,是凭借她对自己"乡下人"身份的倚重,她对"真理"的信念和坚持。但是在一个"乡下人"必须依靠自我牺牲来实现"城里人"身份转换的时候,她面临的已经是一个不平等的前提,而一个不平等的前提可能是平等认同的基础吗?这正是谌孟珍的最大困境,它已经注定了谌孟珍悲剧性的失败。《毛毛十岁》播出后,又有很多人打电话给电视台,表示愿意给谌孟珍提供工作。我问《毛毛十岁》的编导,谌孟珍愿意接受采访,是否有希望电视台帮她找工作的愿望?回答是:从他们的理解来看,这个动机是存在的。那么,现在她有工作了吗?回答是:很难,因为谌孟珍很犟,她对工作是有挑选的,比如离家远的就不行,因为她要照顾家,她也会在一个工作中做了一段时间不满意后,招呼也不打(和电视台)就离开,有些地方她不肯去,因为觉得那里之所以招她,是想要利用她。如此看来,谌孟珍对大众传媒的力量并不是没有理解,她其实很警觉,知道它的伤害。只是,她并无别的选择。从《毛毛告状》开始,这就是一个没有结局的故事,它在这个城市中将继续野火一样开放和延续。这样的故事其实每天都在我们的身边流动和回旋。只是这样的故事,在今后的日子里,还会以怎样不同的方式被讲述呢?

与秋菊的故事不同在于,谌孟珍从打官司起,就不是与现代性相错位的蒙昧的乡村女性,她的故事和命运本身是内在于中国的现代性的,近代以来的乡村社会并不是外在于现代化过程的,它早已经不是什么传统的封建堡垒,而是最深刻地被中国的现代性所改变和摧毁的荒原。乡村的凋敝和城市的繁华是这个社会以断裂的方式建立的联系,因此它就不是一个外部的故事,而是内部的故事,内在于城市之中,内在于我们的心灵,是我们自己的真实故事。从城市到乡村,谌孟珍在自我认同的追寻过程中,需要跨越的正是这样巨大的社会断裂,这样的认同危机不仅是她的,也是这个社会的。这个历史性的断裂像无法逾合的伤口,无论是对于谌孟珍,还是对于这个社会,以及置身于社会的我们来说,都是如此。

## 四、结语:那些隐匿的主体

在工人阶级失去主体性的时代,乡村社会无法在现代化的语境中获得它的主体地位的状况下,被压抑的主体只能以流离失所和隐名埋姓(性)的方式存在。当《秋菊打官司》中的巩俐以秋菊的面具出现,当《毛毛告状》中谌孟珍以毛毛母亲的身份被确立,被压抑的主体还有可能以自己的方式被辨认和归来吗?失去土地和家园的人们在他者的空间里流浪和被放逐,他们成为没有主体身份的客体存在,主体身份的虚无意味着其背后政治和经济力量的空缺,失去身份的人也失去了语言,沉默的存在或是借助于别人的语言——"孙志刚",一个误死大学生的身份符号背后是他们无名的巨大的创伤性体验;或是以"物"的形式而存在,城市的大众传媒中的社会新闻充满了矿难、爆炸、死亡、犯罪、血淋淋、伤残、尸体……,这些是他们进入大众传媒视野的理由,即只有当他们被当作"身体":血、肉、欲望还有眼泪,一种生物性的存在的时候,他们才获得进入大众传媒视野的可能。但当我们看到的只是被抽离了真实的痛楚感的灾难,以及眼泪、尸体与遗骸这些物的存在之时,被压抑的主体就永远只能是匿名的存在。

而在流浪的踪迹和主体的碎片中可以辨认的惟有痛楚,痛楚作为存在的证明,其前提是他们肉体与精神的巨大创伤能够被放在人的尊严的位置上,即作为"人"的痛感体验可以被揭示和认同,否则那些无声的痛楚的呼号就只能如孤魂野鬼,在我们的城市里梦魇般飘荡——当代中国新纪录运动的意义即植根于此,它消解了影像内与外的区别,也挑战了"我们"和"他们"的界限。当弯曲的天空中是满是牺牲者漂浮的身影,一个建立在"他者"无言的牺牲和痛楚之上的现代文明无法和平。主体的匿名,并不意味着存在的虚无,而是相反,它是我们所知世界的内部构成,那些匿名的存在是我们的原罪,它意味着被压抑者的权利总有被追讨的那一天。中国近现代史以来,被压抑者获得身份和追求解放的过程曾经以不同的"革命"名义被指认,它在中国辽阔的城市与乡村之间展开,绵延不断。如果说革命是一种罪孽,这样的罪孽其实内在于中国的现代化过程之中,我们每一个人都是它的孽子孽孙,它是烙在我们额上的红字。中国现代化的过程是一部血与火的孽债史,每一座城市都背负着原罪,所谓现代化,也只能在这样的沉重宿命中追寻救赎之路。

2004年10月,初稿于上海
2005年5月,修订于香港大学新闻与传媒研究中心

(感谢上海电视台纪实频道王小龙先生、余永锦先生、苏蕾女士、柳遐女士提供帮助和接受采访。)

# "底层"的政治、伦理与美学

## ——2011年"南京独立纪录片论坛"上的发言与补充①

我预备的发言题目是:"底层"的政治、伦理与美学。听了小鲁的发言,我觉得自己题目也可以改成:契约,信任,还是信仰?小鲁的文章是从契约的角度切入的,我的疑问是:契约能不能解决纪录片的伦理问题?刚才讨论说导演有没有和被拍摄者签合同,但是签了又能怎么样?签合同的目的在很大程度上不是保护被拍摄者,是保护拍摄者免受影片拍摄完成后的法律诉讼——其实是从法律的角度解决问题。但是契约本身并不能解决纪录片伦理问题,伦理是在法律沉默之处,契约也不能解释纪录片的美学。也许超越契约的角度来讨论,可以有更大的空间。

## 一

底层的政治问题,我初步划分为三个不同却互相联系的层面。

第一个层面,是今天整个中国社会的大格局。底层现实与上层意识形态合法性之间的冲突与反差,使得底层成为被遮蔽的巨大存在,成为整个社会的"黑暗面"。这个政治的大格局就注定底层本身的某种不合法,比如说性工作者在中国就是一个不合法的职业,所以这个题材的纪录片在中国也就不合法。这是中国的大政治,没办法忽略。如果忽略,就无法理解徐童作品的出现,它的政治性,以及由它引爆的一系列论争。中国在

---

① 本文发表于《电影艺术》2012年5期。

这个脉络里的政治性赋予底层以特定的政治意义。

第二个层面，要从历史的角度来讨论，究竟什么是"底层"？我把它加上"括号"，是因为这个词的意义是在一个时代的变动中形成的。实际上，"底层"作为一个词语的出现，我们开始大量使用"底层"，是在新世纪以后。九十年代初没有"底层"这个概念，我们用的是"老百姓"，"讲述老百姓自己的故事"，意思是说拍摄者与被拍摄者都是"百姓"，我们之间是平等的，纪录片讲述的是"我们"自己的故事，因而陈虻要求他的编导对待被拍摄者要像对待自己的家人一样。当时讨论人道主义、平等视角，及其与纪实手法的关系，是在这样的理念上来讨论纪录片的伦理问题，比较温暖，也比较单纯。但是九十年代中期之后，这个词在不知不觉中发生了转变，"老百姓"变成了"边缘人群"，当时的批评是：为什么中国的纪录片有这么边缘题材？！主流媒体关于边缘人群的影像中，猎奇和嗜血开始大量出现。这个群体的人口数量没有变，因为贫富分化的加剧，应该说还在加大，但是他们在中国社会中的政治地位变了，主流话语对他们的命名变了，它说明一个社会空间里有了中心和边缘的区别。九十年代后期我们大量讨论的是怎样对待纪录片里的边缘题材。新世纪以后，"边缘人群"再次被"底层"这个词语所替代，从大众传媒到学术话语，"底层"这个命名被大量运用，直到今天。"底层"的出现意味着这个社会业已完成了上层和底层的分离，一个金字塔式的社会结构业已形成，它意味着一个前所未有的巨大的"底层"的出现。今天，底层变成现实，这个"底层"并不是由于我们的言语而发明的，而是作为中国社会严重两极分化的一个既定事实在意识形态层面上的折射，以及语言层面上的完成，它是给定的，无论你喜欢与否。今天的独立影像其实是面对一个断裂社会里面的底层问题，真正尖锐的伦理问题是在这个意义上出现的。也正因此，它尖锐的程度前所未有。在这个意义上，包括伦理问题的挑战都是一个底层政治问题的延伸。因为，所谓伦理说到底，是如何处理自我与他人关系的问题。但是，在一个急剧的社会转型的大变动时代，伦理的问题就不仅仅是个人与个人之间的关系，必然涉及到一个群体与另一个群体的关系，不同的阶层与阶层的利益格局（如果我们暂时不用"阶级"这个词语的话），也必然挑战所有既定的伦理原则。而由于中国社会在意识形态上的变化，它也因此成为今天中国社会最大的政治。在这个意义上，政治和伦理在"底层"

问题上互相纠葛，无法割离。

第三个政治意义上的底层问题，需要放置在西方与中国彼此对读的复杂关系中，放置在一个全球的视野中来看待。西方很愿意从西方政治的角度读解中国的电影和艺术，中国独立电影与西方电影节、艺术展览机制之间，爱恨情仇关系复杂。当中国社会正在经历一个大变动、大转折的关头，怎样去看待和读解作为问题的"中国"，中国独立导演的视角和西方读解的视角之间也会产生非常尖锐的一些碰撞，这特别体现在各大电影节的选片立场、价值判断与美学，与国内创作圈中的自我评价之间的龃龉。西方对中国底层视角的外部理解，与我们自己在底层内部的视角解读之间互相纠葛。与此相关联的是，国家支持的主流影片生产模式，它所希望的走国际市场的"民族电影"的"崛起"与独立电影之间的紧张关系。作为国家形象和软实力构建的"民族电影"，其题材与美学的"好莱坞"化与"去政治化"都与独立电影（纪录片）构成了强烈的反差和冲突。这些，构成了底层问题的第三个政治层面。

## 二

贯穿这三个层面的核心是：作为主体的导演在进行底层表述时，其位置、态度与方法，这构成了我们今天讨论的中国纪录片伦理的结构性存在。强调"中国"的意义在于，正是上述的结构性存在决定了中国独立纪录片作品的美学特征——它的独特性，无论是从世界纪录片历史的角度，还是在当下世界纪录片的格局中，都是独特的，它依靠中国现实的地气供养，更准确地说，是底层的地气。

伦理的问题，刚才我说不可能从法律上得到解决，因为它是在法律盲目之处，是法律看不到也管不着的地方。我们是在这样的黑暗中摸索，其实是一个黑暗的问题，因为这样的境遇前所未有。如果伦理问题被法律问题所取代，伦理问题并不会因此消失，而只会变得更加危险和黑暗，因为它意味着取消或者无视法律之外的黑暗存在。对于纪录片来说，伦理永远大于法律，因为纪录片的核心就是伦理问题：拍摄者与被拍摄者的关系，是所有纪录片的结构性存在——取消这个关系，就是取消纪录片。它是纪录片的原罪，原罪是命运的体现，是神意。而神意是无法用人间的法律来裁判的,这也是纪录片的"原罪"具有某种神圣性的地方,也是我们为纪录片辩护的原点。

对于今天的独立纪录片来说,却不仅仅是因为伦理是处理个体和他者(拍摄者与被拍摄者)的关系,更重要的是处理"我们"与"他们"的关系。正是在这个意义上产生了极大的争论:关于底层的景观化、表述与被表述,谁有权利去表述底层,怎么表述,是否存在抢占底层的话语权以获得道德优势,等等问题。如果从后殖民主义理论的角度,最彻底的提问是:底层到底能不能开口说话?所有的这些问题其实都可以归结为底层表述的伦理。这样的底层伦理问题在中国的语境下,究竟该怎么去理解呢?

一个代表性的观点就是刚才小鲁的文章提到的,拍摄底层被批评为是一种"等差之爱",这个"等差之爱"被认为是单向的、不平等的施舍关系。因为前提是既定的,因为这个社会本身是断裂的,这是一个既定的事实,我们生活在不同的"世界"里,彼此之间在很大程度上似乎已经不能通约、无法穿透,在这样的一个意义下底层的表述到底该怎样进行?

一个出路是寄希望于底层的自我表达。但是底层能否自我表达?依然是一个复杂而暧昧的问题。可以举个典型的例子,吴文光做"村民影像",很有意味的一个实验,把摄像机交给村民。但是村民们第一反应是:我们要拍和CCTV一样的片子,吴文光费很大的劲去劝说道:我们这个工作之所以有意义,就是因为我们要拍得和CCTV不一样。可是村民们说,如果我们的片子上不了CCTV,我们干嘛还要拍片?我们村子里的问题只有通过CCTV播放才能解决啊,否则,你那个独立影像跟我们的现实到底有什么关系呢?这个实验在开始的时候有很多这样的碰撞,这也说明底层政治与知识分子一开始的想象是不一样的东西。其实,并不存在一个本真的、"自在"的底层社会的自我表达,很反讽的是,现实中的底层表达也许正是对既定权力关系的模仿和复制——以倒置的方式,如果没有知识分子介入而"启蒙"的话,当然"启蒙"是另一个复杂的问题:何为"启蒙"?谁的"启蒙"?这些先用括号悬置,暂不讨论。这是只想指出,底层表达的复杂在于,并非底层自我拍摄的影像就一定是底层表达,底层表达的可能是"他人"的声音、他者的生活,自己的声音恰恰必须通过借助"他者"的话语来说出。底层并非是没有污染的处女地,相反地,底层正是层层叠叠的权力关系最终积淀的社会基础。这就需要我们对底层表达的复杂性要有充分的理解。

与此相关联的是另一被追问的问题是：作为"他者"身份的导演介入底层有没有合法性？这是一个日益尖锐的问题，很多导演会被指责说：你凭什么去拍人家底层？你凭什么去拍（女）性工作者？何况你还是个男性！导演怎样才能获得对底层表述的权利？这是一个特别值得讨论的大问题，因为，今天我们看到大量优秀的底层影像，其实都不是底层的所谓"自我"表达，是导演拍的、属于导演独立意识的作品，今天我们先把讨论集中于此。

## 三

中国独立纪录片导演最重要的拍摄方式是通过长时期在底层行走，以身体为媒介，身体与摄影机合一，让摄影机以体温的形式去表达主体的感受，是感同身受，也是身体力行。这里，我对小鲁的"静观"电影的理念持一个谨慎保守的态度。新世纪以来，无论是独立导演，还是在体制内外游走的导演，都是在一个行动的模式里面，而不是一个静止或者静观的方式。用我的话，他们一直在底层行走，行走是一个动词。就像吴文光说的那样，纪录片是一个动词。和渊的作品《阿仆大的留守》，从形式上来说非常符合"静观"电影。但是仔细了解，他的电影美学受到的是西班牙导演 Pedro Costa 电影的影响，所以更多不是小鲁说的中国自己的静观传统，它听起来更像是士大夫的文人画传统，这个表述到底在多大程度上能够解释中国当代的纪录片，我希望小鲁做更多的阐释性工作。可能核心的问题是，当导演进入底层、行走底层的时候，他是以什么样的方式行走，以什么样的方式观看，以什么样的方式表述，这可能是更重要的问题，在这里其实我们已经看到了不同的方式。

我自己就把像季丹、沙青、冯艳、和渊等纪录片导演看成是一个有共同追求的群体。他们对底层带有一种尊严政治的表述，底层被看作是一个有尊严的群体，他们用仰视和谦卑的态度来工作，并从中建构出一个理解和反思现代社会的视角。这样的底层叙述已经有非常优秀的美学表达，特别值得关注。我和和渊讨论过《阿仆大的故事》，看上去是一个非常不政治的故事。这个主人公当然是社会最底层的人，但是这个片子根本不涉及有没有社会救助、政府关心不关心这些社会议题。它用诗一般的笔触刻画了一个世俗社会的傻人，实际上是一个具有神圣使命的生命的拾荒者。阿仆大是一个没有结婚的、四五十岁的一个男人，傻傻的，脏脏的，不是很聪明，被村里人嘲弄。在父亲年老体弱的时候，他一直伺候和陪伴父亲走完生命的旅程，在这个过程中他把生与死都当作自然的一个过程，就像花开花落，就像树上的果子成熟之后落到地上。阿仆大就是守候生命的人，当生命萎地的时候，他捡拾起来把它葬在土里——生命所来的地方。我自己的一个阐释，也获得导演的某种认可，就是阿仆大的形象很类似俄罗斯文学和文化传统里面的"愚圣"。

"愚圣"是俄国民粹主义传统中的重要组成部分。今天在中国，"民粹主义"是个否定性的污名概念，被用来在网上骂人。但是如果我们暂且不把这个概念无限扩大，而是回到特定的19世纪俄国民粹主义的传统中去，就会看到它伟大的一面。它意味着知识分子走入民间，走入底层，以一种承担去体会某种牺牲和神圣性。19世纪俄国一大批贵族和知识分子自觉地走向农村，是因为深刻地体认到俄国社会的苦难是在乡村。这是一个用神圣化去理解苦难的伟大传统。为什么需要"神圣化"？是因为在上帝或神的面前，底层才有可能超越世俗的不平等，而获得它平等的，甚至激进的人道主义的价值，这样的宗教传统往往会成为社会解放的动力。在这个意义上，这个片子其实具有极大的政治性。

上世纪八十年代以来中国的乡村和底层的影像传统有一种对苦难的神圣化追求。如果从一个正常的社会视角来讲，这些主人公往往属于傻子、残疾人，是不正常的，即便在底层也是非主流的人群。但是在这些影片里却呈现出一种神圣性，导演用一种仰视的拍摄视角逐渐进入黑暗与苦难的深处。我觉得这样的一种解读是很值得讨论的。虽然他们的传承可能不是直接来自俄罗斯，而是更多地来自日本的小川绅介。小川对农民的理解和爱正是在日本上世纪六十年代乡村社会面临崩解和消失的历史背景下，小川义无反顾地加入了农民抗争城市化的过程，并对亚洲的农民与土地问题的处境有深刻的思考。另外，小川另一大被人提及的思想来源是二十世纪的中国革命，这个建立在农民革命基础上的左翼思想与实践的复杂传统。在这个的意义上，"静观"可能很难体现出由小川所倡导的这个传统的丰富与复杂。如果小鲁是希望把中国的直接电影的模式命名为"静观",可能需要更多的论证,包括对"静观"这个概念的重新阐释。

与此相比照,是第二种方式,以周浩导演的《龙哥》这样的片子为代表,直面底层社会的复杂、暧昧、肮脏,甚至黑色犯罪。不是一个浪漫主义的、乌托邦的底层、一个乡愁的底层,而是现实政治下一个藏污纳垢的底层,作为黑社会的底层。这样的视角也是周浩作为导演行走社会的方式。在影片里可以清楚地看到导演与底层彼此的利益交换,周浩要的是拍摄影片,被拍摄者之所以愿意接受拍摄是因为:在需要救助的时候可以得到来自社会地位高一层的"记者"的救助,在没钱的时候可以向他要钱,在孤独的时候有人愿意跟他说话,等等。这样一种利益的交换是现实的存在,而正是这样的存在,成为《龙哥》这种类型的纪录片得以成立的前提,甚至决定了影片的结构。没有这样的利益交换,就不可能有现实政治的底层纪录片存在。徐童就把行走"游民社会"的底层体验说得很清楚:"拍摄关系就是人际关系。这是一个实实在在的基础。说白了就是建立一种各取所需,各有所得的利益关系;也就是一种交换关系。游民生活在处境艰险的江湖,生存是第一需要,利益关系是个基本的前提;影像就是交换的结果"。① 这是一个非常重要的叙述模式,导演在这个过程中并不试图隐藏自己作为"他者"的存在,摄影机镜头作为"他者"的探头般的视角,正是因为作为江湖的中国黑社会"非法"却现实的存在。在这个意义上,拍摄者与被拍摄者都是在危险与黑暗中小心翼翼地摸索与接触,彼此摸探各自的底限。导演通过挑战极限而体验到的情、理与法的复杂性,也代表了特定的纪录片观众的视角,一个既指向他者,也指向自我的反思视角。当然,这也会引发摄影伦理的争论,因为这样的摄影行为不仅挑战法律,也挑战作为导演的"自我"与"他者"彼此不同的,甚至互相冲突的认同底线,以及作为社会共识的伦理底线。

## 四

第三种方式就是以徐童导演为代表的底层表达,他既没有把底层社

---

① 徐童:《道德底线就像咬屁股的老虎:与黎小峰的对谈》,http://www.trendsmen.com/art/2011—01/304426_2.shtml

会乌托邦化,没有特别强烈的乡愁意识,也没有特意"暴露"它的黑暗面,而是试图把底层作为一个"流民社会"得以存在的价值体系及形态呈现出来,包含了某种粗糙的人道主义——今天中国社会正在形成中的新的"流民社会",它究竟靠什么力量活下来?这种人道主义,非常不同与九十年代早期温和的、主流认同的、精神层面的人道主义,而是以一种非常尖锐的力量来拷问作为"身体"和肉身的底层存在,它以生存欲望和性欲为表征。徐童最尖锐的提问就是底层的身体与性欲,最基本的生存欲望与性欲作为肉身最核心的存在,它是以什么方式在底层野草般生长。正是因为底层,肉身的存在才获得它原始和野性的力量。在徐童自己的总结中,一是底层社会的"义",建立在生存第一的丛林法则上的"义",是一套不同与主流社会的带有封闭性和蛮性的价值体系,它会携迫纪录片的伦理原则跟它走,使得纪录片必须担当这个"义"字,否则就无法完成。这使得纪录片的真实性既必须遵从这个"义"的制约,也必然是这个"义"的体现——它体现为游民立场;二是底层社会赤裸裸的野蛮性,它使得摄影机拍摄的每一个镜头都渗透了"义"不容辞的"蛮性",也使得导演必须从心里"挖掉"道德优越感,从根本上瓦解道德焦虑,才能"自甘沉沦于底线之下"。正是这样一种向下沉潜的态度、方法与勇气,铸造了徐童"游民三部曲"。他在给我的邮件中强调,他是以"底层的方式"来表达底层。这样的表达方式,必然承载了底层社会与纪录片伦理的双重"原罪"。

因此,在这里,底层伦理问题的关键,与其说是指向被拍摄者,不如说更多的是指向拍摄者自身。拍摄者的"自甘沉沦"和身份的自我转变,在徐童看来是更关键的:"这是场炼狱,没有捷径可走"。[①]"原罪"首先是需要导演来背负的,进入底层,越深入,也就越黑暗,就如潜水,需要承受的压力和危险也就越大。行走江湖,是与狼共舞,不被吃掉的唯一可能就是让自己也变成丛林中的生物,与之互搏。徐童把自己看成"游民",把自己的电影视为"游民拍游民",这是一种残酷的拍摄原则,它意味着导演必须具备丛林生存的能力,徐童称之为:逼入绝境。如此,才有资格在江湖行走,才有纪录片。这里,传统意义上拍摄者与被拍摄者之间关系被反置,纪录伦理的重心是拍摄者自己,自我身份的内部紧张与外部博弈,共同构

---

① 徐童与笔者的邮件。

成了一种针对自我的伦理强迫,这成为纪录片能否成立的条件。

因为有第一部纪录片《麦收》所引爆的伦理争议以及后续的一系列事件,在其后的影片放映中,徐童采取了一种激进的方式介入到中国的独立电影活动,并作为对争议的回应,就是把自己影片中的性工作者唐小雁女士带到了所有国际、国内的放映现场和讨论会。这样的行为到底意味着什么?

起初我以为对唐小雁来说,坐在这样的会场听讨论可能并不是很有趣,并不是她愿意理解的东西。但是唐小雁却明确表示:我愿意!她表现出一个力挺中国独立导演的姿态,我愿意把这个姿态理解成与中国的独立导演相遇过程中产生的信任,这样一种相遇是很珍贵的,也是前所未有的,独立导演与他的被拍摄者之间结成了一个荣辱与共的利益共同体,也就是徐童表述的"义"。它的挑战性不仅在于导演把自己与一个被社会污名的、非法的性工作者群体捆绑在一起,在被聚光灯照亮的公共场合亮相;也在于对被拍摄者的挑战,虽然亮相于电影节以及与此相关的场合,但是,这并不是一个外在的社会场域,社会歧视和污名化的危险同样存在所有有人群的地方,因此被拍摄者也面临着被伤害的危险。

我最初的疑问是,如果把被拍摄者暴露在公众下就能够救赎原罪,问题可能就太廉价了,这样的方式或许只是增加了问题的重量而不是减轻。但是在与唐小雁讨论的过程中,却看到她对纪录片理解的力量,从而也改变了我的理解。在她看来,正是因为:"你们有学问,你们整机器,你们懂得弄,你们可以拍摄,你要是怕这个怕那个,那导演干个屁呀?都去奔商业去吧。"而纪录片的功能在她看来,就是:"你理解我,我理解你,大家互相多理解一些,我救助你,你救助我,咱们把这个社会的问题,把国家存在的社会上的问题,给它留住,留在这个社会,让很多子孙后代都知道:哎呀,原来以前还有这样的社会,还有这样的人啊?导演都不拍了,将来谁还知道这个那个啊!"①这样的表述,让我们看到的正是中国独立纪录片与底层社会产生的相濡以沫、惺惺相惜的缘分,这一共生性的基础。徐童面对各种质疑和非难,他的回答是:"问题不能回避,但是可以暂时搁置在

---

① 《南京"政治、伦理与美学"独立纪录片论坛(下)》录音整理稿,http://www.chinaiff.org/html/CN/xinwen/xinwenliebiao/2011/1231/1774.html。

这儿。我作为一个作者,应该去拍摄去不断推进我的生活,以及我跟我的人物之间的这种关系,然后尽快的能够用作品说话。"①他的下一部作品就是以唐小雁为主角,其素材就包括唐小雁在各个电影节和讨论会上的表现。这里,纪录作为一个动词,不仅跨越了影片内外的界限,而且成为推动事件发展的动力,影片的文本与现实之间互相携裹与共生,并以此方式不断推进和生长。这样的一种文本与现实互相越界和促进的方式,极大地更新了我们对纪录片与底层问题的伦理考量。

与上述方式相关联,最后想补充讨论的是关于"自我伦理"的纪录片。"自我伦理"是我的一个不恰当的命名,它指的是导演与被拍摄者在身份上合二为一。它在很大程度上是把拍摄者与"他者"的伦理关系,转换为拍摄者与自我的关系,从而把伦理的压力和挑战转移到自我的身上。这样的方式尤其体现在年轻一代的纪录片导演身上,并且呈现出一种越来越激进的姿态。

这里,人的存在和人道主义被以激进的方式置换成人的肉身存在、动物性的存在。人的动物性存在的黑色与荒诞,是其革命性的美学宣言。在我看来,这样的底层呈现的方式,不是反理想主义的虚无,而是以激进的反乌托邦的形式来彰显新的乌托邦主义。反乌托邦的乌托邦之所以还是"乌托邦",是因为"肉身"、"本能"与"直觉"这样的理念在这里获得了一种抵御外在的力量,其反抗的对象正是其动力的来源。这次导演们联合签署的《南京宣言》,②以"动物"和"萨满"作为其革命性的口号,在我的读解中,体现的正是把"肉身"神圣化的冲动——虽然是以反神圣的方式。这也许是今天中国纪录片发展中最值得关注,也是最独特的地方。激进的独立纪录片导演通过让自己身体与摄影机合一,使摄影机成为导演肉体与直觉的延伸,或者象征。它强调对"本能"的忠诚,以及"本能"的真实性和鲜活,以肉体的拒绝和反抗来获得主体的存在感。在这种激进的姿态下,作为"动词"的纪录就是"做爱",纪录成为一种性爱的方式,而摄影机则成为阳具。肉身成为底层,作为阳具的摄影机以底层为肉身而勃发,

---

① 《南京"政治、伦理与美学"独立纪录片论坛(下)》录音整理稿,http://www.chinaiff.org/html/CN/xinwen/xinwenliebiao/2011/1231/1774.html。

② http://site.douban.com/widget/notes/5494326/note/181581347/

是宣泄、侵犯，或乱伦；也是反抗、反击，或征服。关于做爱与阳具的表述正是"南京独立宣言"以及网上延伸的讨论中最引人瞩目的部分。

这里，魏晓波的纪录片《生活而已》，可以视为这个纪录片导演群体的自画像。影片中，所有既定的高尚的生活意义都被消解和去魅，包括男女之间的爱情与做爱。生活只是吃喝拉撒睡最基本的生存活动，生存成为无聊，无聊却如箭一般绷在紧张而贫困的生活之弓上，男女之间每天为了微薄的钱烦恼和争吵，它毫无遮掩地暴露其主人公底层性的存在，民工一样的生存处境。但是，唯一的既隐蔽也醒目的不同，是这个民工般的主人公，这个导演、摄影师与被拍摄者的身份合一的主人公，认为自己是中国最伟大的纪录片导演。简陋的居室墙面上贴着各色的外国电影海报，其中唯一的中国面孔是坐着回望镜头的贾樟柯，这个来自底层的、以自传式影片获得成功的中国第六代导演的标志性人物。所有这些尖锐的碎片般的"无聊"却正是因为摄影机的存在才得以完成。正是因为摄影机的存在，使得"无聊"获得了救赎的意义，它构成了摄影机孜孜不倦、毫不留情地进行自我解剖的动机。

如果说贾樟柯电影中的主人公还在经历希望破碎，并伴随着人心破碎的过程。现在，这个过程已经结束，在这些新生代导演的纪录片中，只剩下废墟，它们被踩在脚下吱吱作响，如碎了的玻璃碴。影片的主人公们赤裸地生存在这些锋利而细小的碎片上，不是悲剧般的创伤过程，而是每天都在经历的被划伤的拉痕，也许有淡淡的血迹，也许已经麻木，这些生活的拉痕构成了影片的质地。生活成为状态，而不是过程。它构成了一种奇异的底层与纪录片共生的关系。纪录成为生活的有机组成，摄影机成为身体的器官，它见证和拥有的是屈辱、丑陋与无聊。

对于这些年轻的导演来说，生活和自己一样都必须是赤裸裸的，任何掩盖和虚荣都违背了摄影机的伦理，为此要对阳具：作为摄影机和作为肉体，先行割除包皮——它既被看成是一种仪式性的宗教行为，也被看成是为了更本真地获得感知（介入）生活的艺术（纪录）行为，包括乱伦。这种自我践行的纪录片伦理，把自己的底层生活看成是最本真的存在，唯一的却是属于他们的存在，在此，自我肉体的伦理成为信仰。它以严谨而节制的美学表达来完成，卑微而无望的生活/艺术的野心与抱负、内容的放肆挑衅/形式的自觉与内敛——这些反差的光影，构成了一副独特的中国年轻独立纪录片导演的素描。

同属八零后的年轻导演薛鉴羌在网上积极参加《南京宣言》的后续讨论,把"割包皮"作为在"萨满"和"动物"之后的第三个关键词,①并且把他的讨论文字献给《生活而已》的导演魏晓波,这并不奇怪。他对自己的纪录伦理所做的剖白,可以成为《生活而已》的重要注脚:"如果要批判我,那就得把我的被拍摄者一样批判,因为我们是一样的,要说无耻就是一样的无耻,不能说谁比谁更无耻,一个无耻的人拍另一个无耻的人。"在他看来,正是因为无论是拍自己,还是拍"别人",其实都属于一个阶层,所以摄影机本身并不代表外在的或者不平等的视角,"拿起摄像机道德标准就得高人一等么?我看徐童和丛峰啊屁颠屁颠的拿个摄像机跟着人家,比拍摄者苦多了,人家到哪他们也到哪。《未完成的生活史》不就是拍的丛峰自己工作过的地方么?和他差不多;李栋的《八宝粥》拍的不也是和自己差不多的级别嘛,有什么道德好讨论的?魏晓波《生活而已》不也是拍的自己和自己赤裸的女友么,有什么道德好讨论的?同一阶层的人在互拍,彼此彼此,都好不到哪里没什么道德对比的意义"。因此,他们拒绝外在的道德审判,但是同时,这种向内的姿态却不断地给自我带来更大的挑战和压力,并逼向极限。

在这一意义上,这样的自我的底层视角,代表了一种底层社会内部的视野,对生活的阐述正是对自我的阐述。当底层成为自传,底层就不再是暗哑的无名的存在,黑暗、巨大与被遗弃的存在,一种正在努力反省与挣扎的底层的自觉,正在试图获得自己的主体和表达,并重新定义"我们"的意义。需要在这个意义上理解其拒绝与决绝的姿势,这一确立"我们"的方式。

我曾经把蒋樾的《彼岸》看作是中国新纪录运动确立自己向下视角的标志性作品。在那部影片的结束,失去导师的一代年轻人回到自己的乡村,自己编剧、导演和演出给乡亲们看。但是,当看到这些年轻人的演出在很大程度上依然模仿着过去的导师,还是让人心态复杂。现在这些年轻人拿起了摄像机,以杀父的姿态来完成自己青春期的成长,但也在很大程度上留下了父亲缺失的巨大空白。《生活而已》在片子的结束部分,小

---

① http://blog.sina.com.cn/s/blog_4385d5050100zlw3.html

两口回到导演的乡村老家,奶奶给的喜钱被妈妈退回去了,因为奶奶太穷了。乡村在今天的贫瘠,以乡村为象征的母性对孩子庇护的无能和悲哀,成为整个影片的背景性存在。与此相对比,父亲的形象自始至终都是缺席,这使得影片羸弱的主人公就像是一个从小没有父亲的孩子,独自摸索一切谋生的技能,既自尊也自卑。这也使得其杀父的姿态,更像是一个追认的补偿性行为,在决绝的背后是悲凉的气息,在一个没有父爱的时代以杀父的方式来寻求父亲。无爱的孤独感极度寒冷,砭入骨髓,互相怨恨因此成为爱的方式。它构成了不同代际之间的区分。

这些在底层中独自长大的孩子,命中注定要背负着底层的原罪。这些沉重的使命既可能压垮他们,也可能成就他们。他们已经在黑暗中上路,他们还要走多远?还能在多大意义上——走遍大地?这既是疑问,也是希冀。

## 五

中国最重要和最优秀的纪录片导演之一季丹,也是为数不多的女性导演,她把自己看成是摄影机器官,只是这器官是活着的心脏,纪录片是心的艺术。它不是所谓纯粹的客观,心的官能是感受,也是供血。只要在现场,心就随着现场而跳动,因为痛苦或者欢欣。这样的纪录电影之"心"也不同与维尔托夫的电影眼,因为在黑暗中,眼睛会失明;因为处于被命名之前的世界,眼睛也可能无法辨认。因此,需要的是全身心的打开:"在现场像海绵一样的存在。我吸收他们的存在感,尽可能不释放我自己,我是一个容器",①打开自己去收纳这个尚未被命名的黑暗世界,不是从外部冒失地闯入(或曰"启蒙"),"就像我进到了一个黑暗的屋子,我先要去看它最黑暗的部分,我首先要排除我的先入为主,我的理性,还有想要解决问题的愿望。我首先做的是睁开眼,竖起耳朵。我觉得我这部片子是睁开我的眼睛,竖起我的耳朵进到一个黑暗的屋子里拍出来的东西。我不是要做一个社会问题的纪录片,我是想把那个黑暗的空气的感觉传达

---

① 2011年11月18日季丹在复旦大学"华人女性与视觉再现"会议上,《危巢》放映之后的交流。

出来。"在这个意义上,她拒绝把自己的纪录片称之为"社会问题",或者是"为了解决社会问题而拍的纪录片",而是——电影。电影意味着,它是导演的心相。

在中国大地黑暗的深处,心如花,默默开放,而我们必须用心才能看见。心是任何主体存在的前提。

季丹说,其实所谓"底层",比我原来想象的要广大深邃,它也并不在脚底下的黑漆之处,而就在身旁左近和自己内部。它是社会和人性中废墟的部分,自天而降的同情和善行并不是它真正的天使。废墟自身有它足够的重生能量。她说的既是底层,也是中国的新纪录运动,在今天,它们已然一体。

2012 年 3 月 13 日,修订补充于上海

# 纪录的美学[①]

——从本雅明的"灵晕"说起

## 《摄影小史》与早期摄影中的"灵晕"

本雅明在《摄影小史》中讨论的是摄影的历史性和哲学性的问题。这样的讨论对于我们当今社会,究竟还有什么样的意义?这是今天讲座关心的话题。

本雅明说当我们看老照片的时候,会看到老照片里有些不能宁静下来的东西。这种不肯宁静下来的东西就构成了那个时代特有的存在。老照片中总有一些东西是没有办法穿透的,没有办法被理论或者今天所穿透,有一种谜一样的东西,是属于那个时代的。但即便是在那个时代也是不能被穿透的。这些东西是什么呢?实际上这就是本雅明要阐述的,就是面对照相机说话的大自然,不同于面对人的眼睛说话的大自然。老照片会揭示出一种无意识的空间,代替有意识的空间。每张老照片实际上包含了某种无意识,而这种无意识实际上不能被穷尽,我们每个时代都会去看,每个时代都会看到不同的东西,因为它包含了某种无意识的空间与结构,每个时代都有每个时代解读的方法,没有办法被穷尽,这就是老照片特有的东西,它是依靠着照相机揭示出来的。没有照相机之前人类没

---

[①] 本文根据2014年11月13日由瑞象馆组织、在浙江大学所做讲座《纪录的美学——从本雅明的"灵晕"说起》速记稿编辑整理而成。

有办法创作出这样一个无意识空间,所以我们在这里看到本雅明一个很重要的对机械、技术的重视,照相机发明之后我们人类的视觉经验里面就出现了一个新的革命性的东西,这就是由摄影机创造出来无意识空间。一个无意识产生效果的空间取代了有意识的操控。

　　本雅明说,对着人说话的大自然和对着机器说话的大自然之所以是不一样的,是因为照相机创造和揭示出新的自然面像。摄影师通过机械设备,利用慢速度、放大和曝光等技术手法使得捕捉光学的无意识性得到产生,就好像医学的发展关注结构细胞一样,照相机的发展使得我们对自然界产生了一个新的意义,即摄影以物质形态揭示了所有影像的细节,包括躲在白日梦后面的信息细节,它使得技术和魔术之间产生了关系,因为摄影技术可以赋予被拍摄对象一种神秘感。本雅明举的摄影例子,比如植物的特写摄影,这些植物忽然具有了一些就像宗教的象征物一样的神圣性。马尾草像古老的石柱,沉睡的花朵像神杖,橡果变成了图腾柱,起绒草变成了哥特式的装饰。把过去无从获知的瞬间和微小展现出来,就像通过精神分析把潜意识展现出来一样,这样就把大自然某种内在的神圣性与照相机之间建立了同盟,这种隐秘的自然是摄影机产生的,是摄影机发现的。摄影机就这样构造出一个无意识的空间,这是机械时代赋予人类的,是前所未有的。这个功能同样适合对于社会的观照。

　　摄影作为技术的发明对人类的感知来讲,本雅明认为是一个革命,这个革命是使得这个世界以一种新的方式或者语言被表达出来,这是一个本雅明的基本理念。他认为世界本身需要通过语言来表达,但是语言并非只是人类的,人类的语言只是世界语言的一部分,大自然有大自然的语言,人类有人类的语言,都来自于世界的本体——所以世界是以不同方式表达自我,所有的艺术形式都是世界自我表达的语言,人类的语言也是世界自我表达的方式。"语言在任何情况下不仅仅传达可以传达的事物,同时也是不可传达的事物的象征"。[①] 但是,人类是通过对自然和对自己进行命名来向神传达自己,根据从自然中接受的传达来给自然命名,而自然中又充满了无名的未曾言说的语言作为悬而未决的判断凌驾于人之上。

---

① （德）瓦尔特・本雅明:《论语言本身和人的语言》,《本雅明文选》,陈永国、马海良编,第277页,北京:中国社会科学出版社,1999年。

自然的语言犹如秘密口令,一个士兵传给另一个,口令的意义就是士兵的语言。

摄影的出现,就是使得世界获得了一种新的表达方式,新的口令。从这个意义来说,摄影与世界的本原之间具有一种同构性,摄影是世界借助人类技术的发展获得了一种新的表达自我和命名世界的方式与语言。这是本雅明一个很重要的观点。摄影的表达跟人类的语言、之前的艺术都完全不一样,比如说与绘画,是完全不一样的,这是本雅明强调的重点。

这是著名小说家卡夫卡童年留下的一张肖像,这张肖像本雅明认为它很矛盾,六岁的孩子穿一些不太体面的小孩衣服,过多的饰物,棕榈为背景,手上拿一个西班牙式的宽边帽子,这些背景本身就很矛盾,不自然。唯一让这个照片具有意义的是什么呢?是这个孩子的眼神,特别忧郁的眼神,如果不是因为这一眼神,这个孩子就会消失在背景中。整个照片最具吸引力的就是这个眼神,正是这个眼神具有一种"灵晕",这个眼神本身的独特和不可重复性才使得这张照片有意义,作为童年的小说家卡夫卡的眼神是不可重复、无法言喻的。

我们看到,本雅明在反复说"灵晕"是什么?某个特定时代不可重复的、不可被复制的东西,构成了那个时代的"灵晕",也就是影像的历史性。"灵晕"这个词 Aura,有时也被翻译成灵氛、光韵。我还是用了"灵晕",是因为在某种程度上,它是可见的,是影像中的呈现,这个词的灵与光都有了。如果是灵韵,并不一定可见,光晕是可以看到的,这个光是摄影的光,是这个世界的某种独特性被摄影的光看到了,而这个被看到的东西具有某种神圣性即灵性,因为它属于这个世界的本原。

早期摄影和金属板凹刻法相结合,使得摄影的光线从黑暗中摆脱出来,这些光凝聚在一起赋予了这些早期照片的伟大,这些美丽而细致的微弱灵光都是在早期摄影的感光板上显现出来的。第一批摄影师的照片是有"灵晕"的,这个"灵晕"既是技术的,也是从绘画到摄影转换的过程当中形成的,它使得对象和技术之间配合默契。人物的时代性和机械之间,和摄影师之间非常默契,这是构成早期摄影伟大的地方。可是后来,当摄影技术和艺术之间产生背离的时候,光学的进步能够像征服黑暗一样征服光影的时候,"灵晕"就开始消失了。最重要的表现就是摄影师开始修板,不是通过镜头捕捉,而是通过后期暗房里的修补来完成,这个修补就使得

"灵晕"消失了。用提高照明度来征服黑暗，这使得照片的姿势越来越被刻意摆布，暴露了这一代摄影师面对机械技术发明时的软弱无力。这其中的核心是摄影师和技术之间的关系，本雅明并不是说技术发展使得"灵晕"消失了，相反，本雅明是说技术使得"灵晕"在早期的摄影中获得体现，问题是技术发展和摄影师之间的关系。早期的关系就像钢琴家和钢琴、画家与画笔画板，艺术技巧与"灵晕"之间是有机的互相呈现的关系，工具的得心应手就是摄影与摄影师的关系。这是本雅明区分的早期摄影的两个阶段，即"灵晕"的获得与消失的开始。

现在说第三个阶段。本雅明举了一个摄影师叫做阿杰，演员出身，但他觉得演员太假，太粉饰现实了，为了揭开现实的面具开始变成了摄影师。他生活在巴黎，一辈子穷困，默默无闻，死在贫困潦倒中，留下了四千张照片身后出版。他的杰出也是在身后被发现的。他对摄影技术的掌握在他的时代达到一个高峰。但是他的摄影很奇特，不再是人物摄影，而是城市摄影，他被本雅明认为是超现实主义摄影的先驱。他的城市摄影都是巴黎的街道，但是空无一人，他经常拍一些城市被遗忘和遗弃的东西，也拍社会底层的人，比如说妓女。在日益败坏的传统肖像摄影中，阿杰是一个完全的反叛。他拍摄的照片回归城市的现实，把"灵晕"从摄影棚里已经腐朽的传统中解救出来，回归现实，反对以城市之名的异国情调与浪漫。以下这句话特别体现了本雅明的写作风格，他说：这些照片从现实中汲取"灵晕"，就好像把水从半沉的船中舀出来一样。这个船正在沉没，所以，摄影在这个意义上是一种拯救或者说救赎。照片从现实中汲取"灵晕"，就构成了那个时代独一无二的体现。

那么，到底什么是"灵晕"呢？本雅明又举了一个例子，用了一个比喻：在时空交织下，你觉得景象好像近在眼前，当你栖息在夏日的正午，目光掠过山川的地平线或者树丛，作为观者的你也笼罩在树的阴影里，成为景象的一部分，呼吸着远山和树林的氛围，自己也成为了这个氛围。观察者本身也被世界的整体性所笼罩，这个时候就是"灵晕"降临的时刻，也就是观察者和这个世界交融无间的时刻，自我与世界融合的时刻。

什么时候"灵晕"开始消失呢？景物和人本是融合在一起，但是现在影像被从光晕中撬出，成为僵硬和孤立的标本。我们用镜头把现实世界拉到眼前，让它接近大众，通过复制被人征服，把景物和人变成两端，用摄影镜头捕捉它,使得我们似乎可以掌控和获得世界。摄影由此变成狩猎,拍摄成为枪击(shoot),影像成为被打死的猎物。当镜头用这样的方式对待现实世界的时候,世界的"灵晕"就消失了。当人类用机械镜头作为武器强行征服世界的时候,影像的"灵晕"就消失了。当复制的冲动成为人类征服世界的表征,不断用镜头复制我们对世界的征服,就使得影像变成了短暂性和再现性,"灵晕"也就支离破碎了。这两种不同的对待现实的方式是"灵晕"获得和丧失的区分。

## 艺术作为摄影

艺术从宗教中逐渐剥离出来之后,艺术为了确立自我的哲学性,就出现了艺术为艺术这个概念,所以这个概念是文艺复兴以后很晚才确立起来的。艺术的可复制性使得艺术第一次、也是前所未有地从对神的依附状态下解救出来,也由此改变了艺术与大众的关系,这时候艺术的功能就从仪式性转变到政治性的根基上,艺术从膜拜走向展示,艺术欣赏的方式由静默沉思转向躁动不安,感官的震颤变成当代电影工业追求的核心。在这个意义上,为艺术而艺术其实是政治性的。表演与展示成为当代艺术与政治共享的特征。

可以说本雅明的摄影理论具有神学性的来源,但是在他的哲学里,这个世界本身的物质性具有神圣性,世界的本源是第一性的,而不是人类中心主义,人只是自然的一部分。所以他的自然是一个很大的概念,艺术是世界通过人来表达自我的方式。艺术作为摄影就是世界通过摄影来自我表达的方式。所以他是把艺术放在和世界本源的勾连处,为什么本雅明说摄影师是占卜者的后代?占卜者是神和人之间的中介,他把神的语言翻译给我们,摄影就是把哑言的世界的语言转译给我们,摄影师用机械作为艺术的工具沟通世界的本源和人类世界之间。在这个意义上,摄影师所处的位置恰恰是一个先知者的位置,他通过技术的掌握把世界的微妙和不可传译的东西传译出来。不是完全意义上的神学,因为他并不遵循某个具体的神学教义,但是和神学有关系,是从神学里走出来的。我们既要看到他和神学的关系,但是不能放在神学的框架来理解,因为本雅明不是一个神学家,他关注的其实是政治,是法西斯主义为什么会上台的问题——从艺术和世界的视角思考为什么会丧失"灵晕"。

不是摄影作为艺术,而是艺术作为摄影,本雅明这个区分非常关键。艺术作为摄影,是指艺术通过摄影来表达自我,换句话说也就是世界的本真通过摄影自我表达。艺术是摄影表达世界本真性的方式。而摄影本身是表象,这就有异化和非异化的区分,区别异化的尺度其实就是本雅明所表达的"灵晕",一个影像有没有"灵晕"是这个世界的"本真"是否通过影像表达出来。本雅明对广告的批评,就是看到的是影像,可这些影像都是没有"灵晕"的偶像,生命都是来自时尚的灯光,也随着时尚的转化而泯灭。影像本身的复制和世界的本体之间已经脱离。它与其说是对现实的表达,不如说是对现实的出卖,"现实反映"本身不再能够对现实说明什么。所以他的"灵晕"理论恰恰是针对今天世界上影像的泛滥,人的形象和世界形象发生了极大的异化,而不再与世界的本真有真正有机的联系。这种有机联系脱离之后,"灵晕"就消失了。今天,即机械复制时代,艺术是否还有可能呢?本雅明说机械复制最早出现的时候具备把这个世界的语言表达出来的能力,可是在技术发展之后,特别是技术和资本主义的工业,包括电影工业,结合在一起之后,这个功能就丧失了。今天摄影的泛滥化和影像工业的异化恰恰是"灵晕"消失的表征,所以当代就是"灵晕"消失的时代。

本雅明对早期摄影的一个极大肯定,是当所有的西方艺术都开始出现瘫痪的时候,摄影的感光带来了一种无与伦比的力量,这就是一种"灵晕"的出现。这也是因为早期摄影师是从造型艺术,从绘画走向摄影的,他们以前的艺术发展的经历保护了他们,使他们没有受到最大危险的威胁,这就是实用艺术的倾向。当摄影变成了艺术,即陷入实用艺术里面的时候,危险就产生了,就是摄影的异化。大量的现实复制品,变成了第二现实,第二现实开始吞噬第一现实,在这样一个意义上,我们需要重新来理解本雅明所说的"灵晕"的概念。在这个意义上他开始批评大众传媒。照相都具有表象的真实性,可是本雅明认为只有具备本真性的照片才和世界的本原是有关系的,才是有"灵晕"的。而今天大众传媒上泛滥的照片不具备这个功能,不再能够说明自身与世界的关系,就使得摄影的最后一个阶段出现,即所有的照片都必须要依靠文字来界定意义。今天的图片说明和图片之间已经不可分割了,影像对震颤感的依赖,使得观众必须借助语言来产生意义。

"灵晕"消失的另一个重要因素是大众运动。大众社会的兴起和工业社会、资本主义是连接在一起的。复制品要克服它的独一无二,要迎合大众的需求,就需要大量出现,通过对对象的酷似和占有复制品完成对对象的占有。把一件物品从它的外壳中撬出来,其实是对"灵晕"的销毁,使得独特性消失了,万物皆是平等了,看上去是平等的,实际上独特性消失了。正是这一点,导致了传统的大动荡,也由此催生了电影工业的出现,电影成为变革的代理人。今天的统计学,或者说大数据时代,用大数据捕捉观众和电影的关系,等等,类似这种,现在很热门。可是它的前提恰恰是摧毁世界的"灵晕",摧毁影像的独一无二和永恒性。所以这还是"灵晕"消失的问题,它成为法西斯主义诞生的温床。法西斯主义其实是利用大众的堕落来取代和抵制大众的阶级意识,大众对电影的民主需求也由此被好莱坞代表的电影工业和明星制度所吸纳和抵销。

大众社会发展到最后的也是最高的阶段就是帝国主义战争,战争美学成为技术的"起义",因为当资本主义生产资料、生产关系与市场发生矛盾的时候,技术不再被用于自然力,而是被导向人类的自我毁灭,人类的自我异化以自我否定作为审美,这就是法西斯主义的战争美学,技术通过消灭人来大规模消灭这个世界的"灵晕"。至此,技术就从早期开启世界光晕的功能走到了彻底的自我否定,技术的异化,也就是从艺术作为摄影到摄影作为艺术的变迁。这就是当代世界与人类的危机之一。

## 新纪录运动与纪录的美学

如果我们对上世纪八九十年代以来中国新纪录运动的发展有一个初步了解的话,就不难看到它与本雅明所说的这些早期影像的历史可以建立一个重要的对话关系。八十年代之后新纪录运动的发展恰恰是重新寻找摄影和社会有机关系的时代,新纪录运动在宽泛的意义上包括八十年代摄影写实主义的兴起。所以这个时代目睹了一大批平民出身的摄影师和纪录片导演走入社会底层,并由此成为杰出的摄影者,比如,摄影写实主义潮流的代表人物侯登科。而电影第六代刚出道时与第五代很大的区别就是离开摄影棚,到现实社会中去拍摄。现实影像的重要意义前所未有地被提升起来了。本雅明笔下的阿杰,不去拍当时有钱人的肖像,拍空旷的大街,拍底层社会。他作为那个时代的摄影师,有一种先锋性,并由此获得一种历史性。这样的人物放在今天就类似独立摄影师或独立纪录片导演,贫困一生,拍的东西不被理解。今天中国很多独立纪录片导演和摄影人,也是在抵制广告摄影的光滑、俗媚的同时去寻找新的美学表达。

为什么纪实主义的摄影或纪录片与故事片不一样?纪录片里面其实永远存在着导演不能掌控的那个层面,这是纪录片的魅力所在。故事片导演是上帝,导演可以控制所有的因素。但是纪录片不是,纪录片是导演作为个体和现实之间碰撞的过程,导演不能完全控制这个过程,现实的丰富性、多元性、暧昧性,或者说是本真性,会溢出和超越导演的主观企图。这个世界、社会或者现实通过纪录者的镜头在说话,观众甚至可以看到其中拍摄者和被拍摄者之间的紧张。拍摄者要控制被拍摄者,被拍摄者也会反过来控制拍摄者,这种紧张只能在纪录片里面可以看到。其实这就是本雅明讨论的早期照片中那种不肯宁静的东西,我们可以在这个层面上更多地去探讨和建构纪录的美学,对本雅明的理论做更深的延伸。此为一。

其二,中国很多独立纪录片导演还是以一种手工的、个人的方式来做影像,不是电影工业式的。这与通过电影工业方式制作出来的影像有没有区别?区别在哪里?今天作为一个机械复制的时代,电影拷贝出来之后就没有原作的概念了,而传统的艺术都有原作的概念,所以机械复制是革命性的,这是本雅明所有分析的起点。机械复制时代最大的产品就是电影,电影又是发达资本主义工业里面最重要的商品之一。那么,今天的摄影机还有没有可能重新建立早期影像那样与世界、社会的有机联系?还有没有可能重现这个世界与影像的"灵晕"?

我想用一位女性独立纪录片导演季丹的表述来回应。她曾引用马尔克斯在《百年孤独》中的一句话:"世界还很新,很多事物还没有命名,你要用手指头——去指"来形容今天中国独立纪录片的状态,即它还处在命名之前的那个时间段里。她对自己的拍摄形容为:进到一个黑暗的屋子,要去看它最黑暗的部分,要排除自我的先入为主,睁开眼,竖起耳朵,慢慢地在现场像海绵一样存在,吸收他们的存在感,尽可能不释放我自己,我是一个容器。我感觉着被拍摄者的痛苦,我也在痛苦,我像跟他们连在一起的一样。那时候,我就是一个摄像机器官,一个活的心脏一样,但,是有感受的。

她把自己看成是摄影机器官,只是这器官是活着的心脏,纪录片是心的艺术。因此,需要的是全身心打开,去收纳这个尚未被命名的黑暗世界。我的摄影机就是我感受到的东西。摄影机就是用心体现、用心看见的东西,而心是一个容器,尽可能吸纳这个世界再用心表达。在这个意义上,摄影机就是世界的心脏。这样一种对摄影机的理解,可以与本雅明对"灵晕"的表述放在一起。

我们还可以参照本雅明在《讲故事的人》中对俄国小说家列斯科夫的分析,小说并不是因为展现了别人的命运而有意义,而是因为陌生人的命运燃烧的火焰给我们提供了从自身命运中汲取不到的热量——这热量也可以理解为"灵晕",它温暖和照亮了我们自己作为写作者和观看者的命运。列斯科夫说写作就是一门手艺,本雅明还引用了另一位评论者的话来强调这一门手艺的意义:

> 艺术观察能达到几乎是神秘的深度。被观察的客体失去了名称。光和影会形成极其特殊的体系,会呈现极其特殊的问题,这样的问题不依赖于任何知识,也不是来自任何实践,其存在与价值只源于某个人的灵魂、眼睛和手的某种协调统一,而这个人来到世上的目的就是要感受这样的存在与价值,并在自己的内心深处把它们呈现出来。①

灵魂、眼睛和手统一在何处?不正是统一在心中、内心深处吗?

本雅明追问道:难道讲故事的人同他的材料,即人类生活的关系,不正是手艺人同他的材料的关系吗?他的工作不正是把他本人或者别人的生活的材料加工成某种"结实、有用、独特"的样子吗?讲故事的人是这样一种人:他可以让他的故事爝火把他生活的灯芯燃尽。讲故事的人在讲故事的人身上,好人看到了自己。

---

① (德)瓦尔特·本雅明:《讲故事的人——尼古拉·列斯科夫作品随想录》,《本雅明文选》,陈永国、马海良编,第314页,北京:中国社会科学出版社,1999年。

这里，讲故事的人也可以是持摄影机的人。这样的纪录美学是今天灵晕消失时代中秘藏的火种，是古老的讲故事人手艺的隐秘传人。形式不再是美的表达，而是艺术作为理念的自我表达。通过手艺的形式，这些持摄影机的人趟着社会的河谷，就犹如趟着自己生命的河谷，不断走向河床的深处，就像本雅明分析列斯科夫那样，不断地从大千世界的阶梯上往下行走。这个中国新纪录运动向下的趋势，恰好与今天中国电影工业好莱坞化形成了一个对比。

本雅明在《德国悲剧的起源》里曾说，今天是一个不惜一切代价接近自然、毁灭自然的时代，时间使者变成了死亡的收割者，手上的镰刀不再针对庄稼和而是针对人类。在工业文明时代，死亡就是死亡，永远没有复活，死亡的尽头变成了虚无的深渊——这个时候物质和人都得不到救赎。

在神话与神消失的时代，哑言的造物者试图通过寓言来拯救世界，寓言则往往是以废墟的形式出现。废墟是客体的世界以寓言的方式显身。我们今天在新纪录运动中看到大量的废墟意象，呼应着今天都市化过程中的一个关键词叫：拆迁。拆迁就意味着废墟，废墟是一种寓言，是过去与未来的交界点，所以，从这个意义上说，废墟具有一种预言性。当城市化的过程以废墟的形式自我表达的时候，就变成了预言性。物质世界以废墟的形式出现，而寓言就成为唯一的能够保存"灵晕"的地方。

这就是我们今天重温本雅明的意义。

# 当女权主义遭遇纪录片
## ——一场未完成的学术讨论[①]

2011年12月16日至19日,复旦大学—密西根大学社会性别研究所、复旦大学新闻传播与媒介化社会基地、海外中华妇女学学会、复旦大学社会性别与发展中心联合举办的"华人女性与视觉再现国际研讨会"在复旦大学举办,这是一个以女权主义为主旨的学术会议。笔者策划邀请了三部大陆的独立纪录片导演携片参与会议,希望借此建立一个女权主义与中国纪录片对话与合作的渠道,在此之前,这样的渠道基本匮乏。这三部纪录片分别是徐童的《麦收》,季丹的《危巢》,以及冯艳的《秉爱》。

然而,结果出乎意料。针对徐童的《麦收》,计划中的学术讨论演变为一场情绪激烈的"遭遇"战,其后续至今依然在网上激荡,期待联盟的友军结果成了"敌手"。对于《危巢》和《秉爱》,虽然接受的程度相对高一些,但值得女性主义进一步思考的问题并没有被打开和深入。这就提醒,或者说逼迫我试图来清理这些分歧、争议以及相关话题,问题究竟出在哪里?为什么在价值取向上本来有共同追求的两个群体,却沦为"鸡同鸭讲",无法建立一些基本的共识?

---

[①] 本文发表于《电影作者》网刊2012年第四辑"女作者专号"。

## 一、女权主义何为？
### ——关于《麦收》的争论

2012年2月，题为《底层者、"伪善"与纪录片伦理——〈麦收〉争论之例》①的文章在网上出现，作者是关注妇女传播权与媒介性别平等"女声"电子报，这也是一个活跃的女权主义的民间行动小组。它从女权主义行动者的角度对她们组织抗议《麦收》的事件做了总结。

根据文章，她们对《麦收》的抵制活动总共进行了五次，分别是在：2009年3月下旬"云之南"影像纪录展、2009年3月31日北京伊比利亚艺术中心、2009年5月香港"华语纪录片节"、2011年12月上海复旦"华人女性与视觉再现国际研讨会"、2012年1月7日北京徐童《老唐头》放映会。大陆多个组织的NGO工作者，以及香港性工作者权利组织紫藤、午夜蓝、自治八楼等参加。其中，香港的抗议行动导致放映被迫延迟并警方干预，被多家媒体报道为该电影节"迄今最大风波"。2009年7月台北电影节的播放，台湾独立媒体"苦劳网"、"破报"等亦提出公开批评。2009年，一些NGO工作者结成非正式小组，通过邮件和会面在大陆、香港、台湾间串联，撰写抗议信，向策展人和评论家们交涉。作者认为：

> 没有纪录片界的支持，《麦收》就不会得到那么多放映机会和荣誉。"云之南"组织者之一、北京电影学院教授张献民，"华人女性与视觉再现国际研讨会"纪录片展映部分负责人、复旦大学教授吕新雨，台北电影节策划人游惠贞，均是在业内和公众中声望甚高的学者和评论家，他们都在了解抗议者的主张后，仍坚持播映《麦收》并为之公开辩护。吕新雨、游惠贞同时是女性主义者，还须提到的是，台湾妓权组织"日日春"的支持，也增加了《麦收》的正当性。

因此，不仅是某个人，而是整个"纪录片界"成为女权主义行动者抗议的对象。对《麦收》的抗议活动主要集中在两个时间段，即2009年与

---

① http://movie.douban.com/review/5314048/

2011年底复旦会议延续至 2012 年。2009 年是大陆、香港和台湾的串联活动。2011 年以来，以复旦会议为导火索，争辩主要在网络进行，我在自己的新浪微博上也经历了好几个回合的交锋。对我的批评集中在作为纪录片研究者和女权主义者的双重角色上。其实，不仅仅是我，2009 年就与之正面遭遇的台湾学者郭力昕教授也是一位女权主义者，与他站在一起的有台湾妓权组织"日日春"。但是，为《麦收》辩护的声音并没有从学理的角度被有力地回应——这本来是我筹划以《麦收》为专题的意图，更多的反击体现为行动抗议和道德指控，复旦会议重复了这个模式。但是，在她们看来，这些抗议并"没有消减那些以消费底层民众隐私为乐的中产阶级所谓学术艺术情趣的狂躁热情。"①

复旦会议之后，女性主义行动者制作了网络视频"我知道你在复旦干了什么"，②以及在徐童《老唐头》放映现场抗议的"口罩小分队"快闪小组的行动视频③，它的组织者和参与者是女权主义民间机构：妇女传媒监测网络办公室及公益活动中心"一元公社"，也就是其中主要负责人吕频工作和活动的机构。

"我知道你在复旦干了什么"，系吕频单一主观视角的采访录，她从女权主义行动者的角度叙述了《麦收》在复旦发生的故事，其实是对在复旦会议的发难。视频后面的跟帖中，(应该是)其同人的评价称道："吕频谈话，字字珠玑，辛辣抨击了导演徐童的傲慢(代表了中产阶级男权他者对性工作者的蔑视、欺骗姿态)，吕新雨的伪中立(代表了所谓学院派女性主义学者的猎奇与冷漠混杂)，郭力昕自以为的与性工作者平视('性工作者

---

① http://movie.douban.com/subject/3314878/discussion/43520437/，《为什么我们要抵制〈麦收〉》：从 2009 年云之南的纪录片节开始，一部备受争议的纪录片不断地受到抵制，却一次又一次出现在人们的视野中。从云南、香港、台湾，一直到复旦，每场放映都会受到强烈的谴责和抵制，但是没有消减那些以消费底层民众隐私为乐的中产阶级所谓学术艺术情趣的狂躁热情。

② http://v.youku.com/v_show/id_XMzM4NzU5Mzc2.html，片头介绍说：2009 年，一群 NGO 工作者成立了一个专门抵制《麦收》这部纪录片的非正式小组，接触到一位在纪录片中出现的人，了解了该纪录片导演拍摄的过程以及这部片子对这位当事人造成的压力。小组的成员行动起来不断地跟进此事。在上海"华人女性与视觉再现"国际研讨会中，这个小组的成员再次撞见了这个片子被放映，她在会场上发起了一场激烈的抗议。这就是《我知道你在复旦干了什么》要告诉你的故事，来自一个女权主义者对影像暴力侵犯人权的控诉。

③ http://v.youku.com/v_show/id_XMzQxMTkyNTg4.html

与我们平等'这种判断过于无知)"。

吕频的谈话中,有几个值得注意和需要辨析的说法。两次指控导演是以嫖客的身份进入发廊,辩白自己作为女权主义组织,是了解妓女现状的,只有"中产阶级"才不了解,才需要这些底层奇观来消费,以反击郭力昕批评抵制者是"中产阶级的道德洁癖";对复旦关于《麦收》的讨论现场做了不切实际的描述,特别是批评我作为主持人掌控话语权力,"伪中立",并表白她是无权无势的抗议者:"一切都是权力话语关系,我的时间肯定是很有限的,他们都是所谓的嘉宾,我只是一个观众,我知道我没有资格、没有办法多说话,但是你们要多思考纪录片伦理与人权的关系问题,我说这些话就特别触动了主持人,主持人就特别不高兴。吕新雨不但认为我挑战了、破坏了秩序,搅乱了这个会场,还因为我质疑了这个安排,因为我认为这个片子根本不应该播"。很遗憾,她没有及时地说出真正的原因。其实,吕频是我们合作的主办方美国密西根大学王政教授专门邀请的特约观察员和论文点评人(大会为她承担机票和住宿),以体现女权主义行动者参与会议的重要性,会议对她的角色是非常重视的。并不是我在控制话语,而是吕频的发难使得会议变成一边倒的道德审判。为了增加道义性,她把自己放在弱者的位置上,而把我套上了霸权主义的靶标——这种辩论的模式我实在太熟悉了。

《麦收》并不是一场单独的放映,而是作为一场《麦收》专题小组讨论的组成部分。放映之后,是三位论文提交者的发言,包括郭力昕教授。发言之后是开放讨论,作为主持人我刚说完:特别欢迎不同意见,吕频已经急不可待地冲到了前台慷慨激昂,并在一片鼓掌声中凯旋般回到座位。但是,当郭力昕回应她的时候,她却在座位上大声呵斥:"你太轻浮了!你太轻浮了!"还一再高喊:"我们不像你那样轻浮!"几度打断郭的发言,以致正常的讨论无法进行下去。会场秩序大乱,有嘘声,有掌声,众声鼎沸。

这一幕让我极度震惊,学术讨论瞬间演变为对学者的人身攻击。这时,我才试图阻止她,提醒女权主义者不应该用道德审判去绑架和攻击人格。后来经王政教授提醒——我当时并没有意识到,我对这位女权主义者用了"你们"这个称谓,事发突然,面对这样的场景,我不自觉地把自己与这位女权主义者做了区分。

即便我想控制会场,也已经不可能,事实上,我自己的观点自始至终都没机会表达。结束前,当我试图说几句话,大家却高喊:"我们要让徐童说话,让导演说话!"——我事实上已经被褫夺了话语权,而不是相反。此时,徐童一直在旁边用摄影机拍摄这个过程,他有些不太情愿,很明显,喊话者要逼徐童道歉和认罪,这当然是一种压迫性的语境,我明白这一点,但作为主持人,我还是屈服于现场的情势,把话筒递给了徐童。徐童没有用自我认罪来满足她们的愿望,而是叙述了苗苗与他最近的交往,她已经成家并当了母亲,向他报喜,徐童给了孩子一个大红包表示祝贺,以此来说明他们之间的互信关系,间接抵制对他的大批判——这些行为和话语后来在被网上批判为傲慢和冷漠,他在这样的现场进行拍摄也被强烈质疑。事后了解,他拍摄这样的场面正是为他后面的纪录片积累素材,他的纪录片已经无法绕过这个争议,这一故事后面再提,这也可以理解为作为导演的徐童回应的方式。

其实,在之前《麦收》的争议中,我从来没有声称过自己是中立价值,而是相反,当看到道德的大棒和语言暴力成为绞杀《麦收》的武器,我站在《麦收》了这一边。① 我在新浪微博中针对批评者说,不是《麦收》不能批评,但是以封杀为前提,批评就不能正常展开。实际上,关于纪录片伦理问题的讨论一直是纪录片界近年来的热点话题,并不乏严肃的讨论。此次会议的专题,也是试图在女权主义的框架下重新打开讨论,而不是把女权主义变成封条。

吕频反问道:"为什么不让他们自己拍,为什么不让他们拍我们? 为什么要让我们去拍他们,把他们呈现出来满足于我们,好像我们关注了他们是一件很重要的事",这样的质疑是建立在这样的假设上:任何涉及"他们"的表述和观看都是消费,都不具有正当性。只有"他们"自己拍自己,或者拍"我们",才具有正当性。这一方面是并不了解纪录片界把摄影机

---

① 见贾恺:《"方法的焦虑:当代中国纪录片的困顿与出路"研讨会综述》,北京:《电影艺术》2011年2期,"复旦大学新闻学院吕新雨教授认为,上世纪九十年代我们讨论伦理是为了更好地保护拍摄者和被拍摄者,但当今天伦理变成扼杀导演、扼杀作品的暴力时,我们就要反思怎么去讨论伦理的问题。很多人说《麦收》是一部很好的影片,但导演不应该这样拍,但如果真按照他们的说法拍,这些人就要全部打上马赛克,那这部影片就不可能存在。这样就是作茧自缚,伦理变成了绞死纪录片的绳索。我反对这种做法。我们应该尊重导演,自愿拍摄这样一部纪录片所承受的责任和良心。只有在尊重的前提下,我们才能让表现底层社会的纪录片真正地表达出来。在这种尊重面前,观众的道德优越感是没有空间的。"

交给被拍摄者自身,早已经有很多实验与探索,同时也使得更多问题得以浮现。自拍并不一定就是主体的自我表达,主体自身并不自明,"自在"与"自为"之间需要漫长的跋涉和探索,需要很多中介,"自我"并非不受污染的处女地,而是相反,是各种势力博弈的场所。而没有中介,在客观条件下,"他们"拍"我们"也是不可能的。所以,关键是吕频问题中的"让"这一动词,究竟是谁在"让"他们或"不让"他们?"让"或"不让"的动机何在?吕频自己的问题中已经暴露出这一悖论,无论是"他们"自拍还是拍"我们",背后都有一个让不让的问题,即一个更具有结构性的、社会性的支配力量——无视这一点,恰恰是问题所在。

另一方面,用"他们"的"自拍"去排斥纪录片导演的存在,也混淆了和抹杀了纪录片导演作为主体存在的意义,其否定的就不仅仅是这一部片子,而是整个世界纪录电影史。女权主义行动者把自己的"行动"上升为唯一的政治正确性,缺乏对行动本身的反思,才是危险所在。至于用"行动"来压制理论批评,其意味毋庸置疑。

吕频批判说,吕新雨明明是中产阶级,却幻想和别人在一起;徐童在《麦收》中是男性的监视视角,无所不在,根本不是平等的视角,是男性的他者的视角,是嫖客的关系。学院式女权主义不可能吸收女权主义的能量,因此需要挑战她们,包括学术。学术讨论就是特权,就可以消费对别人侵权的故事吗?最后的结论是,吕频与吕新雨的争论反映了位置的差异和阶级的差异,要不要关心底层,关心用什么方式来体现?以什么方式和这些人在一起。徐童就是个男权主义分子,复旦的会议究竟是不是一个女权主义的场子?徐童的男权话语为什么能来到这?凭什么来这?他有什么资格来,他应该被赶出这个会场!在这样的叙述里,复旦会议成为一个压制底层"他者"的中产阶级女权主义联袂男权主义的标本。如此占据道义制高点,女权主义行动者成了女权主义的清场者,成为党同伐异和占山为王的借口。

另一遗憾,是吕频在视频中并没有准确叙述郭力昕的发言内容,她声称郭居然说:"你们有没有想过他们这个阶层的人是特别爱说假话的"!声称郭认定阁阁就是坏人,所以我们就不用保护她的权利——这样"政治正确性"的说辞必然产生一种针对郭的污名化效果,同样是以树立虚假的靶子来强化发言者的道德立场。她辩解说因为郭是"污蔑"一个不在场的无法反抗的人,因此她对郭的呵斥就是具有正当性的。

吕频和她的抗议行动小组强调"我们"的政治性,即底层作为主体的重要性,强调拍摄者没有资格代表作为底层的"我们"——这自然是女权主义的核心议题,但是这样的质疑也同样可以转向抗议行动者自身。当她把"中产阶级"作为标签来取消对方的正当性,她自己的位置并不自明,她们这些女权主义行动者是中产阶级,不是吗?

2012年1月7日,北京"单向街书店"徐童纪录片《老唐头》的放映现场,"快闪行动,抵制徐童"口罩小分队(每人均戴着口罩)在镜头面前呼喊"女权主义万岁",表示此行目的是要揭发徐童不为人知的另一面,希望更多的人看到。散发传单之后,小分队成员就撤离了,并没有理会徐童诚意邀请她们坐下来看一看《老唐头》的愿望。她们表示如果徐童不道歉,她们就不仅要抵制《麦收》,而且抵制徐童。其实,如果她们愿意看一看,也许就能对《麦收》在拍摄方法上的理解有所不同。在复旦会议的放映现场,同样,吕频们对《秉爱》和《危巢》也没有兴趣。这一点,我深表遗憾,拒绝观看,其实在很大程度上使对话的可能性丧失。

只有一位抗议者留下来看了片子,参加了会后与导演的答问,发现徐童回应的态度还是"蛮诚恳"的。但是,真正刺激了这位坚持到最后的行动者,正好不是徐童,而是徐童纪录片《老唐头》(以及《算命》)中的人物唐小雁,也是一位性工作者。正是因为《麦收》抗议事件的爆发,激发了徐童在其"游民三部曲"中的后两部片子,都是让唐小雁与导演一同出席所有在国内国外的放映和讨论现场,他们俩还上了《凤凰卫视》的"锵锵三人行"。徐童的下一部片子是以唐小雁为主角,他随时带着摄影机,纪录了唐小雁在这些场合的表现和激发的反应。他在复旦会议现场的拍摄也是属于这一过程,虽然唐小雁并不在场,但是现场发生的一切却与她有关。

这位抗议者很不解的是,正是唐小雁冲到她的面前,大声指责要她闭嘴,说:"你这是砸我的场子!"此时,这位抗议者正在针对前一位发言者的言论"我们既然一无所有,就不怕曝光",批判他/她居然敢代表"我们",居然敢用"我们"一词,你是"我们"吗?但是,当真正的"我们"的代表唐小雁冲到她面前的时候,她却觉得"很莫名"。她明明批判的是徐童和前一位发言者,而与"二雁姐"(抗议者没记住唐小雁的名字,只记住了"雁"字)并没有关系。同为女性也同为性工作者,为什么"二雁姐"不能站在同样立场上体会被伤害的事情是多么地严重?!因此,她在惊魂未定、忐忑不安中结束了抗议过程——一个极其反讽的抗议行动。但是,组织者却认为自己取得了胜利。这一行动充分暴露了女性主义行动者的道德主义困境:她们其实同样无法代表"我们"。

在这篇《底层者、"伪善"与纪录片伦理——〈麦收〉争论之例》中,总结了辩护者的六大理由:第一,反对播放《麦收》是限制言论自由;第二,反对者们是基于"中产阶级"的"性道德不适"或"自居正义"的虚伪;第三,纪录片业在获得许可方面并没有成规或法律依据,也不应受限制;第四,声称受伤害的"阁阁"之言论不可靠、不可信;第五,《麦收》令观众了解到"真实的中国"和边缘者被主流视野遮蔽的生存状况,因此应该受到充分的肯定,而一些观众"震撼"、"感动"的感受就是其价值的证明;第六,鉴于此片的公共价值,可以接受它对少数人的伤害风险;第七,《麦收》的播映范围已经做了足够的限制,不会对片中人造成实际的伤害。对上述这些理由,该文的结论是"诡辩",并做了三点阐释:

第一,抗议者主张负责任的拍摄、播映和观看行为,而不是限制言论自由。明知电影存在侵权还提供播映机会是不负责任的。第二,抗议者并非来自中产阶级,亦并不恐惧性工作者的公开亮相,所谓"性道德感不适"的诛心是想象。抗议者们对"妞妞"和"阁阁"是否道德并不关心,甚至对该片在文本脉络中是否尊重性工作者也不是很关心,他们所关心的是在文本诞生前就应解决的那一重道德:侵权。第三,保护隐私是有法律和伦理基础的,纪录片和其他所有创作及再现方式一样都必须认可这一权利,"阁阁"担心隐私进一步曝光,而不敢对徐童提起法律诉讼,有良知者不可利用这种无法自我保护的可悲。对纪录片来说,获得拍摄许可本身就是一项功课,是工作的一部分,如果如徐童所说,许可限制会导致无法拍摄的话,那就只有一个答案:别拍。

应该说,这个总结并不全面,也不客观,但还是说明了很多问题。

## 二、独立纪录片视角与女权主义立场

我真诚希望女性主义行动者们能够更多地了解中国的独立纪录片导

演的工作状态与方式,这样可以避免很多误读与误解。所谓独立纪录片导演,是八十年代后期开始兴起的新纪录运动中的创作群体,强调以独立的自觉意识和行走底层的方式来表达中国的现实,大多靠自己微薄的积蓄工作。从徐童在媒体上的采访得知,他是卖了在北京的房产来支持自己做纪录片的。在完成了"游民三部曲"之后,虽然获得了很多国内外的奖项,但是基本的生存依然是个问题。没有固定的工作和经济来源,这是很多中国独立纪录片导演的基本状况,徐童也不例外。

《麦收》是徐童的第一部作品。之前,他的教育背景是北京广播学院(现传媒大学)87年新闻摄影专业本科毕业,之后没有能够成功进入体制内电视台工作,而是成为待业青年和无业游民,做过不同的工作,这段"混社会"的经历让徐童对现实有了切身的理解。之后曾涉足当代艺术的领域,由于对当代艺术迎合西方趣味的不满,认为"与火热的当代生活"没有关系,2007年决定淡出当代艺术圈,并着手自己的小说处女作。为了寻找灵感和体验生活,他经常去传媒大学附近的高碑店,并在那里认识《麦收》的主人公苗苗。徐童觉得苗苗这样的生活状态其实和自己非常接近,因此有了很深的交往,也在这个过程中认识了苗苗生活环境中的很多人。苗苗在得知徐童是学摄影的,就提出要徐童拍她,就此开始了"边生活边摄影"的过程。也就是说,徐童是在介入底层之后,遭遇了他的女主角们,也遭遇了纪录片。正是这样,"徐童自己其实也在不知不觉中,和苗苗的生活裹挟在了一起。徐童有时甚至连自己也无法分辨自己的身份,跟苗苗的朋友在一起时,很多人会认为徐童也是一个嫖客"。这种"回到生活第一现场"的感觉,使得徐童找到了自己的电影方向和拍摄手法,那就是尽可能近地与被拍摄者生活在一起。

> 要和被拍摄者保持一定距离,因为如果你过多介入之后会影响被拍摄者,他就会有意的表演什么给你,于是纪录片就不真实了。这种静静的观看别人的静观的方式,然后你的人物就真实了,就没有表演了,这纯属扯淡。人家被拍摄者是傻子吗?你拿着摄像机站在5米以外用长镜头去拍人家,人家就不知道你是在拍摄吗?这简直是此地无银三百两。拍摄者不是墙上的苍蝇,你必须要首先是个生活者。你只有和人物一起生活,人物才能对你产生信任,才会把心里所

想的告诉你展现给你,这才是最自然的方式。①

《麦收》中最近的拍摄距离是 30 公分,几乎是贴身拍摄。这样的拍摄方法并不是徐童独有的,《危巢》和《秉爱》也都是长时期与被拍摄者共同生活来完成的。这样的方法注定不是商业化的,因为没办法进行成本核算。但是,这却是很多中国独立纪录片导演和作品不约而同的追求,也是重要的方法——却是无法被西方的专业化和商业化的模式所接受的方式。没有市场,也就没有投资,正是依靠这样不计成本的、发自内心的拍摄,造就了中国新纪录运动一大批优秀的作品,给我们深刻地呈现了当代中国底层社会的丰富画卷。

中国独立纪录片导演正是通过长期的共同生活,来获得一种平等的拍摄视角,对此,徐童的表述颇为典型:"不用去把自己放在一个什么样的位置上,导演也好、嫖客也好,你都首先是个人,人嘛,都一样,混吃等死苟且偷生。你和苗苗、和苗苗这些朋友接触久了,你会发现你和他们的生活没有本质上的不同,反而苗苗他们会有比你更成熟的思想和社会经验。我就拿着摄像机跟着苗苗,摄像机一天天的都开着,我和苗苗很多时候都意识不到我们是拍摄者和被拍摄者的另外一重身份"。② 这样的方式,决定了拍摄绝不可能是"偷拍",必须是在获得信任和默契的情况下——所以这绝不是一部可以"偷"来的纪录片,如上述文章所指控的。而从一开始就与被拍摄者签署合同,也往往不愿意被这些独立纪录片导演们所采纳,因为它意味着把这种交往行为降低为单纯的拍摄与被拍摄的功利关系,从而改变了这样一种"行走"和交往的性质——它并不仅仅意味着一部纪录片的诞生,还意味着更多导演自身对生活的需求和探索。在这个意义上,一纸合同往往限定了这种行动与交往本身的丰富性。相反,商业性运作的纪录片拍摄方式会比较严格采用合同制,以保障其拍摄成本的价值实现。因此,合同的签订并不意味着保护被拍摄者,在更大意义上,是保护拍摄行为和投资者的利益。

---

① 徐童:《回到生活第一现场》,http://blog.sina.com.cn/s/blog_4735d3430100vb4n.html。

② 同上。

"行走底层"是一种把自我放逐和潜入社会底层的实践行为,通过把自己与之融为一体的方式来追求真实。这需要极大的勇气和理想精神,以及社会经验。为此,徐童的父母很不理解,让你受教育,送你上大学,今天你却和整天和这些人混在一起。这些所谓底层往往是黑暗的存在,是"黑社会",在法律和道德之外。徐童的贡献在于他通过"游民三部曲"对今天中国再度形成的"游民社会"的呈现,这样的工作自然充满挑战和危险。这样的"行动"远远超出大多数中国女权主义行动者的行动能力与深入程度。其实,这样的工作方法也是《危巢》和《秉爱》这样的纪录片所共同分享的,但是它们并没有被女权主义行动者指控,为什么单单是《麦收》?因为其导演是男性就一定是"男权视角"吗?

最关键的指控来自《麦收》中的"阁阁",这一片中主角苗苗的小姐妹,在片子中因为抢了苗苗的男朋友,而导致姐妹情谊受伤,让苗苗非常痛苦。郭力昕教授在发言中被吕频激烈打断的内容正是关于阁阁。郭的主要观点是,偷拍是不可能的。在《麦收》的最早版本中,阁阁有一个对着镜头说话的镜头:"别拍啊,拍了也给删了!"徐童在台湾放映后的交流中表示,之所以特意保留这个镜头,就是为了真实性。但正是这个镜头,成为云南抗议活动的引爆点,后来的版本中,这个镜头被迫删去了。其实,徐童保留这个镜头的原意是想表现拍摄者与被拍摄者关系发展的一个过程,从有戒备到开放。在我看来,这样的删改,在很大程度上已经伤害了这部纪录片本身。郭认为如果徐童要假装清白,可以一开始就不用这个镜头,而从整部影片中看,对阁阁近距离的生活状态的呈现,不可能是偷拍状态,而是被认可的状态,否则不会有这样的镜头呈现。阁阁在网上对影片的指控与影片中呈现的状态之间,有很大的出入。因此,是否存在着一种可能,就是因为片子中暴露了她不光彩的一面,导致她不希望影片的放映?

甚至于,有没有可能因为《麦收》在云南放映时引起了这些议题上的抗议,让阁阁/格格发现到有机可乘,而借着上网"见证"、攻击导演"偷拍、侵权",可以因此向徐童导演要挟一些好处?

有人会说,我对阁阁/格格的这些推论,太小人之心、把她想得太坏了。我的说法当然可能也并不正确,但我只想问,我推想的这些情境,是否也有可能？如果不是完全不可能,那么,为何那些中、港、台的抗议者与批评者,完全不思索、不理会这些可能,就全然相信了一个他们也未经查证或细究过的网络言论、和那位网络「格格」呢？为什么"格格"一定就是善良、纯真、受害的落难天使？

郭强调的重点在于,把资本家／劳动者、剥削者／被剥削者、主流／另类、上层／底层做简单的二元对立的区分,前者必然是恶的,而劳动者、底层、另类或弱势,则因为在政治权力／资本结构上是被剥削对象,因此他们必然是善的、纯洁的、站在道德这一方的,这就排除或回避了人们对人性、弱势与底层之复杂认识的可能。所以,郭的观点完全不是吕频所描述的那样,认为这个阶层的人爱撒谎,而是相反,所有阶层的人都有可能撒谎,底层也不例外。基于道义的政治正确性有其危险性,因为可能恰好遮蔽问题本身。在纪录片历史上,即便签署了合同,被拍摄者与拍摄者产生诉讼关系的也不乏先例。这是由于纪录片独特的与现实的复杂关系所决定的,任何合同或者契约都无法一劳永逸地解决这个问题。这是纪录片的宿命,也是"原罪"。但是,却并不能因为这样的"原罪"而判处纪录片的死刑,正是"原罪"本身使得纪录片永远保持着与现实的紧张与张力,从而使得"现实"本身成为纪录片永不衰竭的动力来源,使得人类对现实的理解获得无法终结的,同时也是生生不息的表达。要求纪录片只能表现被拍摄者的正面意义,这是不可能的,既违背生活的真实,也违背纪录伦理。季丹在《危巢》中有很多篇幅表现父亲的专断,是否也需要女权主义行动者挺身而出来为其维权呢？

虽然上述文章说"阁阁"在网上留下了大量愤怒而惊恐的文字,2009年夏曾在"云之南"及北京抗议此片的一些 NGO 工作者与"阁阁"见面,并记录了她的控诉,但是这些控诉的内容并没有被（哪怕部分）披露,而都是语焉不详的转述。我通过网络的搜索,也只得到豆瓣上的三篇短文,网络名为"专骂徐童",这个网名确认自己是"阁阁"。① 但是"专骂徐童"的说法与上述文章中对阁阁的说辞并不一致。文章中说阁阁是因为担心隐私被进一步曝光,而不敢进行法律诉讼。但是在这篇名为"五万元就可以

---

① http://www.douban.com/people/4551346/notes

解决麦收,买回我的权利和尊严吗?"①的网文中说道:"不得不承认我还是软弱,可是,我真的是有条件的软弱,五万元,去告一个不知道能不能找到的人,五万元,去打一个未知的官司。其实,最根本的原因是:我没有五万元"。她强调的是因为缺钱,而不是隐私问题,导致她无法打官司。而吕频在视频中的说法是,阁阁因为要结婚,担心别人知道她的性工作者的身份,才要阻止放映。还有一种说辞是,阁阁因为身份暴露,被男友打了,并被禁闭,但是这段描述,我目前在网络上并没有查到来源,而且《底层者、"伪善"与纪录片伦理——〈麦收〉争论之例》一文也没有再重复这个指控。被吕频在视频中引用的一位中年发言者,她基本是最后一位发言者,她哽咽地控诉说:如果阁阁是你的亲人,你是绝对不会希望她曝光的!这使得会议的气氛在达到同仇敌忾的高潮中戛然而止。不得不止,因为已经严重超时。

上述指控,都是以阁阁作为弱者为前提的。假设一下,如果男朋友是在对阁阁从业史不明的情况下交往的,这样的隐瞒不是由于纪录片,而是由于别的可能而曝光,导致暴力,那么女权主义的立场应该站在哪里呢?是维护暴力的男朋友,还是谴责这种暴力本身?是亲人就不希望曝光的逻辑,其实还是认为性工作为羞耻,是脏,见不得人。那么,因为性工作曝光而被暴打,也可以顺理成章。这里的关键正在于,如果说"阁阁"是受害者的话,究竟是谁加害于她?当一些女权主义行动者们以弱者逻辑来为阁阁辩护的时候,她们为什么没有意识到自己站在了维护强权的立场上?她们其实是以复制和遵循男权逻辑为不加质疑的前提。但是,究竟是什么力量使得阁阁们成为弱者?这背后更具主宰性的力量并没有被追问,却执意要让纪录片成为替罪羊,要取消纪录片存在的合法性,这不是南辕北辙吗?在这个意义上,不是否定,而是更加论证了郭力昕的观点,即这些不过是中产阶级的道德洁癖的症候。指控导演是嫖客,依然是这个逻辑的延伸,如果女权主义行动者真的是要站在维护性工作正当性基础上,为什么却要用污名化的"嫖客"作为打击导演的罪名呢?如果"嫖客"是污名,"妓女"自然也是污名。另一方面,以扩散导演的"隐私"来保护性工作者的"隐私",这又是什么逻辑呢?即便导演是所谓"嫖客",一个"中产阶

---

① http://www.douban.com/note/42286864/

级男性导演"为什么不到符合自己阶级属性和趣味的场所去寻欢,而是要到城乡结合部最底层、最廉价的"炮所"去呢?这些问题难道不值得问问吗?

因为《麦收》的主人公是性工作者这一敏感人群,而性工作在中国是非法的。在这个意义上,这个主题的纪录片也是非法的,并不可能获得公开放映。从徐童那里了解到,迄今为止,在国内的放映,包括此次复旦,不超过五场,而且都是在范围极其有限的独立纪录片和独立电影的小圈子内,它们本来在中国就一直处于边缘状态下,与商业化的大成本制作处于紧张的对峙。因此,指控徐童的纪录片是商业的消费主义的奇观展现,并不符合事实。客观地说,在一般情况下,这些放映场所和观看人群与片子的主人公的生活圈是不会产生交集的——如果不是因为它成为"公共"事件。在女权主义者行动者抗议之后,徐童也并非无动于衷,他有效控制了网上的传播,网上没有流传,并对影片做了删节,而且允诺不在国内公开场合放映,已经做了最大努力。此次复旦放映,是应我的特别要求并作为学术讨论所必须,因为不放映,就无法让别人进入讨论,并且会场上不允许拍摄和拍照。这些举措,已经充分反映并尊重了女权主义行动者们的意愿。

但是,从女权主义行动者的逻辑看,一方面她们抗议阎阎的隐私被曝光,另一方面,正是从大陆到香港、台湾的一系列抗议活动,使得《麦收》的放映一再成为公共事件,导致媒体密集报道,并且被女性主义行动者视为抗议成功的标志。

在《麦收》已经承诺不在国内放映,"口罩小组"散发抵制《麦收》的传单这样的行为本身已经违背了不希望隐私扩散的初衷。2009年香港的放映,是在香港独立纪录片导演张虹创办的"华语纪录片节"上,这是一个没有奖金的纪录片竞赛,在非常艰难的环境下坚持中国纪录片的非商业性放映,推广纪录片的理念。了解情况的人都知道,在香港这样的商业化环境下,纪录片和纪录片的放映意味着什么。张虹痛感"香港是没有纪录片的城市",[①]在资本和市民趣味的围城中,纪录片几乎无法生存,为了一

---

① 王小鲁:没有纪录片的城市,http://www.legalweekly.cn/index.php/Index/article/id/347。

个"小小的理想主义",①张虹是把自己房子都卖了来拍纪录片的。我曾经参观过张虹在香港的工作坊"采风电影公司",从一个长长的黑暗的楼梯走上去,极其逼窄和简陋的空间,基本上就是一个导演和一个摄影师两个人的公司:张虹和她的拍档,加上志愿者的帮助。在纪录片节期间的放映卖票,也是为了收取基本的电影节运作成本。吕频认为卖票就是商业性的,这是非常轻率的批评,她并没有意识到她伤害的是什么,这是遗憾的,作为女性导演的张虹其实正是一位身体力行的女权主义者。2013年的"华语纪录片节",9月8日放映了台湾导演郭笑芸的《家暴三部曲》,并且举办了港、台及澳门三地社工及受害妇女参加的座谈会,气氛非常热烈。吕频批评其借机炒作,更是不成立的,把放映变成一个公共事件的,不是张虹,而首先是这些女权主义行动者们的抵制活动本身。准确地说,正是这些抵制活动本身在不遗余力地把《麦收》"炒作"成了一个公共事件。

## 三、为什么中国的女性导演没有"女权主义"?

与上述问题不无关联的是这样的现象:中国的女性纪录片导演在作品完成和放映之后,总是会被人问及是否有女权主义的自觉。一般情况下,她们都会说,没有想过。如果有,也是事后的追认;但是她们的作品会有一种"非自觉"的"女性主义"视角。而这样的视角,往往对女性主义的理论既有呼应,更有不同。这是颇有意味的现象,但是在以往的女权主义理论中,基本没有给出合理的解释,而是更强化了女权主义缺席的焦虑,强化了女权主义的"启蒙"意识。鲜有在女权主义内部,从相反角度的自我检讨与批评。

冯艳的《秉爱》被一位复旦会议的与会者认为,几乎救了整个会议,她指的是针对《麦收》的风波。《秉爱》几乎感动了所有的观众。这是一个关于土地与中国传统女性的故事,土能生万物,对土地的执着与女性角色的合二为一,使得她成为一个忍辱负重的地母的形象。她的丈夫羸弱,不能

---

① 专访香港独立纪录片导演张虹心存小小理想主义的"直接电影",http://art.chinaluxus.com/Atn/20130130/263584.html。

干重体力活,都是秉爱干最重的农活,在干部和别人面前,也都极力维护丈夫。她是以一个传统意义上的女性,来面对今天的现代性问题并发出自己的抗争,而这个抗争的基础却是中国最传统的家庭伦理。在一个父权丧失的家庭里,秉爱承担了父权的角色,以一己之力来尽力维护一个家庭的完整。问题是,为什么恰恰是这样的一个女性形象感动了我们?一位接受现代教育的城里来的女导演却把数年的情感和心血倾注在这样一位具备传统美德的村妇身上。女权主义在这个影片里似乎被休眠了。导演和观众都不能,也不忍用女权主义的观念来衡量秉爱所做的一切。其实,片中有两条线索,一条是秉爱个人情感的线索,一条是她维护家庭的行动线索。这两条线索之间是存在着某种紧张的,恰恰正是这两者的紧张,构成了秉爱个性中最光彩照人的一面,也就是说,恰恰是对女权主义的牺牲成就了这个形象。与此相类似的,是《麦收》中的苗苗对父亲的孝顺,把自己在辛苦与风险中通过性工作赚来的钱无保留地交给父亲治病,正是一个传统而典型的卖身救父的"孝女"形象。

冯艳在复旦回答观众提问的时候,提及一次作为两个女人的四个小时谈话中,讨论了性的问题。秉爱和丈夫在一起,从来没并排睡过,很少有亲密的活动。冯艳还带她去医院看过,是否有性冷淡,其实她很健康。虽然她在江边说了狠话,要把家团得团团圆圆的,但实际上,她并不爱这个丈夫,她爱的还是她没有成功的初恋。所以,她问冯艳,你从城里人的角度,我是不是应该离婚,还是继续忍下去。冯艳看来,秉爱作为一个女人是有欲望的。她反省说,我还说了很多对不起她丈夫的话,说你作为女人,你要享受爱情,你就应该离婚,你的孩子都那么大了,你不要想得太多了。但是秉爱反过来又想,我已经都憋到现在了,我都这么大岁数了,等等。她丈夫因为她们迟迟不回,来找她们,她们俩都觉得很尴尬。片子最后,秉爱和她的丈夫在江边的一场戏中,秉爱像个小女人一样,实际上是觉得内心特惭愧——我觉得是,冯艳补充道。后来重庆的一次放映中,秉爱在现场,有观众问:如果再有来生,你愿意怎样活着?秉爱说:我唯一的希望是过有爱情的生活。影片最后的场景,秉爱和丈夫坐在沙滩上,秉爱把手上的梨擦干净了,递给了丈夫。这难得的温情的一幕,却是以上述的故事为背景的。

所以,实际上,在《秉爱》的纪录片里有一个隐性的框架,就是被压抑的女权主义框架,而这个框架一旦萌发,现有的整个影片的叙述都会崩裂。而我们，在场的所有的女权主义的观众，所有的感动都建立自这个被压抑的框架下。这说明了什么？为什么当丈夫来找秉爱的时候，导演和秉爱一起都感到了"惭愧"？我们能否把所有这一切都归结为女性的主体意识不够，就如我们习惯的女权主义批评所做的那样呢？这究竟是因为我们其实并不是真正的女权主义者，还是因为中国的女权主义还无法解读这样的故事？

在《危巢》中，女权主义似乎是一条更能动的脉络，但是这个脉络却同样被更复杂的脉络所淹没。导演没有简单地站在女权主义的立场上，而是更多地采用一种审慎的现实主义的态度。

季丹在复旦观影之后的讨论，特别引用了马尔克斯《百年孤独》中的一句话："世界还很新，很多事物还没有命名，你要用手指头一一去指"，"我觉得中国现在有很多纪录片是在为这些很古老的，我们认为很冷漠的麻木的，或者说太新的我们不知道是什么的东西在命名"，这句话之后，她提到的影片里就包括《秉爱》。她对当代中国的纪录片和自己的创作方法有一个很重要的叙述：

> 它处在命名之前的那个时间段里，就像我进到了一个黑暗的屋子里，我先要去看它最黑暗的部分，我首先要排除我先入为主的东西，还有我的理性，着急要想到解决（问题）的办法。我想首先要做的是睁开眼，打开耳朵。我觉得我这部片子是睁开我的眼睛，打开我的耳朵进到一个黑暗的屋子拍出来的东西。我不是要做一个社会问题的纪录片，我要把那个黑暗的空气的感觉传达出来。

这个被排除的东西也包括"女权主义"。片子的主角是两个双胞胎女孩子，尽一切努力，为了弟弟能够上大学。姐姐被强暴后失踪成为她们心里最大的痛苦，有人以资助为名图谋不轨，是被坚决拒绝的。曾经有一个美籍华人的资助者不同意给男孩钱，如果他们三个人都放弃上大学，都只上到初中的话，他能给钱，但他主要给女孩钱，也是考虑中国性别不平等的问题。季丹强调说："但我亲眼看到他的这个话给孩子们带来多大的伤害，他不知道中国的现实是什么，我觉得最了解这个现实的不是我、也不是别人，而是这家人他们自己。"基于女权主义立场的资助为什么却成为对孩子最大的伤害？中国的女权主义和中国的现实，特别是底层的现实之间，究竟能够在多大意义上成为互相救助和支持的对象？

在南京独立影展的论坛上，我们和季丹有过一个讨论，是关于如何理解《危巢》中的父权问题。郭力昕教授作为台湾的一位女权主义者，特别向季丹提问说：你希望透过《危巢》这样子的一个家庭让我们认识什么，或者有没有需要我们反省什么？具体的问题就是，您在映后提到这个底层的父亲是有代表性的，那样一个专断的、跋扈的父亲，但同时又早上起来给孩子做早餐。可是我们在镜头里面，比较没看到他对爱的表达方式，倒是看到一个中国底层父亲绝对的权威和绝对的跋扈，孩子们或他的妻子都几乎无法忍受，但还是觉得好像要接受他，过年的时候也不愿意忤逆他等等——怎么看待这个绝对的父权？父亲可能为这个家去赚了钱，他就可以有这样的权力吗？在镜头前面，他有多大程度是在表演呢？他如果不是表演的话，影片会不会有一种把绝对的父权正当化了的效果？你试图让我们看什么，你的道德位置是什么？

季丹看上去似乎并没有直接回答这个问题，而是说：其实我一直都为这种矛盾所困扰，包括我跟拍摄对象他们的关系，我觉得有时候像一场柔道，说坏了是一场战争。有的时候特别像家庭关系，像夫妻关系，是那种很复杂的关系的一种。我避免我对他们的生活有过多的判断，谁对谁错，应该怎么样，或者从社会的角度看这个问题怎么解决，这都是我在拍这个片子的时候想要避免的一些东西。我们也没有必要去裁判他们。我们要面对的是这个电影，这个电影好还是不好，值不值得我们去看。然后就是刚才您提到那些具体问题，我觉得我也不能明确回答，我希望不同的观众看到了有他们不同的感受，不同的想法，变成开放式的，能跟我一起来分享我跟这样一个家庭在一起生活的这段时间。通过拍摄他们，跟他们建立关系的一个结果就是这个电影。

这个影片的复杂之处正在于，一方面让我们看到这两个姐妹有特别强烈的与生活抗争的意志，这样一种主体性的表现，可是她们最重要的意愿是让她们的弟弟能够上大学。这看上去似乎是一个悖论，即她们是以取消自我的方式来表现她们的自主性。最后那一场戏，一方面她们对父权持批评的态度，可是，当儿子跟父亲产生冲突的时候，那个姐姐，也就是最强烈地表现出主体性的年轻女性，又起来捍卫父权。这样的一个底层社会的父权正是这个影片提出来的问题。这个底层的男人,已经丧失了任何其他的途径来建立和确定自我,在任何道路上都遭遇失败,所以他用一种病态的畸形的方式来展现他的父权,通过压抑家庭成员的方式,他也明明知道这种压抑方式会引起家庭成员的反感与愤怒。其他家庭成员也以一种表演的方式来配合他。其实大家都知道这只是一个表演,或者是荒诞剧,可是她们还是把这个荒诞剧演下来。这是维护父权?还是怜悯?还是颠覆?其实有很多不同的解读,这就是中国父权的一个现状,特别是底层父权的现状。

复旦《危巢》放映之后的现场讨论会上,郭力昕教授担任主持人。密西根大学教授、著名艺术家刘虹站起来发表感言,她说,她对片子中出现的所有的人物都很佩服,对他们承受的苦难表示尊敬,甚至那个父亲,她觉得她自己也无法与之相比。这时候,郭教授突然插话说,我原来不满意片子中父亲的父权主义没有被批判,今天我忽然理解了!

因为,这里已经无法用抽象的女权主义来做裁判,正是中国的独立纪录片让我们看到了中国女权主义的问题是如何地与中国各种复杂的社会政治问题纠缠在一起,无法分割。这往往使得单纯地讨论女权主义成为一种奢侈。在今天中国大变革的过程中,既有的社会保障体系的崩解,使得(底层)社会的互助与自救的重负只能够依靠唯一残存的血缘和亲属关系,这是一个悲凉而沉重的现实。也是在这个意义上,基于个人解放的自由主义女权主义在很大程度上丧失了切入中国社会现实的能力。

在复旦会议上,我与王政教授的一个共同意愿是试图在中国的女权主义内部重新打开"阶级"与"社会主义"的话语讨论,也是基于今天中国的女权主义从理论到实践都危机重重,这已经是无法回避的现实。在西方,六十年代开始的女权主义的第二波浪潮,在新世纪之后已经面临式微。近年来,世界范围内的女权主义都已经在各个层面上对此进行反思,而反思的焦点正在于第二波女权主义与同时出现的新自由主义和资本主义全球化的关系。[①] 在中国,八十年代以来女权主义在中国发展,基本上是在西方第二波女权主义影响的脉络下进行的,它所遭遇的困境也与此有关。因此,中国女权主义更迫切的任务正是如何重新反思中国的现实与女权主义的关系,如

---

① 苏红军:《危险的私通:反思美国第二波女权主义与新自由主义全球资本主义的关系》,北京:《妇女研究丛刊》2013年第3期,第5—14页。

何重新与这个社会中各种批判性力量形成有效的对话与合作,在中国百年以来女权主义发展的历史视野中,性别与女性问题从来不是孤立地存在,而是与各种社会与政治运动互相激荡着向前推进。如何重新检讨这份历史的遗产,如何与反思第二波女权主义方兴未艾的新思潮呼应与联合,来面对中国今天的问题与危机,这是中国的女权主义必须要交出的历史答卷。

中国的纪录片导演在底层行走,背负着底层的原罪,这些"原罪"是它们作为今天中国社会被遮蔽的巨大的、非法的存在。这尖锐地表现为如何对待性工作者的社会议题上。主张性交易合法化的呼声很高,理由是在现实之中,这已经是既定的事实,应该予以追认,才能保障她们的工作权。但是市场真的能解决女性被歧视的地位问题吗?事实上,性交易中女性被剥削与欺凌,甚至制度性人口贩卖与强制的伴生,从来就无法依靠自由市场来解决。单纯地把市场视为女性(性工作)的解放,不仅会导致思想与行动的迷失,更是遮蔽了真正的社会不平等的来源。市场化使得性交易获得合法的制度性保障的同时,导致的恰恰是对产生不平等社会根源的追认与合法化,这才是真正的问题所在。

复旦会议中,另一位瑞典学者史雯(Marina Svensson)的发言,以《麦收》为比较,讨论了两部国外行动主义者拍摄的以性工作为主题的纪录片,一部是《生于妓院》(Born Into Brothels: Calcutta's Red Light Kids, 2004),曾获第77届奥斯卡金像奖最佳纪录长片,拍摄地点是印度的加尔各答;一部是《牺牲》(Sacrifice),摄于泰国和缅甸。他们在拍摄的过程中,都从自由主义和人权的意识形态框架下,试图去改变和解救他们的拍摄对象。《生于妓院》纪录了导演如何"让"妓院中的孩子学习摄影并拍摄自己的生活,帮他们在西方世界做展览和出版。但是这部影片在西方观众中受到欢迎的同时,也特别受到亚洲学者的严厉批评,主要是在把孩子们作为无辜的受害者和"个体"来救助的同时,却忽略和扭曲了孩子所身处的环境,对其父母缺乏同情,对性交易的制度本身和社会与性别不平等的现实缺乏批判,能被救助的毕竟只是少数。导演自己也因为其外来救助者的角色而受到诟病。《牺牲》是对非法性交易、强制卖淫以及雏妓议题的访谈,访谈对象都是上述状况下的性工作者,以此来警示其他女性勿跳火坑,是在与NGO组织密切合作下带有教育意义的纪录片,但是也受到关于隐私问题的质疑和批评。史雯未提及的是2009年2月由《印度时报》披露的一条新闻,并被中国的多家媒体报道:"第 77 届奥斯卡最佳纪录片女主角沦为妓女":①《生于妓院》中的主人公,印度小女孩儿 Preeti Mukherjee 已经沦为亚洲最大的红灯区中一名性工作者,而 2005 年她还在洛杉矶的柯达剧院手捧小金人激动落泪。报道称 Preeti 成为性工作者的原因还不清楚,但警方表示曾解救过 Preeti 并将她交还给母亲。警方还表示 Preeti 现在已经成为色情交易的一部分,很多有权势的人物都参与其中,而且不允许她重获自由。另外,"自愿"卖淫也无法解救。由此可见,纪录片作为社会行动,其本身必须放置在具体的社会情境之中,它无法与整体社会结构的强权、暴力与不平等分离,性交易的"自由"无法解决其前提的不自由与强制,这些都需要批评性地打开讨论。

对我们的重要提醒是,中国的女权主义如果仅仅强调把女性从家庭与国家的父权中解放出来,交给市场的"自由",很可能只是从一种强权走向另一种强权。因此,必须打破这种国家/家庭与市场自由这种二元对立的思考与行为模式。正是在这个意义上,女性主义的问题无法与整个社会的结构性不平等问题剥离开来,无法与同样被歧视的男性底层社会的存在剥离开来,犹如唐小雁的故事无法与《算命》中的厉百程的故事剥离开来,事实上他们的确都出现在同一部徐童的纪录片之中,他们的命运是互相连带着向前走的。只要底层社会作为黑暗和巨大的存在不能被照亮与解放,只要一个社会不平等的社会结构本身不被挑战与反思,无论是性交易的非法还是合法,都不能完成女权主义的历史使命。

当中国的新纪录运动与底层相遇,当女权主义与中国的纪录片相遇,并因此而不断涌现出新的议题——我希望这是一个历史契机,它帮助我们检讨女权主义与中国正在变动不居的现实之间,究竟如何建立一种血肉相连的关系?并且在这个过程中,如何推动女权主义与纪录片的携手发展,去为平等而公正的社会本身而努力?这既是一个未完成的学术会议需要面对的,也是我们每一个人置身于现实与实践中需要面对的。

2012 年 6 月初稿
2013 年 9 月 12 日修订完稿,上海

---

① http://world.huanqiu.com/roll/2009—02/384607.html

# 熟悉的陌生人
## ——格里尔逊在中国①

## 一、中国的"格里尔逊"与四十年代中国的教育电影运动

中国人开始对格里尔逊的了解,始于二十世纪四十年代。1946年,在南京创办的《电影与播音月刊》6卷7、8期,刊登A. C. Scott的文章《教育电影在英国》介绍了英国纪录片运动"1929年英国电影界异军突起,葛锐逊先生Mr. John Grierson发明了举世闻名的纪实影片……改革了以往的作风。这是英国电影运动的一个转机,葛锐逊先生继续的实验与工作并为皇家贸易署摄制了一大批有价值的影片。"1947年,5卷4、5期李铸晋的文章《纪录电影的精华》介绍了格里尔逊领导的英国纪录电影运动中的著名作品《锡兰之歌》、《住房问题》(Housing Problems)和《今夜的目标》(Target For Tonight)。1947年5卷3期则刊登了由李铸晋翻译的格里尔逊文章《没有戏剧的电影》(Picture Without Threater),题为《明日的纪实电影》。② 1946年2月,中国教育电影协会成都分会及华西大学文学院举办《教育电影公开系统演讲》十次,由当时中国教育电影的领军人物孙明经主讲。第八讲《纪实影片运动》就是关于英国进行的格里尔逊纪

---

① 本文发表于《电影作者》网刊第三辑,节本发表于《电影艺术》2013年4期。
② 张同道、朱影:《孙明经与格里尔逊:观念、理论与实践》,第70页,《电影艺术》2006年2期。

实电影,配合演讲上映的影片即为《夜邮》(Night Mail),英国纪录电影运动中最具代表性的作品。①

1942年由孙明经在南京金陵大学创办的《电影与播音月刊》是中国当时由大学主办惟一的学术性电影及电影教育综合性期刊。② 在很大意义上,孙明经可以称为中国的格里尔逊。作为一种中国的"格里尔逊"现象,他的影像实践可以与格里尔逊建立一个极富意味的比较视野。

1911年,也就是中国爆发辛亥革命推翻帝制的一年,孙明经出生于南京的一个基督教家庭。其父母都毕业于美国基督教长老会传教士创办的中国最早的高等学府:山东登州文会馆大学部,是中国最早的现代大学生,也是最早与电影结缘的中国知识分子。从小家中就有教士送的老式幻灯机用来放映彩色圣经故事,家里收藏了数千张幻灯片和照片。其父亲孙熹圣第一次接触和摆弄电影摄影机是在1898年,也就是距离公认的电影诞生不过三年。他经常帮助美国传教士放电影,同时也拍摄,他第一个把cinema翻译成"电影",把photography翻译成"摄影"。1903年他开始在大学课堂放映电影,其母亲隋心慈1901年1月1日的自拍照夫妻合影,在二十一世纪初评选的"二十世纪华人经典摄影作品活动"中被评为经典第002号。③

1921年,基督教长老鲁士清从一战结束的欧洲带回了一架电影放映机和法国早期动画片、艺术片和欧洲纪实短片,在青年会免费放映,童年的孙明经经常去观看。1922年,金陵大学农学院的美国植棉专家T.B Griffing(郭仁风)开始放映教农民植棉的科教片。1927年,孙明经考入美国基督教在南京创立的金陵大学,也是中国第一所被中国政府立案批准的教会大学,主修物理、化学和电机课程,并辅修国文、音乐和戏剧,他的大学读了七年。中国电影正规大学教育的开启于1938年金陵大学在重庆建立的电化教育专修科,而孙明经是中国第一位电影教育专业人才。其首任院长魏学仁是物理学家,在芝加哥大学获得博士学位。他认识到电影对于科学传播具有极为重要的意义,因此力主理学院各系多方引进

---

① 李镇:《孙建秋访谈录》,北京:《当代电影》2008年4期,第114页。
② 赵琴、刘晓静:《论〈电影与播音〉的编辑传播特征》,兰州:《西北大学学报》2011年1月,第136页。
③ 冯克力、李辉:《中国传奇影像世家》,北京:《文明》2009年10期,第74—77页。

教学影片。1934年金陵大学理学院自制的第一部电影《苏州——东方威尼斯》就是由魏学仁操机、孙明经剪辑的。1946年,魏学仁担任联合国原子能委员会中国代表团顾问。当时金陵大学的校长化学家陈裕光在留美哥伦比亚大学期间,正是美国电影教育、视觉教育兴起阶段,深受影响,回国后在长达24年(1927—1951)担任金陵大学校长期间,就积极推广电影教育,倡导"科学救国"、"教育救国",鼓励和支持魏学仁、孙明经等开展教育电影工作。由此可见,当时中国最重要的科学家群体对中国教育电影的支持,是孙明经从事具体电影教育实践的重要因素。①

1934年,金陵大学理学院成立教育电影部,23岁的孙明经毕业后留校参加拍摄工作,不到两年就拍摄几十部教育影片,并成为教育电影部的骨干和实际负责人。1934年至1948年,金陵大学教育电影部摄制影片112部,其中孙明经完成的达半数以上。金陵大学教育电影的成功使得教育部曾调入金陵大学教育电影部人员主持"教育影片库"建设,在全国推广教育电影,②而孙明经本人作为主要负责人之一承办了教育部委托的"全国电化教育人员训练班"。③

孙明经从事教育电影的时代正是中国抗日战争前后,他拍摄了《防空》与《防毒》在全国广泛放映,《防空》中运用了动画对俄美日等国的军事力量做了比较。他还根据教育电影部的分工拍摄了大量地理风光片,并在其中召唤观众的爱国主义。他在"青岛风光"一片的介绍中写道:"以国耻历史为骨干,推陈主权得失。以海水浴场之活态,及地方各种建设,显示国土之可爱"④。青岛,正是一战时被日本侵占,后被巴黎和会割让给日本,并由此引爆改变历史的"五四"运动。

1937年9月20日,孙明经在金陵大学小礼堂举办婚礼,正在进行之际,却遭遇日军95架飞机轰炸南京,婚礼成日本军事侵略的见证,而当时

---

① 赵惠康、杨爱华:《金陵大学的三位联合国中国委员、顾问与教育电影》,北京:《电化教育研究》2009年1期,第108—113页。
② 张同道、朱影:《孙明经与格里尔逊:观念、理论与实践》,《电影艺术》2006年2期,第69页。
③ 汪滢:《蔡元培:我国早期电化教育的推动者》,北京:《现代教育技术》2011年2期,第8页。
④ 孙建秋、孙建和编著:《孙明经手记:抗战初期西南诸省民生写生》,第16页,北京:世界图书出版公司,2011年。

的证婚人正是未婚妻吕锦瑷所在金陵女子文理学院的美国老师魏特琳（华群）。魏特琳用日记的方式记录了婚礼遭遇空袭的经历，更是因为记载了大量目睹日本屠城和奸淫妇女的事实，其日记原稿在80年代被发现，九十年代被美国耶鲁大学神学院图书馆整理成微缩胶卷公开，成为重要的南京大屠杀的历史证据。[①] 1937年11月金陵大学西迁四川，12月南京沦陷，南京大屠杀使得数十万人丧失，这座历史名城三分之一被焚毁。而1936年孙明经拍摄的未婚妻吕锦瑷在玄武湖荡舟欢歌的影像，在2005美国圣丹斯获奖的以南京大屠杀为主题的纪录片《南京》中被采用。[②] 吕锦瑷在金陵女大主修化学，后来研究和教授感光化学，从胶片性能和制造方面配合电影摄影教育。1939年在四川因为抗战胶片来源紧张，开始试制感光乳剂。抗战期间，进口X光片中断，她为成都华西医大附院试制X光射线片。1944年，她在成都主持了联合国影闻宣传处的人员组织管理，幻灯机、幻灯卷片租借等日常工作。[③]

在金陵大学西迁的过程中，孙明经拍摄了《自贡井盐》。他查阅了明朝万历、嘉靖年间的历史资料，以及大量英文科学文献，其拍摄手记类似社会科学家和自然科学家的考察笔记，大量记载的是生产过程，工人状况，各种数据、专业术语和化学元素符号。表现出中国在海盐被日本封锁的情况下，自贡井盐如何开始现代化过程的生产以保障供给。[④] 他还随几所大学组织的"中英庚款川康科学考察团"拍摄了由8部影片组成的《西康》系列，纪录了西南地区的独特人文与历史。藏族传统舞蹈锅庄舞成为后来他的家庭过年过节和迎接宾客的传统礼仪，孩子们都会跳。[⑤]

他把战前拍摄的系列风光片重新编定为"还我河山"系列，在金陵大学影音部迁到成都后，列入给居民放的露天电影之中，其海报称："本片系

---

① 刘维容：《南京大屠杀亲历档案——魏特琳（华群）日记》，《山西档案》2004年6期，第48—50页。
② 孙建秋、孙建和：《孙明经手记　抗战初期西南诸省民生写实》，第20页，前揭。
③ 赵惠康、杨爱华：《金陵大学的三位联合国中国委员、顾问与教育电影》，北京：《电化教育研究》2009年1期，第112—113页。
④ 孙建秋、孙建和：《孙明经手记　抗战初期西南诸省民生写实》，第63—124页，前揭。
⑤ 中央电视台纪录片《世纪长镜头·带摄影机的旅人》（中），孙明经女儿孙建秋采访内容。

抗战前夕万里猎影精心伟构。壮丽山河,观景生情,国人观后当益增抗战情绪"①。每当放映黑白无声电影时,则有专人负责解说、音乐。孙明经记叙了当时的热烈情景:

> 1943年金大开始每周一次在华西坝大草地广场为居民放映露天电影,内容包括我国抗日战场上的进展,国际反法西斯战争的情况,各种科学技术的新发展,祖国的壮丽河山,国计民生的种种问题。每逢放片成都居民扶老携幼而来,小贩沿街叫卖,每次放映观众经常在万人以上。②

1940年至1941年孙明经获得美国洛克菲勒基金会资助赴美国考察视觉教育,参观了纽约美国影片中心社和明尼苏达大学视觉教育中心以及好莱坞迪士尼公司,"我感触最深的是纪实影片所采取的独到的技术,和洗印技术的新发展"。③ 1942年回国后即创办《电影与播音月刊》,其中大量报道电影最新技术和纪实电影信息,以及联合国影音宣传处的工作情况。其电影理念是"电影是记录和传播文化的媒介,电影是教育和建设的利器,电影是促进国际和平的桥梁,电影是促进国际和平的桥梁,电影最重要的功能是传播和教育"。④ 他强调电影作为现代媒介的功能,"结绳记事是手推车,文字是马车,印刷是汽车,白话文是火车,而电影和广播是飞机",电影"这种媒介可以直接记录形象、动作和声音……因为电影能够记录的范围如此广博而且直接,所以它最便于记载事实,传递思想,发挥情绪"。⑤ 1942年,成都五所大学金大、金女大、华西、齐鲁和燕京共同举办电影社,孙明经为社长。

1943年,他赴云南拍摄了抗战期间国民政府在山洞里办工业的系列

---

① 孙建秋、孙建和编著:《孙明经手记:抗战初期西南诸省民生写生》,第123页,北京:世界图书出版公司,2011年
② 同上,第23—24页。
③ 同上书,第24页。
④ 孙明经:《电影是什么?》,原载《电影与播音月刊》第5卷第10期,1947年。转自张同道:《被遗忘的辉煌——论孙明经与金陵大学教育电影》。另见孙建秋、孙建和编著:《孙明经手记:抗战初期西南诸省民生写生》,第51页,北京:世界图书出版公司,2011年。
⑤ 孙建秋、孙建和编著:《孙明经手记:抗战初期西南诸省民生写生》,第27页,前揭。

电影《防空电厂》、《长寿水利发电》、《机械制造》等，被英国领事邀请赴伦敦展映，因为当时英国电影《伦敦挺得住》(London Can Take it)记录了伦敦二战期间市民在地铁里生活斗争的情形，其导演詹宁斯(Humphrey Jennings)和哈莱·瓦特(Harry Watt，也是《夜邮》的导演之一)是英国纪录电影运动最杰出的代表人物——正是二战使得中国的教育电影运动与英国的纪录电影运动获得了一个极富意味的交汇。1942年日本偷袭珍珠港，太平洋战争爆发，美国拍摄的系列片中《我们为何而战》(Why We Fight)中关于中国战事的一集被翻译成《中国为何而战》在《电影与播音月刊》中予以热烈报道，"凡属中华民国之同胞，每人均应一观此片"。①

1945年日本投降，1946年金陵大学返回南京，孙明经拍摄了《民主前线》(1946)，《南京》(1948)等。其中《民主前线》是中国电影史上第一部彩色有声片，记录了金大和金女大等13所教会大学结束流亡返程的艰辛、复课和服务社会的情景。其中有一段日本轰炸重庆的影像，是孙明经在现场拍摄的，也是仅有的重庆轰炸彩色纪录。在南京金陵大学18年，由他独立拍摄的教育影片达49部，大部分仍然是默片。②

孙明经的教育电影事业其实一直与南京国民政府密不可分。1930年，中国重要的政治家与教育家蔡元培与其门生郭有守来到金陵大学电影教育委员会，作了题为《电影与教育》的学术报告，尚在读书的孙明经是记录员。在这一报告中蔡元培提出："得电影者得人心……得人心者得天下"，并给出了电影教育的九条建议，包括：电影用于教育，在美国已大见成效；电影是唤起民众之利器，也是教育之有力工具；电影对兴我中华有大用处；我国应当提倡电影教育化和教育电影化；从教育学的原理看，一切电影都是教育电影；中国电影的检查标准要符合教育学的原理；中国人要看中国电影。蔡元培的这次演讲对郭有守和孙明经都产生了深刻影响。孙明经生前多次讲："(蔡元培先生)这九项影响我的一生"。③而郭有守作为南京政府教育部专员，长期主管中国教育电

---

① 孙建秋、孙建和编著：《孙明经手记：抗战初期西南诸省民生写生》，第37页。
② 张同道、黎煜：《被遗忘的辉煌：论孙明经与金陵大学教育电影》，《北京电影学院学报》2005年4期，第99—105页。
③ 汪滢：《蔡元培：我国早期电化教育的推动者》，北京：《现代教育技术》2011年2期，第5—12页。

影事业的发展、推广及电影检查工作。1932年,中国教育电影协会由蔡元培倡导、郭有守发起、组织和筹备,孙明经担任勤工俭学书记员。1934年,蔡元培安排郭有守执笔撰写了在中国教育电影界产生重要影响的著作:《我国之教育电影运动》,正式提出"教育电影运动"的口号。1932年7月8日,中国教育电影协会在国民政府教育部举行成立大会,蔡元培担任首届主席。在成立大会上,蔡元培发表《开会词》,为中国电影事业和后来的电化教育事业确立了三大方针:第一条指出"电影虽为一种娱乐,但对于教育实有莫大的影响……";第二条指出"坏的影片,如淫亵荒谬之类,宜禁止映放,电影所以重审查就是这个意思";1933年蔡元培、郭有守师生二人利用参与编纂《教育法令汇编》的有利条件,把他们于1930年起草并经过行政院颁布的以《电影检查法》为代表的一系列法律,包括电影检查法实施规则(行政院公布,1931年)、各地教育行政机关会同警察机关稽查电影办法(内政部和教育部第二六二零号训令,1932年),以及电影检查委员会检查证发给规则、外人在华摄制电影片规则等法令内容统统编入《教育法令汇编》。这是第一次将全部电影相关法律划归"教育法规"的范畴,确立了电影的管理权限主要归属于教育部,①——这似乎是中国的教育电影运动一个意想不到的后果,而郭有守则担任教育部电影审查委员会主任。

1946年,郭有守曾作为顾问随当时的外交部长王世杰赴美,筹备中国参加联合国教科文组织,并担任首任中国联合国教科文组织教育处处长。同年7月在南京召开的中国教育电影协会成立大会上,郭有守被大会选为首届执监委员,受教育部委派长期主持协会工作,并蝉联中国教育电影协会历届(共9届12年)理事、执委、监委、常委。② 由此可见,孙明经的教育电影实践是如何与当时由国家主导的国家现代化和教育现代化的实践结合在一起的,而教育电影运动其实是中国的知识分子与官方共同推进的现代启蒙运动、救亡运动与民族运动的结合。比如1937年6月,在蔡元培、魏学仁的派遣和历史学家顾颉刚的邀请下,孙明经进行了

---

① 汪滢:《蔡元培:我国早期电化教育的推动者》,北京:《现代教育技术》2011年2期,第5—12页。
② 赵惠康、杨爱华:《金陵大学的三位联合国中国委员、顾问与教育电影》,北京:《电化教育研究》2009年1期,第108—113页。

中国电影史上第一次大规模的"国情调查电影"拍摄。

中国教育电影协会通过并颁布了由郭有守起草的《教育电影取材标准》五条十五款：1.发扬民族精神（甲）显露东方文化的优点；（乙）宣传中国历史的光荣；（丙）表演民族革命的过程。2.鼓励生产建设；（甲）由都市而转向农村；（乙）宣传已成的建设；（丙）宣传未完成的建设；（丁）指示未开发的富源。3.灌输科学知识；（甲）指示科学的日常应用；（乙）证验科学的自然现象；（丙）鼓励科学的研究精神。4.发扬革命精神（甲）发扬牺牲奋斗的精神；（乙）发扬刻苦耐劳的精神；（丙）发扬服务创造的精神。5.建立国民道德；（甲）恢复固有的美德；（乙）矫正公共的缺点。郭有守宣布：一切电影都是教育电影，合五条者奖，违五条者禁，取材标准同时成为电影审查标准。1933年10月，由蔡元培口授《电影事业之出路》整理成文，在中国教育电影协会第二届第四次常务会议通过。蔡元培指出：电影在教育上担负的任务：(1)国家已穷到极点，电影应指导民众以救贫致富之道。(2)国家已弱到极点，电影应指导民众以起弱图强之路。①恢复民族自信力——集团之强。②培养人民体力——个人之强。(3)人民平均知识程度太低，电影应灌输以切要的常识。(4)社会道德堕落到极点，电影应提倡个人及集团的道德。(5)民族缺乏组织，电影应指示以组织的知识和能力。穷、弱、愚、私、乱，是中国目前的五大患；五大患不除，一切事业都谈不到出路。由此，协会制定的电影审查制度针对的主要对象是神怪志异迷信电影，而非以政党政治为目标，因此左联电影正可以依托此理念而发展，并因而频频获得协会举办的鼓励国产电影的奖项。①

孙明经的所有电影实践正是上述理念的最好表达。1947年成立的联合国教科文组织中国委员会委员共一百二十名，六个专门委员会中第四为大众传播委员会，共五名，依次为：陈礼江、黎锦熙、顾颉刚、顾毓琇、孙明经。在一百二十名委员人选名单中，有国民政府政要，也有大学校长、自然科学、文化教育各学科门类的著名学者等，如：胡适（第10位）、陈裕光（第56位）、孙明经（第72位）。孙明经和联合国教科文组织从1946

---

① 孙建三：《关于中国教育电影协会的部分史料》，北京：《电影艺术》2004年4期，第107页；汪滢：《蔡元培：我国早期电化教育的推动者》，前揭，第5—12页。

年一直保持联系到1951年为止。①

1952年,全国院系调整,孙明经带着金陵大学影音部全部人员和器材、影片和教学设备与教材到中央电影学院,后来的北京电影学院。作为摄影技术专家主持制定了新中国第一届摄影专业的教学计划,创建多门课程,涵盖摄影、录音、放映等,为新闻界、电视界和摄影界培养了大批人才,夫人吕锦瑗则在北京电影学院开设"感光材料及其加工"、"彩色原理"等课程。②

作为曾与南京国民政府密切合作的知识分子与电影教育者,在冷战的环境下,孙明经遭遇政治上的冲击几乎是必然的。他在1957年被划为右派,1958年3期的《电影艺术》杂志上刊登了一篇署名"流金石"的小文《右派分子孙明经是怎样一个人?》,报道了在中国电影联谊会组织的斗争右派分子孙明經的六次大会对其批判的主要内容,正是指控其摄影教育活动与南京政府(陈立夫、孔祥熙等)、美帝国主义(国务院、洛克菲勒基金会等)和宗教势力(基督教会)的关系,是如何获得了他们的资金资助、行政支持与委任的。③ 但是1960年开始,在周恩来总理的安排下,北京电影学院先后接受越南、柬埔寨、阿尔及利亚、印度尼西亚、伊拉克等亚非国家的留学生,而孙明经和吕锦瑗则承担了英语授课,受到留学生爱戴和赞誉。④ 孙明经在右派期间还翻译了数百万字电影科技技术发展的文献,但是未获得出版。1978年孙明经右派改正后,曾经担任了北京电影学院摄影系78班摄影技术的任课教授,课堂上有张艺谋、顾长卫等中国"第五代"电影运动的骨干分子。1992年逝世前,获得国务院颁发的政府特殊津贴,以及中国电影摄影家协会颁发的"中国优秀电影摄影优秀奖"。他在金陵大学和北京电影学院培养的学生很多进入中央新闻纪录电影制片厂。

孙明经后四十年在北京电影学院主要从事摄影技术教学,不再拍

---

① 赵惠康、杨爱华:《金陵大学的三位联合国中国委员、顾问与教育电影》,北京:《电化教育研究》2009年1期,第108页
② 同上书,第44页。
③ 流金石:《右派分子孙明经是怎样一个人》,北京:《电影艺术》1958年3期,第46页。
④ 赵惠康、杨爱华:《金陵大学的三位联合国中国委员、顾问与教育电影》,前揭,第108—113页。

摄电影,以至于他在金陵大学期间拍摄的教育影片几近遗忘。直至 2000 年,中国电影资料馆库房里发现了一批三四十年代的老胶片,片盒上印有金陵或金陵大学,共 61 部,为孙明经所拍摄。2003 年 3 月 18 日,《中国广播影视报》以"独家"披露"中国早期电影资料片惊现石城"。由此,掀起了一个追忆和研究孙明经和中国早期教育电影历史的浪花。根据这批发现的电影影像,2004 年中央电视台《见证》栏目拍摄了名为《世纪长镜头》的 12 集系列电视专题片,在央视播出。其中前三集为《带摄影机的旅人》,为孙明经的传记,后面 9 集为摄制组沿着当年拍摄的路线和场所重新探访时代和历史的变迁,使得今天的影像与三四十年代的影像形成了有意味的对比和对话。2011 年 10 月 31 日,一个题为"教育现代化的继往与开来——中国电化教育创始人孙明经先生百年诞辰纪念暨研讨会"在南京大学鼓楼校区(当年金陵大学校园)隆重召开。[①]

## 二、格里尔逊与八十年代之后的中国

当然,本文感兴趣的焦点其实是孙明经与格里尔逊的对话关系。虽然并没有更多的证据表明孙明经直接受到格里尔逊的影响,但是他们相互交映的人生轨迹却使得我们得以更多地从历史的角度上理解纪录电影的意义,理解作为一种"格里尔逊"现象对于世界电影史的意义。

在孙明经被重新发现之后,2006 年 2 期《电影艺术》杂志发文《孙明经与格里尔逊:观念、理论与实践》,[②]作者之一北京师范大学艺术与传媒学院张同道教授同时也是上述《世纪长镜头》的总编导。文章从四个方面把两者进行了比较,孙明经从事的教育电影运动和英国的纪录电影运动对于社会功能的强调在实践上非常相似。两人都出生于基督教家庭——值得补充的是,格里尔逊的长老教父亲,一位乡村学校的校长,不顾当时把电影看成恶魔所为的白色魔幻、有罪娱乐等反对声,把电影引入了学

---

① 桑新民、梁林梅、刘永贵:《教育现代化的继往与开来——中国电化教育创始人孙明经先生百年诞辰纪念暨研讨会综述》,兰州:《电化教学研究》2011 年第 12 期,第 5—9 页。
② 张同道、朱影:《孙明经与格里尔逊:观念、理论与实践》,《电影艺术》2006 年 2 期,第 68—73 页。

校,认为其具有启蒙和教育功能,这直接影响了小格里尔逊,这个经历与孙明经几乎如出一辙。① 更重要的是,他们从事纪录电影的时代基本接近,对于电影的理念接近。1942 年格里尔逊在《纪录电影理念》(The Documentary Idea)中称他发起的纪录电影运动是"非美学意义的运动","对于我们来说,纪录电影碰巧是一种最便于利用的和最令人兴奋的媒介手段。"他说,"纪录电影对于国家所承担的基本责任就是:无论人们的思想多么混沌,想法多么简单,如何地背离自己的国家,纪录电影都要坚信可以达到(唤醒公众心灵的)目的。"这一界定与孙明经和中国教育电影运动的观念非常一致。两者在电影制片和发行方式上也很类似,都寻求社会机构的资助和采用非商业放映方式。两者都正面纪录和表述了大量工人的形象,但是孙明经电影中国的工人多是"工艺的配角",犹如格里尔逊对于工人的表现也遭到后来的激进批评家的指责。文章也指出了英国纪录电影运动与民国教育电影运动的最大不同在于,英国纪录电影运动中具有强烈的美学追求与社会功能,而民国教育电影运动则更多按照科教片模式制作,仅仅把电影看成是媒介,而不是艺术,孙明经留下的文稿中没有关于电影美学与艺术的讨论。

2008 年格里尔逊诞生 110 周年,《电影艺术》杂志为此特别编发两篇文章。一是澳大利亚学者彼得·莫里斯(Peter Morris)发表于 1987 年澳大利亚电影历史协会出版的《电影历史》杂志上的文章翻译:《反思格里尔逊:格里尔逊的意识形态》;另一篇是《格里尔逊模式及其历史影响》,作者之一为张同道教授。莫里斯的文章追溯了格里尔逊电影理念的来源,特别是其国家观念与黑格尔与古典哲学的关系,格里尔逊认为:"国家就是一架机器,利用这架机器,人们的利益得到保护。国家利益是第一位的,而要让人们认识理解国家利益,就要通过教育","我们需要一个庞大的全新的教育系统,通过教育,让人们认识到国家的需要,国家的利益,以及他们作为一个公民的职责。"而李普曼(Welter Lippmann)对于公民教育的理念则使得格里尔逊确立电影作为政府与民众之间的沟通者,他提出:"宣传以及为公众提供信息的艺术成为一种最强大最有效的'政治指示'(directive statesmanship)的形式。在社会中,教育家和艺术家的角色完全转变成了

---

① Gary Evans: Trailblazer of Documentary Film, pp. 7—8.

明确的社会组织者。"而宣传者对大众的信息传递不应该是抽象的、理性的，而应该是形象的、感性的。关于这一点，格里尔逊称之为"提供一种思想和情感的模式"或者说是"塑造公众的思想"，对此中国的读者是很容易联系起列宁关于"形象化的政论"这一主导新中国电影纪录片发展的苏联理念。格里尔逊巩固了李普曼把民众看成是无理性的想法，因此需要政治上的指引。莫里斯认为格里尔逊的纪录片理念赞美政府、鼓励集体主义的国家认同，属于一种理想主义的国家观念，不可避免地会与现实世界的政治发生冲突。文章最后的结论是，格里尔逊电影制作的组织方式正是其意识形态的反映，雇佣没有经验的电影工作者是为了保持自己救世主和领袖的形象，作为"一个有集权倾向的独裁主义者"，这是英国后来拒绝对格里尔逊委以重任的原因。这是一篇带有冷战色彩的评价文章，对格里尔逊的理解投射了对苏联的厌恶，同时却回避了格里尔逊在冷战中遭到的不公平待遇——而这也几乎是所有在中文世界中介绍格里尔逊文章的问题。由于有这样的预设，该文在评价李普曼对格里尔逊的影响时，没有处理格里尔逊从民主的角度对李普曼的严重批评。

在张同道《格里尔逊模式及其历史影响》一文中，对通常意义上的格里尔逊模式做了辩护，认为典型的格里尔逊模式应该是：现实题材、诗意表达与社会教育的完美结合，这种模式是纪录电影从无声转向有声时代的最为有力的创作模式。而二战为格里尔逊模式提供了大显身手的机会。文章介绍了一些英语世界中对于格里尔逊的不同评价，并认为当中国在九十年代把格里尔逊模式与"形象化政论"都等同和简化为画面加解说，都强调电影的教化功能，使得格里尔逊模式成为20世纪九十年代中国纪录片误认的反叛对象，"但二者之间的差异却被忽略了：格里尔逊模式电影的解说来自于对画面的提炼与补充，承担叙事与抒情功能，画面与解说相辅相成；形象化政论电影的解说优先于画面，发展到极端状态便是文字统摄画面"。然而，这一被描述的差异并不足以真正区分格里尔逊与形象化政论，真正有意味的是切割"格里尔逊模式"与苏联"形象化政论模式"的诉求，它表述为：中文世界对格里尔逊是"误读"。在同年发表的另一篇题为《影像比较："格里尔逊式"与主题先行》的文章中，则认为"格里尔逊主张'锤子论'反对'镜子论'的主张与列宁提出的'形象化的政论'有几分神似，我们应该用扬弃的态度审慎地对待。纪录片既可以是改造社会的锤子(正如当下的政论片所担负的使命),更应该是观照现实的镜子"。①

"格里尔逊模式"这个术语在中文世界中出现,应该不早于上个世纪九十年代。当时的北京广播学院(现北京传媒大学)任远教授 1996 年发表《我国电视纪录片的发展与成熟》②一文,在评价八十年代中国进入电视时代后蓬勃发展的纪录片栏目和专题片的创作情况时,认为其时的电视纪录片(或曰专题片)题材广泛,形式上突破了报道性的传统新闻纪录片形式,出现了散文式、抒情诗式、音画式、调查报告式、报告文学的兼容体,主要模式是画面加解说,符合比尔·尼柯尔斯所描述的格里尔逊学派:"格里尔逊式传统的直接谈话风格是第一种被彻底用滥了的纪录片形式。为了适合那追求长篇说教者的口味,它使用了表面上权威十足,而实际上却往往自以为是又脱离画面的解说。在许多作品里,解说词明显地压倒了画面",这段引文来自比尔·尼柯尔斯(Bill Nichols)的论文《纪录片的"人声"》,刊载于美国《电影季刊》1983 年春季号。③ 论文认为格里尔逊式仍是当时中国专题节目、纪录片主要的模式,这与 60 年代至 70 年代中国纪录片工作者与国际交往被隔断的历史有关联。当时中国的电视纪录片出现了所谓"政论片",典型如著名的《河殇》,解说词愈说愈多的情形与国际电视文化形成强烈反差,因为从三十年代以来各国纪录片遵循格里尔逊创造的图像加画外解说的模式,出现了解说取代画面、压倒画面的"直接说教倾向",是"自以为是的'上帝之声'",而第二次世界大战后,格里尔逊的模式已经在西方"失宠",出现了"真实电影"模式,鼓励人们用摄影机抓取、捕捉日常生活中的细节现象,却因为缺少揭示的手段而使观众经常陷入费解的困惑中。七十年代,出现了"镜头前的采访"这种新模式,成为世界各国摄制电视纪录片的"标准型策略",用当事人——被访者的谈话来全部或部分地取代解说,既显得客观、公正,又避免"真实电影"那种使人困惑的沉默,使纪录片足以探讨深刻的话题。这些关于世界纪录史

---

① 吴丰军、黄基秉:《影响比较:"格里尔逊式"与主题先行》,《成都大学学报》2008 年第 1 期,第 109 页。
② 任远:《我国电视纪录片的发展与成熟》,北京:《中国广播电视学刊》1996 年第 4 期,第 16—20 页。
③ 同上书,第 17 页。

的资料与判断基本重复了比尔·尼科尔斯《纪录片的人声》中的观点。①

已故的任远教授是九十年代中国电视纪录片纪实主义美学的主要倡导者,其援用的理论资源主要是八十年代因为第四代导演而引入中国的巴赞、克拉考尔及其长镜头理论。② 但是,事实上"新纪录运动"的主要反叛对象却是八十年代,针对的是中国进入电视时代后由繁荣昌盛而逐渐假大空的专题片,专题片之所以能够与前改革时代主导的"形象化政论"说关联在一起,挪用的尼柯尔斯的"格里尔逊模式"成为关键的转换纽带,这个似乎是时代错位的剪辑叙述当时却无人奇怪,这也是今天被认为需要重新切割的原因,因为我们"误读"了格里尔逊。

## 三、归来的陌生人

也是2008这一年,加拿大学者盖里·埃文斯(Gary Evans)2005年出版的《约翰·葛里尔逊:纪录片的先驱》(Trailblazer of Documentary Film)中文译本在一家不太为人所知的"对外贸易大学出版社"悄悄出版,遗憾的是,本书翻译者对电影史几乎无知,惯用人名、专业术语的翻译基本不遵从,错谬极多,也没有任何关于此书翻译背景和目的的交代,附录的格里尔逊年谱和作者鸣谢未作翻译,很奇怪。因此,这本书最大限度只能说是一项未完成的翻译,或者说尚未开启的翻译。它在电影理论界和读书界,没有引发任何回响与讨论。这本生动的传记就如同它说描述的

---

① 单万里博客·纪录电影文献·资料索引:http://blog.sina.com.cn/s/blog_4be7160c0102dur1.html. 原载《电影季刊》1983年春季号(总36卷03期,后被收入阿兰·罗森萨尔主编《纪录电影面临新挑战》(美国加州大学出版社1988年),其中文翻译(任远、张玉萍译,桑重校)原载于《世界电影》1990年05期。尼克尔斯原文为:格里尔逊传统的直接表达——《时间在前进》中的"上帝的声音"是其最极端的表现——是第一个最完整的纪录片形式。作为一个以努力说教为目的的学派,它使用了显得权威性十足,却往往自以为是的画外解说。在许多影片中,解说明显压倒了画面,尽管在《夜邮》或《倾听不列颠》等影片中,解说或许是诗意的,令人回味的。第二次世界大战后,格里尔逊式的纪录片失宠了(其原因以后我会讲到)——除了在电视新闻、体育比赛、谈话节目、广告和特定的纪录片中,它几乎不再有市场。北京:《世界电影》1990年5期,第220—221页。

② 新千年之后,任远教授开始强调格里尔逊关于纪录片的定义为纪录片设置了最后的防线:非虚构,以此为纪实主义原则辩护,见《非虚构是纪录片最后防线——评格里尔逊的"创造性处理"论》,载《现代传播》2002年6期。

格里尔逊的命运一样,陷入困境之中。

　　笔者感兴趣的是这本书追踪了格里尔逊与苏联以及冷战的关系,让我们获得一个比较的视野,从而对格里尔逊在中国的命运有了更多的理解。格里尔逊年轻时曾加入英国著名的工人社会主义团体费边社,在一次教会的演讲中,他宣称自己和敬畏上帝的教徒一样谴责共产主义者的政治主张,但是应该钦佩在俄国由列宁和托洛茨基进行的社会主义实验,这个实验释放了人类的能量。结果是他从讲坛上被轰了下来,再也不许他演讲了。① 他认为学校和教会都失去了影响大众的力量,而大众传媒正在取代它们的位置,"我对未来的嗅觉不会错,我必须要更多去搞清楚大众传媒是如何塑造公共舆论的",这便成为 1924 年他接受洛克菲勒奖学金前往美国芝加哥求学的动机,② 比 1940 年接受同样奖学金赴美国的孙明经要早差不多 15 年。

　　1925 年,格里尔逊在芝加哥见到了著名的《公共舆论》的作者李普曼,但认为他是保守的权势利益的代表,对他在书中表述的精英操控舆论、制造共识的表述不满:为什么李普曼不教育精英去倾听公众的声音,并且教育大众民主是如何运作的? 大众需要的是精英帮他们说出自己不能表达但能够感受的东西。格里尔逊认为李普曼忙着成名与权势打交道,他应该对格里尔逊关于如何衡量社会变革的提问给出更好的建议。事实上,李普曼给的建议确实起了作用:这就是关心电影的影响力,③ 这直接促使格里尔逊专程跑到加州去研究好莱坞。但是他对好莱坞的总体评价却是:破陋(shabby),虽然他承认如卓别林这样的电影艺术家推动了社会改变。但是电影工业在利润的名义下轻视观众,而影院本应该属于大众,这是世界范围内出现的唯一的真正民主机构。电影能够教育最广大的人民以民主的理想,为什么好莱坞在关于当代世界的阐释上少有作为? 好莱坞有才华的艺术家们过于关注自己如何变成富人和大人物,好莱坞、影星以及这个浮华世界永远不会支持他正在思索的新电影。

　　但是,1925 年的苏联电影《战舰波将金号》却引发了他的兴趣和赞

---

① Gary Evans:Trailblazer of Documentary Film,XYZ publishing,2005.p.12.
② 同上书,第 14 页。
③ 同上书,第 19—20 页。

扬,虽然当时英、法、德等国家都禁止放映。他认为爱森斯坦是世界上第一个揭示了电影可以是成熟和正面的启蒙力量的人,苏联人已经学会了把艺术作为锤子(use art as hammer),他们远远走在西方之前。[①] 为了让公民们把眼睛从弗拉哈迪式的遥远的天边故事,转到鼻子底下、家门外台阶上的故事,他转向关注苏联的社会题材的电影。他在纽约为《战舰波将金号》的上映做了很多事情,包括对影片做修改、花几个月时间与纽约的审查机关作斗争,这个过程使格里尔逊对爱森斯坦的剪辑技巧有了非常详细的认识,并深刻地影响了他的电影理念。[②] 由此可见,格里尔逊把纪录片当作锤子而不是镜子这一著名的观点,其实最早来自于对苏联革命电影的评价。1926年,当格里尔逊与弗拉哈迪见面后,他为《太阳报》撰写推荐《摩阿纳》的文章中,开始创立Documentary这个术语并且给出了著名的、沿用至今的定义:对现实的创造性处理,新的电影需要的是照亮(illuminate)存在于生生不息的事实中的戏剧性(drama that resides in living fact)。[③] 1927年,格里尔逊离开美国回到英国,开始开创其新电影的历程。

　　比较完整的对于格里尔逊与纪录电影的译介,是1988年在中央新闻纪录电影制片厂的内部刊物《纪录电影》上,中国电影艺术研究中心(中国电影资料馆)的研究员单万里先生发表的四篇外国纪录电影大师的介绍之一:《弗拉哈迪:打造自然的锤子》。其主要的资料来源是《格里尔逊与英国纪录电影运动》,选自英国福西斯·哈迪(Forsyth Hardy)主编的《格里尔逊论纪录电影》(Grierson on Documentary,英国法伯Faber出版社1946年版首版,译自1966年修订版),是编者为该文集所作的序言。[④] 2001年该文由单万里修订后收录在其主编的《纪录电影文献》中。在这篇文章中,《战舰波将金号》在美国上映、格里尔逊与弗拉哈迪的结识被认为是影响格里尔逊的两件同等重要的事件,从中格里尔逊开始探索唤起

---

[①] Gary Evans: Trailblazer of Documentary Film, XYZ publishing, 2005. p. 22.

[②] Eric Barnouw : Documentary: A History of the Non-Fiction Film (2$^{nd\ rev.\ ed}$), pp. 85—87, Oxford University Press, 1993.

[③] Gary Evans: Trailblazer of Documentary Film, XYZ publishing, 2005, p. 25.

[④] 单万里新浪博客 http://blog.sina.com.cn/s/blog_4be7160c0102e0w6.html#bsh-24—250186617。

人民大众关心社会问题的途径,即能够教育和影响大众的、作为传媒的电影。1992年,美国学者埃里克·巴尔诺(Eric Barnouw)的《世界纪录电影史》①由日语转译成中文出版,其中第三章中介绍了格里尔逊及其领导英国纪录电影运动的主要经历和代表性作品,这本著作也成为中国读者了解世界纪录电影史的基本读物。

1995年格里尔逊《纪录电影的首要原则》被翻译收录在《外国电影理论文选》(上海文艺出版社1995年)中。② 这是唯一被翻译成中文的格里尔逊文章,文章强调创造一种新的现实主义纪录片的责任与意义:

> 社会责任感使我们的现实主义纪录片成为一种费心的和艰难的艺术,在我们所处的这个时代尤其如此。相比之下,制作浪漫主义纪录片要容易得多,因为高尚的野蛮人已经是浪漫的形象,四季更迭在诗歌中早已开始被人咏唱,这些事物的基本特性早已被人再三宣告过了,拾人牙慧总是容易一些吧,这是谁都不能否认的。可是,现实主义纪录片面对的往往是城市、街道、贫民窟、市场、交易所、工厂等等,要把这些东西搞出诗意来,要在诗人从未涉足过的、跟艺术几乎不沾边的地方挖掘出诗意来,就不仅需要鉴赏力,还得有灵感,也就是说要有勤奋的深刻的洞察力,要作出真正扣人心扉的创造性的努力。③

中国八十年代中后期开始崛起的新纪录运动本应该和这些理念产生共鸣④,但是,在"格里尔逊模式"的名义下,这个名字恰恰成为新纪录运动反叛的对象,这是今天很多论者认为我们误读了格里尔逊的原因。但是,这种误读的背后却有更深刻的原因,它首先来自尼柯尔斯对"格里尔

---

① (美)埃里克·巴尔诺:《世界纪录电影史》,张德魁、冷铁铮译,李正伦校,北京:中国电影出版社,1992年。
② 该文同样选自英文《格里尔逊论纪录电影》一书,单万里、李恒基译,见单万里博客·纪录电影文献·资料索引:http://blog.sina.com.cn/s/blog_4be7160c0102dur1.html.
③ 李恒基、杨远婴主编《外国电影理论文选》,第235页,上海:上海文艺出版社,1995年。
④ 关于当代中国的新纪录运动,请参见拙著《纪录中国:当代中国的新纪录运动》,北京三联书店,2003年;The New Chinese Documentary Film Movement: For the Public Record, Edited by Chris Berry, Lu Xinyu and Lisa Rofel, Hong Kong University Press, 2010。

逊模式"的刻板解读,更重要的原因是冷战前后铁幕两边历史叙述的断裂与交错。这种历史的交错既体现在格里尔逊的个人命运中,也体现在对其阐述的命运中。

1929年11月10日,格里尔逊唯一执导的50分钟纪录片《漂网渔船》在著名的"伦敦电影协会"首映,是作为格里尔逊改编的《战舰波将金号》首映的加片,两部具有历史意义的影片在这一天创造了历史,赢得了重大胜利。英国当局对《战舰波将金号》的审查结果是该影片不能在公开的影院上映,但可以在私人的电影俱乐部内部观看。伦敦电影协会成立于1925年,是欧洲电影俱乐部运动的先驱,放映过包括《柏林——大都会交响曲》在内的很多先锋艺术电影。1929年的世界经济大萧条加深了该协会的"左"倾倾向,成为左翼和苏联禁映影片的观摩场所,正是这一天成为该协会的转折点。① 在当天的记者招待会上,格里尔逊表达了对《战舰波将金号》的敬意,"我们也很高兴审查机关在四年后终于允许《战舰波将金号》同时上映"。提问中有人问:我注意到你的剪辑技巧中有俄国人的风格,你如何评价? 格里尔逊回答说:完全正确,特别是你看到人们在抛洒和拖拉渔网的时候,但是也请注意我是如何用弗拉哈迪的"人在自然中(man-in-nature)"的方法。《漂网渔船》印象式地再现了自然,象征式地表达了渔民希望征服的自然,它既是普遍的也是抽象的真实,以既是传统也是现代的方式与作为拍摄对象的劳动阶级联系在一起,它使得正面的工人形象成为影片的主人公。而他的追随者都是受《战舰波将金号》和《漂网渔船》感召的具有社会主义倾向的年轻人。但是正如左翼评论者指出的,格里尔逊的电影里并没有爱森斯坦电影中的革命的工人,而是忽略了英国工人阶级与资本的斗争。这既是因为左翼的社会主义者不能为纪录片付账单,也是因为英国政府并不许政府行为中有反对的声音,格里尔逊的新纪录电影的伟大计划都必须在得到政府的资助和支持下才能够运行。②

作为改良主义者的格里尔逊由此与政府的关系成为格里尔逊研究中的焦点问题。事实上,格里尔逊从来没有简单地站在政府的立场上,正如

---

① Eric Barnouw: Documentary: A History of the Non-Fiction Film(2nd rev. ed), p. 87, Oxford University Press, 1993.

② Gary Evans: Trailblazer of Documentary Film, XYZ publishing, 2005. , pp. 31—32.

他从来没有简单地站在纯艺术的立场上,而是从教育与民主的立场出发,去争取政府与争取艺术。当有人指责他是一个宣传家的时候,格里尔逊的回答是:宣传就是教育,我们电影中的"操控"就是把美学与民主改革的理想结合在一起,我们是受控于一个伟大理念的"巫医",我们给每一个体关于社群的鲜活观念,对此他有义务去服务社区,它是我们的公共责任。自从教会失去其权力和作用,我们的工作就是尽可能地去满足和服务于教育,最大限度地动员公众的想象力,去启发和激励他们的信仰,在这个意义下,影院就是我们的圣坛和讲坛——格里尔逊也确实像是传播福音一样不懈地传播他的新电影的理念。面临大萧条之后的经费紧缩,1933年格里尔逊的电影团队被转到大英邮政总局的门下,被指定要拍摄关于通讯的故事。格里尔逊教导当时沮丧的电影团队,只要能够继续挖掘普通生活中的戏剧性、当代生活的模式以及围绕着我们的改变,就能够发展纪录片的理念,而不是沦为党派的伪证。① 这正是格里尔逊监制的纪录片杰作《夜邮》产生的背景。与此同时,由格里尔逊妹妹担纲的反映大萧条下伦敦社会贫困的《住房问题》完成,它是一部风格超前的纪录片,突破了格里尔逊以往解说词的风格,而是让影片中的人物直接对着摄影机讲话,把巨大的同声录音器材搬到现场,其纪实主义的方法和风格成为今天被称为"直接电影"诞生的标志。② 所以,英国纪录电影运动本身其实已经不限于画面加解说。当一批优秀的社会问题题材的纪录片在英国纪录运动中出现,政府开始在1937年打压格里尔逊,1939年英国国会拒绝给"纽约世博会"送映英国纪录运动中最优秀的影片,国会指控这些影片太激进。这最终促使格里尔逊离开英国,前往加拿大。

1939年,第二次世界大战前夕,英国还在求和中备战,格里尔逊已经着手在渥太华建立一个北美宣传基地,使之成为伦敦的战略伙伴。他在自己一手筹建的加拿大电影局继续发展其电影理念。在他看来,什么是信息?信息就是教育,宣传就是教育,它教育民众互相理解与宽容,加强民族团结,把团结与理解的信息传给每一个加拿大人,新电影就应该成为民主的探照灯。他设想的教育部门是信息、教育和宣传三个词可以互相

---

① Gary Evans: Trailblazer of Documentary Film, XYZ publishing, 2005. pp. 35—36.
② 同上书,第44页。

替换。由此,他得以同时担任加拿大"战时信息局"负责人,他在这里主持了一次民意测验来倾听民众的声音,但是其调查结果没有被内阁战争委员会允许公布。①

在他看来,民主要区分两个不同的权力群体:一是被选举的政治精英,他们会定时下台;二是靠自己的才干、不需要被选举的教育精英,他们可以超越政党政治,投身于民主与国家的理想,造福整个社会。他预言道:明天的教育将不得不面临最困难、最有争议的任务,就是重新检讨民主的基本概念,如产权、财富、自然权利、契约自由等,会更谨慎地对待"机遇"与"企业自由"等字眼,这些词将与它们原先的意义产生极大的改变。李普曼认为民主实践不可能,当代世界是精英统治,并制造共识——他完全错了。解放人民、打捞真正的民主,就需要从活生生的世界中强调一种可理解的、有戏剧性的模式,因为我们无法知道所有的事情——事实上,他预示了二十年后麦克卢汉媒介理论中对新媒体感知模式的论述。② 格里尔逊从康德那里得到的启示,认为直觉和美学经验是我们理解什么是真实的方式,感知这个真实的世界既是抽象的也是普遍的,与看见这个世界同样重要。纪录片的自然主义要与有戏剧性的剪辑技巧结合起来,这就是创造性地对待现实。③ 而这最终的目的,是为了民主共享的可能。精英应该代表人民,意味着为公共性而服务,而不是他们自己的利益,格里尔逊寻找的就是能够分享这一理想主义理念的人来共同工作。格里尔逊所了解的工人阶级的疾苦加深了他的信念,这使他有一种摩西被神选中的天命感。④ 他正是以此来坚持自己的使命。

二战之后的世界被铁幕所笼罩。1945 年,日本投降之后,格里尔逊在渥太华递交了辞职信,希望到纽约创办一家私人公司在世界范围内扩大纪录片生产。但是,却不幸陷入莫须有与苏联有关的间谍案,他被认为同情共产主义,加拿大电影局被认为在政治上具有激进性。1945 年,他从纽约被传唤到加拿大作证,这个他为之付出极大心血的国度不公正地侮辱与抛弃了他。几乎同一天,加拿大电影局和好莱坞取消了给公司的

---

① Gary Evans: Trailblazer of Documentary Film, XYZ publishing, 2005., pp. 67—72.
② 同上书,第 73—74 页。
③ 同上书,第 66 页。
④ 同上书,第 76—77 页。

发行业务,一个星期后,一封电报告诉他,公司的主要投资方都被联邦调查局以颠覆罪调查,资金中断。格里尔逊也被联邦调查局严密监控,所有的信件都被打开,而电话则被监听。两个月后,追随者也被迫离开,钱花完了。联邦调查局得出的结论是:格里尔逊有法西斯倾向,同情共产主义,与颠覆活动有关联。在渥太华大使馆,美国大使给美国国务卿写密信,建议不给予格里尔逊任何护照签证。① 所有的朋友都疏远他,所有的门都关闭了,没人敢和他见面,唯一敢见面的一位朋友选择在夜里,怕被监视。格里尔逊成为黑夜中的流浪者,一介贱民(pariah)。② 而在1945年抗战胜利后的中国,此时的孙明经正随同大学从中国的西南返回南京,并拍摄《民主前线》。

1947年,格里尔逊得到联合国教科文组织的一个职务,担任大众传媒与公共关系特别顾问。但是美国联邦调查局授意把消息放给《华盛顿邮报》,并使之明白政府的立场:格里尔逊现在像康乃馨一样粉红,很快就会像死亡一样血红。恐吓的信息散发出去了。很快,《华盛顿邮报》刊登了题为《间谍嫌疑犯得到了联合国的工作》的文章。在伦敦的格里尔逊被美国大使馆拒签,联合国的外交豁免权失效,最后的荒诞结果是,格里尔逊被联合国改派到法国巴黎去上任。③ 而这一年,孙明经成为联合国教科文组织中国委员会之大众传播专门委员会委员。二十世纪五十年代中期是格里尔逊一生最黑暗的时期,失业、破产、欠债、结核病,郁郁不得志——所有这些,则是中国读者不知道的故事。而与此不无关联的则是,孙明经在1957年成为"右派"。

1957年,格里尔逊辗转开始在苏格兰主持一个周播的电视栏目《这个美好世界》,他曾经断言说:电视在出生的时候是个天才,却长成为白痴。但是,他依然开始把电视作为纪录片的新家,他搜集和挑选了世界各地题材广泛的纪录电影在电视中播放。④ 1969年,晚年的格里尔逊在加拿大魁北克的麦吉尔大学幸运地得到了一个教职,他对大学生们强调最重要的事情是阅读哲学、文学与历史,大众传媒的探索应该与政治学、人类学、社会

---

① Gary Evans: Trailblazer of Documentary Film, XYZ publishing, 2005. pp. 107—109.
② 同上书,第110页。
③ 同上书,第111—112页。
④ 同上书,第124页。

学与美学同行,综合性学士学位比电影研究要有价值得多,全面发展的人格比所谓电影专家要有用得多。学习电影技巧应该在这之后。六十年代是学生抵抗运动的时代,但是格里尔逊这位老资格的左翼进步分子却批评学生不懂革命,不过是童子军,缺乏学术知识上的严谨,对历史和经典所知甚少,如果不回到柏拉图和康德怎么能够谈论自由?如果要谈论个体艺术家与国家的关系,就应该去读托洛茨基的《文学与革命》,它会延伸到马修·阿诺德的《文化与无政府主义》。他批评当下的故事片和流行的"作者论"原则,因为这会使得导演把自己看成是创造的中心。对北美出现的轻便可携式8毫米摄影机的出现,他并不以为意,重要的不是8毫米的革命,而是大众媒介能否成为教育的媒介。①《约翰·葛里尔逊:纪录片的先驱》作者盖里·埃文斯当时正是作为麦吉尔大学的历史系研究生受到格里尔逊的亲炙。

当时的加拿大电影局曾开启了一项把摄影机交给市民的计划:"用挑战去改变",认为这可以让缺乏表述的穷人参与民主过程,先是让专业人士帮忙,然后让他们自己制作完成影片——中国这十多年来也正在进行类似的影像试验。其最早完成的一部片子《我不能改变的事实》,是用直接电影的方式描述了一家穷人赤贫的故事,其观众超过了一百万。但是格里尔逊很不喜欢,认为它不过揭示了一个家庭如何弱势、易被剥削、曝光其隐私,还让邻居嘲笑其率直。但是他对该计划的另一部片子却表示赞扬,它讲的是一对年迈的女房东和房客一起讨论加入某机构的利弊,最后他们决定原地不动。格里尔逊认为它具有契诃夫式的风格,抓住了生活中变化的戏剧性内涵,超越了报道社会问题及其客观性讨论的方式。他喜欢这种叙事诗般的情感,不像其他这种类型的影片,它没有把混乱交给下一代,而是吁求一个有序的、明晰的未来。他留给时代的最后警告包括,永远不要忘记当地社区的意义,要提防正在转向消费主义的大多数媒体,它们正在毁灭我们的社区。②

1972年2月,格里尔逊去世,留下遗嘱火化并海葬在他喜欢的灯塔旁。这一年,中日建交,尼克松访华一周年,中国恢复联合国合法席位一

---

① Gary Evans: Trailblazer of Documentary Film, XYZ publishing, 2005. pp. 136—137.
② 同上书,第138—143页。

周年,冷战的坚冰开始缓慢消融。6年后,孙明经走上了北京电影学院78级摄影班的讲台。

今天,当孙明经重新走入我们的视野,其身上无可避免地落下了格里尔逊巨大身影的叠印。其中,教育电影与国家的关系问题,正是格里尔逊理念中最受争议的部分,而被重新发掘的孙明经,其与国民政府的关系却在今天的大众传媒上被淡化处理。而无论我们是否同意孙明经,或者格里尔逊,其开启的纪录电影与国家、民主、民族之间的新格局及其紧张的关系,其对纪录电影与大众传媒、教育、宣传的思考,其对创作者主体与艺术关系的反思与探究,都是今天需要重新面对的迫切课题,对于无论体制内外的纪录片导演,都需要意识到并处理身处其中的复杂。这也是本文希望借此推动重新思考格里尔逊对于今天中国的意义之所在。

2013年5月,笔者通过新浪微博向中国的纪录片导演们做了一个关于格里尔逊的小调查:你是通过什么渠道和方式了解和认识格里尔逊的?你理解的格里尔逊代表了什么样的理念?他对于今天中国的纪录片创作和理论有什么意义?对你个人有什么意义?开放式问题,欢迎开放式回答。该微博阅读量达到二十万人次,转发82人次。调查者中既包括电视台的导演,也包括独立导演,调查发现对格里尔逊的普遍认识是刻板印象式的。但是,有一位资深的电视制片人因为这个小调查而去重新阅读了解格里尔逊之后,其回答说:

可能今天我们缺少的正是他——格里尔逊。[1]

2013年5—6月,完稿于上海

---

[1] http://weibo.com/u/1499121242.

# 我想将你们尽可能地引向远方

## ——伊文思与二十世纪的中国①

2002年夏天我曾去北京参加一次纪录电影的论坛，会上邂逅荷兰学者Kee Bakker，他来自伊文思的故乡，是 *Joris Ivens and the Documentary context* 一书的主编。Bakker先生把这本由阿姆斯特丹大学出版社1999年出版的文集送给了我，并且在扉页上写下了这样的话："希望纪录片在中国能够和故事片一样重要。"我相信，这样的理想和信念来自伊文思，这位20世纪最重要的，也是真正具有世界意义的纪录片导演。这本书收录的文章来自不同的国家，主题众多，包括讨论伊文思与意大利，伊文思与法国，但是书中没有来自中国的学者，也没有文章来讨论中国与伊文思的关系。

这是一个巨大的遗憾。伊文思在中国拍摄《愚公移山》之后，一直问自己：我们走了之后，中国人会怎么评价我们？中国，这是一个与伊文思的生命、信仰和追求血肉相连的国度，他把自己最后一部自传性和总结性的电影《风的故事》选择在中国拍摄，并且用大量的中国意象作为他自我理解的展开。从来没有参加过共产党的伊文思一辈子却信仰和投身于社会主义，在晚年，他这样总结：

> 我还要回到我在苏联的年代的，这里的回顾不过像是一处路标，它确定了我的观念范畴。1930年在古朴的列宁墓前，此一程也，

---

① 本文发表于《读书》杂志2014年第4期。

1980年在毛泽东纪念堂前,彼一程也。我在这两点之间,在历史中穿行往返:荷兰、比利时、美国、澳大利亚、捷克斯洛伐克、波兰、古巴、智利、越南和一切反抗凄惨、邪恶及奴役的人们所在的地方。共产主义是这场战斗的先锋队,我相信共产主义,昨天在苏联,今天在中国,如果体力允许,明天再到别的地方。

在《风的故事》中,荷兰作为风的国度,是伊文思生命的开始,但是"风"却最终把他带到了中国,使得中国成为伊文思生命的终点。《风的故事》完成后的第二年,他离开了这个世界,这也使得这部电影成为一个遗嘱。一个没有中国内容的伊文思其实是无法想象的。

在今天的中国,对伊文思的理解却重新成为一个挑战,我指的是伊文思和中国七十年代的关系,它集中体现在《愚公移山》。它拍摄于1972年至1974年,完成于1975年。当它于1976年开始在欧洲放映的时候,中国宣告文革结束。这使得这套系列电影成为重要的历史见证,这不仅仅是指它的时代内容,更是因为它包含了伊文思对这个特定时代所涉及的具体内容的独立观察和思考,并因而使之成为长度接近12小时、包括十二部影片的鸿篇巨制,这也是伊文思电影生涯中最宏大的作品。但是,我们今天讨论伊文思似乎更愿意谈他早期的先锋电影《雨》和《桥》,以及晚年的《风的故事》——只是因为它的寓言和象征似乎与直接的政治无关,而似乎只是形式的问题。我们故意遗漏和回避的正是伊文思与中国政治的关系,这自然不是偶然的现象,它是冷战后的整个世界以及今天中国"告别革命"的意识形态的结果。但是,大凡在当代中国研究伊文思就很难使自己避免挑战,这个挑战既来自伊文思,也来自今天的时代。

在《愚公移山》的整个拍摄过程中,伊文思始终忠于自己的感受,并尽一切努力保持拍摄的独立性——这是整个拍摄过程中他所关心的最大的事情。影片的资金来源于法国国家电影中心,以及后来他们个人的追加款,拍摄的方法是以"民主"的电影方式让"人民"说话,"在这个意义上,影片超越了我们"。在这个过程中,他们一直毫不妥协地与中国行政机关对他们拍摄与剪辑的干涉进行斗争,拒绝拍摄完美无缺的"大寨"和被排练的喀什街景,宁愿把不能用的胶片扔到垃圾桶里去,拒绝执行文化部提出的61条修改意见。他们坚持要让在摄影机后面的必须是一个中国人:

"他们中的一个",而不是"一个欧洲人",为此不惜耗费了几乎两个月的时间和八千米的胶片来培养中国的摄影师。在无法被西方商业渠道所接受的情况下,他们自己组织和完成了一切影片的发行和放映。因此,不能认为《愚公移山》是宣传,因为在《愚公移山》中我们看到了与当时的宣传完全背道而驰的立场和观点,它也包含了对当时中国的很多怀疑和不认同,比如他对清华大学生的批评:"对世界上发生的事一无所知,他们是在这种空白的环境下长大,生活的。他们对自己的历史不了解或所知甚少,他们只会依照学到的教条来和我们谈论长征、延安、解放前的中国、资本主义、修正主义等。"但是完全不同与同一个时代拍摄中国的安东尼奥尼,在伊文思看来:"对于安东尼奥尼的影片人们有这么一种印象,中国人与我们相比是'另类'的。但我们的影片通过录音和翻译所展示的,他们的言谈和思想就像任何一个人。通过'逐字逐句'的翻译,我们在影片中保持了说话的中国人的'立体'形象,而安东尼奥尼对他们的表现则是平面的和非个性化的。"这个比较是尖锐的,也是准确的。

但是我们的研究者往往一方面描述了伊文思和罗丽丹对"真实"的尊重,同时又花了大量的篇幅来揭批文革,用自己作为一个中国人的感受和具体的历史材料来说明为什么伊文思拍到的东西往往是"表象的真实",这个论证方式本身是很有意味的。一方面,它体现了在纪录片美学背后的社会和政治的力量,从而揭示出纪录片研究的复杂性,它需要被置放在社会、政治和文化的多重关系中。但是,另一方面,这也是问题所在,因为文革研究是一个二十世纪人类历史中的重大问题,它很难只用个体感知的有限视角去涵盖,也是很难简单地用肯定或者否定所能够界定的。如果只是从目前既定的盖棺论定的话语出发,其实很容易封闭多种读解《愚公移山》意义的可能性,比如关于平等、大民主、缩小三大差别等等。比如,在《上海第三医药商店》中,伊文思表现了药店为农民服务的场景。第三药店的职工送医送药下乡,他们按照固定不变的价格在农村销售药品,这是为了响应当时的毛泽东的指示:"在财政问题上,应以百分之九十的精力帮助农民增加生产,然后以百分之十的精力从农民取得税收。"这的确不符合市场的原则,可是当市场化改革已经进行了三十年后的今天,城乡差别不但没有缩小而且加剧扩大为社会断裂,为此中央政府已经连续数年出台1号文件,我们再回头去看当年毛泽东的指示和当年上海第三药店的行为,是否会别有一番滋味在心头呢?《愚公移山》里的另一部重要作品是《渔村》,它表现的是山东大鱼岛的集体化道路,有研究者表示"当我初次接触伊文思所提供的有关大鱼岛的经济信息时,本能的反应就是怀疑",但是"在我仔细地研究了伊文思的电影和相关的资料之后,我开始相信这是可能的","由此可见,不仅仅是大鱼岛的富裕在'文化革命'中不是偶然的现象(尽管不多),而且,大鱼岛人所表现出来的那种对于走集体富裕道路的信心和理想,也是当年许多共产党人所赞同和拥有的。他们不仅有共产主义的理想,而且在想方设法地实践自己的理想。"大鱼岛的集体化道路是否抵制住了八十年代以来的"私有化"浪潮的压力?在今天是否依然成功地以集体经济的模式存在着?这是否应该成为开启对那个时代新的理解的可能性呢?

伊文思出生在1898年,一生都处在二十世纪的风口浪尖上,逝世于1989年——特别富于历史意味的一年,它被认为是二十世纪的提前终结。因此,他的一生及其电影镜头都和这个世纪的革命纠缠在一起,这就决定了读解伊文思是无法与理解二十世纪的世界历史和中国革命相分离的。也正是在这个意义上,伊文思及其镜头的意义是不可穷尽的。在上世纪八十年代的欧洲,在中国政府宣布要彻底断绝与七十年代关系的时候,他因为《愚公移山》失去了长达十年的工作,以"意识形态的终结"为标志的二十一世纪拒绝了他,以作为他对革命和社会主义同情与参与的惩罚。但是当我们把伊文思与里芬斯塔尔在二战胜利后也曾失去十年的工作机会相提并论的时候,是需要特别警惕的,一个应该认清的最基本界限是:法西斯主义是反人类的种族主义,而二十世纪波澜壮阔的反殖民主义和社会主义运动却是为了人类的解放而奋斗。它再一次证明纪录片的美学和意识形态立场不可分割的重要性。如果说任何群众集会的仪式都是"神话"的仪式,而不去分辨不同集会的意识形态之动机,其实是否定和取消了任何社会反抗和变革社会的可能性。我们究竟在什么意义上可以把《博里纳奇矿区》里的工人游行和《意志的胜利》里的涌向街头向希特勒行举手礼仪式的"群体的聚集"等量奇观呢?构成今天中国的"群体性事件"又该如何理解呢?在三十年过去的今天,当重新清理中国的社会主义遗产成为这个时代的另一种内在要求的时候,重新去看待伊文思对中国七十年代的描述会是一个重启历史的契机,我相信。

在这个意义上,《风的故事》如果仅仅从形式和先锋艺术的角度其实是无法读懂的。一个值得重视的读解是把"风"翻译成"理想",但只是一个抽象的"理想"本身还是会遇到很多无法读通和贯穿的障碍。《风的故事》一开始,字幕说道:"这个故事的主人公是位老人。他出生在一个国家,在这个国家里,人们致力于驾驭海和风。他经历了二十世纪,用手中的摄影机拍摄了我们这个时代的风暴。"在我看来,这个理想其实应该由具体的历史内容来充实:这就是社会主义理想,它是整个二十世纪的历史潮流,是由"风"所推动的。用伊文思的话来说:"一部不可能的电影是生命中最好的电影。我一生中所有的尝试都是为了拍摄风,驾驭风。如果它来了,我们就要用摄影机抓住它"。但是在投身于这个历史的过程中,"历史有无情的齿峰,我可以说曾被历史'咬伤'",这体现在影片中是他在沙丘上苦苦等待风的到来,终于昏倒。但是他依然保持着对这个来自底层、民间、历史和传统中吹来的风的信仰,影片中的一个重要角色是一位典型的西北乡村妇女,但她却是最具有力量的能够呼唤风的巫婆——西北正是中国革命诞生的地方。不是在别的地方,而是在西北的窑洞里,他找到了被锁在箱子里的"风",一个鼓着腮帮子吹风的图腾面具,面具的制作者将其送给了伊文思,伊文思则回赠了自己早年拍摄的爱情影片,用爱来换回"风"不正是他一生的写照吗?从1938年拍摄中国抗战的《四万万人民》开始,他不无自豪地说:在"无人能决断中国革命是否成功的今天,我一直与他们站在一起","我深信无任何一西方人有像我这样同中国的关系"。这就是为什么《风的故事》里会出现《四万万人民》的镜头:长满庄稼的大地作为人民的隐喻支持着抗战的将士们。在他的晚年,他对拜访的年轻人说的是:"我想将你们尽可能地引向远方,直到你们能理解我的疑虑与信念",虽然"事实是无情的,有时是难以承受的,对一个像我这样的终生投身于社会主义和革命斗争的人来说,尤其如此。但是要有立场,这是我的信念。"这个信念不是别的,就是站在人民的立场上,因为社会主义的信念就是人民推动了历史,如果说伊文思的电影具有政治性的话,这是他最大的政治,而他对社会主义的同情和支持,正是基于其上的。"人民",这是一个无法被"市民"和"公民"所取代和消解的政治概念。

从先锋电影走向人民电影的一个转折点,是1930年应普多夫金的邀请去苏联,"在那里,他们做了一件了不起的事情。那是无产阶级的天下,所有的人都戴鸭舌帽。人们坚信工人阶级有伟大的才能,人类已经赢得的东西,工人阶级能把它推到最高水平。这是最有朝气、最自觉的阶级。"之后,1946年因为拍摄《印度尼西亚在召唤》,在自己的祖国和其殖民地印度尼西亚的独立之间,他选择了第三世界被压迫的人民——因为这部电影,他被驱逐出祖国长达四十年。然而,一个在今天很有代表性的观点是,当纪录片倒向政治的时候,也是纪录片离开艺术的时候。1933年的伊文思在比利时拍摄《博里纳奇矿区》时,曾安排再现一场已经发生过的游行,结果却演变成为一场真实的示威,不断有工人参加进来,并且遭到了警察的干预。对此,我们的典型分析是:当观众为了争取属于他们自己的权利(不是为了拍电影)而站出来的时候,艺术的殿堂为之轰然倒塌,因为艺术欣赏所需要的间离的心态在观众那里已是荡然无存,他们看到的是生活直接而又具体的一面,他们可以为之激动、为之慨叹、为之愤怒等等,唯独不会去欣赏其中的韵律和节奏。但是这却正是伊文思需要的,"我现在而且将来一直都是艺术家兼社会活动家"。这里包含的一个重大问题是艺术与干预社会的关系,这也是纪录片的独特之处。什么是纪录片的美学和艺术?艺术是只包含在韵律和节奏中吗?只有形式感才是艺术吗?如果是这样,纪录片并不是唯一的选择。正是在《博里纳奇矿区》中,伊文思反省并放弃了早期先锋电影的对形式感的美学追求,而走向现实的政治。那么,纪录片导演介入社会和历史是否也是属于艺术本身的行为呢?"我坚持以我的职业干涉社会",伊文思的艺术是用来干预社会的,他让自己投身在历史中,全身心地沉浸在时代的氛围之中,去触摸和打探时代的脉搏。伊文思到底是一个"因为政治而浪费了自己才华"的艺术家,还是一个在政治中实现了艺术才华的导演? 其实,艺术从来就没有获得过意识形态的豁免权,虽然它曾经宣称过如此,但那不过是另一种意识形态的表述。

今天,当纪录片导演对自己的文本进行干预的时候,我们称之为先锋艺术。相比之下,伊文思是用自己的生命在对整个世界,对整个社会文本进行干预,他用艺术的方式把自己的生命投入到为人类的解放而奋斗的事业中去,在这个意义上,他是最彻底的艺术先锋。不能理解这样的纪录片大师,是我们今天这个时代的悲哀。二十世纪的整个世界历史,如果离开中国革命是无法想象的。作为今天的中国人,我们是否还能够分享伊文思这样的历史视野？作为一个国际主义战士，他总是选择让自己处于二十世纪世界革命的心脏地带和风暴眼。这个追风的人，用自己的全部身心去体验革命风暴所带来的激动、痛苦以及悲伤，哪怕它是难以承受的，哪怕它导致自己伤痕累累——这也是一个艺术圣徒者的所为。在这个意义上的艺术和"人民"的关系，是值得重新理解和讨论的话题，它需要建立在由伊文思所激励出的对真实和真理的信念上。

今天的艺术该如何参与到建构和介入历史的洪流中去呢？

2007 年 1 月 30 日夜，上海

# 中印独立电影之差异[①]

我参加了"你不属于:印度电影的过去和未来影展暨论坛"上海站的三场活动。前两次是和帕罗米塔·沃赫拉(Paromita Vohra)一起。一次参加对话,她从第一人称叙述者的角度对印度电影史进行了一个梳理,叫"点出主体'我':印度纪录片实践中的'无自我'的政治",我做回应人。另一次是放映她的影片《犯罪伙伴》,我参加放映之后的圆桌讨论,主题是文化产品的版权与传播。第三次是听玛达瓦·普拉萨德(Madhava Prasad)的演讲《电影政治:电影在南印度的政治重要性》,我也是回应人之一。从这些对话中,我们共同发现了很多既熟悉也陌生的经验。沃赫拉读了我的文章,也认为我们的纪录片历史有共通之处。一个共同点是,我们都是通过建立与西方的纪录片发展历史的比较与对话,勾勒我们自己的纪录片历史脉络,沃赫拉告诉我她正在写一本印度纪录片历史的书,很快就要完成了。

对于本次影展入选的印度纪录片,我的印象是它们属于印度知识分子的影像书写。有很强的知识分子的自我批判和社会批判的气质,充满了反思和质疑的理论探讨和实践指向,比如说沃赫拉自己的纪录片就不断地追问主体的叙述是谁?这个主体的背后有复杂的政治涵义,其中有特别强烈的与西方电影理论与话语的抗衡。她片子的实验性在于把纪录片第一人称叙述者建构为虚构的形象,比如说是一个女神,或者是一个不

---

[①] 《南方都市报》2011年12月13日,颜亮采访整理,吕新雨校订。发表时有删节,此为全文。

存在的人物,从而来打破传统纪录片的主体叙述。另一方面,她在《犯罪伙伴》中也会以自我的身份兼任叙述者和采访者,让自己作为媒介来追索文化产品的盗版问题。她认为拍摄纪录片的过程就是探讨本身,是给自己寻找一个开放的立场和观点,所以她在影片里采访了很多不同的人,也给出很多数据和资料。在这个过程中,她不断地问别人,也不断地问自己,到底应该如何看盗版的现象?问题不断被推进,影片给出了很多具有批判性和反思性的视角,同时也有同情和理解的内容,也有一些是她觉得没有答案,但是她应该仍然呈现出来的一些问题。由此,盗版现象成为一个连接资本主义市场、文化生产、部落文化、另类文化、不同的社会阶层、法律、国家等多重力量的聚合。它很像是一个学者的田野调查影像笔记。在玛达瓦·普拉萨德教授的演讲中,他通过区分中产阶级观众与底层观众拥有的不同的电影英雄,底层通过与影星的复杂关系来建构一个"视觉共和国"(Visual Republic),以获得现实中没有的政治存在感,来探讨今天印度的民主与政治的资源与问题。

从印度的历史、政治和文化的脉络出发,以影像的方式开展对印度的后殖民、传统、现代性、资本主义市场、国家的发展主义话语、数码科技的发展等诸多问题的反思,是本次活动的基本关怀。本次影展的题目意味深长,它主标题是:"你不属于",来自一部叫做《你不属于》的故事片,里面的歌词是:前往这片你属于的土地,因为这片土地不属于你——它很像是今天印度知识分子的自画像。影展的副标题是"印度电影的过去与未来",中间恰好悬置了一个"现在",这使得过去和未来都失去了当下的归属,而这个对当下"归属"的缺失,应该正是本次影展的宗旨,即究竟什么是今天的印度?它的历史、政治和身份,以及语言与种族、社群和国家的关系,知识分子在其中的角色何为?没有简单的答案,而是相反,它呈现的是复杂和多重性。在这些呈现的背后,可以辨别出浓烈的印度后殖民主义和底层研究的理论气息。

这样的知识分子的影像书写传统,中国没有,这才是他们的"独立"电影的涵义。中国的独立电影是另一种类型。中国的独立电影和新纪录运动基本上是一个非知识分子运动,带有很强的社会自发性,它跟中国社会的大转型关系密切,更像是社会发声的一个渠道。在我看来,这是因为我们纪录片的实践主体以及主体与社会的关系是不同的。帕罗米塔·沃赫拉就说,如果她要去拍一个普通人的生活的话,首先面临的问题就是,要用这样的故事干什么?也就是说,他们需要明确这样的故事背后的理论关怀。而我们知道像后殖民主义理论、文化研究理论很多来自于印度裔学者,这些理论都对身份政治高度敏感和警惕,底层能否说话,能否被代表,都是被尖锐讨论的关键议题。这得他们很少采用观察式的直接电影的模式和美学,而是更多带有先锋性和实验性的特点。

我们在讨论中国当代纪录片的底层叙述的时候,大多会从伦理的层面来展开,很少从身份认同政治的角度。这是因为中国纪录片导演的社会阶层分布非常广泛,不同的社会阶层的人都可能介入到纪录片的创作中,它的社会涵盖性和宽阔性都极大地超出了传统电影的专业概念。从这个意义上来说,我认为中国的纪录片带有一种社会的自发性。当前中国社会处于激烈的转型之中,社会有强烈的自我表达的需求,纪录片便是这样的自我表达的渠道,所以中国纪录片的独特性和力量都源于此,它讲述的不是相对与知识分子的"他者"的故事,而是"我们"的故事。因此,它的力量与粗糙并存,质感很强,元气充沛。创作者往往或是通过长期跟踪,特别是底层行走的方式去追寻人物,丈量大地,或是自己就来自底层讲述自己的故事,用身体为媒介,浸润于情境中感知、感动和承受,然后表达,摄影机与身体合一,成为社会的温度计。基本底色是朴素的人道主义的精神和关怀,但却以最有力的方式揭示出今天的底层作为人的存在与命运。美学方式是观察式的、自我反射式的和表演式的并存和交融,而纪实主义的方法论使得取景框内被拍摄者的主体,而不是作为导演的主体,更能够获得第一人称的存在,这些特质在与印度的纪录片的对比中更能显现。这也使得它包含了很多无法被今天既定的学院理论所限定的力量,它的丰富和暧昧并存。中国的知识界需要通过对今天的知识生产方式与社会脱节的批判性反思,才能"发现"和遭遇纪录片,这也是此次印度影展给我们提供的另一个视角。

# 微观,还是宏观?

## ——在"微观叙事:张小涛+李一凡的社会图像"展览研讨会上的发言①

首先感谢伊比利亚当代艺术中心和李一凡先生的邀请,以前并没有参加过多少当代艺术的讨论,这次给我一个机会,比较完整地来看这个展览。刚才听到很多专家的评价,我基本同意,肯定的话我也不多说了。这是谈一点我个人觉得的问题。

看了张小涛的两部影像作品,特别是《迷雾》,他的展览其实与此主题直接关联。我发现在张小涛的整个叙述里,其实有一个反人道主义的框架。那些蚂蚁和动物,都是人的隐喻,而人则成为骷髅——单就这些意象而言,其实并不算新鲜。张小涛的抱负是试图建立一个历史主义的宏大叙述,也许这是不同的地方,虽然这个展览被命名为"微观叙述",但是它的旨意却是从"微观"叙述出发去建构一个相反的宏大叙述。"微观"正是宏观的落脚点,这个微观是对"人"的微观,是从人的空洞和卑贱着眼的。在一个历史的时空中,人之所以是空洞和卑贱的,是因为他们总是被外在的种种不可控制的力量所牵制,这些力量究竟是什么?张小涛貌似荒诞的意象却来源于直接的现实,是把作为历史的重庆钢铁厂的废墟和作为现实的深圳世界公园的景观建构为一个整体的历史叙述,也就是他所着力解构的历史和现实。

问题只在于,当我们想要解构这些东西的时候,我们面对的这些既定

---

① 2008年8月26日,北京798艺术区伊比利亚当代艺术中心。

的"人道主义"所建构的宏大叙事究竟是什么？这些宏大叙述的历史和现实的条件究竟是如何形成的？我们自己的叙述在何种意义、何种程度上能够构成对抗这些叙述的力量？这些我是有疑问的。换句话说，"反人道主义"的叙述自己的立足点究竟在哪里？张小涛是否拥有一个可以凭借的足够有力量的立场呢？

我在张小涛的作品里看到某种犹疑，比如当他开始把反人道主义叙述往前推进，推到某种程度的时候，就发现他需要宗教，或者说他就发现了宗教。宗教成为一个弥补残缺、弥补结构性空缺的东西。但是很快，从一个艺术家的立场出发，又使得张小涛对宗教立场产生了自我怀疑。宗教能否成为艺术的自我立场呢？一方面他表现出对藏传佛教非常深的倾慕，他在《寻者》里的对话中表达出强烈的对宗教理解与认同的愿望，可是他最终还是退了回来。"如果我要被它带走，进入宗教的话，那么我的艺术又在哪里呢？"艺术的立场与宗教的立场到底该形成怎样的关系呢？其实如果我们从历史上看，艺术这个概念的出现，是很晚近的事，是现代性以后的事。启蒙时代以后我们才开始有对艺术家的概念，这里面有人本主义、人道主义的理念，是启蒙时代的一个产物，所以我们可以看到像达·芬奇、米开朗基罗等文艺复兴一批巨匠的涌现。然而，当我自己去佛罗伦萨的时候，我才切实地发现所有这些艺术巨匠都和宗教有着非常深厚的渊源，或者说他们其实是在宗教的供养制度的庇护下才完成他们作为艺术家的伟大地位，而他们的作品也只有在文艺复兴时期的宏伟教堂，那样巨大的神圣空间中才能展示出它们的气势——正是在和宗教形成了某种强烈的紧张的对话关系中才确立了艺术家的位置。

我去梵蒂冈参观的时候，发现特别有意思的现象是，今天的罗马教皇对于当代艺术也伸出橄榄枝，希望当代艺术也能够与宗教产生一种互利关系，希望复制或者再现文艺复兴时代罗马教皇和艺术家的蜜月关系。所以在梵蒂冈除了古典艺术的陈列和展览外，也特别开辟出一些空间来收藏当代艺术。但是每天有那么多观众鱼贯进入梵蒂冈，他们在古典艺术的展厅驻足欣赏和赞叹，而一进入当代艺术陈列馆，他们基本上脚步不停、视而不见地往前走。也就是说，当代艺术与宗教的关系较之于古典艺术与宗教的关系，已经产生了无法弥补的断裂，在这个意义上说罗马教皇的企望是注定要落空了的。那么，在今天这样的"当代"语境中，我们要怎么重新理解宗教和艺术的关系？宗教对今天的人来说到底意味着怎样的救赎？艺术家的空间、艺术家的立场在宗教中是被包容的、对话的、外在的还是批判的？这些在张小涛的作品中我觉得是没有被清理的，或者是没有被清理清楚的。

张小涛其实有犹疑，他试图从宗教中退回来。但是他有没有退路呢？片子的最后，他退回到"人"的叙述上来，其实是一个非常古典的对"人"的叙述。用张小涛自己的话来说，要对人有一个数据化的、经验主义的处理，需要把"人"先研究透。我觉得这是他试图将此作为重新宏大叙述的一个基础，也是《寻者》叙述中最后的落脚点。但是，这恰好构成了他的"反人道主义"的宏大叙述的对立面——他退到自己反对的前提上去了。

我的问题是：当把整个宏大叙述最后落在这样的"人"的支点上的时候，是不是又重新回到了启蒙时代的"人"的基本立场上去了？这样的"人"恰恰是西方理性主义的一个起点，当激进的反理性主义的归结不过意味着理性主义式的对人的基本理解，这就只是一个自我解构的"反人道主义"的宏大叙事了。

回到李一凡这儿。长话短说，李一凡是我交往时间虽然不长，但彼此是坦诚的朋友。他的《淹没》我非常喜欢，也认为是很重要的作品。我觉得《淹没》最重要的意义是，当他以自己的身份去和社会对话的时候——我们今天这个展览虽然用了"微观叙事"的修辞，但是最重要的核心其实是"社会"，张小涛也非常强烈地有与社会对话的动机——艺术自己的立场在哪儿？《淹没》在对社会层层打开的过程中，艺术家与社会是一个互相展开的过程。他的《乡村档案》，在没有完成的时候我就看了，一凡在这个过程中投入极大的心血，对这个过程我有一个基本的了解，也很感佩。对于我来说最有意义的是什么呢？恰恰是一凡在进入乡村过程中的巨大困惑。他发现自己处理着一个与《淹没》不一样的题材。《淹没》是事件性的，对事件性的处理是影像比较擅长的，因为有一个时间性的关系，时间本身是电影的天然载体。可是对于乡村生活，最初的困惑是，在一个没有事件性的时间关系中，如何去表达乡村？对于影像这样一个载体来说，这是一个困惑，虽然看上去是一个形式主义的困惑，然而它的背后实质是价值主义的困惑。

这就联系到第二个困惑，我觉得这也许是更根本的，乡村生活本身的复杂和暧昧使得一凡不断地自我反省,在这个过程中,他也不断地经历丧失原有的判断,丧失原有的立场和方法,这样的过程自然是痛苦和不安的,甚至是绝望的。然而,最后出来的这个"档案",在很大意义上却似乎是悬置了上述两个困惑的。我对一凡的疑问是,"档案"本身似乎是不需要立场的,我们可以在档案馆里看到海量多的东西,那些海量的东西都可以作为档案的存在,而它们的意义却在于包含着从尘封中被唤醒的可能。因此,作为一个艺术家,当他把自己的作品命名为"档案"的时候,其实是必然隐含着一个叙述者、叙述的立场和叙述的视野,作为一个艺术家怎么清理自己叙述的视野和叙述的立场?我个人觉得在《档案》里不是没有,而是不够,作为主体的力量表现得不够。"放弃主观"在这里显得像是一个借口,其实,有更深刻的隐情。因为,显然"主观"并没有被成功地放弃。在这个意义上,"档案"这个词本身的含混和暧昧,倒是符合一凡的思想状态的。

以律师周立太的案例为素材的这些"档案"材料,我特别问过,都是真实的档案,它们被复制了放在那儿。复制这样一种真实的档案,作为一种指向,表达了与真实社会对话的欲望。可是说到底它依然是一个虚拟的真实,或者是说一个自我标注的真实。因为,这个档案的内部到底是什么?它的复杂性在哪里?它们和民工的命运究竟是怎样的关系?我们这样的一个展览,其实对此是不关心的。它对于我们了解譬如像周立太面对他背后那个社会时的复杂关系,究竟打开了一个怎样的视角和理解的空间?好像并不大清楚。档案的意义其实在于它怎样被解释,用来为什么样的目的作为证据。把复制的档案材料切割打成纸浆、重新造纸,然后把卢梭的《社会契约论》请民工来抄写,当然可以理解出有很多的想法在里面。但这些想法在很大程度上似乎是在复述某些已经既定的观念,我同样也没有看到一凡自己的视野——不是解决方案,是他自己的视野在哪里?

《乡村档案》,李一凡说它是无力和恐惧的产物,但我们没有在文本中看到他经历的这个过程。如果能够把这种无力和恐惧表达出来,我想可能是更有力量的,因为通过导演主体与乡村社会的碰撞,恰恰能够使他的思考如显影液一样,使大象无形的现实本身显形。在目前我们看到的这个文本里,这两样东西都没有。现实是以相反的意义表现出来的,从这点上说，文本背叛了导演。这个片子最后其实是不期而至的，也是一个不得已而为之的结果。可现在把它描绘成一种"反电影"的追求，是否掩盖了最核心的问题？因为这样就把自己的困惑抽空了。在我看来在整个《乡村档案》中最有价值的恰恰是他抽离的部分，纪录片只是在导演与现实搏击的过程中才能展示现实的质感，剩下来的部分非要说成是反电影语言的尝试，这就成了我的质疑。

我个人不是特别喜欢这个叫做《施虐与受虐》的行为艺术。让民工作为展览的对象，或者主体，类似这样的作品我们在当代艺术中已经看到不少。我看不出它与之前的作品有多大的不同。换句话说，如果我们对以前的作品持批评态度，那么我在李一凡的这件作品同样看到某种意义上的"合谋"。我也希望一凡来反驳，我可能理解得不到位。为什么要让民工去抄卢梭的《社会契约论》？而不是去抄《中华人民共和国宪法》，不是去抄毛泽东语录。因为这个背后有叙述。我的意思是，我其实对他有更高的期望，希望他能够在这个叙述之外，开辟一个新的叙述空间，而不只是在知识圈我们已经很熟悉的西方叙述里，不是掉到那个圈子。比如那一幅由很多小照片拼成的大照片，是不同的胳膊腿伤残了的人。其实，我们已经在大众传媒看到过太多这样的东西。当李一凡把这些东西重新展示的时候，这些断肢可以有两个意义的理解，一种是作为人的尊严的伤害以及对尊严的重新呼求，但也可能成为另外一方面的意义——对残酷本身的展示。这两种意义的界限，我希望一凡能够给出更清晰的解释，更有力量的表达。希望一凡能够打破大众传媒报道时那样一种立场，能够打破得更有力量，让我们看到他的不同。

# 代 后 记

## 2013年9月10日复旦大学新闻学院新生开学典礼教师代表讲话

亲爱的老师和同学们：

很高兴也很荣幸作为教师代表在这里说几句话。今天正值教师节，接到学院这个任务的时候，我开始想应该说些什么？这时，我才忽然发现一个不期而遇的巧合，就是今年是我进入新闻学院工作整整二十周年，也就是我从教整整二十周年的纪念，新闻学院八十四年的辉煌历史，我也见证了将近四分之一的岁月。

回想起二十年前的今天，1993年的初秋，不记得是否也像今天这样阳光温煦，只记得怀揣尚未捂热的复旦中文系文艺美学博士学位证书，也怀揣着忐忑不安的心情，走进图书馆旁边的老文科楼二、三两层——新闻学院所在地。当时的院长，丁淦林教授把我叫到他的办公室——一间简陋的堆满书报的办公室，让我坐在他的对面，看着我的眼睛，很郑重地对我说：你是从中文系来的，没有经过新闻训练，你首先需要做的事情是到媒体去实习，培养"新闻感"。于是，我怀揣着张骏德教授给我开的介绍信，开始闯入上海电视台著名的"新闻透视"栏目组，跟随记者四处采访。几个月后，我又闯入"纪录片编辑室"栏目组，开始跟踪中国纪录片的发展轨迹，后来，则是中央电视台……并以不同的方式与他们合作，这是我对中国传媒业参与式田野调查的开始，这要归功于新闻学院的传统。由此，我的专业研究方向也与中国的电视发展与新闻发展结合在一起。

1993年,当时复旦新闻学院的广电专业尚未建系,虽然我们广电专业1984年在全国就率先创立,但是在我进入新闻学院的时候,广电只有专业主任张骏德老师——光杆司令,我成为他的第一个兵。现在张老师已经退休,我也成了广电系的老人,真是令人感慨。岁月匆匆,二十年的时间,一个孩子从出生到现在,也已经上大学了,可以在现场与大家坐在一起了。从那时到现在,广电系在各位老师的努力下,在全院的支持下,获得了新的长足的发展。但是对我来说,真正的起点却是在丁淦林老师的办公室开始的。

在这一过程中,我不无痛苦地被迫从一个相对封闭的文学象牙塔里走出来,从所谓小资趣味里走出来,来面对这二十年来中国社会剧烈的发展与变革,并从中寻求自己的学术道路。在这二十年中,我其实也是不断地回想和思考丁老师说的"新闻感"究竟是什么?为什么对于学新闻和做新闻研究的人来说,"新闻感"是最重要的?

2011年9月,丁老师不幸去世。亲属为他出版了一本回忆录,作为纪念文集。这本文集既是丁老师的个人学术史,也是复旦新闻学院的发展史,更是中国新闻事业的见证史。我读完之后,才觉得真正触摸到一些他对"新闻感"的理解。从丁老师从教一生的经历看,最重要的事情可以说是两件:

一是与第一线新闻实践的有机联系。1954年他在复旦新闻系大四年级的时候,大实习去安徽的淮南记者站,到淮南煤矿采访,走遍了主要矿井、竖井、斜井,爬行到掌子面,每次下井要走一二十里,手脸皆黑。到淮河大水现场采访,亲眼目睹工人家属把自己的房屋腾出来,让被淹的农民住,目睹穿着背心和短裤的几位干部在堤坝上讨论,其中一位是省委书记曾希圣。1957年,丁老师带学生在江苏徐州实习,下农村采访,和当地记者一样,背包里带着煎饼和咸菜,就着河水吃。睡到半夜,听到有人大喊"水来了",大家就一起转移到高地去,"的确很辛苦,有危险,但心无杂念"。丁老师,包括今天在座的很多老师,他们这一辈新闻学研究的学人,是以身体力行的方式来获得"新闻感"。而所谓"新闻感"就是对社会发展脉动的把握,就是保证新闻实践的第一线永远是其学术研究问题意识的来源,这样,新闻与学术才能够生生不息。

另一是丁老师对学术研究的认真态度与执着。丁老师回忆王中教授受到批判的时候,新闻学院的师生挺身而出,批评当时的《解放日报》:究竟应该用什么样的态度对待学术问题?丁老师自己在学术道路上,务实求真,在中国新闻史的教学与研究中,接触、查找、寻访了大量第一手资料,注重调查研究,不搞清楚不罢休。这种正直与诚实的学术伦理,正是我们这一代人的楷模。这种精神,也希望能够在新的一代学人中传承下去。务实求真,它也更应该成为这个时代新闻业坚守的职业伦理。在丁老师的时代里,新闻系在陈望道先生的引领下,复旦大学最知名的大师们都来到新闻系上课,群星璀璨,郭绍虞《语法修辞》、方令儒《大学语文》、周谷城、周予同《中国通史》、漆琪生《政治经济学》、胡曲园《辩证唯物主义》、贾植芳《苏俄文学》等等,我的导师蒋孔阳先生也曾到新闻系给本科生上课。今天,新闻学院本科二加二的通识教育体制的改革,正是对这一传统的回归。它要培养的应该是真正具有学术精神和学术视野的年轻一代新闻人才。

诚然,今天中国社会已经与丁老师那一辈成长的环境完全不同了。甚至与二十年前也大为不同。二十年前,我坐公交车到电视台的栏目组,推开门就进去了。到新闻学院找各位老师,也是敲敲门就进去了。但是现在从电视台到新闻学院,到处充满了门禁,没有许可不得进入。我读大学的时候,班上大多数同学来自农村。今天,农村来的新同学已经很少了。前些天,童兵教授作为志德学院的院长迎接报到的新生,有人问,是否有家境不好的同学,他说一个也没看到,因为他问到的同学们,都拥有手提电脑。

今天新闻业的发展与实践也发生了翻天覆地的变化,新媒体、新技术、新产业、新兼并、新垄断,眼花缭乱,应接不暇。但是,前所未有的严峻局面也同时降临。媒体从业人员的理想信念大幅下降,社会对媒体的信任度跌破底线,新闻生态恶化,不实新闻和谣言充斥,传统媒体利润下滑,严肃媒体难以自保,资深记者纷纷出走……这不仅是中国,也是世界范围内新闻专业主义的悲观图景。因此,在座的每一个人,其实都无法回避地要扪心自问,我究竟要做什么?应该做什么?新闻,它还值得我们做什么?这些问题,也将决定并伴随着诸位新同学在新闻学院的求学轨迹。但是,无论世事如何变幻,我坚信一点,新闻最终是要由人去做的,负责任的记者和负责任的报道是任何新闻业的基石。归根到底,新闻业是人的事业,也是造福人类的事业,任何违背这个原则的发展,都会受到惩罚。

很多人都说,这是一个最坏的时代,也是最好的时代。最坏是因为失序,也正是因为失序,它也前所未有地需要重整秩序。公正而诚实的新闻业,是一个追求民主与法制的社会无法割裂的内在组成,是一个追求和平与发展的世界必须具备的前提条件。只要你进入新闻学院,你就必然与这一使命联系在一起。大家都说复旦是中国最小资的大学之一,风花雪月固然重要,但是在一个危机四伏的时代中,只看到风花雪月是远远不够的,特别对学新闻的学子来说。我们必须要看到这个世界的暴力、战争、贫困、饥荒、灾难,所有这个世界现实、甚至是恶的一面,不说为了同流合污,而是只有这样,才有可能为推进这个世界走向和平与公正贡献力量。

这就是我们为什么要向丁老师这一代人学习,学习如何让自己的职业生涯和学术生命与这个时代、社会融汇在一起,学习如何让复旦大学新闻学院的传统在我们身上发扬光大。鲁迅先生病重时,在临终之前的最后文字中写道:"无穷的远方,无数的人们,都和我有关"。愿以此与大家共勉。

谢谢。

### 图书在版编目(CIP)数据

学术、传媒与公共性/吕新雨著.--上海:华东师范大学出版社,2015.1
ISBN 978-7-5675-2767-6

Ⅰ.①学… Ⅱ.①吕… Ⅲ.①新闻学—伦理学—研究
Ⅳ.①G210-05

中国版本图书馆 CIP 数据核字(2014)第 264580 号

华东师范大学出版社六点分社
企划人 倪为国

本书著作权、版式和装帧设计受世界版权公约和中华人民共和国著作权法保护

批判传播学·文论系列
## 学术、传媒与公共性

| | |
|---|---|
| 主　　编 | 赵月枝　吕新雨 |
| 著　　者 | 吕新雨 |
| 审读编辑 | 郭郁筠 |
| 责任编辑 | 倪为国　彭文曼 |
| 封面设计 | 吴元瑛 |
| 出版发行 | 华东师范大学出版社 |
| 社　　址 | 上海市中山北路 3663 号　邮编　200062 |
| 网　　址 | www.ecnupress.com.cn |
| 电　　话 | 021-60821666　行政传真　021-62572105 |
| 客服电话 | 021-62865537　门市(邮购)电话　021-62869887 |
| 地　　址 | 上海市中山北路 3663 号华东师范大学校内先锋路口 |
| 网　　店 | http://hdsdcbs.tmall.com |
| 印 刷 者 | 上海中华印刷有限公司 |
| 开　　本 | 787×1092　1/16 |
| 印　　张 | 22 |
| 字　　数 | 260 千字 |
| 版　　次 | 2015 年 1 月第 1 版 |
| 印　　次 | 2015 年 1 月第 1 次 |
| 书　　号 | ISBN 978-7-5675-2767-6/G·7738 |
| 定　　价 | 48.00 元 |
| 出版人 | 王　焰 |

(如发现本版图书有印订质量问题,请寄回本社客服中心调换或电话 021-62865537 联系)